The New Market Wizards
Conversations with America's Top Traders

新金融怪杰

华尔街顶级操盘手的致胜秘钥（典藏版）

[美] 杰克·D. 施瓦格 Jack D. Schwager 著 曾敏之 译

中国青年出版社

图书在版编目（CIP）数据

新金融怪杰：华尔街顶级操盘手的致胜秘钥：典藏版 / (美) 杰克·D. 施瓦格著；曾敏之译. -- 北京：中国青年出版社, 2024. 12. -- ISBN 978-7-5153-7491-8

Ⅰ. F837.125

中国国家版本馆CIP数据核字第2024G85J69号

新金融怪杰：华尔街顶级操盘手的致胜秘钥：典藏版

作　　者：[美] 杰克·D. 施瓦格
译　　者：曾敏之
责任编辑：肖　佳
美术编辑：佟雪莹
出　　版：中国青年出版社
发　　行：北京中青文文化传媒有限公司
电　　话：010-65511272 / 65516873
公司网址：www.cyb.com.cn
购书网址：zqwts.tmall.com
印　　刷：大厂回族自治县益利印刷有限公司
版　　次：2024年12月第1版
印　　次：2024年12月第1次印刷
开　　本：787mm × 1092mm　1 / 16
字　　数：403千字
印　　张：26.5
京权图字：01-2023-3827
书　　号：ISBN 978-7-5153-7491-8
定　　价：79.90元

献给我的家人：

乔·安（Jo Ann）、丹尼尔（Daniel）、

扎卡里（Zachary）、萨曼莎（Samantha）。

你们对我而言尤为重要。

爱你们。

在使人受教上，过失比成功更成功。

——普里莫·莱维（Primo Levi）

如要免受他人奴役，则须创造个人体系。

——威廉·布莱克（William Blake）

CONTENTS

目 录

PREFACE 序言

以下是我信奉的几点：

1. 市场并非随机。我不在乎有多少学者认同有效市场假说，即使他们的数量多到首足相连能够延绵到月球再返回地球，他们也是错的。

2. 市场不是随机的，因为市场基于人类行为，而人类行为尤其是群体行为并非随机，从不曾随机，也很可能永远不会随机。

3. 市场中不存在所谓的圣杯抑或是惊天奥秘，但存在许多可以带来利润的交易模式。

4. 在市场中赚钱的方法数不胜数，颇为讽刺的是要找到这些方法却十分困难。

5. 市场总是在变，又总是不变。

6. 要在市场上取得成功，秘诀不在于发现某个不可思议的指标或精妙绝伦的理论。秘诀存在于每个人里面。

7. 若想在交易中脱颖而出，则与在任何领域出类拔萃一样，需集天赋与极度刻苦于一身（没想到吧！）。凡试图以购入最新款300美元乃至3000美元系统或跟风消息寻求成功之人，将永远无法找到答案，因为他们尚未理解问题。

8. 在交易中取得成功是一个值得为之奋斗的目标，但如果没有伴随着生活中的成功（我在这里使用“成功”一词不是指金钱上的含义），那它就毫无意义。

在为本书及前作《金融怪杰》（*Market Wizards*）所进行的一系列采访中，我越发坚信，在市场中制胜的关键在于技术和纪律，而非运气。这些受访者中的许多人所取得的辉煌业绩，无论是其规模还是稳定性，都根本无法用偶然去解释。我相信金融怪杰们为如何在市场中制胜做出了榜样。那些寻求快速暴富的读者应从一开始就打消这个念头。

我努力想要触达两类读者群体：（1）那些已投身于市场并将此作为职业生涯的专业人士，或对市场研究严肃认真的学者；（2）对金融市场有广泛兴趣的非专业读者，他们对那些在大多数人输的领域中大获全胜的人感到好奇。为了方便普通读者理解本书内容，我尽量避免了过于深奥的话题，并在适当的地方给出了说明。与此同时，为了确保那些非常了解市场的人不错过有意义的信息，我极力保留了所有核心思想。我认为这本书对普通读者和专业人士同样有益，因为在交易中取胜的决定性因素同样适用于在任何领域取得成功，或实现任何有意义的目标。

ACKNOWLEDGMENTS 致谢

我要感谢那些欣然同意接受采访，并在本书中畅所欲言地分享了想法和经验的人，他们在收到供审阅的成稿后，从未要求进行任何粉饰。（并非每位受访者都如此配合。这些例外在本书中并未出现。）在许多情况下，我采访的交易员无法从中获利，或者至少未获得经济利益，因为他们要么未管理任何公共基金，要么他们所管理的基金早已不对新投资人开放。对于他们的合作，我不胜感激。

我要感谢我的妻子乔·安，是她阅读了本书的原稿并提供了一些有针对性的修改建议，这些建议我都一一采纳了。最主要是因为，我必须感谢乔·安因为我写书又守了一年"活寡"，更不用说让孩子们保持安静，让我得以在那些通宵达旦的写作之后在早晨安然入睡。我那3个懂事的孩子——8岁的丹尼尔、7岁的扎卡里和3岁的萨曼莎——他们对父亲因投入这份工作而不得不偷走一些本应一起度过的时光和放弃一些活动，表现出了同龄人中最大限度的谅解。

我要感谢以下朋友对本书潜在受访对象的建议和意见，他们是：诺曼·扎德（Norm Zadeh）、奥德丽·盖尔（Audrey Gale）、道格拉斯·梅克皮斯（Douglas Makepeace）、史丹利·安格里斯特（Stanley Angrist）、托尼·萨利巴（Tony Saliba）和杰夫·格拉布尔（Jeff Grable）。

PROLOGUE 引 言

玉 师

一个寒冷的冬日清晨，一个年轻人在大雪中穿行了5英里。他敲响了玉师的门。玉师手持扫帚开门迎客：

“有何贵干？”

“我想学玉。”

“很好，先进来避避寒。”

他们围坐在炉火旁啜饮着热腾腾的绿茶。玉师把一块绿色的石头牢牢地塞进年轻人手中，并开始谈论起树蛙。几分钟后，年轻人打断了他。

“对不起，我来这里是为了学玉，不是为了树蛙。”

玉师从年轻人手中拿走了石头，并吩咐年轻人回家一周后再来。第二周，年轻人又来了。玉师把另一块绿色的石头塞进了年轻人的手中，并继续讲故事。年轻人再次打断了他。玉师再次打发他回家。几周过去了，年轻人打断他的次数越来越少。不仅如此，他还还学会了沏热腾腾的绿茶、打扫厨房和扫地。春天来了。

某一日，年轻人说道：“我手中的石头并不是真正的玉。”

***

我靠在椅子上，细细品味着这个故事。我的学生打断了我的思绪。

“行啦。行啦。这是一个很棒的故事。但我不明白它与赚钱有什么关系。我来找你是为了了解市场，我想学习关于牛市和熊市、大宗商品、股票、债券、看涨期权的知识。我想赚大钱。你却给我讲了一个关于玉的寓言。这算什么？你……”

“今天就先到这儿吧。把那些价格走势图留在桌子上。下周再来。”

几个月过去了。我的学生打断我的次数越来越少，而我将《交易者之窗》（*The Trader's Window*）的故事继续讲述下去。

——摘自《交易者之窗》，艾迪·塞柯塔[1]（Ed Seykota）

[1] 艾迪·塞柯塔（Ed Seykota，1946年8月7日— ），传奇趋势跟踪交易者，采用系统交易。由他所著的《交易者之窗》是关于一位交易者及其冒险经历的小说，该书目前并未出版。——译者注

PART ONE

第一部分

交易视角

| 交易迷途 |

在本书前作《金融怪杰》出版后的巡回讲座中，某些特定问题被频繁提出。常见问题之一是："在采访完一些世界顶级交易员之后，您自己的交易是否极大提升？"尽管我拥有极大提升交易的优势，但我的回答有些躲闪。"嗯，"我回答道，"我不知道。你看，此时此刻，我并没有在交易。"

作为《金融怪杰》的作者却不交易，似乎有点像异端，但我不交易是有完全充分的理由。交易的一个基本原则是（或应该是）：亏不起的交易不要做。实际上，没什么比用你赔不起的钱去交易更能让你赔钱了。如果你的交易资金对你而言意义重大，你将注定犯下若干致命错误。你会畏首畏尾，错过与极高风险相伴的绝佳交易时机；你会草木皆兵，价格一有风吹草动，便仓促清掉好端端的仓位，而只能眼睁睁看着市场朝着原先预期的方向发展；你会浅尝辄止，因担心市场会夺走眼前的小利；讽刺的是，对亏损的过分担忧甚至可能会让你被亏损交易套牢，因为恐惧让你优柔寡断，就像鹿在刺眼的车灯直射下动弹不得。简而言之，拿"让你提心吊胆的钱"去交易会产生一大堆负面情绪，使得决策被笼罩上一层阴影，失败几乎是注定的。

《金融怪杰》成书之时，恰逢我在建新房。也许在这个国度，的确有某人在某地以其预计的成本盖了栋房子。但我对此深表怀疑。为建造新房屋出钱时，你会发现自己一遍又一遍地说，"哦，才再加2000美元而已。"所有这些2000美元加一起已经是一笔巨款了，更不要说其他更大头的开销。我们对这座房子的大手笔投入之一是室内游泳池，我清空了我的商品账户，一分不留，来支付这笔费用。我最真实的打算是在感到拥有足够的风险资本前不再进场，而无底洞一般的房屋修缮工作将这一日期一再推迟至更远的将来。此外，从事高强度全职工作的同时写书让我身心俱疲。交易很耗费精力，我觉得我需要调整一段时间，不能再有其他负担了。总之，当时我不想参与交易。

就是在这样的背景下，有一天下午我回顾走势图，发觉自己越发坚信英镑即将崩盘。在此前的两周里，英镑直线下跌，甚至没有一丝技术性反弹的迹象。这次急剧下跌后，在最近的一周，英镑已经进入了一个窄幅横盘区间。依我的经验，这一连串的价格走势往往引领着新一轮下跌。市场常常会让大多数交易员吃尽苦头。而在这种境遇下，许多持有多仓的交易员意识到他们的错误，愿赌服输，亏钱平仓——当然不是立刻，而是在市场第一次迎来反弹时。其他一直在等待时机做空的交易员意识到可能来不及上车了，他们同样在等待任何轻微的反弹作为做空的契机。事实很简单：绝大多数交易员都无法接受在近期低点附近卖出，尤其是在大幅下跌后不久。结果，每个人都在等待市场第一次反弹再卖出，但市场不会反弹。

总之，看了一眼走势图，我便确信这种情形下市场将不会反弹。即便这种深信不疑引诱着我做空，我仍觉得当下不是恢复交易的恰当时机。我看了看手表，离收盘只剩10分钟，于是我一拖再拖，总算是挨到了市场收盘。

当晚下班前，我觉得自己犯下了一个错误。我思忖着，既然我如此确定市场会下跌，那么即便我不想交易，我也应该做空。于是我来到24小时交易柜台，挂了一单做空英镑的隔夜委托。第二天一早我来到办公室，英镑开盘下跌了超200点。我象征性地往账户里划了一笔钱，同时设置一个止价单，如果市场回到我卖出时的水平，则会平了这个空头仓位。我给自己找补：这只是在用市场的钱去交易，而且既然我的计划是在回到盈亏平衡点时就退出交易，所以并没有违背本人“资金不足则不交易”的信念。就这样，尽管我不想参与交易，但我发觉自己再次进场了。

这笔特殊的交易再好不过地验证了我从《金融怪杰》的采访中悟出来的一个原则。许多超级交易员强调耐心是成功的要素之一。或许最绘声绘色的表达来自吉姆·罗杰斯（James Rogers），“我只是等待，等待角落里堆满了钱财，只需要我走过去捡起来。等待期间，我只是等待。”本质上，由于不想交易，我无意中把自己变成了一个忍耐高手。通过强迫自己等到一笔心心念念难以抗拒的交易再出手，我大大提高了自己的胜算。

在接下来的几个月，我继续参与交易并似乎做对了大部分的交易决策，我的资产增长稳健。账户从0（没有记为最初的4000美元存款，因为在那笔钱的利润一超过保证金要求，我就迅速提出来了）增长到25,000美元以上。就在我出差的节骨眼上，我几乎所有的持仓同时出了差错。事后证明，我在会议间隙草率做出的决定无一例外都是错的。一周之内我便赔掉了先前获利的大约三分之一。通常来说，如果损失了相当一部分利润时，我会踩下刹车，要么只做最低限度的交易，要么干脆完全停止交易。我似乎本能地遵循了这一做法，因为我将仓位降到了最低水平。

就在这时，我接到了我的朋友哈维（化名）——一名艾略特波浪[1]分析（一种试图将所有市场行为解释为价格波浪宏大结构一部分的复杂理论）践行者——的电话。他经常打电话征询我对市场的看法，并在这过程中按捺不住向我吐露他的市场观点。尽管我通常认为听取他人对于特定交易的意见是一个错误，但至少在我的经验中，哈维在电话中做出过一些非常准确的判断。这一次他也引起了我的兴趣。

"听着，杰克，"他说道，"你一定得卖掉英镑！"当时英镑几乎连续4个月一路上涨，达到了一年半以来的高点。

"实际上，"我答道，"我个人的预测是我们距离主要顶部只差几美分了，但我绝不会在这样一个涨势疯狂的市场中卖出。我要等到市场出现见顶信号时再行动。"

"这永远不会发生，"哈维回道，"现在是第五浪中的第五浪。"（他在引用艾略特学家们——艾略特波浪理论的狂热信徒——眼中颇有意味的价格波浪结构。

---

[1] 官方名称为艾略特波浪理论（Elliott Wave Principle），最初由一位从会计转行为市场研究者的R. N. 艾略特（R. N. Elliott）发明。艾略特在该领域的权威著作于1946年出版，仅在他去世前两年，书名颇为夸张：《自然法则——宇宙的奥秘》（*Nature's Law—The Secret of the Universe*）。该理论的应用不可避免地具有主观性，在大量的著作中出现了许多不同的解释。[资料来源：约翰·墨菲（John J. Murphy），《期货市场技术分析》（*Technical Analysis of the Futures Markets*）。]

至于其他读者，相信我，解释得越多你们不仅不会越明了反而会越困惑。）“现在是市场最后的苟延残喘，下周一一早，市价很可能就跳空下跌并且不会再上涨。”（这段对话发生在某个周五下午，正值英镑接近当周高点。）“这次我胜券在握。”

我停顿片刻，盘算着：我刚在市场上失利。哈维的分析通常相当不错，而这次他似乎对自己的判断尤为自信。在这笔交易上跟他一次似乎也未尝不可，如果他是对的，那我就将轻轻松松重回“胜”轨。

于是我说（如今回想起来仍然十分难堪）：“好的，哈维，这笔交易我跟你。但我必须告诉你，听取他人意见往往会输很惨，这是我的前车之鉴。如果我听从你的意见进场，那我就无从判断何时该离场。所以你得明白，我的计划是跟你一条道走到黑。你撤我就撤，你改变主意的话要让我知道。”哈维爽快地答应了。离收盘只剩下半小时了，我开仓做空，然后看着英镑价格继续微幅上涨，以接近当周高点收盘。

接下来的周一早上，英镑开盘上涨了220点。我的交易准则之一是：如刚建仓后行情出现大幅反向跳空，则应避免继续持有该仓位。（跳空即市场开盘价远高于或远低于前一日收盘价。）这笔交易似乎是个错误。我个人的直觉告诉我应该立刻离场。然而我是基于哈维的分析进场的，我认为和他保持一致才是重点。所以我给哈维打电话说，“我感觉这次做空英镑似乎不太妙，但我认为在同一笔交易中混合运用多种分析策略并非上策，我计划跟着你退出。你怎么看？”

“涨得比我预期的高了一点儿。但这只是浪的延伸。我认为我们已经非常接近顶部了。我将继续持有空头仓位。”

这一星期市场继续小幅攀升。周五，一些对英镑不利的经济新闻的爆出导致该货币在上午的交易中短暂下挫，但到下午价格再次上涨。与新闻背道而驰的市场表现敲响了警钟。我个人的直觉再一次告诉我应该立刻离场。但我不想在后期的紧要关头偏离原计划，于是我又给哈维打了个电话。嗯，你可能已经猜到了，浪仍在延伸，他仍在看空，一切照旧。是的，我继续持有空头仓位。

下一个周一的上午，市场又上涨了几百点，这已经不足为奇了。一天后，哈维打来电话，此时市场仍在小幅走高。他的信心丝毫不曾动摇，以胜利者的姿态宣称："好消息，我重新做了分析，我们非常接近顶部了。"我暗自叫苦。这一对迟未发生之事的热情似乎有点不祥。我对这笔交易的信心降至新低。

无须继续赘述这些惨痛的细节了。一周后，不管哈维如何，我决定缴械投降。顺带一提，直到7个月后市场仍在节节走高。

交易中的一个错误会引发其他错误。一开始，因为贪婪，我想找条捷径——追随他人交易——来挽回一些亏损。这一行为违背了我的坚定信仰，即"在交易中被他人的意见所左右是不明智的"。错误接踵而来，我无视市场给的明显的"清空头寸"信号。最后，我将我交易的决策大权拱手让人，我没有控制风险的方法。请允许我严正声明，问题的关键从来都不在于我遵循了糟糕的建议而损失了钱财，而在于市场像个严酷的执法者，铁面无私、一视同仁地对所有（交易）过失征收严厉罚款。我要对这次的亏损全权负责，不关哈维的事。（更不关艾略特波浪分析法的事，因为很多交易员很有效地使用了该方法）。

我又轻仓交易了一个月，等账户接近盈亏平衡点之后我就决定停手。这次交易除一些市场经验外我没什么收获。

几个月后，我在一场研讨会上做发言，鲜少公开露面的艾迪·塞柯塔也同意出席。塞柯塔是我在《金融怪杰》中采访过的成绩斐然的期货交易员之一。他独树一帜地将科学分析、心理学与幽默融会贯通于对市场的看法之中。

塞柯塔在演讲一开始，邀请听众中的一名志愿者指出与他带来的财经杂志封面日期一致的各种走势图。他从20世纪80年代初开始，杂志封面上写着："利率会至20%吗？"果然，这期杂志日期与债券市场底部几乎完美重合。接着，他拿出一张印着骇人照片的封面：烈日当空，农田一片枯萎。这期杂志日期与1988年干旱期间谷物市场价格高峰重合。接着他展示了当时的一期杂志封面，上面写着："石油价格能涨到多高？"这篇报道写于伊拉克入侵科威特后几个月油价飙升之际。"我猜石油市场见顶了。"塞柯塔说道。他是对的。

"现在你明白如何从新闻和财经杂志中获取有关即将发生的市场趋势的所有重要信息了。就看看封面，别管里面的文章。"这太塞柯塔了。

我迫切想和塞柯塔聊聊，给他讲讲我的交易经历并从他的洞见中汲取养分。

不走运的是，研讨会中每次休息间隙，我们两个人都会被提问的参会者团团围住。我们住在旧金山的同一家小旅馆。等我们回去之后，我问塞柯塔是否愿意出去找个地方放放松、聊聊天。尽管他看上去有点疲惫，但他还是答应了。

我们在附近四处走走，试图找个自在的本地酒吧或咖啡馆之类的地方，但我们找到的都是大型酒店。最终，我们在百般无奈下踏进了其中一家。酒店的酒吧间里，一支闹哄哄的乐队正伴着一位着实糟糕的歌手在高声演奏他们改编的《纽约，纽约》。（我确信如果我们身处纽约，乐队会演奏《心系旧金山》。）这显然不是一个适合与我希望成为我临时导师的人静下心来交谈的场所。我们在外边的大堂坐下，但吵闹的旋律仍挥之不去，而且气氛也十分沉闷。我对亲切交谈的期望迅速幻灭了。

试图在这样一个糟糕的情形下依然能有些许收获，我向塞柯塔讲述了我最近的交易经历。我解释了我是如何在不情愿的情况下重新开始了交易，又是如何在这笔英镑交易中犯下了一连串令人难以置信的我多年前就认为不会再犯的错误。我告诉他，说来也好笑，当我在入场英镑交易之前仍拥有20,000美元利润时，我正在考虑购买一辆正好这个价位的新车。自从房子几乎榨干了我的资产，清仓变现之后买辆车的念头变得很强烈。这个念头太吸引人了，因为买车是对我这几个月良好交易表现的即时有形回报，并且我的本金不会有任何风险。

"那你为什么没关掉账户？"塞柯塔问我。

"唔，"我说道，"我怎么能关掉账户呢？"尽管我曾几次将几千美元成功变成10万美元，但我总是退出。我从未能够真正有所突破，将其变成一笔可观的财富。如果我决定兑现我的筹码去消费，我总是会想我此时是否已实现交易目标。当然了，事后诸葛亮来看，如果我获利了结的话，情况会好很多，但彼时的我做不到眼睁睁放弃这个机会。我理性地向塞柯塔解释了这一切。

"换句话说，能让你停止交易的唯一办法就是亏钱，是这样吗？"塞柯塔没必要再多说什么了。我回想起我在写《金融怪杰》时对他的采访，他最振聋发聩的一句评论是，"每个人都从市场中得到了自己想要的东西。"我曾想要不交易，而这也是我最后得到的。

这其中的道理是：你不必总是置身市场之内。如果你不想交易或者不管出于什么原因就是感觉不对劲儿，那就不要交易。想要在市场中取胜，你需要信心以及对交易的渴望。我相信，出类拔萃的交易员大部分时间都具备这两种特质。对于其他人来说，这两种特质可能只在某个偶然的场合同时降临。拿我自己来说，我带着信心上路，但没带上对交易的渴望，到最后连信心也没了。下次我再入场交易，我计划与两者一并同行。

| 萨达姆做了笔坏交易 |

在许多方面，决定交易决策好坏与否的要素与我们平日里做决策时的要素非常相近。我开始动笔写这本书的时候，正值海湾战争一触即发的前夕。我不禁注意到萨达姆的行动（或者更确切地说，是缺乏行动）与失败的新手交易者的典型反应之间的相似之处，并感到颇为震惊。

萨达姆的交易是入侵科威特。起初，他进行这笔交易有着坚实的理由。入侵科威特使得萨达姆可以通过将一个石油产量始终超过石油输出国组织（OPEC）配额的国家从地图上抹去，并在国际石油市场制造动荡，从而拉高油价，使伊拉克从中获益。并且他有很大概率永久吞并科威特部分或全部油田，同时获得直达波斯湾出海口的通道。最后同样重要的是，这次入侵为萨达姆提供了满足其野心的绝佳机会。

获得这些潜在利益所需面临的初始交易风险看上去有限。尽管美国最终的立场导致许多人都忘记了，但美国国务院对伊拉克的入侵威胁声明与行动的最初回应基本上可以解读为“这不是我们的问题”。在应对萨达姆时，美国如此模棱两可的态度几乎与主动为伊拉克的坦克铺设红毯无异。

因此最初从萨达姆的角度来看，入侵科威特是笔不错的交易，潜力巨大且风险有限。然而，风云突变，市场发生了变化。老布什总统承诺美国将出兵保卫沙特阿拉伯，并带头推动通过了旨在说服萨达姆撤离科威特的联合国决议。此时，萨达姆或许本可以通过谈判达成一项协议，以撤兵科威特为筹码，换取一些争议领土和港口权利。然而，尽管交易已经开始恶化，萨达姆还是决定坚守阵地。

接下来，老布什通过将美军兵力翻倍增加到40万人，释放出了更强烈的信号——美国不仅准备保卫沙特阿拉伯，而且还在建立通过武力夺回科威特的能力。显然，市场已经发生了变化。萨达姆无视了市场信号，按兵不动。

老布什总统随后将伊拉克遵守联合国决议从科威特撤军的最后期限设在了1月15日——市场进一步对该笔交易不利。此时，获利潜力已经荡然无存了，但萨达姆仍然可以通过提出从科威特撤军来达成一笔大致盈亏平衡的交易。他再一次决定坚守阵地。

1月15日的大限已过，美国及其在海湾战争中的盟友开启了对伊拉克的大规模轰炸，最初的那笔交易已然进入亏损状态。此外，市场每天都在急剧下跌，因为每多耽搁一天，都导致伊拉克遭受更多破坏。但萨达姆怎么可能在赔了这么多的情况下束手就擒呢？就像一名困惑的交易员身陷持续恶化的境地下，萨达姆将希望寄托于胜率渺茫的尝试上：只要他能坚持足够长的时间，也许美国会出于对伤亡的担忧而让步。

随着美国发出了最后通牒——如果萨达姆仍不撤军，美国将对伊拉克发起地面战，趋势继续对交易不利。在这个紧要关头，萨达姆愿意接受苏联和平提案中包含的条件，该条件在早些时候可能可行，但现在已经不合适了。萨达姆的所作所为非常类似于一个在不断下跌的市场中持有多头头寸的交易者，他说："我会在收回本金时退出。"然后随着形势变得更加严峻，"我会在最后的相对高点退出"，而这个相对高点随着时间的流逝而稳步下降。

最终，地面战争全面打响，军队被大幅消灭，萨达姆终于投降了。他就像一名被套牢的交易员，直到他的账户几乎被摧毁，然后在完全绝望的情况下，终于对他的经纪人喊道："让我退出市场。我不在乎价格高低，只要能退场！"

教训：如果你不能承受小损失，迟早你将承受所有损失。

PART TWO

第二部分

全球最大的市场

| 比尔 · 利普舒茨 |

（Bill Lipschutz）

外汇之王[1]

快问快答，全球最大的金融市场是什么？是股票市场吗？不是，就算把全世界所有的股市加起来也不是。当然啦，只要想想全球各国政府的巨额债务就知道了，一定是债券市场了吧？这是个很好的猜测，但还是错误答案，就算把全球所有的固定收益市场加起来也不对。正确答案是外汇市场。在所有金融交易的范畴中，跟外汇市场相比，股票与债券市场微不足道。

据估计，全球外汇市场平均每天的交易量高达1万亿美元。绝大部分外汇交易不是在任何组织健全的交易所进行，而是在银行间外汇市场进行。银行间外汇市场是一个24小时市场，几乎就是跟随太阳在世界各地的金融中心轮流运转，从美国到澳大利亚，再到远东、欧洲，最后又回到美国。这个市场存在的目的是满足那些在货币价值瞬息万变中寻求防范汇率风险的公司的需求，但市场中往往也能看见投机者的身影，他们企图从对汇率变动的预测中博取利润。

在这个庞大的市场中，只有为数不多的几个参与者能承受极高风险。颇为讽刺的是，虽然这些交易员所建立的仓位规模有时动辄可达数十亿美元——对，你没看错，数十亿美元——但他们在大多数金融界人士眼中是无名之辈，更不用说普罗大众了。比尔 · 利普舒茨就是其中之一。

与比尔 · 利普舒茨的马拉松式访谈是分两次在他的公寓里进行的。利普舒茨的市场动向显示屏无处不在。客厅里有一块接收各币种报价的巨型电视屏幕。办

[1] 了解一些基本的期权术语对于理解本篇采访的部分片段颇有助益。对期权感到陌生的读者不妨先阅读本书附录提供的入门知识点。

公室、厨房和床边也都有报价屏幕，这样他在夜里翻个身就能看见报价，而他确实经常这样做（因为市场最活跃的时段常常发生在美国的夜间）。事实上，你甚至去小便都无法避开撞见一块报价屏幕（洗手间内的一块显示屏，站立方便时一抬头就能看见）。这伙计显然对他的交易非常上心。

我最初通过公关经纪人汤姆·瓦莱克（Tom Walek）与比尔·利普舒茨取得联系。是的，交易员竟然有公关经纪人，这听起来相当奇怪。实际上，对于利普舒茨来说尤为奇怪，尽管他进行的都是巨额交易，他在整个职业生涯中成功对公众颇为刻意地保持了几乎完全匿名。任职所罗门兄弟公司（Salomon Brothers）8年，他是公司交易额最大、最出色的外汇交易员。然而不久前，利普舒茨从该公司离职，创办了自己的管理公司来进行外汇交易[1]。也正是这个项目需要打理公关事务。总之，在与利普舒茨商讨了我的采访提议之后，瓦莱克打电话告诉我利普舒茨想先安排一次非正式的会面，这样他可以感受一下是否“合拍”。

我们在苏豪区（Soho）的一个酒吧碰面，几杯法国啤酒下肚（不开玩笑，法国人确实酿造了一些优质啤酒），利普舒茨开口道：“我想你将了解所罗门兄弟是如何在不到10年的时间里从不曾踏足外汇市场到成为也许是全球外汇市场最大玩家，那是一个有趣的故事。”这句话显然表达同意接受采访，让我感到松了一口气之余，也无疑吊起了我的胃口。

我们第一次在他的公寓见面，磁带录音机嗡嗡作响，我开启访谈：“好了，所罗门作为全球外汇市场上一个主要交易实体，跟我聊聊它令人瞩目的成长故事吧。”我往后靠了靠，期待一连串充满精彩逸事和真知灼见的回答。

利普舒茨回答道：“外汇期权市场、所罗门的外汇期权部门和我都是在同一时间生根发芽，同一时间茁壮成长和枝繁叶茂。”

“然后呢……”我说，示意他继续说下去。他重新措辞，给出了与方才相同的回答。

“是的，”我说，“这个巧合非常有意思，但是你能补充一下细节吗？讲讲具

---

[1] 最初是美林证券（Merrill Lynch）的子公司，后来该公司演变成一个完全独立的企业，即罗威顿资本管理公司（Rowayton Capital Management）。

体的故事？”他再次答以寥寥数语。我对这次采访的期望值急剧下降。

我曾经做过一些在第一个小时之后我就知道败局已定的采访，最后不得不放弃挖掘答案。然而，这次采访有所不同。虽然我感觉在我们谈话的第一二个小时中我得到的有用材料很有限，但我嗅到了有些东西就在这里。这不是一口枯井，只是需要我深入挖掘。

经过了最初几个小时，我们开始更好地沟通，利普舒茨开口谈起关于他交易经历的具体故事。这些故事构成了以下采访的核心内容。

如前所述，利普舒茨客厅里的巨型电视屏幕通常显示货币报价页面，页面底部滚动播放着路透社新闻。利普舒茨似乎全神贯注于我们的对话，但在某种程度上，他显然在关注着屏幕。采访中的某一刻，澳元在澳大利亚财政部长发表了一些灾难性的负面评论[1]后处于断崖式下跌。尽管市场几乎处于“自由落体式”下跌，利普舒茨认为澳元被过度抛售，并中断我们的采访下了一些买单。“数额不大，”他说，“我只是想买20个（也就是2000万美元等额的澳元）。”不久，澳元交易行情急转，开始走高，并在整个晚上持续上涨。然而，利普舒茨的限价委托并未得到执行，因为他设定的限价恰好比市场交易价格低了那么一点儿，而市场并未跌至他的理想价位。“错过机会就像在交易中站错边一样糟糕。”他说。

在我们的第二次访谈中，利普舒茨想做空德国马克，且正等待小幅反弹的时机卖出。当他注意到马克反而已开始下跌时，他说：“看起来我要错过这笔交易了。”

“这听起来就像上周你使用限价单错过了做多澳元的机会时所说的，”我说道，“如果你的感觉如此强烈，”我问道，“为什么不直接以市价卖出德国马克呢？”

“什么！还要我支付买卖价差？”利普舒茨惊呼道。我不确定他是认真还是开玩笑，或者两者兼而有之。（顺带提一句，德国马克继续走低。）

我们的访谈是在美国市场收盘后进行的，但由于外汇市场永不休眠，显然利

---

[1] 此处指澳大利亚时任财政部长保罗·基廷（Paul Keating）将20世纪90年代初期澳大利亚经济衰退称为“我们不得不经历的衰退”。——译者注

普舒茨的交易永不停歇。然而，尽管他承认痴迷于市场和交易，利普舒茨却显得颇为从容。要不是他偶尔提及价格变动并通过电话下单，我甚至都不会觉察到他在关注市场动向。

★

建筑学怎么样了？

建筑学怎么样了？

嗯，我听说你有建筑学学位。你最后怎么会成为一名交易员？

当我在康奈尔大学攻读建筑学专业时，我的祖母去世了，留给我一笔由100股不同股票组成的投资组合，总价值为12,000美元，因为所有股票都是零股，我费了很大劲才把它清掉。收益所得为我提供了风险资本。我发觉自己越来越多地花时间在股市上摸索。倒不是说我对建筑学的兴趣减弱了，而是对交易变得更感兴趣了。

此外，建筑在很大程度上是一个老派的行业。在美国，你需要做长达3年的学徒，才能参加执照考试。然后你还要当更多年的绘图员。在掌控整个设计过程之前，有很长一段路要走。

你最终拿到学位了吗？

是的，当然。实际上，我拿到了两个学位。全日制建筑学课程需要5年时间。建筑系学生同时修读其他课程并花费更长时间完成学业并不罕见。我最终选修了许多商科课程，并获得了工商管理硕士学位。

从康奈尔大学毕业后呢？你找了份与建筑相关的工作吗？

没有，我刚才解释过了，学徒期的过程太漫长了，因而我从未进入建筑行业。我直接去了所罗门公司工作。

你是怎么得到那份工作的？

对工商管理硕士项目的学生来说，找一份与商业相关的暑期工作很常见。1981年夏天，我在所罗门兄弟公司找到了一份工作。在那之前，我还在用自己的账户积极地交易股票期权。

这是你用祖母留给你的1.2万美元开设的账户吗?

是的，此时我还小赚了一些。

你在交易初期对股票期权了解多少?

我对此了解不多。

那么你的交易决策基于什么?

我试图阅读我能找到的所有有关该领域的资料。我耗费了很多时间在图书馆查阅公司年报。我如饥似渴地翻阅各类财经期刊，如《经济学人》(*The Economist*)、《巴伦周刊》(*Barron's*)和《价值线》(*Value Line*)。

我还开始在有线电视上收看股市行情。由于位于纽约州的伊萨卡(Ithaca，康奈尔大学所在地)被群山环绕，无线电视接收效果尤其差。它也因此在20世纪70年代初就成为全美首批开通有线电视的地区之一。有线电视中的一个频道有延迟15分钟的股市行情。我花了很多时间留心观察，久而久之，我似乎对价格行为有了感觉。

你就是在那时决定成为一名交易员的吗?

我记不清是否有过任何刻意做出的决定，“我想成为交易员，我不想成为建筑师。”这是一个循序渐进的过程。交易占据了我的生活，千真万确。

所罗门的暑期工作与交易有关吗?

我是在康奈尔大学就读期间和我的妻子相识的。她胸怀壮志，且拥有颇为扎实的经济学背景。前一年夏天，她成功地在债券研究部门得到了为全球著名经济学家亨利·考夫曼博士[1](Dr. Henry Kaufman)工作的机会。尔后，我结识了她的顶头上司，碰巧他也是康奈尔大学的校友。他为我安排了与亨利·考夫曼的面试，岗位是我妻子曾担任过的同一职位(那会儿，她已经毕业并有了一份全职工作)。

具有讽刺意味的是，差不多在同一时间，所罗门兄弟公司派了一位代表到康

---

[1] 亨利·考夫曼(1927年10月20日—)，华尔街老牌经济学家，因其悲观观点而有“末日博士”(Dr. Doom)之称。——译者注

奈尔开展招聘工作。我受邀去纽约参加他们的暑期销售和交易实习项目的面试。面试官是所罗门的自营股票期权部门的头儿西德尼·戈尔德（Sidney Gold）。西德尼是个神经高度紧绷的人，语速非常非常快。

他带我进了一间办公室，这间办公室有一面玻璃墙，面朝一个大型交易室，放眼望去可以看到墙上滚动的电子行情。我背对着玻璃墙坐下来，整个面试过程中，他一直在关注行情变化。他开始如连珠炮似的对我发动攻势，接连提出一个又一个的问题。我，一个大学生，第一次穿着西装打着领带进行正式面试，我不知道该如何应对这一切。我故作镇静，慢条斯理地回答了他的每一个问题。

这样的问答过程进行了10分钟后，他突然停下来，直视着我的眼睛，说道："行了，别扯这些废话了。那么你想成为一名交易员喽。每个来这里的家伙都他妈的告诉我他想成为一名交易员。你说你在自己的账户上交易。你交易的是哪些股票？"

"我最近在交易埃克森（Exxon）的股票。"我回答。

他迅速回复："我不知道那只股票。再告诉我一只。"

"我还在交易3M。"我回答。

"我也不知道那个，"他回复道，"再告诉我一只。"

我回答："美国钢铁公司（U.S. Steel）。"

"美国钢铁，这我知道。它现在是什么价位？"

"昨晚收盘价是30.5。"

"它刚到了30.625。"他说，又接着问道："它是从哪个位置突破上涨的？"

"28。"我回答。

他厉声回道："那它之前又是从哪里突破的？"

"啊，那应该是3年多以前了！"我被这个问题吓了一跳，惊叫道，"我想它是从18附近突破的。"

那一刻，他放缓了语速，不再看行情，开口道："我想要你为我工作。"面试就这样结束了。

几周后，我接到了所罗门招聘项目负责人的电话。他说："我们遇到了点小问题。西德尼·戈尔德想聘用你，但考夫曼也想让你为他工作。所以我们做了这样一项安排，你要把时间分配给两份工作。”最终我在暑期的前半段为考夫曼博士做研究，后半段则在期权交易部门工作。

暑期结束时，西德尼给了我一份工作。由于我还有一个学期的商学院课程和建筑学学位论文要完成，所以我协调好在秋季学期期间为西德尼工作，并约定好我在春季重返校园。

股票期权部的工作经历对于学习如何进行期权交易来说是否有价值？

这份工作对整体交易经验肯定是有帮助的，但你必须明白，所罗门当时的股票期权交易跟量化根本沾不上边。实际上，我甚至不认为那里的任何人知道布莱克-斯科尔斯模型（Black-Scholes Model，标准期权定价模型）是什么，如今再回想起来，这简直令人难以置信。西德尼会在星期一早上进门时说：“我周末去买车，雪佛兰展厅挤满了人。咱们就买通用汽车（GM）的看涨期权吧。”诸如此类的情形。

我记得某天某位交易员把我拉到一边说：“听着，我不知道西德尼在教你些什么，但让我来告诉你关于期权你需要知道的一切。你喜欢它们，你就买看涨期权。你不喜欢它们，你就买看跌期权。”

换句话说，他们基本上是将期权当作加了杠杆的头寸进行交易。

一点没错。但整个交易方式实际上非常符合我自己看盘的经验。

从康奈尔大学毕业后你是否回到了股票期权部门？

毕业的那个夏天之初我在那儿工作，但后来我去参加了所罗门培训项目，这是每个新员工都要参加的活动。所罗门培训课程最棒的一点在于你能接触到公司的所有关键人物。所罗门的所有大人物都来了，在这儿讲述他们的故事，本质上也是在传达他们的形象魅力。你成为所罗门兄弟的一分子，文化的接力棒就这么被传到你手上。我的整个职业生涯都是在所罗门度过的，我坚信传承公司文化任重道远。

到了20世纪80年代末，这一公司文化遗失了很多。这些培训项目变得过于臃肿了。我刚入职所罗门公司时，每年只有一个培训项目，大约120人；到了80

年代末，每年的培训项目增加到两个，每个项目的人数也增加到250人。受训新员工似乎也更像是同一个模子里刻出来的，而在80年代初，公司似乎更愿意招聘一些难以预测的候选人。

除了接受公司文化的洗礼，你还从所罗门培训课程中收获了什么？

那就是我的收获。

听起来好像并不多。还有更多补充吗？

没了，那已经让我获益匪浅了。显然你从未在所罗门工作过。所罗门兄弟的文化就是这家公司的全部。

好的，那来谈谈所罗门兄弟公司的文化吧。

所罗门兄弟公司是一家几乎只从事自营交易的公司，多年来由一小撮非常强势且富有人格魅力的人掌控。他们好斗，赌上自己的钱，真正理解承担风险的含义。这无不是在考量他们的个性、胆识、洞察力、诚信和正直[1]。所罗门几乎没有关键人员的人事变动。董事长约翰 · 古弗兰[2]（John Gutfreund）在交易大厅里摆了一张办公桌，每天他都会坐在那里。我在所罗门的9年中，从未坐在离他超过20英尺的地方。

我记得与约翰 · 古弗兰的第一次对话，发生在我作为全职员工加入公司还未满1年的时候。你得想象一下当时的场景。那是7月3日傍晚。宏伟的所罗门交易大厅占据两层楼空间，曾一度是世界上最大的交易大厅。逐渐西下的夕阳余晖透过巨大的玻璃窗倾泻而下。由于假期临近，整个大厅除了约翰 · 古弗兰和我空无一人。

我听到他在呼唤："比尔，比尔。"他竟知道我的名字，我对此茫无头绪，但所罗门就是这样的地方。正全神贯注于手边工作的我，突然意识到他在叫我。我

---

❶ 这次采访是在所罗门爆发政府债券交易丑闻前几个月进行的。随着这一事态的发展，我询问利普舒茨是否仍希望在他对所罗门公司的描述中保留诚信和正直这两个词，因为鉴于最新的披露如今这两个词已多了几分讽刺意味。然而，利普舒茨强烈主张维持原本的描述，因为他认为这反映了他本人的真实感受。在被问及如何将这一正直形象与数次政府债券拍卖竞标程序中明显的道德过失相调和时，他的回答是："我相信这更多的是某些个体自身的问题，与古弗兰和公司所展现的品质背道而驰。"

❷ 约翰 · 古弗兰（1930年—2016年3月），债券市场传奇人物，华尔街著名投行所罗门兄弟前首席执行官，被誉为"华尔街之王"。——译者注

走到他的办公桌前说道："我在，先生。"

"法郎收盘价是多少？"他看着我问道。

我脑子里飞速地闪过他在此时此刻如此问我的一切可能原因。我看着他："哪个法郎？瑞士法郎还是法国法郎？"

约翰·古弗兰浑身散发着威严的气息。他非常具有个人魅力，你几乎能感受到他周身的气场。他不曾犹豫丝毫，直勾勾地盯着我说："两个都要。"于是，我用可能比平常高八度的嗓门儿给了他两个报价。

1年多后的另一个夏日，相同的场景几乎重演。落日的余晖流淌进交易大厅，只剩下我和约翰·古弗兰两个人。我再次听到身后一个声音传来，"比尔，比尔。"

这一幕如此似曾相识，让我恍惚。我走过去说道："我在，先生。"

"法郎收盘价是多少？"他问。

"哪个法郎？"我问道，"瑞士法郎还是法国法郎？"

他未做片刻停顿，也未展露出丝毫笑意，直勾勾地看着我说："比利时法郎。"

这家伙就是所罗门兄弟——可能是那些年华尔街最叱咤风云的公司——的董事长，而我只是个无名小卒。自初次接触以来已经过去了1年，他竟然还记得当时的情景，并且还饶有兴致地跟我耍了一个小把戏。随着岁月的流逝，我通过更多的接触对他有了更深的了解后，意识到他全然知晓那次对话将对我产生何种影响。我们如今在这里谈起这件事，已是将近10年后了，我还记得那次对话的每一个字。他对周遭众人就是能有这样的影响力。他经常与受训员工和支持人员交谈。

古弗兰本人也是个交易员吗?

约翰是从交易员做起，由基层一步步爬上去的。来到董事长的位置后，他将一天中的大部分时间花在了交易大厅来了解情况。我们总说约翰能从百步之外就嗅到死亡的气息。他不用知道你的头寸，就能知道你的头寸，以及你的头寸进展如何。他可以通过你脸上的焦虑程度来判断你的资产状况如何。

没有其他任何公司文化能和所罗门兄弟相提并论。人们经常谈及所罗门对风险的偏好。这家公司并不是寻求风险，而是能坦然面对风险或亏损，只要交易想法合理。

培训课程结束后，你最终选择加入外汇部门而不是回到股票部门，这是怎么回事？

事实上，我本想回到股票部门，但部门里的一位资深员工将我拉到一边说，“你是个量化人才，没必要在这儿做股票。”他说服我加入组建中的新部门：外汇部。我是受训人员中比较受重视的一个，培训结束后，几个部门都想录用我，其中就包括刚刚成立的外汇部门。

那你是怎么选中外汇部门的呢？

我想去一个交易岗，并且我与那群人相处还挺融洽。但其实，我当时选择的余地比我所以为的要小得多。

你的意思是？

你被招募进来，进行游说，并做出你的选择，到头来，终究是掌权者拿起了你这枚棋子，放在了他们想让你去的地方。

当时你对外汇有任何了解吗？

我甚至连德国马克是什么都不知道。不过，话又说回来，当时部门里也没有人真正对外汇市场有所研究。

一个人都没有？

也不能这么说。部门里有一个资历较浅的职员以前在银行干过。

难道整个公司就没有任何其他人在外汇方面有专长吗？

没有。

为什么公司没有考虑从外部引进有经验的人才来发展该部门？

这不是所罗门的做派。在所罗门，一切都是内部培养的。你问这问题，感觉你好像认为所罗门有某种商业计划书。实际情况是，某天几位高管聚在一起，其中一人说：“嘿，我们是不是真的应该成立一个外汇部门？”

“好。我们能找谁来运作？”

“吉尔怎么样？”

“好。嘿，吉尔，你想负责这个部门吗？”

“当然，我来吧。”

吉尔之前做的是债券套利。他并没有外汇方面的经验。他的想法是将一帮聪明人聚在一起，弄清楚这个外汇交易是怎么一回事，让他们交易这个产品，看看是不是能赚点钱。

既然部门里没有人真正了解外汇，那你又是如何获得经验、知道该做什么的呢？

部门中有一位同事非常活络。他每周都会组三四次饭局，拉上我们和国际银行家一起。那些日子里我特别内向。我记得有一天，部门里的一位交易员让我致电摩根担保（Morgan Guaranty）下一单德国马克的交易。我抗议道：“可我不认识他们任何人。”

他说：“什么叫你不认识他们的人？你就拿起汉布罗斯（Hambros，一本列有所有国际外汇交易商的书），翻一翻，找到摩根的德国马克交易员，然后打给他就行了。”

我坐在那里痛苦地挣扎了10多分钟，试图弄明白怎么给一个我不认识的人打电话。

谈谈你早期的外汇交易经历吧。

正好在所罗门兄弟公司外汇部门成立的同时，费城证券交易所（Philadelphia Stock Exchange）推出了一种外汇期权合约。我是部门里唯一知道什么是看跌期权或看涨期权的人。此外，该产品在一家实行特许做市商制（specialist system）的证券交易所交易，而我是部门里唯一有股票交易背景的人。部门中的其他人都来自固定收益部门，位于第42层。股票部门位于第41层，我原来在那儿工作。我认为部门中其他人甚至从未进入过41层。我还认识费城证券交易所交易大厅的特许交易商和做市商。部门中其他人甚至不知道什么是特许交易商[1]。这种情

[1] 在特许做市商制中，一个做市商负责撮合一只证券的买卖订单，而在公开喊价制度（open outcry system）中，由经纪人在交易所内高喊买卖报价来执行订单。

况简直是为我量身定做的。吉尔说："部门里只有你懂这个，你就去做吧。"

我想要表达的关键点在于，所罗门的外汇部门、比尔·利普舒茨的外汇交易员身份以及外汇期权产品，都是同时起步的，我们同生共长。这是一种独特的协同经历。

在没有任何过往经验的情况下，你是如何成为一名成功的外汇交易员的？

外汇交易完全是一门关乎人际关系的学问。你能否找到充分的流动性、你能否掌握信息，这一切都倚仗人际关系。如果你打电话给银行说："我需要10个美元（1000万美元）马克的报价。"他们可不必做任何事情。他们大可以敷衍了事："马克交易员在洗手间，等会儿再打吧。"但是如果我在下午5点打过去说："嘿，乔，我是比尔，我需要马克的报价。"回应将大相径庭："我刚要下班出门，但看在你的面子上，我去看看能帮上些什么。"

作为一个刚入行的新人，你是如何拓展这些人脉的？

当时期权刚刚进入市场，还比较新鲜，我有期权方面的背景对我帮助很大。他们会说："他懂期权。"见鬼，我对期权了解得没那么多，但关键是外汇领域也没有人很了解期权。他们的逻辑是："他能推导出布莱克-斯科尔斯模型，想必是个天才。"很多外汇市场的资深人士都想见我，仅仅是因为他们的客户想做期权，他们需要快速上手这种交易。

此外，我在所罗门兄弟公司任职，这在当时也营造出了些许神秘气息："我们不知道他们在做什么，但他们赚了很多钱。"

另一个对我有利的因素是，尽管我在一家投资银行工作，但我尽量表现得不像一个虚荣浮夸的投资银行家。那时候在投资银行做外汇交易的典型都是做固定收益的人。在外汇交易员眼中，他们行为刻板。他们身着背带裤搭配爱马仕领带，啜饮白葡萄酒佐以芝麻菜沙拉。他们不会一起出去吃意大利面且把蒜香番茄酱洒得到处都是，而外汇交易员基本上就是这种人。我则完全不同，我的背景不一样。

我是所罗门兄弟公司第一个在家里安装德励系统（Telerate）的人。他们觉得简直不可思议。“你要在家里装一个屏幕？你疯了吗？难道你从来不休息吗？”

我会看着他们说：“外汇市场是一个24小时的市场。它并不会随着你下午5点下班休息而休眠。市场整晚就在那里，行情整晚都在波动！”

人际关系很重要，是为了获得消息吗？

当然。我们中业绩好的一般都是被银行同业圈接纳的人。那些不混圈子的交易员往往在外汇交易中赚不到钱。这些交易员最终会给芝加哥商品交易所（Chicago Mercantile Exchange，该交易所进行外汇期货交易，虽活跃但规模远小于银行间市场）大厅的办事员打电话，问道：“瑞士法郎看起来怎么样？”一个办事员怎么可能知道究竟是什么在推动国际外汇市场？而我会不分昼夜地与银行家们联络沟通，获取东京、伦敦、法兰克福和纽约的第一手信息。

你是根据这些信息进行交易的吗？

这就是外汇交易的真实面貌。

你能举个最近的例子说明信息如何在交易中起到作用吗？

柏林墙倒塌时，市场的普遍情绪是每个人都想在初期将资金投入民主德国。当时的基本假设是，大量的资金流入东欧将使德国马克直接受益。然而，经过一段时间，人们开始意识到民主德国融入统一后的德国需要更长的时间。

这种态度的转变是如何发生的呢？时任德国总理科尔（Kohl）发表了一份声明；时任美国国务卿贝克（Baker）做出了一番评论；统计数据显示民主德国的失业率居高不下。民主德国人说：“我们不想像联邦德国人那样辛苦工作，另外，为什么国家不再支付我们的医疗费用了？”投资界开始意识到东欧的重建将是一个漫长的过程。随着这种想法逐渐成为主流，人们开始将资金撤离德国马克。

在柏林墙倒塌之初，你本可以得出与这些相同的观点。

我不认为当时很多人有这样的观点，并且即便他们那时有这样的观点，也不重要。重要的是评估市场在某个时刻关注什么。

那你获取这些信息的方式是通过与外汇市场的众多参与者交谈吗？

是的。并非每个人在同一时间都会以与你相同的方式解读事物，理解这一点很重要。你需要掌握消息，了解市场正在关注什么。例如，外汇市场的关注点前一天可能还在利率差异上，而第二天市场的关注点可能就转移到资本增值的潜力上，而这两个关注点恰好相反。（注重利差意味着投资者将把资金转移到利率收益率最高的工业化国家，而注重资本增值则意味着投资者将资金投向经济和政治前景较强劲的国家，恰好这些国家的利率较低。）

在你早期外汇交易员生涯中，有没有特别值得一提的交易经历？

1983年，就在费城证券交易所外汇期权交易的起步阶段，一位特许交易商对某一期权的报价明显差了100点。我买入了50手。由于这是一个深实值期权（deep-in-the-money option），我立即卖出标的市场，并锁定了无风险利润。（深实值期权的额外优势在于如果市场出现极端变动，理论上最大风险是有限的。）

我问我的经纪人，这位交易商是否仍愿意以相同的价格出售更多的期权。“是的，”他回答，“报价还有效。”

“再买50手。”我说道。

当时，我是费城交易所唯一一个惯常以50手进行交易的外汇期权交易员。整个市场每天的成交量不过两三百张合约。我买了另外50手，再买50手，又买了50手。然后高盛的人也来了，买了50手。一下子，这位交易商已经卖出了三四百手期权。显然他以为自己已经锁定了套利利润，但他算错了。我很清楚问题在哪里。最后，我对我的经纪人说：“问问他是否愿意卖1000手。”

“请稍等。”他回答。半分钟后经纪人回电说：“按照这个新价格的话，他愿意做1000手。”

这位交易商已撤回了他的报价并稍作了调整，但他目前的报价显然还是差了近100点。最后我对我的经纪人说：“让他打我的外线电话。”

这位特许交易商打给我问：“你在搞什么？”

我回答：“你在搞什么？”

他问：“你真的想做1000手吗？”

我回答：“听着，你的报价错了一位大数。”

“你在说什么？”他惊呼起来。我开始带着他算这笔账。还没等我算完，他就说：“我得挂了。”然后电话那头就没动静了。

我挂断电话，思索了几分钟。我意识到坚持履行这笔交易会让他破产，事态发展到这一步的话对交易所来说是件坏事，对我们刚开始大规模交易的产品（外汇期权）更是影响恶劣。我打电话给我的经纪人，说："把最初50手之后的交易全部取消。"

大约在同一时间，我的外线电话响了。电话另一头是那位交易商。"我简直不敢相信！"他大叫道，为自己犯下的严重错误倍感懊恼，"这会让我的事业停摆的。"

我说："别担心，我会把除第一笔50手之外的交易都撤销。"

（顺带一提，高盛拒绝撤销他们下单的150手。几年后，这家交易商公司已经倒闭，这位交易商本人成为交易大厅内最大做市商的首席交易员时，他总是在场内刁难高盛的人。）

我撤销交易的行为代表的是一个长期的业务决策，当时我并没有考虑太多，但事后我为之苦恼了多年。

为什么会苦恼？

我被誉为市场上最不轻易让步的人之一。我从未对任何人手下留情，因为我看透了身处所罗门，每个人都费尽心机想击溃我们。我确信，如果攻守互换，没有人会给我们喘息的机会。我始终认为，这就是游戏规则。我不给任何人留余地，也不期望得到任何人的仁慈。

有时交易员会在场外期权到期处于实值的情况下，错过行权并打来电话。他们总是有无数个借口："我之前尝试过打电话。""我忘了。""我只晚了几分钟，你就不能破例一次吗？"我一直都清楚，如果我们电话打得晚了，别人也不会让我们行权。事实上，在我工作期间，我们从未错过到期日。我的理由是："你看，我们在后台运作上投入了大量资金和精力。我们制定了诸多预防措施，以确保我们万无一失。"

当我与美林证券敲定管理公司的细节时，他们问我，应该为后台失误编列多少预算。我回答："零。"

他们难以置信地问："你说的零是什么意思？"

我说："零。我们不存在后台失误。"

他们说："你是什么意思？你们当然会出现后台失误。"

我回答："不，我们不会犯错。只要你采取了足够多的预防措施，你就不会犯错。"

这就是我的态度，这是我不会打破规则的原因。真正了解我的人会说："利普舒茨，你为什么事事都这么不让步呢？"我只会简单地回答："嘿，这就是规则，游戏就是这么玩的。"因此于我而言，放那位特许交易商一马打破了我为人处事的原则。

那么你决定放过那位交易商是因为那是一个显而易见的失误吗？还是因为你认为这可能会威胁到当时刚刚起步的交易所和外汇期权产品的长远发展？

这是一个长期的业务决策，我的考量是：坚持让他履行这笔交易将对我的业务造成不利影响。

在哪些方面对你的业务不利？

我在外汇期权交易方面的业务正在呈爆炸式增长，而费城证券交易所正是交易这种业务的地方。（外汇期权场外市场彼时才刚刚兴起。）

所以你这样做更多是为了保护交易所。

不，我这样做是为了保护我自己。

保护你的市场？

正是如此。

那么，假设当时费城交易所已经存在了10年，交易量非常可观，并且这笔交易对交易所的生存不会产生任何影响，你会做出不同的抉择。

没错。这可不是在做慈善。

所以这是个非常明显的错误的事实……

不，那不是理由，因为我对经纪人说过："叫他检查一下报价。""问问他是否确定。""再问问他是否愿意再做50手。"

在银行间市场，交易商有时会因疏忽将某种货币的报价弄错一位大数，

例如实际价格是1.9140，他们却报成了1.9240。即使是这么显而易见的错误，你仍会要求交易商遵守报价吗？

惯例是要有一个开诚布公的问询。比方说，有一些新闻爆出，市场疯狂波动。你可能甚至都不知道大数是多少。假设某个交易商报价1.9140，而你认为价格应该是1.9240。常规做法是向对方提出："1.9140，你确定吗？请核实你的报价。"如果交易商回答："对对对，我确定。你到底要不要交易？"那么该报价就应该成立。

你碰到过这种情况吗？

有，并且我可以告诉你，每次遇到这种情况，对方机构都会回过头来找你，要么想取消交易，要么想均摊差价。

那你怎么说的？

我拒绝了，因为我已经要求他们确认过价格了。

正式采访中间有一段休息时间，我们得以享用预订的中餐。进餐期间，我们一边狼吞虎咽，一边继续讨论市场话题。其中一个被讨论到的主题因为涉及某个交易所的大量内幕，被明确要求不对外公开。由于我相信许多读者会对这次谈话中的评论和观点感兴趣，我最终说服利普舒茨允许我在书中引述这段对话。根据协议，我已对所有涉及该交易所、市场和交易员的具体内容进行了删节处理。

在场内交易市场中，你是否认为止价单[1]有被"吃掉"的倾向吗？

如你所知，我很少在人工喊价的交易所交易。我的绝大部分交易都在银行间市场或费城证券交易所（实行特许做市商制）进行。不过，为了回答你的问题，我可以给你讲一个20世纪80年代末在所罗门公司工作的一位同僚的故事。

他此前一直在交易的市场已进入窄幅区间，交易活动已近乎枯竭。在此期

[1] 一个在价格达到某个预设水平后进行买或者卖的指令，可设定比现价高的止价买盘或比现价低的止价卖盘。——编者注

间，这个交易区间的正上方附近堆积了很多止价单。一天，这位交易员在交易大厅的办事员打电话来报："听着，有传言说明天（这一天由于现货市场受假期影响，预计流动性将大幅低于正常水平）他们打算对准市价上方的止价单。"当时，这些止价单与交易区间相对接近，只高出40或50点。

这位交易员隔天的计划是一旦触发止价单，就大量卖出，因为他认定这样的反弹是人为操控所致，市场将顶不住后续的抛售压力。当天早上，市场处于横盘整理的态势，一切风平浪静。然后，在下午1点左右，价格开始波动——下跌。

你说过止价单在市价上方，是吧？

没错。总之，价格下跌了50点、100点，几分钟内价格下跌超过200点。实际情况是场内的交易员对市价下方的止价单（距离市价200点）出手了，而没有对市价上方的止价单（距离市价仅50点）出手。原因是每个人都准备好迎接反弹，触发市价上方的止价单。因此，每个人都在看涨，价格最脆弱的方向是向下。

在市场急剧下跌过程中，我的朋友意识到市场已经过度下行。他对办事员大喊："买进！他们卖多少，你就买多少，买就行了！"他在价格下跌100到200点之间挂了数百张合约的买单，但最终只成交了50张，尽管市场下跌超过200点，数千张合约在该价格水平上成交。

他的买单怎么了？

显然你从未在交易所的场内大厅交易过。在交易场内，市场有可能在快速波动的同一时刻以多个不同的价格成交。他们直接越过了我朋友的场内经纪人，对他更高的报价视而不见。那是个急剧波动的市场（当交易所认定"急剧波动的市场"条件成立时，场内经纪人不会因为未能执行当日成交价格范围内的订单而被追责）。急剧波动的市场为场内经纪人提供了特殊的偷窃许可，超出了他们正常偷窃许可的范围。

我并不是在指控这件事或任何人，因为我无法证明确有其事。这仅代表我的个人观点：在一些公开喊价市场中此类情况时有发生。

晚餐结束后，我们回到客厅继续“可公开发表”的访谈。

你还记得你的第一笔重要交易及其背后的思路吗？

这笔交易涉及某批债券发行，该债券允许以英镑或美元赎回。它的发行价格严重偏低——问题在于主承销商之一的所罗门兄弟公司定价有误。当我第一次听到详细情况时，我简直不敢相信它的定价是那么离谱。实际上，我当时想要买下整批债券的发行量。

定价错误的实质是什么？

当时，英国的利率远低于美国的利率。因此，远期英镑的交易价格远高于即期。（如果两个国家的利率不同，利率较低货币的远期价格总是高于即期汇率。如果该升水不存在，那么就有可能从利率较低的国家借入资金，将其兑换并投资于利率较高的国家，同时买进利率较低货币的远期外汇，以对冲汇率风险。套利行为确保了利率较低货币的远期升水将恰好足够抵消两国之间的利差。）

但是，以英镑为赎回选项时，这批债券发行的定价方式实际上并未考虑英镑较即期汇率的升水，尽管英镑在远期市场中存在巨大升水。因此，你可以买进债券，并以巨额升水卖出远期英镑，而远期英镑的价格会随着债券趋近到期而逐渐趋近即期汇率。

这批债券的期限多长？

该批债券分四个批次到期：5年、7年、9年和12年。

我不太明白。能够在这么长的时间对冲货币吗？

当然可以。即使你不在远期市场上进行对冲，你也可以通过利率互换来建立头寸。然而，就英镑/美元而言，其远期市场的期限非常灵活多样，因此必定存在至少10年后的市场。

这批债券发行规模有多大？

发行分两期：第一期1亿美元，第二期5000万美元。

当你指出发行的这批债券被严重错误定价后发生了什么？

他们最初的反应是一定是我哪儿搞错了。他们当天花了9个小时，在公司里每一个量化高手面前一遍遍演算，直到他们确信我是对的。

他们让你买进发行的这批债券了吗？

是的，但在我获得批准的时候，第一期已经卖出一半儿了。在接下来的一两年里，我竭力在二级市场上买进这批债券剩余的部分。我总是出价寻求买进这些债券。在很大程度上得益于一位了解原始发行情况的销售人员的帮助，我在接下来的2年里成功地购得了总发行规模1.5亿美元中的1.35亿美元。

购得这些债券后，我即刻在英镑远期市场上卖出了相当于总额50%的金额。请记得，远期英镑的升水很高。举例来说，即期汇率（即债券以英镑赎回的汇率）是1.3470美元，而7年期远期英镑交易价约为1.47美元，12年期远期英镑交易价约为1.60美元。（在远期市场卖出总额的一半，实际上将一半仓位转换为间接持有的英镑看跌期权，而原始债券则相当于看涨期权。因此，一半仓位是看涨期权，一半仓位是看跌期权。重点在于，看跌期权建立在比看涨期权高得多的价格上。其间的差额实质上代表了一种锁定利润，如果远期英镑汇率跌破1.3470美元或涨至1.47美元以上——以7年期为例——则可能获得更高的利润。）

无论如何，最终发生的情况是，英国利率从低于美国转为高于美国利率，从而导致英镑远期汇率较即期汇率从升水转为贴水。我回补了整个仓位并获利颇丰。

你职业生涯中还有其他令人印象深刻的交易吗？

我想起了1985年9月七国集团（以下简称G7）会议期间发生的一笔交易，这次会议涉及重大结构性变革，为未来5年的外汇市场奠定了基调。（这是一次主要工业化国家达成协调一致政策的会议，旨在推动美元贬值。）

显然，你对外汇市场非常了解。你是否意识到如此重大的政策变化就近在咫尺？

没有。有一些人隐约预感到西方政府将召开一次会议来推动美元贬值，但没有人认识到会议的影响有多么深远。即使在会议结果公布后，美元贬值了，但与随后几个月的颓势相比简直是小巫见大巫。事实上，在新西兰和澳大利亚市场初步出现抛售之后，在东京市场美元出现了小幅反弹。

对此你如何解释？

人们当时并未真正理解发生了什么。普遍的态度是：“哦，又是央行干预。”要记得这次会议之前数年的央行干预均未奏效。

这次有什么不同？

这是我们首次看到来自7个工业化国家的协调一致政策的声明。总之，当G7会议召开时，我不在国内。我不常休假，但那年我的业绩非常出色，所以那会儿我给自己在撒丁岛放了个假。撒丁岛相当偏僻，打一个国际长途大概要2个小时才能接通。

你是否知晓当时的形势？

我当时甚至都不知道什么是G7。那个会议当时并没有任何重大影响，只是一群官员聚在一起，洽谈推动美元的贬值。

之前的G7会议从未对美元产生过任何重大影响吗？

绝对没有。反正，当时我躺在沙滩上，对全球外汇市场上正在发生的一切骚乱毫不知情。出于某种原因——可能是因为假期即将结束，而我开始想着重返市场了——我决定在纽约时间周一一早给我的办公室打电话，看看在我离开的日子里是否一切顺利。费了很大力气，我才成功拨通了纽约的电话，但是我的办公室无人接听。无人接听是很不寻常的，因为我的助理安迪通常很早就会到办公室。我有一点担忧。接着我打电话到我们伦敦办公室询问外汇市场的近况。

“丹尼斯，外汇市场如何？”我问。

“你肯定知道G7会议，不是吗？”他问我。

“不，”我回答，“你在说什么？”

“他们出台了一个宣言，要推动美元贬值，现在美元要崩了。”

“你知道安迪在哪儿吗？”我问。

“哦，安迪今天病了，在家休息。”他答道。

这很离奇，因为安迪和我谁也没休过病假。又费了更大的力气，我终于打通了安迪家里的电话。他因流感而卧病在床，并发着高烧。

你们在G7会议召开之前建仓了吗？

有，我们有少量的美元空头仓位，但不成规模。

安迪有交易权限吗？

当然。他并不只监控我的仓位，还负责交易一个相当重要的仓位。有意思的是，安迪一看到新闻就跑去新西兰市场了，那是全球第一个在那周末后交易的外汇市场。没有多少人在那个时区交易，这是个交易量小的市场。我想他之所以能获取报价，是因为我们（所罗门兄弟）经常在新西兰的周一早上进行2000万到5000万美元的交易。因此，无论是安迪还是我打去电话并不稀奇。我们已经在那个交易中心建立了人脉，当时鲜有其他纽约人或欧洲人能做到。

当时由于大众看不透、摸不清，市场中报价相差很大，报价差别达到两位大数。安迪在新西兰卖了6000万美元，这在当时算得上是巨额交易了。

［此处，利普舒茨重现了安迪与新西兰银行的对话：］

"20个（百万）美元，你们报价多少？"

"出价2.80，要价2.82。"

"卖出。你们现在报价多少？"

"2.79，2.81。"

"20个归你。你们现在报价多少？"

"2.78，2.80。"

"20个归你。"

安迪以比上周五收盘价低六位大数的价格卖出。我对他有这样的洞察力感到印象非常深刻。我自己未必能像他那样果断。

长话短说，6个小时内，我在撒丁岛的酒店房间里与因病躺在新泽西州恩格尔伍德家中的安迪保持不间断通话。国际长途电话很难接通，所以我们整天都保持不断线。安迪的电话线连着我，还有一条不间断的电话线连着费城证券交易所，我们在那里进行外汇期权交易。此外，他让妻子等电器连锁店睿侠（Radio Shack）一开门立刻跑去买那种超长电话延长线。然后从邻居家接来第三根电话线，以便他能与我们的即期美元/马克经纪人保持不间断通话，这样我们就可以在现货市场进行交易。我们用这种方式交易了6个小时。那天我们赚了600万美元，这在当时可能相当于我们全年总利润的25%以上。

我们当时住在这个豪华度假村，主要是欧洲富豪经常光顾的地方。有一个有意思的小插曲是，在这些事情发生的同时，两位工业大亨类型的人，年长的德国男性，仪表无可挑剔，晒得一身完美的古铜色，身边跟着的女伴显然是他们的女儿，每隔10分钟就会来我房间用德语询问发生了什么事。我妻子帮我翻译。他们知道外汇市场正在风云突变，但没有人知道具体情况。撒丁岛与世隔绝，所有的报纸都是至少两天前的。但那就是当时我所处之地。

是否还有其他交易因这样或那样的原因而特别不寻常?

1987年，发生了一笔非常有趣的交易，因为它几乎变成了一场扑克游戏。当时，我建了个庞大的期权价差仓位：买进23,000手日元的看涨期权，行权价54，并同时卖出23,000手日元的看涨期权，行权价55。如果看涨期权在到期时处于实值，这个价差交易的每一侧将相当于近8亿美元——在当时真的是一个庞大的仓位。而当我建这个仓位时，这些期权处于虚值。

[利普舒茨所描述的即“牛市看涨期权价差”(bull call spread)。为了使该交易策略获利，日元价格必须上涨至54以上，且涨幅至少要足以抵销价差期权的成本。然而，与单纯买进看涨期权不同的是，该策略的获利潜力被限制在每张合约一个点，因为行权价为55的看涨期权(后简称为55看涨期权)空头仓抵销了同等规模的54看涨期权多头仓。尽管卖出55看涨期权限制了获利潜力，但它也大大降低了交易成本，因为卖出55看涨期权的收入部分抵销了购买54看涨期权的成本。55以上的任何价位都能实现该策略的最大利润，即每手价差期权将产生一个点的利润(625美元)，减去建仓时行权价为54与行权价为55的看涨期权的价差。根据利普舒茨描述的数字，整个期权价差的最大获利潜力，即在55以上的价位时，可达约1300万美元。]

进行此类交易的风险在于，如果买进期权行权价处于实值，但卖出期权行权价处于虚值(即价格介于54和55之间)，你最终可能会执行54看涨期权多头头寸，但没有买家要求你执行55看涨期权空头头寸。尽管这意味着到期时可能会获利，但也意味着你将守着近8亿美元的净多头头寸挨过周末，直到周日晚上东京市场开盘。换句话说，周末价格可能出现不利波动，这是你将面临的巨大风险敞口。

你不能在这个头寸快到期时进行对冲吗？

如果你对市场会显著高于还是低于55的行权价很有把握，你是可以这样操作的。但如果在临近到期时，市场在行权价附近呢？那你在这种情况下就不能确定是否会执行合约。你肯定不想在交易的最后几个小时内把23,000手的期权价差持仓全部平掉，因为那时你将不得不支付巨额买卖价差，才能从这种规模的交易中退出。一方面，如果你因认定市场到期时在55之上的水平（这将导致55看涨期权空头头寸被执行），而没有对54看涨期权多头头寸进行对冲，但市场最终收盘价在55以下，那么最终你可能得守着巨额净多头头寸过周末。另一方面，如果你因认定市场将在55以下收盘，而对54看涨期权多头头寸进行对冲，但市场最终收盘价在55以上，55看涨期权空头头寸被执行，那么最终你可能得守着整个面额的净空头头寸过周末。正是由于不确定市场是否会在55以上或以下收盘（或者说，相应地，你的55看涨期权空头头寸是否会被执行）使得有效对冲该持仓成为不可能。

这笔交易中尤为有趣的一点是，有一名做市商开了与我对做的约2万手期权价差仓位。当你在交易所内经手这种规模的交易时，通常都能知道对手盘是谁。

到期日来临，当市场进入最后几个小时的交易时段，猜猜怎么着？价格正好在55附近。那家做市商不知道我是否已对54看涨期权多头仓进行了对冲，而我也不知道他们是否已对54看涨期权空头仓进行了对冲，或者是否打算行使其55看涨期权多头仓以抵销仓位。直到周日早上，我们中的任何一方都无法知道另一方的仓位，周日早上你会收到任何期权行权相关的通知。

周日晚上，我们会在东京市场上重新玩一次同样的扑克游戏。如果他们行权了55看涨期权多头头寸（致使我做空该头寸），他们不会知道我是否持有日元空头头寸，这取决于我是否进行了对冲。如果他们没有行使看涨期权，他们也不会知道我持有净多头还是中性头寸，这同样取决于我是否进行了对冲。对我来说，我也不会知道他们持有净多头还是中性头寸，因为我不知道他们是否进行了对冲。因此，在周一早晨新西兰和澳大利亚市场开盘之际，要么我将持有价值近8亿美元的多头日元头寸，而他们将持有相同金额的空头头寸；要么他们将持有该头寸，而我将持有相同金额的空头头寸；要么我们中的一方持有净多头或净空头头寸，而另一方进行了对冲；要么我们双方可能都进行了对冲。我们都无法确定对方的仓位，鉴于我们在交易中心的仓位规模，我们就是彼时彼刻市场上唯一的焦点。

周五（到期日）下午，我听说对手盘公司正在现货市场买入日元。他们的底牌已经暴露了。当即我便知道他们既没有对54看涨期权空头头寸进行对冲，也无意行权55看涨期权多头头寸。

下午5点，日元收盘价距55行权价不到一个最小变动价位。由于对手盘公司在现货市场上的动作，我认为他们可能不会行权55看涨期权多头头寸，但我也不能确定。

周六，电话铃声响起，是对手盘公司的交易员打来的。“你怎么样？”我问。

“非常好。你怎么样？”他回问我。

“我不知道。你说呢？”我回答。记住周日之前你不会收到通知，而该对话发生在周六。“你做了什么？”我问。

他说，“你觉得我做了什么？你肯定猜不到。”

“是吗，我想你周五下午已经差不多摊牌了。”我回答。

“是的，那是最蠢的事情了。”他说。在银行间市场购进日元并不是他自己的主意，而是他公司的委员会决定的。他最后告诉我：“我们不打算行权。”

难道他打电话只是想告诉你他们不行权然后放你一马？

反正在新西兰市场开盘前我就已经知道了。他可能试图嗅探我的仓位，即我是否进行了对冲。如果他能弄清楚我的操作，那么或许他在市场上还有施展的空间。事实证明，我并没有进行对冲，而是持有日元的净多头头寸。如果他知道这一点，他就可以进入银行间市场最早开盘的新西兰，并将市场推向朝我不利的方向。通过告诉他他们在周五下午购进日元的动作已经走漏了风声，我促使他们相信我已经摸清了他们的头寸（实际上我确实摸清了）并进行了对冲（实际上我并没有对冲）。周末有一些消息，美元兑日元在开盘后大幅走低。最终我大幅增加了这笔交易的利润。

你最终在那笔交易中赚了多少钱？

非常夸张的一笔数字，差不多2000万美元。不过，这笔交易的点睛之笔无关金钱，而在于周五下午的心理博弈，充满了来回试探和虚张声势。整个周五下午许多人打给我们的交易柜询问我们与对手盘公司之间到底发生了什么。市场上没有什么别的大动静，这些就是当天市场上最大的头寸，比剩下的大出百倍。

你还能想起别的特别难忘的交易吗？

我可以告诉你自我开始交易以来一次真正感到恐惧的经历。那是1988年的秋天，外汇市场风平浪静，几乎没有什么波动。德国马克一直处于非常狭窄的交易区间。在这种非常典型的低波动性时期，我们的仓位规模往往会不断扩大，因为我们试图捕捉越来越小的价格波动并同时产生相同的业绩。这导致我们当时的仓位远大于平时。

我们知道戈尔巴乔夫（Gorbachev）将在联合国发表讲话，但我们不知道他会讲什么。那时，美元兑德国马克，我做空了约30亿美元。

30亿！那是你当时交易过的最大头寸吗？

我做过更大的，但30亿也确实是很大一笔了。当时市场一直在一个1%—2%的窄幅波动范围内震荡，而我预计这种横盘走势将持续下去。随后戈尔巴乔夫就裁军问题发表了讲话，市场将其解读为美国或将也削减武装部队投入的信号，这一进展或将有利于预算赤字。所有这一切都被认为利多美元。美元在纽约开始上涨，在那个时刻市场上缺乏足够的流动性。很快美元涨幅就达到了一个百分比，我知道我有麻烦了。

30亿头寸的1%就是3000万美元！仅一个下午就亏了这么多？

亏损发生在短短的8分钟内。我只想熬到下午7点钟东京市场开盘，因为那儿有充足的流动性。如果你真的得买进30亿美元，那你就去东京市场上买。在纽约的下午盘上你买不到，即使在寻常日子里都买不到，更不用说在重大新闻发布的日子。我的策略是试图在纽约抑制美元的涨势。通常来说，如果你在纽约下午盘上卖个几亿美元，市场将毫无招架之力。我卖出了3亿美元，但犹如石沉大海，美元继续上涨。

除了我的副手罗伯特，部门里的同事并不清楚我们的仓位有多大规模。我看着罗伯特说，“这没让市场放缓太多，不是吗？”他面露难色，缓缓摇头。我意识到我无法平仓了。我真的害怕了。我记得当时脑子里都是：这颗子弹终于还是击中了我的后脑勺。

公司总裁汤姆·施特劳斯（Tom Strauss）坐在我身旁约15英尺远的地方。（那天古弗兰不在公司。）我起身走到施特劳斯面前说：“汤姆，我们有麻烦了。”

他看着我，平静地问：“什么麻烦？”

我回答：“我做了美元空头，但我误判了市场的流动性。我试图压低市场，但这行不通。而且美元也买不回来了。”

他非常冷静地问：“我们现在的处境如何？”

“亏损在7000万到9000万美元之间。”

“我们打算怎么办？”他问我。我清清楚楚地记得，他使用了“我们”这个词，而不是“你”，这一举动在当时给我留下了深刻印象。

我说：“如果我试着买回一些美元，或许可以四处东拼西凑一点儿，但金额不会很多，而且这么做最终会让市场与我们渐行渐远。东京是流动性的最优解。”

“有什么计划？”他问。

我回答：“等东京一开盘，我得先看看它的交易价格。我现在的打算是在那时回补一半的仓位，之后就随机应变。”

他说：“我们已经做得很不错了。你怎么说的就怎么做吧。”整个对话只用了不到2分钟。

几天之后谈及这段插曲时，罗伯特说：“我从来没见过你那个样子。”我问他此话怎讲。他回答说，“你面白如纸。”我当时对周遭的感知理所当然是失真的，因为我太专注于当时的局势。后来有人告诉我，整个下午，交易柜几乎没人说话，罗伯特也不让任何人靠近我。我对当时所发生的一切浑然不觉。

继续我们的谈话，罗伯特说：“我不知道你怎么就走到施特劳斯面前了。”

“为什么？”我问，“换你怎么做？我只能这么做，我必须向施特劳斯汇报发生了什么事。”

罗伯特回我说，“9000万美元！你赔了9000万美元！你明白这意味着什么吗？”

我问：“换你怎么做？”

他回答：“我会穿上外套然后离开这儿。我会想就这样吧，都结束了，我被炒了。”

如今想来我不知道他是不是真的会那样做，但我从没想过我要离开这儿。我脑海中从未曾冒出过我弄丢了工作的念头。这家公司栽培我，让我成长成熟，我很难想象我会丢了工作。我首先想到的就是仓位。接着想到的是我要确保管理层了解情况。正如汤姆·施特劳斯的回答所体现的那样，我们的对话不包含任何负面情绪，这与公司的行事风格完全一致。那是一次审慎的交谈，但如果要对哪里出了错进行分析，也一定会等到状况解决之后。

这个仓位最后怎么样了？

东京市场开盘后，美元跌了。于是我搁置了原来的计划，暂时没有回补一半的仓位。美元继续下跌，我在欧洲市场平了美元仓位。最终当天我亏损1800万美元，在当时那种情况下可谓大获全胜。

在那种处境下，绝大多数人都想离场解脱，他们可能在东京市场一开盘就清空仓位。很显然，你遵从了自己的市场判断，克服了冲动情绪。

我之所以没有在东京开盘时清仓，是因为那是个错误的交易决策。实际上，作为一名交易员，我的逆风交易表现远好于顺风交易。

你从整段经历中学到了什么？

主要是我对公司以及自己有了更深的认识。我非常敬佩所罗门兄弟愿意了解市场发生了什么。如果你想玩这场游戏，有时候会有人被暗杀，有时候会有人在联合国发表讲话，你可能会置身交易的对立面——这就是游戏规则。外部事件就是外部事件，所罗门兄弟真正理解这一点。

你说你也加深了对自己的认识。你认识到了什么？

那时我第一次深刻认识到，在交易方面，我和身边绝大多数人真的不一样。虽然当时我很害怕，但我并非害怕丢掉工作或是担忧他人对我的看法。而是害怕我做得太过，将风险推高到无法接受的地步。对下一步去哪里以及怎么去，我心中从未有过任何疑问。我的决策过程未曾模糊或混沌。我的恐惧关乎我的判断失误——不是在市场方向上（你可能在这一点上一直犯错），而是在流动性判断上的巨大失误。我让自己陷入了失控的境地。这种情况以前从未发生过。

还有其他惨痛的交易经历吗？

你从未问过我个人账户怎么样了。

对哦，情况如何？我记得你从1.2万美元起步的。

没错，最高时大概有25万美元。

真的吗？你把那笔钱做到了这么大！

是的，前后用了4到5年的时间。

依然是增值很大。

是的，我取得过许多辉煌战绩。但我最后在几天之内就几乎把账户上的钱赔个精光。

发生了什么？

1982年9月23日，道琼斯指数在盘中从下跌30点转为收涨20点。这就是著名的格兰威尔反转（Granville reversal），标志着熊市已见底。

“格兰威尔反转”是指在乔·格兰威尔［（Joe Granville）当时极其受欢迎的市场投资专家］建议卖出后不久出现的反弹吗？

正是。那时我强烈看空行情，并重仓看跌期权。我一直在累进加仓。我急得像热锅上的蚂蚁。那个星期一我亏掉了大部分资金，到了星期三账户里的钱几乎全亏没了。

你用了4年多的时间把1.2万美元变成25万美元，却在短短几天内损失殆尽。你是否有过一瞬间的自我怀疑？

那倒没有，我只把它看作一场重大失利。身为交易员，我一直胸有成竹。我认为我已经掌握了基本的交易技能并将之付诸实践应用，正是这份技能让我能够加入所罗门兄弟公司，并让我在这个过程中获得了极大的乐趣。让我不安的是我的交易方式，金钱从未对我产生过重大影响。

你是否因为这次经历而做出了任何改变？

我决定，既然我要为所罗门兄弟工作，我的全部精力应该集中在做好本职工作上，而非交易自己的账户。从那时起，我再也没有交易过自己的账户，不是因为我亏了钱，而是我不想分散精力，不想像多年来我看到其他一些人所做的那样。基本上，我每两周领一次薪水并把钱存入一个货币市场账户，这个账户只投资政府证券，因为我想获得额外的保障。

个人账户的突然终止对你作为交易者有何影响？

或许我变得更加注重风险控制了。我以前从来不是一个风险厌恶者。

你所说的“风险控制”是什么意思？

风险控制涉及的要素众多：始终了解自己的处境；不要将过多的资金集中在一笔大交易或高度相关的一组交易上；始终了解交易当前而非你建仓时的风险回报比。有些人会说：“我只是在用市场的钱去交易。”那是我听过的最荒谬的话。我并不是说所有这些概念都是在一天之内就明确了，但我认为我在自己账户上的经历让我开始更严肃地去考量这些层面。

说到风险控制，你如何应对一连串的亏损？

处于连续亏损的情况下时，你正确吸收和分析信息的能力开始大打折扣，因为你的信心受损了，这是连续亏损的副作用。你必须努力恢复信心，缩减交易规模有助于实现该目标。

既然你对所罗门兄弟公司如此忠心耿耿，为何最后还是离开了？

部门创始人吉尔于1988年离开了，接着我作为负责人接手了部门，一共干了一年半。我发觉自己总是电话缠身，在电话中谈论人事而无关乎交易。我不喜欢东奔西走到处出差。我也不喜欢管理东京、伦敦和纽约这么多处的员工。

我希望能引进一位共同管理人来帮助打理部门事务。这样我可以专心交易，而让他负责行政管理。然而，这并非所罗门兄弟的风格。相反，他们任命了一位职级在我之上的人。起初，我认为这可能行得通，但他们选中的人毫无外汇方面的背景。他来自固定收益部门，用债券世界的眼光看待一切。他经常会问："嚯，这不就跟政府债券市场一样吗？"我只能在心里默默作答："不，这一点儿都不像政府债券市场。忘了政府债券市场吧。"

你目前为自己的管理公司交易，这与你在所罗门兄弟公司的交易有何不同？

目前我的交易规模比之前在所罗门时小很多，这一点比较吃亏。

交易规模大为何有优势？

别开玩笑了。

不，我很认真。

如果某个主力买家进场并将市价推高4%，这就是优势。

他毕竟还是得平掉那个仓位。除非他对市场的判断准确无误，否则交易规模大似乎并不占优。

他不必一下子将持仓全部平掉。外汇市场是一个非常受心理因素影响的市场。你假设市场会迅速回归均衡点，比他平仓的速度更快。但事实未必如此。举例来说，如果你将市价推高4%，那么你很可能会改变未来几天的市场心理。

照你这么说规模是一种优势？

在外汇交易中，规模是相当大的优势。

你在所罗门交易的账户规模有多大？

这个问题实际上没有直接意义。对于所罗门兄弟这样的公司来说，交易活动没有直接的资产支撑。相反，随着时间的推移，交易员和财务主管逐渐在银行积累了越来越多的授信额度。因为我们是所罗门兄弟，银行非常乐于发放这些信贷额度。这就是规模即优势的另一种体现。到1990年，我们部门的信贷额度可能达到800亿美元。然而，没有任何特定资产被隔离或质押以用于外汇活动。

我想了解一下你是如何对价格方向做出决策的。让我们以德国马克当前的前景为例，仅作说明用途。我知道你预期美元兑德国马克将上涨。你这笔交易背后的理由是什么？

首先，我非常关注两德统一对德国经济的影响。民主德国存在巨大的基础设施问题，可能需要10年或更长时间才能解决。其次，改组联邦银行（德国的中央银行）以吸纳民主德国中央银行代表的计划也带来了很多不确定性。最后，科尔政府目前似乎根基薄弱，尚未立住脚跟。所有这些因素都会阻碍资金流入德国。

与此同时，美国的低利率、美联储对继续刺激经济显而易见的亟盼，以及初步显示出的有利经济数据都在表明，美国可能正在走出衰退。因此，人们开始认为美国可能不失为一个不错的投资地点。

在确立了货币走向的大局观后——此处即为美元兑德国马克升值——你如何判断该分析是否有误？

能让我改变主意的事件包括：有证据表明德国政府正在行之有效地处理我之前列出的一些问题，以及经济统计数据表明我对美国经济衰退结束的假设为时尚早——基本上就是与我所描述的看好美元的情况正好相反的事件。

为了便于讨论，我们假设市场基本面表面上并未改变，但美元开始走低，你将如何判断自己出错了？同时，又有什么措施可以避免你遭受无休止的亏损呢？

我相信美元兑德国马克将上涨，但如果价格走势未能证实我的预期，我会重仓做多吗？不，我会持平，并在价格回调时少量买进。你的仓位规模必须适度，以使得即使在择时不完全正确的情况下，也不会因此爆仓。我的做法是在市场走向有利于我的情况下逐步加仓。我并不会在建仓时盲目认定："天啊，就是这个价位，市场会从这里起飞。"我绝对属于逐渐加仓类型的交易者。

在退出仓位时，我会采取相同的做法。我不会说："行吧，我赚的钱已经够多了，交易到此为止，我退场了。"而是会在我观察到基本面或价格走势发生变化时开始分批减仓。

你是否认为在进出场时采用分批次的策略对于你整体的交易成功至关重要？

我认为这种策略使我能够更长久——比我所见过的大多数交易员持仓都长久——地持有长期赢家。我不介意让利润奔跑，而许多交易员做不到这一点。要想持续获利，你必须得让利润奔跑。我认为，如果你指望交易中在50%以上的时间做出正确判断，那么你很难在交易中持续获利。你必须找到一种方法，仅靠在20%到30%的时间里做出正确判断就能实现获利。

关于上一个问题，如果我反过来这样问你：假设美元开始上涨，即市场走向对你的交易有利，但基本面，这个支撑你交易的大前提已经发生了变化。你会因为市场走势有利于你而继续持有该仓位，还是会因为基本面分析发生了变化而退场？

我肯定会退场。如果我认为基本面发生了变化，而市场的看法并非如此，那么可能有某些我不能理解的事情正在发生。当你不理解发生了什么，你不该再死守仓位。这么做毫无意义。

我一直对美国和全球范围内众多银行的挤满了交易员的大房间感到费解。这些交易员怎么可能都赚钱？交易可没那么容易。我在市场上摸爬滚打了近20年，知道绝大多数交易员都是亏钱的。这些银行是如何找到那些做交易能赚钱的年轻受训员工的？

事实上，一些大型银行在全球设立了多达70间交易室。但首先要搞清楚一点，并不是所有银行每年的交易都是赚钱的。

话虽如此，我还是假定大多数银行在大多数年份都是有利可图的。这种获利能力是来自从客户交易中赚取买卖价差的优势，还是主要来自成功的定向交易？

许多研究都围绕该问题进行。几年前，我读到过一份关于花旗银行交易业务的研究报告，花旗银行是全球最大、可能也是最赚钱的外汇交易银行。他们的交易业务通常每年赚取3亿到4亿美元。关于他们如何赚到这么多钱一直众说纷纭。有人认为是花旗银行遍地开花的外汇交易部门使得外汇市场中不少保证金交易者和套期保值者需要进行交易时，会立即想到花旗银行，而花旗银行可以从这些相对简单的交易中赚取巨大的买卖价差。此外，花旗银行在许多没有自己的中央银行的国家开展业务。在这些国家，大部分甚至全部的外汇交易都通过花旗银行进行。那篇研究得出的结论是，如果花旗银行只做赚取买卖价差的外汇交易，且从不进行任何仓位交易，他们每年可能会获利6亿美元。

这意味着他们每年可能在实际的定向交易中损失数亿美元。当然，果真如此的话，我之前问题中所举出的明显悖论，即怎么可能所有交易员都赚钱，也将迎刃而解，我的理解是否正确？

我个人是这么认为的。不过，花旗银行内部的说法可能是："我们质疑这种说法的真实性，但即使它是真的，如果我们不在市场上进行所有这些自营交易以及参与信息获取，我们将无法以当前水准为客户提供服务。"

这听起来像是在将其交易合理化。

假设你是某家银行的交易员，目标是1年要为银行带来250万美元的收入。如果将其拆分成大约250个交易日来看，则意味着你平均每天必须赚进1万美元。假设一个不太懂行的客户，每年只交易一次，又没有交易设备，过来找你做对冲。你以巨大的买卖价差进行交易，立马赚进11万美元。你知道你会怎么做吗？你会在当天剩下的时间里铆足了劲儿到处碰运气。纽约几乎每一个外汇交易员都在这么做，而且几乎不可能改变这种心性。因为如果你足够幸运的话，当天你就能赚到30万美元，当晚你就会成为酒吧里万众瞩目的大英雄。如果你把赚的钱都赔进去了，那事情就会变成"唉，今天被市场坑惨了"。

说到底：如果不靠买卖价差，银行的交易业务能赚到钱吗？

按照你所想的传统仓位交易方式，可能不能。然而，定向交易还有另一个非常有利可图的层面。随便举个交易员的例子。他日复一日地报价、赚买卖价差，平均每笔交易只赚点儿蝇头微利。有一天一位客户上门要求卖20亿美元，这个交易员卖掉了21亿美元，市场下跌1%。他刚刚在这一笔交易中就赚了100万美元。

在许多市场这都是违法的。这就是所谓的抢先交易（frontrunning）。

在银行间市场这样做并不违法。他并没有将自己的交易单放在客户的前面，他充其量只是沾了客户的光。

所以他是在同一个价格上完成了整个交易指令？

通常情况下，头一个1亿美元是银行的。市场就是这样运作的。

该交易与通常所说的抢先交易有什么不同吗？

区别在于，这在一个市场是合法的，但在别的市场则是非法的。

这是从监管的角度回答的。我是从机制的角度提问的：这两种交易是否存在实际差异？

真实答案是否定的，但我可以从银行的角度给你答案。当我准许你通过银行进入外汇市场卖出20亿美元，即代表我接受了信用风险，并提供了进行该交易的流动性和设施。作为交换，你向我提供了你即将卖出20亿美元的信息。这个解释不是一点儿道理都没有。

如何运作一个像20亿美元这样的大单子？你如何就这么大的金额给出买卖方报价？

我来告诉你会发生什么。假设来了一笔5亿美元或更大金额的交易指令。交易员会站起来大喊："我需要询价！"随即，包括交易员、初级交易员、办事员，甚至电传操作员在内，有40来个人在询价。每个人都有自己的询价名单，这样他们就不会向同一家银行询价。他们大概平均进行三轮询价，所以总共有120个询价。所有这些在几分钟内完成。交易员充当协调员的角色，银行职员向他喊出买方出价，他一直在回喊："归你！归你！归你！"并随时留意着卖出总额。一家大型银行在短短几分钟内就能完成金额惊人的交易。

归根结底，几乎所有的交易利润似乎都来自买卖价差的利润空间和沾大额委托单的光。于我而言这就更说得通了，因为我想不通银行怎么会雇用这些刚踏出校门的小伙子让他们做交易员去赚钱。我不认为交易那么容易就能学会。

你知道我最受不了什么吗？受不了有人问："那也能算交易？"即便是在人们眼中人人皆为交易员的所罗门兄弟公司，但说到底也就个位数的人进场承担了实际风险。其余的人本质上只是做市商。在绝大多数人身上，这种细微差别无法体现出来。

回到你之前提过的银行间市场相关的信用风险，当你进行交易时，你完全依赖于对方的信用状况吗？如果他们倒了，你的钱就跟着没了吗？

你说对了。

你遇到过这种事儿吗？

没有。

这种情况发生的概率有多大？

如果一笔交易涉及信用可疑的另一方，你可以要求他们提供保证金。

难道一家信用等级良好的银行不可能突然垮掉吗？

突然？不会的。你能想到的最糟糕的情况是什么？德崇（Drexel）？所罗门兄弟公司在德崇倒闭的一年半之前就停止了与他们的外汇交易。

你的意思是这其中并未涉及过多的信用风险？

存在一定风险，但伊利诺伊大陆银行（Conti, Continental Illinois）之流难道是一夜之间倒闭的吗？在美联储出手纾困之前5个月，我们就停止了与大陆银行的交易。

但在那最后几个月里，还是有人与大陆银行进行了交易。难道他们只是消息不灵通吗？

也不一定。他们只是愿意冒风险。可以肯定的是在那最后几个月，大陆银行并没有在市场上进行交易。只要利率达到一定水平，你会愿意借钱给任何一家银行。意外之所以不会发生是因为知道存在问题符合每个人的利益。因此，信贷人员一旦认为存在问题，他们会迅速进行信息共享。

你做过关于交易的梦吗？

就在某次公布贸易差额数据的前一天晚上，我做了一个非常具体的梦。我梦见贸易差额会是某一具体的数字；修正后的贸易差额又是另一具体的数字；美元会涨至某个水平，我会买进美元；美元会再次涨至另一个水平，并且我会买进更多美元；美元会第三次涨至某个水平，我会又一次买进美元；美元又第四次涨至某水平，我想卖出，但会再次买进。

第二天，贸易差额公布了，与我梦中的数字丝毫不差。修正后的数字也与我梦中的数字一模一样。甚至价格上涨的顺序都和我梦中完全一致。唯一的区别是（他停顿了一下）我压根没有进场交易。

为什么不交易？

因为我不会基于梦境或是流言来做交易。我是一名基本面交易者。我试图收集整合信息，并判定我认为什么样的场景会展开。因为一个梦就进场交易是很荒诞的事情。我把我做的梦告诉了我的助理，我们都笑了。他说："哪天你开始根据梦境做交易，哪天我们就该卷铺盖走人了。"

随着行情在我眼前展开，市场在每个价位看上去都有着不错的走势。讽刺的是，如果不是做了那个梦，我非常可能已经买进美元了。

在你的意识里，你是认同进行这个交易的。对吗？

当然了。

不交易是因为你不想让你的交易看起来像是基于梦境，这一点很重要吗？

非常重要。在内心深处，我对所发生的事情感到很困惑。这是一次非常离奇的经历。

是不是有几分《阴阳魔界》(*The Twilight Zone*)的影子？

就是那样。我感到难以置信。我和助理止不住面面相觑。当公布出来的贸易差额和我梦到的数字一模一样时，他开口了，"比尔，快说，你从哪儿搞到的数字？"

其他时间里也有过这类经历吗？

那是我最记忆犹新的一次。我在其他场合也有过类似的经历，但具体细节我记得不是很真切了。

你想听听我的理论是如何给出合乎逻辑的解释的吗？

洗耳恭听。你如何解释我梦见的是精确的数字？

从工作到休息，从吃饭到睡觉，你都在与市场打交道。你的头脑中有储存大量基本面和技术面信息的仓库。比方说由于无意识捕捉到的一些线索——也许是有人说过的话，或者你看到某些人的仓位，或者其他，你可能会认为贸易数据将有别于预期。但出于某种原因，你不想根据这个预期进行交易。也许这个预期似乎不合理，你觉得按照它来交易很愚蠢。也许因为过去的一些负面经历，你不喜欢在政府公布数据前交易。原因并不重要。我只

是举例说明。重点是很容易想到你如何正确预期一个未发布的统计数据，以及为什么这样的预期可能会发生在潜意识层面。

你对市场特定走向的预测就更容易解释了。鉴于你丰富的经验，一旦你对贸易数据判断正确，你对市场走向的精准把握也就不足为奇了。即使梦到准确的价位也不那么荒谬，因为你对市场波动有着超乎常人的敏锐。事实上，就在前几天，我看到你在谈话中途停顿了一下，在处于暴跌中的澳元市场下了一笔买单，事后证明市场就是在那一刻迎来转折的。

我要说的是，所有这些信息都在你的脑海中，因为某种原因，你暂且没有将其转化为行动，它便可能呈现于你的梦境中。这没有什么神秘的。你也不必为了解释而引入所谓的预知能力。

你甚至可以进一步说，情境演练是我一直在做的事情。这是基本面交易者不断经历的一个过程。发生这种情况怎么办？如果这没有发生呢？市场将如何反应？市场将走向什么价位？

所以你认为没有通过建仓来支撑预期的情境，往往会在潜意识中将其作为梦境强制呈现出来？

有时候是的。我并不是以专家的身份发言。我不是心理学家，但这在我看来合乎逻辑。我给你举一个我自己的例子。几年前，我强烈感觉加元正处于多年牛市的初期阶段。市场经历了可观的涨幅后，进入了窄幅盘整。我觉得它会继续走高，但我已经做多了4张合约，相较于我的账户规模而言，这在单一市场上已是相对较大的仓位了。

当天晚上，我做了一个梦，梦见加元一飞冲天。第二天一早，我一进门就毫不犹豫地把仓位翻了一番，加倍到8张。市场直上云霄。我认为这个预测之所以会在梦中出现，是因为我的逻辑思维无法接受听从我的市场经验来采取交易行动。我的逻辑小人说："当市场直线上涨，甚至没有一丝回调时，我怎么能把仓位加倍呢？"当然，你我都深知，最难做的交易往往会成功。

与此有关的一个话题是，你是否认为对市场的准确直觉有助于交易者脱颖而出？

一般来说，我认为优秀的交易者不会凭直觉或仓促做决策，起码久经沙场的交易员不会这么做。就我个人而言，任何交易想法都必须经过深思熟虑，做到有理有据，方可建立仓位。交易者应杜绝凭直觉做交易决策的理由众多。例如，在进行交易之前，我总是问自己："如果这笔交易出了差池，我该如何脱身？"当你进行大仓位交易时，此类问题变得更加非同小可。另一重要考量因素是在表达交易想法时，需衡量其最佳方式。由于我通常不会建立单纯的多头或空头仓位，我必须花很多心思考虑哪种特定的期权组合能根据我对市场的预期提供最具吸引力的报酬/风险概况。所有这些考量，就本质而言，都把凭直觉做出的决策排除在外。话虽如此，在某些情况下，尽管我做了充分的计划，但做出的交易决策还是会像出于本能。

例如，回想一下我在你上次来的时候试图买进澳元的情况。在当时那个特定的情况下，澳大利亚财政部长发表了一份声明，大意是即使澳元一夜之间贬值10%，他也不在乎。对此你该如何反应？在这种恐慌局势下，就轮到直觉发挥作用了。在他发表声明后的市场动荡期间，我认为在大买家介入并将市场推向另一个方向之前，澳元的跌幅也不可能达到哪怕只是接近10%。

在你发出买入指令时，澳元跌到了什么位置？

下跌了大约5%。尽管我已经做了长线多头，但该持仓受到了这一消息的不利影响，但我就是觉得，短期内市场必然会反弹。

你如何判定市场中的恐慌情绪已然消散？

我认为这要结合市场经验和与生俱来的感受力。许多外汇交易员都遵循着这样一条准则，如果亏损达到一定金额，则必须清仓。这并不是根据特定时刻的特定情况理性做出的决策，而是事先已经制定好的通则。你如何判断此类孤注一掷的抛售行为是否已是强弩之末？这可能在很大程度上倚仗已遍布在你潜意识中的过往经验。从这个意义上说，对于人们所谓的"直觉"，更贴切的描述可能是潜意识里的市场经验。

你认为真正出类拔萃的交易员具备哪些特质？

让我以一个类比开始。在我上大学的时候，我印象中，真正聪明的人能取得很好的成绩，即使他们没有那么努力；而真正努力的人也能取得很好的成绩，即使他们没有那么聪明。相比之下，在交易中，我认为你需要两者兼备。我认识的那些最顶级的交易员都聪明绝顶，而且都非常努力——比其他任何人都要努力得多。

顺便说一下，当我在谈论努力时，我指的是投入和专注，与你在办公室待多少个小时无关。这些交易员对市场，或者说是对他们的技艺，有着极大的投入。他们构建情境，重新评估情境，收集信息，再重新评估信息。他们不断地质问自己：我做对了什么？我做错了什么？我如何把手头的事做得更好？我如何获得更多信息？他们痴迷于此，乐此不疲。

这种分析是否在你醒着的时候持续进行？

当然。某些专业交易员可能会声称他们将个人生活与交易生活完全分隔开来，并且能在周末得到完全放松。他们说的我一个字儿都不信。我认为即使在他们扬帆海上放松身心之时，在某种程度上，他们仍然专注于市场，或多或少。

我知道你喜欢打高尔夫。当你在球场上挥杆时，你是否还在想着市场？

可能还是会想。周遭真正优秀的交易员根本不会在意工作时间长短，或者周末是否加班。这种投入程度是无可比拟的。

在面试交易员岗位的应聘者时，你如何判断对方是否具备这种投入的特质？

有时候一眼便知。例如，有人可能会在面试中问你："我早上几点必须到岗？"在我看来，这是一个相当奇怪的问题。你认为几点来合适，你就几点来。"我下午必须待到几点？"你想什么时候走就什么时候走。我不会告诉别人什么时候该来，什么时候该走。

除了聪明才智和极致投入，你认为还有什么其他品质对成为一名出色的交易员非常重要？

勇气。仅有"见他人之所未见"的洞察力远远不够，你还要勇于付诸行动，勇于坚持到底。在绝大多数时候做到与其他人不一样是非常难的，而如果你是成功交易者，你会这样做。

许多人认为交易可以简化为几条规则。总是这样做或总是那样做。于我而言，交易根本就不存在总是，交易是各种情况下的见机行事。

很多人希望享有成为成功交易者带来的积极回报，却不愿意投入和经受痛苦。而这其中的大量痛苦无法避免。

什么样的痛苦？

你放弃了很多东西。这都是需要权衡的。夜深人静，其他人都已入眠，只有你坐在一台闪着绿色数字的机器前，内心痛苦万分，因为市场正在朝你不利的方向而行，你不知道是基本面发生了变化，还是只是无须过分解读的短期波动。那都是非常煎熬的时刻。

交易在你的生活中无处不在，甚至还包括了经常性的通宵达旦。这种你自己之前称之为“痴迷”的状态，是否会在你的婚姻生活中产生摩擦？

一点也没有。我的妻子曾在高盛做过多年的债券销售。就我个人而言，我认为她会是一名非常出色的交易员——她具备许多恰如其分的品质——但她不想做交易。我不会轻描淡写一句她善解人意。她远不只是善解人意，还充分了解我，支持我，我想她也因我所做的事情兴奋不已。

你为什么做交易？

我喜欢这个游戏。我认为这是一个巨大的挑战——同时也是一个能直观记录分数的游戏。

你大部分的白天，更不用说还有晚上，都花在交易上了，你还觉得有趣吗？

其乐无穷！那可真是令人神魂颠倒，因为市场日新月异。

如果没有金钱方面的报酬，你还会继续交易吗？

当然。毫无疑问，我愿意免费做这件事。一方面。我36岁了，却几乎感觉自己从来没有工作过。有时我真不敢相信，本质上不过是玩了一场精心设计的游戏，我竟然赚了这么多钱。另一方面，如果你看到这些年来我创造的所有财富，就会发现我的薪酬远远偏低。

---★---

随着我与越来越多的顶尖交易员进行对谈，我越来越确信，至少在某种程度上，他们的成功可以归功于与生俱来的天赋。比尔·利普舒茨就是一个绝佳的范例。他第一次与交易结缘实际上是在大学的投资课上进行的模拟交易。课程结束时，利普舒茨将虚拟账户上的10万美元运作成了令人难以置信的2900万美元。尽管因为没有涉及真金白银以及实验规则因缺乏对杠杆的现实限制而存在缺陷，这一成绩有点儿掺了水分，但结果仍旧引人注目。

利普舒茨的第一次真实交易经历是用了4年的时间将1.2万美元增长到25万美元。尽管最终，一次过度加杠杆的严重失误导致账户血本无归，但并不能因此就否定他当初实现稳定的资本增长所掌握的技能。

最后也最重要的是，尽管利普舒茨之前对外汇市场毫无经验，但他在从事这些市场交易的第一年就获利颇丰，并在接下来的7年里获得了超乎寻常的利润。尽管他拒绝透露任何具体数字，但据估计，在为所罗门兄弟公司工作的8年里，他一人的交易就为该公司创造了超过5亿美元的利润。

利普舒茨本人提到，勤奋工作和对市场的全身心投入是他成功的主要因素。虽然勤奋工作本身并不足以让一个人成为一名伟大的交易员，但它的确是许多世界顶级交易员成功的重要因素之一。利普舒茨还认为，过人的智力是交易成功的重要因素。然而，需要注意的是，我采访过的其他人［例如，维克多·斯波朗迪[1]（Victor Sperandeo）］并不认同这一观点。

在我与许多世界顶级交易员的交谈中，一个主题似乎经常出现：他们将市场视作精妙绝伦的游戏而非工作。利普舒茨强调说，如果有必要的话，他愿意不求回报地做交易，因为交易这个游戏太引人入胜了。

从利普舒茨的交易风格中可以获得的一个启迪是：你不必一次性进出某个仓

---

[1] 维克多·斯波朗迪（1945年3月16日— ），曾被《巴伦周刊》评为“华尔街终结者”，作为一名传奇交易员创下了从1978年到1989年连续12年无亏损战绩。其交易风格为尽早觉察趋势变动，顺趋势建立头寸，并在趋势反转之前了结头寸。——译者注

位。利普舒茨几乎在所有交易中都采用累进加仓和分批减仓。对于大多数交易员来说，这儿有一条明智的建议：避免想要做到完全的正确。例如，假设你确信应该买进，但价格早已向上跑了一大截。在许多情况下，如果这笔交易确实不错，你想要等到明显的回调之后再建立整个仓位，那么可能会错过整个行情。然而，通过采用累进加仓计划，即先在市场上建立预期总仓位的一部分，然后逐步缩减，建立剩余部分仓位——你确保如果市场继续上涨，你将至少持有部分仓位，而不会像在大幅不间断上涨后建立整个仓位那样承担过量风险。

再举一个例子，假设你持有获利丰厚的多头仓位并担忧市场即将见顶。一方面，如果你清掉整个仓位而市场继续上扬，你可能会错过整个行情的大部分走势。另一方面，如果你继续守着整个仓位而市场真的见顶了，你最终可能得吐回很大一部分利润。通过采用分批减仓的做法，你可能不会得到最佳结果，但你也不会得到最差结果。此外，采用累进加仓和分批减仓的策略，你可以将建立完整仓位的机会留给那些你最有信心的交易。

从这次采访中可以得到的另一个启迪是，如果你对某笔交易有坚定信念，而市场因为某一新闻事件出现了大幅波动，最明智的决策很可能是咬紧牙关，在市场行情极度强势时买进（或在极度弱势时卖出）。利普舒茨和他团队中的交易员在G7会议后的市场交易方式就是这一理念的最好例证。

在《金融怪杰》一书中，马丁·舒华兹（Marty Schwartz）提出过这样的观点：如果你非常担心的一笔交易并没有像你担心的那样糟糕，那就不要退出。这样做的理由是，如果并未出现对你持仓不利的后续走势，那么必定有一些非常强大的潜在力量支撑了你的原始持仓方向（因为造成你担忧的原因，无论是基本面还是技术面上的，是市场上许多其他人的共识）。该原则在实际交易中的一个典型例子，是比尔·利普舒茨承认曾感到恐惧的一笔交易。在那笔交易中，他在美元涨势急剧的背景下，美元兑德国马克，以很大仓位做空了美元，并不得不等到东京市场开盘后才能找到足够的流动性来退出该仓位。然而，等到东京开盘时，美元已经走弱，使他得以轻松从亏损的重压中解脱，因此意味着他不该退出。作为一位技艺高超的交易员，利普舒茨做出了完全正确的反应，推延了清仓的时机从而挽回了大部分亏损。

我特别好奇的一点是，利普舒茨的股票期权账户在4年多的时间里一直保持稳定的交易获利，但在几天之内就几乎全部亏损。讽刺的是，这次亏损恰好与他在所罗门兄弟公司开启全职工作的时候重叠。有趣的是，正如采访中所表达的，他对同时交易个人和公司账户抱有强烈的抵触情绪。因此，他个人账户的终止巧妙地避免了产生冲突的潜在来源。在我们的谈话中，利普舒茨坚称这次亏损大概是巧合，因为当时他只是在参加培训，还未意识到任何潜在的冲突。

尽管利普舒茨矢口否认，我还是不禁想起了那句引人深思的箴言："每个人都从市场中得到了自己想要的东西。"[1]我不禁想也许利普舒茨的潜意识比他自己所意识到的更具有前瞻性。无论如何，这次大额亏损发生的时机及其在利普舒茨的交易生涯中的相对独特性似乎有些讽刺。无论这种解释是一种猜测抑或是事实，有一点是肯定的：利普舒茨确实得到了他自己想要的——完美的工作、巨额的交易利润，以及避免了个人交易和公司交易的冲突。

---

❶ 由艾迪·塞柯塔在《金融怪杰》一书中提出。

PART THREE

第三部分

期货——多样组合市场

| 期货——理解基础[1] |

现今的期货市场涵盖了全球所有主要的市场：利率（例如美国国库债券）、股票指数（例如标普500指数）、外汇（例如日元）、贵金属（例如黄金）、能源（例如原油）和农产品（例如玉米）。尽管期货市场起源于农产品，但这一领域目前仅占期货总交易量的五分之一左右。在过去的20年间，许多新合约的推出和迅猛发展致使金融市场（外汇、利率工具和股票指数）的交易量约占期货总交易量的60%。（能源和金属市场约占剩下40%的一半。）因此，尽管"商品"（commodities）一词通常指期货市场，但这个称呼已越发欠妥。许多交易最活跃的期货市场，如金融工具市场，都不是真正的商品，而许多商品市场也没有相对应的期货市场。

在过去30年间，期货交易量急剧增长。在1991年，仅美国的所有期货的总成交量就超过了2.63亿手。保守估计，以至少4万美元的平均合约价值计算，这些合约的总价值超过10万亿美元！（没错，是万亿。）

期货市场（futures market）本质的秘密就蕴藏在其名称里。期货交易涉及标准化合约，适用于某种商品（如黄金）或某种金融工具（如美国国库债券），该合约的交割日期在未来（future），而不是现在。例如，如果一家汽车制造商当前业务需要用到铜，它可以直接从生产商那里购买原材料。然而，如果这家制造商担心6个月后铜价会大幅上涨，那么它可以通过现在购买铜期货来大致锁定届时的成本。（这种规避未来价格风险的操作方法被称为套期保值。）如果在此期间铜价上涨，期货套期保值的利润将大致抵销6个月后实际购买时铜价上涨的成本。

---

[1] 本章节内容改编自杰克·施瓦格（Jack Schwager）所著的《金融怪杰》。

当然，如果铜价下跌，期货套期保值将招致亏损，但制造商最终将以低于其意向锁定的价格购买铜。

与上述汽车制造商等套期保值者为了降低价格不利变动的风险不同，交易者参与期货市场则是为了从预期的价格变动中获利。事实上，许多交易者更倾向于选择期货市场而不是现货市场作为交易工具，有多个原因：

1. 标准化合约——期货合约是标准化的（就数量和质量而言），因此，交易者无须为了建仓或清仓而寻找特定的买家或卖家。

2. 流动性——所有主要市场都具有极佳的流动性。

3. 易于做空——期货市场中做空和做多同样容易。例如，股票市场中的卖空者（实际上是借入股票出售）必须在建立仓位前等待一次价格上涨，而在期货市场中不存在这样的限制。

4. 杠杆——期货市场提供很高的杠杆。粗略地说，初始保证金要求通常相当于合约价值的5%至10%。（在期货市场使用“保证金”一词是不恰当的，因为它会导致此保证金与股票市场中的保证金概念产生极大的混淆。在期货市场中，保证金并不意味着部分预付款，因为在到期日之前不会发生实际的实物交易，保证金基本上是保证交易顺利进行的存款。）虽然对交易者来说，高杠杆是期货市场的特性之一，但需要强调的是，杠杆是一把双刃剑。滥用杠杆是导致大多数交易者在期货市场亏损的最重要原因。一般来说，期货价格的波动并不比相关标的的现货价格波动大，也不比许多股票的波动大。期货的高风险“名声在外”在很大程度上“归功于”杠杆因素。

5. 交易成本低——期货市场的交易成本非常之低。例如，对于股票投资组合经理来说，通过卖出等值的股指期货合约来降低市场风险的成本，要远远低于卖出个股的成本。

6. 易于平仓——在任何市场交易时间内，只要价格没有被锁定在涨停板或跌停板，期货仓位可以随时平仓。（有些期货市场规定了每日最大涨跌幅度。在自由市场力量通常会寻求超出涨跌停板范围的均衡价格的情况下，市场将直接移动到涨跌停板价位并几乎停止交易。）

7. 由交易所保障——期货交易者不必担心交易对手方的财务稳定状况。交易所的清算机构为每一单期货交易提供清算保障。

由于本身的结构特性，期货与其标的物市场紧密相连（套利者的活动确保了价格偏离程度相对较小且持续时间短暂），期货价格的走势将与相对应的现货市场的价格走势并行。请铭记于心，大部分期货交易活动都集中在金融工具上，许多期货交易者实际上也是股票、债券和外汇的交易者。在这种语境下，以下章节中的受访期货交易员的观点甚至对那些从未涉足股票和债券以外领域的投资者也具有直接意义。

|兰迪·麦凯|
(Randy McKay)
交易老兵

能够将起始账户中的几千美元增长到数千万美元的期货交易员寥寥无几，而能够守住这些赢来的钱的人更是凤毛麟角。如果我们现在再加上一个限制条件，即维持20年高度稳定的获利纪录，那么符合条件的人数就像共和党中支持民主党人泰德·肯尼迪的人一样少之又少。兰迪·麦凯就是其中之一（我指的是创下稳定获利纪录的交易员，至于他的政治倾向我并不清楚）。

麦凯交易生涯的起点恰逢外汇期货交易的诞生。尽管外汇市场已跻身于交易最活跃的期货市场之列，但在其诞生之初，外汇期货交易却死气沉沉。彼时，外汇交易场是如此沉寂，以至于在交易场内进行的日常活动清单中，交易可能作为第三活动远远排在读报和下棋之后。然而，尽管外汇期货市场最初连生存都成问题，麦凯作为一名交易员的成功是毋庸置疑的。尽管交易活动不活跃，麦凯还是在入行的第一个日历年（实际上仅有7个月的时间跨度）就将最初的2000美元本金增值为7万美元。

麦凯延续着他的成功，每年都比上一年赚得更多。这种年获利逐年递增的稳定增长模式在麦凯决定从场内交易转为在家交易时被打破。但他很快做出了必要的调整，于在家交易的第二年，他将第一笔百万美元的利润收入囊中。此后麦凯的利润继续逐年增长，直到1986年遭遇了他人生中第一次滑铁卢。在那之前，他已经连续7年在自己的账户中赚进了百万以上美元。

在他的整个交易生涯中，麦凯自己的账户在20年中有18年是赚钱的。保守估计，他的累计获利可达数千万美元。麦凯还为亲朋好友管理了一小撮账户。其中最早的两个账户于1982年设立，起始资金为1万美元，每个账户的累计获利均超过了100万美元。

尽管在市场上取得了巨大的成功，麦凯为人处事向来低调。直到最近，即使在业内，也很少有人对他略有耳闻，包括我在内。不过，麦凯已决意进入资金管理领域，而这一转变至少要求他在公众中的知名度略有打开。

访谈是于交易时间内在麦凯的办公室进行的。尽管麦凯在整个访谈过程中断断续续地进行着交易，但除了进行实际交易决策的时刻，他似乎全神贯注于我们的谈话。我发现麦凯在开诚布公地讲述他的个人经历以及他关于市场的思考流程方面有着令人耳目一新的坦率。

★

你最初是如何投身这一行业的？

1970年，我从越南退役归来……

在你继续之前，容我好奇一下，你是应征入伍还是志愿入伍的？

我被征召了。在大学二年级的时候，我学会了打桥牌，并沉迷其中，无法自拔。我没日没夜地玩，还逃掉了所有的课。我的缺勤导致我拿了六个F。我被开除学籍，随即被海军陆战队征召入伍。

我不知道海军陆战队还有征召新兵这回事儿。

他们通常不征兵。然而，在1968年4月和5月的2个月里，他们获准征召8000名新兵。

你是否曾试图逃避被征召入伍？

其实我不必被征召入伍。我父亲是一名预备役上校，他本来可以轻而易举地给我在预备役部队里谋份好差事。

那你为什么没有选择这个方案呢？

当时，我觉得服兵役是我的义务。我想我是个保守的孩子。我认为如果我享有作为美国公民的权利，那么也必须承担起公民相应的责任。

当时你对这场战争有什么个人看法吗？

我认为那是一场愚蠢的战争，但我觉得吧，做出这个决策的领导人是我们自己选出来的。

你说得好像这是公民责任的问题。

去越南之前，我确实是这么认为的。在战争期间和战后，我的想法发生了翻天覆地的转变。

在哪些方面？

让我永远难忘的经历之一是站岗执勤，这是每个人都要做的事情，无论他的分工是什么。我会听到灌木丛里有声音传来，然后想："那是什么？"当然，最糟糕的可能性是敌人偷袭过来想要射杀我。我会对自己说："这有敌人，我真想杀了他。"然后我又会想，到底是谁在那里呢？可能只是一个和我一样的小伙子。他并不恨我，他只是在做上级吩咐他做的事情，就像我一样。我记得当时我在想："这是怎么回事？这有个和我一样害怕的孩子，他想杀了我，而我也想杀了他。"

我开始意识到战争是多么疯狂。各国为了解决政治分歧，把自己的孩子送上战场互相杀戮，谁杀的人最多，谁就能得到那块土地，这一丁点儿道理都没有。我在越南待的时间越久，亲身经历越多，就越坚信战争是如此疯狂。

听起来似乎是战争把你变成了和平主义者。

很大程度上是。

那其他部队成员呢？大家对这场战争有什么普遍情绪吗？

大家的看法各种各样，但部队中大部分人都倾向于鹰派立场。他们中的大多数人认为我们在做正确的事。我不知道他们只是口头上持这样的立场，还是他们真的这么认为。

你们会因为信念不同而发生争执吗？

我尽量避免这样做。你必须记住，海军陆战队几乎全是志愿役。因此，那些在越南的人相信自己在做的事情是对的。他们的背景与我截然不同。在他们之中，很少人受过大学教育，很多人来自街头帮派。甚至有些人在越南，是因为法官给了他们一个选择，要么入狱，要么缓刑——条件是入伍。

你是否感到格格不入？

我感到非常不自在。当时我在炮兵部队。我们需要根据每小时收到的气象报告计算出一个综合调整系数。我们得填写一张表格，列明风向和风速、空气密度、温度、地球自转以及其他因素，然后通过数学计算得出净调整系数。每次气象报告一来，大家就会玩“谁能最快算出这个系数”的游戏。在我到那里之前，最快速度是19秒。在我到那里的第二天，这个纪录就被我打破了，到最后我的速度缩短到仅需9秒。我以为这很有趣。但我没有意识到它让我树敌无数。

在那儿的那些人更喜欢愚昧懵懂的新兵蛋子，好让他们能有一种带着新人成长的感觉。而我，一个新人，一个大学生，却比他们做得更好更快。在头4个月里我获得了3次晋升，这在海军陆战队中是闻所未闻的。这一切并未让我的部队生活顺遂。我花了一些时间，才终于意识到，在这种地方，做一个大学生能人对我而言弊远大于利。我努力去更好地融入部队，但收效甚微。

你所在的部队是否有直接交火的时候？

噢，当然了。我们几乎每隔一天就遭受迫击炮和火箭弹的猛烈轰炸，还有十几次我们与试图攻占我军阵地的敌军部队展开了面对面的交锋。不过，大部分情况下，最大的危险在于敌军将大炮设为打击的主要目标。

从文明世界踏进一个几乎每天都会受到生命威胁的境地，你有什么样的情绪反应？

人在当时那样的情况下会有两种反应。首先是恐惧。我记得飞机降落在岘港时，周围炮火声四起，我被塞进一辆吉普车的后座。在我们前往大本营的整个途中，枪声不绝于耳。我们全副武装，但没有向人开枪的经验。我当时真被吓坏了。

几个月后，最初的恐惧变成了无聊。一旦你习惯了可能会随时送命的想法，你将要面对的是在极其恶劣的环境中每天工作16个小时。要么是华氏110度（43摄氏度）的高温，热浪裹挟着沙尘扑面而来；要么是在雨季，尽管气温有华氏50到60度（10到15摄氏度），但你的膝盖会深陷在泥浆中，寒风刺骨，冻得你直打哆嗦。

一段时间后，恐惧感消散了吗？

恐惧总是存在，但你已经习惯了。甚至有时候，一场袭击几乎是人们暗自期待的，因为它有助于打破无聊。我不想听起来很轻率，要知道，我的一些朋友在这些袭击中丧生或失去了胳膊和腿，但是几个月过后，无聊变得比恐惧更令人恐惧。

你是否经历过短兵相接并知道自己杀了人？

是也不是。我知道我亲手杀过人，但没有具体到亲眼看到有人在我开枪后应声倒地。现实中的交火与电视上不同。你不是对着特定目标单发射击。相反，你会将步枪调至全自动，并尽量发射更多的子弹。我知道我用步枪杀过人，肯定也用我瞄准的火炮杀过人，但不幸中的万幸是，我从未目睹有人因我的子弹而流血致死。我对此深感庆幸。时至今日，我仍然会做噩梦，但我敢肯定，如果我有过你说的经历，我的梦魇会更加可怖。

噩梦是因为你化身为死神的镰刀？还是因为你暴露于死神的镰刀之下？

噩梦是因为死神的镰刀悬在我的头顶。我至今仍在做着同一个噩梦，被拿着步枪的人追杀。我双脚不听使唤，根本跑不快，而他们却在一点一点逼近。

在越南时你觉得自己能活着走出来吗？

我猜在那种情况下，你不得不总扮演一个乐观主义者。我认为我会活下来，但我确实有很多朋友没能活着离开越南。你知道离开是个概率问题。但你不可能在一年里每隔30秒就焦虑发作一次。最终，你的大脑会迫使你习惯自己可能会死或失去一条腿的想法，然后继续生活下去。

越战经历如何改变了你？

最主要的变化是，我从一个循规蹈矩的人变成了一个能够独立思考的人。当我意识到这个国家的领导人并不一定知道自己在做什么时，我变得更加独立思考。

鉴于你从越南战场全身而退，回顾这段经历，你是否认为它使你受益？

新兵训练营的纪律和认识到战争的疯狂让我受益。除此之外，那2年基本上是白白浪费了。我过去常常与火炮指挥控制单位的另一名成员进行哲学层面的争论。我会争辩称，我宁愿被催眠2年，等战争结束后再醒来，也不愿经历实际的战争。而他认为任何经历都是有价值的。

现在的你作何感想?

我依然保持相同的看法。我觉得那是我生命中被偷走的2年。当我在越南时，越南以外的地方被称为“世界”。“世界上发生了什么?”“我想回到世界。”我们感觉好像不仅从家乡和朋友身边被除名，也从整个世界中被除名。我们仿佛置身于另一个维度。

我猜你离开越南的那一天一定是你生命中最美好的一天。

绝对是！我永远忘不了那时的感觉。我坐在靠窗的座位。当我亲眼看着岘港的那条机场跑道越来越远时，我感觉自己好像正在通往天堂的路上。

恐怕我们扯得有点远了。在我刚才打断你之前，我问过你是如何投身这一行业的?

由于在前往越南之前我并未完成大学学业，因此我需要一份能让我兼顾回校园念书的工作。我的兄弟特里（Terry）是芝加哥商品交易所的一名场内经纪人。他给我找了一份场内跑手的工作，这样我就可以上午工作，下午上课，晚上学习。我做了几年的场内跑手，完全无意进入这个行业，或者其他任何商业领域。当时我正一心攻读临床心理学。

显然，你在某个时刻改变了主意。怎么回事儿?

1972年，就在我大学毕业的时候，芝加哥商品交易所推出了一个分支机构——国际外汇市场（International Monetary Market，IMM），用于进行外汇交易。当时，芝加哥商品交易所的席位售价为10万美元，相当于今天的近50万美元。对当时的我来说，这个价格简直是天文数字，因此成为场内交易员的可能性微乎其微。当交易所创立国际外汇市场部门时，他们以仅1万美元的价格出售席位，试图为这个新的交易场增添人气。他们还给所有现有会员免费送出国际外汇市场的席位。作为芝加哥商品交易所的会员，我兄弟获得了其中一个席位。当时他并不特别需要这个席位，于是他问我是否有意愿把这个席位暂时拿来用。

在交易大厅工作时，我对市场运作的机制产生了兴趣。我一直喜欢与数字打交道和玩策略游戏，比如桥牌和国际象棋。我对观察价格波动起伏乐此不疲，并试图看透市场走向。我想，做交易可能是一件有趣的事情。

你曾提到你的学习目标是成为一名临床心理学家，你是否发现了心理学和市场之间的联系？

事实上，两者间确有联系。在交易大厅工作的那2年里，我意识到价格的变动基于场内正在进行交易的人群的心理状态。实际上，你可以在市场上看到焦虑、贪婪和恐惧。我发现，追踪客户的情绪，观察这些情绪如何转化为买卖单，并最终体现在市场价格波动上，是一件非常有趣的事情。我被这个过程迷住了。

我决定接受我兄弟的提议。他把席位让给我使用，还借给我5000美元。我把3000美元存入银行，用于支付生活开销，另外2000美元用于我的交易账户。

在我的印象中，最初那几年外汇期货的交易不是很活跃。

没错。在合约交易的头几周，市场上还有些交易活动，但一旦新鲜劲消退，市场流动性就完全枯竭了。为了维持市场的活力，构思并一手带头推行外汇期货的交易所总裁利奥·梅拉梅德（Leo Melamed），每天都会在牲畜市场收盘后在牲畜交易场内逮住交易员，软磨硬泡让他们去外汇交易场参与交易。因此，外汇期货市场整日都是死气沉沉的，但在牲畜市场收盘后却会出现一阵小规模的活动。在一天的大部分时间里，我们只是围坐在一起下国际象棋和五子棋。

在流动性极低的那些年里，你如何得以在市场内进行交易？

会有一些来自经纪商的限价单（有着特定执行价格的买进或卖出指令）。在那些光景里，价格还在黑板上发布。如果我看到某人买走了报盘上所有的瑞士法郎，我就会去买进德国马克。然而，我对整体价格走势的可能方向没有任何概念。平均而言，我每天交易约两笔。

这听起来并不是很多。鉴于市场流动性非常有限，你从交易中赚了多少钱？

外汇交易始于1972年5月。到1972年年底，我已经赚进了7万美元，这是一个我做梦也想不到的数字。

在市场如此清淡的情况下，你竟然能赚到这么多钱。

的确如此。部分原因在于人们对外汇市场的认知非常有限，导致当时的价格效率非常低下。例如，我们甚至不了解银行也在进行远期外汇市场交易，而这与期货完完全全地画上等号。

在最初的一年之后，你是否继续乘胜追击？在最初的几年里，有没有什么关键性的交易？

我读过你的另一本书《金融怪杰》。你采访过一些我非常敬重的交易员。他们中的很多人都谈到了自己早期的经历，说自己破产了两三次才成功。我没有那样的经历。我不想听起来狂妄自大，但我从一开始就无往不利。而对我来说具有转折意义的那笔交易，让我的交易规模从二三十张增长到数百张合约。

在1976年，英国政府宣布不会让英镑以超过1.72美元的价格交易。他们担心英镑的强势会导致进口增长。当时英镑的成交价在1.65美元上下。令我咋舌的是，市场对这一声明的反应是即刻将汇率推升至1.72美元。英镑随后回落至1.68美元，并再次反弹至1.72美元。每次涨到1.72美元时，英镑都会回落，但回落的幅度越来越小。价格区间稳步收敛，直到英镑在稍低于1.72美元的水平窄幅波动。

我认识的大部分人都说，"他们不会让英镑涨到1.72美元以上。我们可以卖掉它。这相当于是无风险交易。"但我持不同看法。在我看来，市场似乎就像是锁定在了涨停板。（在许多期货市场中，价格的每日最大变动幅度受到特定限制。"涨停板"指的就是这种涨幅的上限。当市场的自然均衡价格位于此限价之上时，市场将在涨停板上锁定，也就是说，交易将几乎停止。其原因在于，限定的涨停价格处会有大量买家，但几乎没有卖家。）

我认为，如果政府宣布不会让价格超过某一水平，而市场又没有暴跌，那么这必定意味着存在巨大的潜在需求。我对自己说："这可能是一生中千载难逢的机会。"在那之前，我所经手的最大仓位都是三四十张。那次我做多了两百张英镑合约。

尽管理智上我确信自己是对的，但由于仓位远大于我之前交易的规模，我还是吓得要死。在那个年头，还没有路透社或类似的服务提供现货市场的外汇报价。我对我的仓位非常紧张，每天早上5点钟我就会起床给英格兰银行打电话要求报价。我会刻意压低声音含糊其词地说自己是花旗银行或哈里斯信托（Harris Trust）的交易员，并需要尽快得到报价。我通常会和某些把我当作了大人物的办事员交谈，他会给我报价。

一天早上，我在厨房里打电话，当我向办事员询问报价时，他回答："英镑现在是1.7250美元。"

我说："什么！？你是不是想说1.7150美元？"

"不，"他回答，"是1.7250美元。"

我意识到这事儿妥了。在那之前，我已经拉上我的兄弟和一些朋友加入了这笔交易，我太兴奋了，于是给他们每个人都打了电话，告诉他们这个消息。我信心十足，甚至为自己的账户买进了更多的合约。然后，我就坐在那儿，看着市场一路飙升至1.90美元的水平。

市场花了多长时间涨到那么高的位置？

大概三四个月吧。

在此期间，难道你没有过获利了结的冲动吗？

一旦市场突破1.72美元的关口，一如大坝决堤。我知道还会有一个巨大的涨势。

你是如何决定将1.90美元作为离场价位的？

我认为，作为一个整数，它会是一个心理上的关键临界点。此外，我认为1.90美元在图形中曾是下跌过程中的一个重要点位。

离场的那一天是我生命中最激动人心的日子之一。我总共有1400张合约要卖，因为我认识的所有人都被我说服参与进了这个仓位。那天早上，仿佛全世界的人都在买进，套利者也不例外。我走进交易场，开始按买方的报价卖出。这个过程持续了大约45分钟。我太兴奋了，以至于最后实际上多卖出了400张合约。当我的抛售最终波及银行间市场时，英镑下跌了大约100点，而我实际上在这400张合约上也赚了钱。

在这1400张合约中，有多少是你自己的头寸？

大约400张。

清掉这个仓位后你最终赚了多少钱？

差不多有130万美元。

我猜在那之前你的最高利润还不到10万美元。

没错。但那笔交易最重要的一点在于，它使我跻身百手交易员的行列。我当时的目标之一就是尽快成为一名拥有更大交易规模的交易员，因为我觉得这一行实在是太容易了，这样的情况不可能永远持续下去。幸运的是，我有这个洞察力，因为现在的交易可比那时要难做得多。

这个洞察力是指那段日子是参与市场的好时机？

是的。我认识许多人，他们花钱的速度跟挣钱的速度一样快，以为自己将能够无止境地赚取相同的回报率。对照之下，我却认为总有一天这么好的机会将不复存在。

事情是什么时候发生变化的？

市场从20世纪80年代开始变得困难重重。20世纪70年代的高通胀导致了很多的价格大幅波动以及公众对市场的大量参与。80年代通胀率的下降趋势意味着大幅波动的次数减少，并且那些价格波动往往更起伏跌宕。此外，价格走势多半呈下行，这导致公众交易活动减少，因为大众投资者总是倾向于做多。因此，你最终会和更多专业人士在交易中斗智斗勇。

那么现如今（1991年）呢？专业人士在总交易活动中所占比例更大了，与此同时通胀水平始终保持低位。交易是否变得更加困难？

交易不仅变得更加困难，而且也发生了变化。在20世纪70年代，价格波动如此之大，你所要做的就是搭上这班顺风车。择时并不那么关键。而现在，不能再理所当然地认为顺势交易就能赚钱了。当然，你仍然需要顺势而为，因为这可以提高你的胜算，但你也必须更加关注何时进场与出场。我会说在20世纪70年代，九分靠市场预测，一分凭实际操作；而如今，市场预测只占25%，实际操作占75%。

你之前提到过的英镑交易是一个很好的预测例子。然而你能否概括一下你预测价格走势的一般方法？

我以基本面为背景，观察市场走势。我没有使用传统方法利用基本面信息。也就是说，我并不认为"供给量太大，价格会下跌"。反之，我会留意市场对基本面信息作何反应。

给我举个具体的例子。

在过去一两年中，我们经历了一次严重的经济衰退，情况可能比政府所承认的还要糟糕，这是自大萧条以来最严重的房地产泡沫破裂，伴随着一场战争。此外，市场在经历了长达9年的上涨之后本应处于非常脆弱的状态。然而，尽管存在上述所有这些不利消息，股市却几乎毫不受此影响，其成交价仍然只略低于历史最高点。股市比它的预期表现强劲得多这一事实告诉我，它很可能会继续走高。

你能再举个例子吗？

在美国对伊拉克发动空袭的前夕，黄金在400美元的关键价位附近交易。我们的飞机发起攻击的当晚，远东市场的金价从397美元涨至410美元，当晚在390美元附近收盘。于是，黄金跌破了关键的400美元关口，一开始的走势是众人预期的上涨，但当晚收盘时金价却大幅下挫，尽管事实是美国刚刚开战。第二天早上，市场大幅低开，并在接下来的几个月内继续下行。

我会继续不停向你追问例子，只要你还能想到。还有其他例子吗？

去年夏天，大豆价格处于略低于6美元的相对低位。紧接着，随着生长季节关键阶段的临近，我们目睹了一场干旱，而且我们看到美国与苏联的关系显著改善，这增加了向苏联出口粮食的可能性。出口销售和干旱威胁一直是两大推动价格上涨的主要因素。就这样，这两大因素同时触发，而且价格也处于相对较低的水平。大豆不仅连短暂且温和的涨势都未能实现，而且总体而言价格实际上还在走低。在这种背景下，最近的价格跌至5.30美元几乎是不可避免的。如果在预期向苏联大量出口和干旱威胁的情况下，大豆价格都无法维持上涨，那么还有什么能提振市场呢？

除了我们之前谈到过的英镑交易，在你20年的职业生涯中，还有哪些交易尤为突出？

我最喜欢的交易之一是在20世纪80年代初做空加元，加元从进场时的约85加分下跌到70加分以下。直到大约5年前，加拿大政府仍一直奉行不积极干预以支撑本国货币的政策。政府只会在明显的点位（例如，120加元兑100美元、130加元兑100美元、140加元兑100美元）敷衍了事地干预几天，然后就放手任由加元沉浮。这是很容易的走势。我能够在长达5年的整个下跌行情里，持有1000到1500张合约。

加拿大政府进行干预以支撑加元（尽管效率低下），这一事实是否增强了你参与这笔交易的信心？事实上，这，即站在干预趋势的对立面，是否你在外汇交易中寻找的目标之一？

没错。当然，在可能出现强力干预的情况下，你必须小心谨慎。但正如我所提到的，当时从未有过对加元的强力干预。然而，就在上述我所提到的价格走势进展中，加拿大政府的政策发生了变化。

加元最终跌至67加分。然后，有一天，加元高开120点。第二天，它再高开120点。连续两天，每一天我的利润都缩水了100多万美元，这让我稍微清醒了一点。第三天，路透社刊登了一篇报道，引述了时任加拿大总理马尔罗尼（Mulroney）的话，我在这里转述一下："我们不会容许芝加哥的投机者来决定本国货币的价值。我们的货币是稳固的，我们不会准许它因为一群赌徒而分崩离析。"一针见血。

所以你在那个时候退出了交易。

没错，交易就这样结束了。当交易容易的时候，我想参与其中，当交易困难的时候，我想置身事外。事实上，这是我整套交易哲学的一部分：我想抓住容易的部分。

你如何定义"容易的部分"？

指的是走势的主体部分。价格走势的开端交易起来通常不容易，因为你不确定自己对趋势走向的判断是否正确。走势的末端交易起来也不容易，因为人们开始获利了结，市场变得非常震荡。走势的中间部分才是我所说的容易的部分。

换句话说，你最不感兴趣的是处于顶部或底部的市场。

对的。我从不追求抄底或卖顶。即使你设法抓住了底部，市场最终也可能会在那里停滞数年，套牢你的资金。你不会想在走势产生之前就建仓。你会想要等到走势已经产生后再进入市场。

依你所见，花费太多精力试图抓住市场的顶部和底部是许多交易者都会犯的错误吗？

绝对是。他们试图将自己对市场行情的观点置于市场行为之上。

你之前谈到了当央行不怎么干预时的情况。让我们来谈谈央行进行强有力干预时的情况。举一个具体的例子，1978年11月，时任美国总统卡特（Carter）的“拯救美元计划[1]”于一个周末宣布，导致外币价格在一夜之间大跌。我想，作为一名趋势交易者，在该计划宣布时，你一定是做多的，对吗？

我持有过庞大的多头仓位，但一周前我已经平掉了一半以上的仓位。

我不明白。你平掉部分仓位的动机是什么？据我所知，在实际宣布之前，市场并没有出现任何疲软的迹象。

上涨的势头正在减缓而不是加速。即使价格仍在上涨并屡创历史新高，也有可能从中看出市场的疲态。我当时一直在做多德国马克和英镑。我卖了我的德国马克仓位，保留了英镑仓位。

你能描述一下周一早上市场开盘大幅走低时你的反应吗？

早在开盘前，我就知道市场将大幅低开。我非常幸运地在期货市场上卖出了几百张合约，当时价格被锁定在跌停板。（由于现货市场的成交价远远低于期货市场当日跌停板所允许的范围，在跌停价位处有大量卖家，但几乎没有买家；因此，市场被锁定在跌停板。据推测，在刚开盘时有一些买单，来自没有意识到现货市场已经预示期货市场还有两个跌停板下跌空间的交易员，这些不明就里的买

[1] 1978年10月的美元恐慌性暴跌后，卡特政府为维持汇率稳定出台了“拯救美元计划”。该计划包括直接干预外汇市场、货币当局的货币互换、紧缩性货币政策和联合干预等措施。——译者注

家接手了麦凯的部分卖单。)

我在银行间市场脱手了余下的头寸，银行间市场下跌了大约1800点(相当于期货市场中的大约三个跌停板)。

你就只亏损了第一天的这1800点吗?

当然。

如果等到期货市场跌停打开后自由交易时再脱手，会不会亏损得更多?

那情况会更糟一些。

在灾难性的局面下，当一个突发的新闻事件导致期货市场锁定在每日跌幅限制，且现货市场也即刻出现相当于期货市场上数个跌停板的波动时，你是否认为，与其等到期货市场打开跌停板、开始自由交易时再碰碰运气，通常不如立即离场?

我遵循一项原则，该原则甚至不允许我做出这个决定。当我在市场上受挫时，我就会火速退出。市价在哪里成交压根不重要。我就是要退出，因为我相信一旦你在市场中受伤，你的决策将会远不如你在交易顺利时客观。如果当天市场上涨了1800点而收高，我也丝毫不在意。如果你在市场严重不利于你的情况下坚持留下来，那么市场迟早会将你淘汰出局。

那次一夜之间的暴跌最终让你亏损了多少钱?

大约150万美元。

想必那是你到那时为止亏得最惨的一次吧。

是的。

你能描述一下你当时的心情吗?

只要你建了仓，就会伴随着无尽的焦虑。一旦你清了仓，你的焦虑也随之烟消云散。如果你无法将这一切抛诸脑后，你将无法继续交易。

在你的职业生涯中，还有哪些交易因为这样或那样的原因而引人注目?

赚钱的赔钱的都可以吗?

当然可以。

(他笑了起来。)我与始于1979年、在1980年年初涨势见顶的那段黄金大牛市擦肩而过。错过那一波行情让我倍感焦虑。

能告诉我你为什么错过了吗?

市场就这样从我身边溜走了。每天我都在想："要是我昨天买了就好了。"但我的问题实则有两方面。首先，这是商品市场有史以来最大的价格涨幅之一，而我正与它渐行渐远。其次，我在银行里的现金因为大环境下的通货膨胀正在日渐贬值。我对这种情况感到非常糟心。最终，我在黄金价格创下历史新高那一天买进了黄金。我买了50张合约。翌日，市场开盘就跌了150美元。我当即亏损了75万美元，但我却如释重负，因为折磨终于被画上了句号，我反倒不在乎我赔掉的钱。事实上，我是一直在祈祷市场开盘后下跌。

从本质上讲，你做多只是为了了结这份痛苦。

是这样。

听你这话的意思是你发觉错失良机的痛苦实际上远甚于在市场中站错边。

曾经是，至少在我投身市场的头10年或12年里曾经是。我希望自己现在已经变得越发成熟稳重，不再抱有那样的心态。

这段经历让你学会了什么?

我学到，你必须更关注你正参与其中的行情，而不是你并未参与其中的行情。我并非一直都明白这个道理的。在那些日子里，如果我只建了个小仓位，没建立大仓位，其实我反而会期待市场开盘时对我不利。

是否还有其他值得一提的失败交易？例如，迄今为止你亏得最惨的是哪笔交易?

迄今为止我亏得最惨的那笔交易。（他一边慢慢地重复这句话，一边笑着，略显思绪万千。）1988年，加元一突破80加分的关口，我就对加元非常看好。我开始稳步建立一个很大的仓位，直到我总共做多了2000张合约。

是什么让你如此看好加元?

加元方面的交易一直以来是我的拿手好戏。当时市场正处于极度上涨势头，并刚刚突破了至关重要的80加分的心理大关。我就是非常强烈地感觉到，加元将会涨至更高价位。

总之，这将是我倒数第二笔交易。自我早年涉足这个行业以来，我的目标就一直是从市场中赚取5000万美元。我想把其中2500万美元存入银行账户，这样我就可以靠利息过上我想过的好日子，另外2500万美元用来玩儿票，比如买下一家报纸或一支棒球队。（在那个年代，这样数目的一笔钱足以买下一支棒球队了。）

我很早就计划好了，我的最后一笔交易将会是5000张合约，而我倒数第二笔交易将会是大约2500张合约。这里说的加元交易就是这倒数第二笔交易。我的计划是守着仓位，直到加元触及87—88加分区间，这一价格变动将使我在这笔交易中净赚约1500万美元。我的下一笔交易要赚到3000万美元，然后我就金盆洗手了。

但计划归计划，现实却事与愿违。当时，我正在牙买加盖房子，每隔几个星期就要回去监督现场施工。一个星期天晚上，当我动身出发搭乘飞往迈阿密的联程航班时，我在屏幕前稍作留步查看远东市场的外汇报价。远东市场上的加元很少有大幅波动。不看不知道，一看吓一跳，加元价格下跌了100点。我对自己说道："加元在远东市场上从来没有变动过100点，甚至连20点都没有过。这个报价一定是哪里出错了。报价可能只是有100点的误差。"抱着这样的想法，我走出了家门。

那个报价并没有出错。隔天早上，国际外汇市场上的加元开盘下跌了超过150点。更糟糕的是，我牙买加的房子里还没装电话。前往附近的一家酒店排着队等候使用公用电话是我力所能及的唯一一件事。待我的电话接通之际，我的仓位已经亏损了300余万美元。

是什么导致了加元突如其来的崩盘？

当时，距离加拿大大选还有一个月左右的时间。其总理马尔罗尼在民意调查中遥遥领先于他的对手特纳（Turner），后者奉行极端自由的政见，包括支持魁北克独立。那个星期天晚上双方举行了一场辩论，特纳一举击溃了马尔罗尼。第二天早上，民调显示，马尔罗尼原本24%的压倒性领先优势一夜之间缩小至仅剩

8%。突然之间，前一天还已成定局的选举结果似乎不再明朗。更糟糕的是，当时加拿大和美国就达成某项贸易协定正处于敏感的磋商阶段，而特纳胜利也将使该协定岌岌可危。这种突如其来的不明朗局势使市场完全陷入动乱之中。

你是否清空了这个仓位？

我脱手了大约400张合约，但市场下跌幅度如此之大，我不认为它还会进一步下跌很多。然而接下来的两三天，市场跌得更厉害了。到那时，我已经亏损了700万美元左右。当我意识到自己已经亏了这么多后，我告诉我的办事员："全部清掉。"

市场在那里见底了吗？

那正是市场的底部。不到一个月，价格又回到了那场辩论前的水平。

你错过了这次走势余下的部分吗？

我错过了整段走势，而市场最终超越了我原定的目标。我在上涨行情中赚了200万美元，在下跌行情中损失了700万美元，因为我一直在不断加仓。我非但没有从这笔交易中赚到计划内的1500万美元，反而赔进去了大约500万美元。

在牙买加时的那段下跌走势，是不是你迈进市场交易这一行以来最焦虑的日子？

不是。那是我赔钱最多的一次，但并不是最焦虑的一次。

哪一笔交易最让你焦虑？

我们之前谈论过的1978年11月的那笔英镑交易，因为那是我第一次遭受重大亏损。

还有其他难以忘怀的交易经历吗？

1982年，我开始从晚间新闻中注意到道琼斯指数几乎每天都在上涨。我由此对股市产生了极为强烈的看涨情绪。这是我第一次因观察期货外的其他因素对市场产生了感觉。在此之前，我对着手选股抱有抵触情绪，因为那是他人的主场。

我在一个做股票经纪人的朋友那里开了账户，我嘱托他各种类型的股票都买些，因为我的感觉是市场总体正在走高。当时，我并不知道他挑选股票的方法与我在期货市场上的做法完全相反。他的理论是买最弱势的股票，因为这些股票潜在的涨幅最大。呃，这必定不是我的理念。最终，他只为我买了他最爱的3只股票，也是他过去10年来一直钟情的3只股票。

在看到道琼斯指数上涨了大约3个月，而与此同时我的账户却在下跌时，我让他把我账户里那3只股票的走势图寄给我。我才发现他替我买了接近低点的股票，而我的本意则是买正在走高的股票。我认定这样安排行不通，于是关闭了账户。

我翻出电话簿，发现在芝加哥的密歇根大街和瓦克大道交会处附近有一家美林公司的办事处。在一个市场收盘后的夏日午后，我走到银行取出一张100万美元的支票。接着，我去了美林公司办事处，进门就问："这里谁负责？"办事处经理走了过来，我告诉他："我想和你们这里经验最少的经纪人谈谈。"这是句大实话。我要找的就是一个对市场没有任何观点的人。

他把我交给了一个看上去也就23岁的经纪人。我把银行支票摆在他面前，说："我想开一个账户，以下就是我要你做的事情。我要你一开始就把这笔钱的3/4投资到各种类型的股票上，所有这些股票都要正处于或接近历史高点。接着，我要你每周给我寄一份按市场板块细分的股票清单，并将每个板块中的股票依据接近其历史高点的程度排列。"

他完完全全遵照我的指示行事，我在那个账户上的表现非常出色。然而，就在当年，芝加哥商品交易所开始交易标普500股指期货合约，这解决了我如何交易大盘的问题。我谢过我的经纪人，关闭了账户，转而去买标普股指期货。我对关闭账户一事感到非常过意不去，因为那位经纪人完全按照我的意愿去做了。他将市场细分为不同的板块，然后买进每个板块中最强势的股票。

用不着过意不去，你可能教会了他很多关于市场交易的知识。转战股指期货交易后，你的进展如何？

非常好。我有幸抓住了标普指数从120点上涨到300点的大部分行情。

你能展开讲讲是什么让你如此看好股市的吗？

部分原因是在没有任何特定新闻予以支撑的情况下，竟然能看到市场几乎每天都在上涨。事实上，当时新闻实际上相当利空：通胀、利率和失业率，每一项都居高不下。另一个重要因素是，股市价格水平与20年前相比几乎没有变化，而在此期间通胀却急剧飙升。因此，以实际美元价格计算，股票价格极低。此外，我对大多数专家都不是特别看好股市这一事实感到欣慰。乔·格兰威尔是当时最红极一时的分析师之一，我觉得他的评论特别风趣。每次市场创出新高，他就会比以往更加看跌，而他本该扮演技术分析师的角色！

你犯过的具体交易错误是否为你提供了宝贵的教训？

我首次遭受重创那次，在市场涨停时，我持有德国马克空头仓位。我本可以在涨停板时脱身，但我没有。第二天，市场再次涨停。结果，我不仅损失翻倍，而且还花了两个月的时间才恢复到那笔交易之前的账户规模。我基本上算是明白了，你必须即刻止损脱身。这不仅是你在某笔特定交易中能够承受多大风险的问题，同时你还必须要考虑到，由于更大的损失对你的心态和交易规模造成了影响，你可能会错过未来多少个潜在的赚钱良机。

过去10年间，我们之前讨论过的专业交易的巨幅增长是如何改变市场行为的？

整体局势可能还是一样，但短期价格行为的性质与过去几乎截然相反。为了获得价格上涨，你需要观望者中有人愿意进场买进。过去，当大多数市场参与者不太精明时，交易者往往会等到市场占据新闻头条并创下新高时才开始有买进动作。相比之下，如今在市场中占主导地位的专业交易者只有在市场出现大幅反向波动时才会在场外观望。因此，如今主要趋势之前的价格走势与过去大不相同，因为专业交易者的行为与不太精明的交易者截然不同。

这些考量因素如何改变了你的交易方式？

我过去喜欢在突破点买进或卖出（价格变动超出先前的交易区间——技术分析人员经常将其解读为价格即将朝同一方向延伸的信号）。然而，如今有效的突破点看上去与突破点陷阱没什么两样。事实上，虚假突破点的数量可能超过了有效突破点。因此，我不再采用基于突破点来交易的策略。我发现，如今在主要趋势出现之前，经常会出现价格反方向急剧变动。我仍然会一如既往地根据整体市场走势来判断可能出现的价格趋势。不过，除了少数例外情况，我现在会下跌时买进、上涨时卖出。

如果你总是在等待市场做出反应后再进场，那不就有可能错过重大的行情吗？

当然可能，但那又如何？我屏幕上有38个市场。如果我错过了其中10个市场的行情，就会有另外10个有行情的市场。在市场中，你可能碰见的最糟糕的事情就是，你明明是对的，但还是会亏损。这就是如今上涨时买进、下跌时卖出的危险所在。

你让它听起来像一场国际象棋比赛。当你的对手是农民或牙医时，你会采取一种策略，而当你的对手是专业人士时，你会采取另一种策略。

毫无疑问，说得一点儿不错。你必须不断去适应变化。

你离开交易大厅的动机是什么？

我的第一个孩子出生后，我便停止了场内交易，因为我想在家多陪陪她。我决心不做那种只在睡前陪孩子一小时就完事的父亲，仅此而已。我打算利用好自己当老板的优势，不仅要致富，还要更好地享受生活。

从场内交易转变为在家交易，你是怎么适应的？

起初，我发觉这非常艰难。在我交易的头十二三年里，唯一一年比前一年赚得少的就是我开始在家交易的那一年。在交易场内，你可以利用价格偏离的时机实现快速获利。然而，一旦脱离了交易大厅，由于在执行上处于劣势，你必须得对较长期的交易敞开怀抱。我认为，我在场外交易的第一年遇到的部分问题是，我以为我会继续年复一年地赚更多的钱，而不必担心这个问题。度过了业绩平平的一年后，我立刻意识到我必须将更多的精力和专注投入到我的交易中。接下来的一年，我带着更大的决心杀了回来，就此成就了我的第一个百万美元之年。

你之前提到你作为一名交易员从一开始便旗开得胜。有什么你做过的特别的事情有助于解释那些早期的成功吗？

早年我做过最奏效的一件事是分析自己所做的每一笔交易。每天，我都会把自己的交易记录卡复印一份，并在家里进行回顾。每个交易者都会有无数笔赚钱的和赔钱的交易。你需要弄清楚赚钱的交易为什么赚钱，赔钱的交易为什么赔钱。只要弄清楚了这个问题，你就能在对交易的挑选上更加游刃有余，并避开那些更有可能赔钱的交易。

你对交易者还有其他哪些建议？

最重要的建议是永远不要让亏损变得失控。你要确保你可以在连续错误二三十次后账户里仍然有钱。我做交易时，我可能会承担账户中资金的5%到10%的风险。如果这笔交易亏损了，无论我的感觉有多强烈，在下一笔交易中，我会承担不超过我的账户资金约4%的风险。如果我再次亏损，我就会把交易规模降低至约2%。只要我还在亏损，我就会继续缩减交易规模。我的交易规模从最多每笔3000张合约到低迷时最少10张合约，然后再回到原来的规模。

这种交易规模的剧烈变化是你成功的关键要素吗？

绝对是，因为每个交易者都会经历其自身的低谷。

那么，从本质上讲，你将“麦凯”也视作一种趋势。

肯定的，从逻辑上说这是有原因的。当你交易一帆风顺时，你的心态会更好。当你交易到处碰壁时，你就会开始祈祷和希望。你不再去做你认为会赚钱的那笔交易，而是去做一笔交易再盼着它赚钱。

换句话说，你想等到自己调整好心态之后再返场，但调整的唯一方法就是获利，而你并不想在此期间赌得太大。

没错。

在你的交易生涯中，无论是场内或场外的交易者，你都阅人无数。赢家和输家是否有各自的显著特征？

我发现一件非常有趣的事情，几乎我认识的每一位成功的交易者最终无一例外会选择一种最适合自己个性的交易风格。例如，我兄弟是一个勤奋工作、一丝不苟的人。每当4月15日[1]来临之际，他都喜欢坐下来，把铅笔削尖，填报自己

[1] 每年的4月15日为美国的个税报税截止日期。——译者注

的个人所得税。实际上，他可能在3月就削好了所有的铅笔。

能做到这样的人凤毛麟角。

没错。总之，他成为一名多空套做者（spreader），这完美适配他的个性。（与净做多或净做空不同，多空套做者通过同时建立多空相互冲销的仓位，从相关合约的价格中谋取差价。）而且他在这方面非常出色。你可以步入交易场内，向他询问任何价差组合的报价，他都能够在顷刻间给出答案。他永远不会迈出那一步，像我一样去冒险，而是会按照自己想要的方式去做交易。另一方面，我的投机者朋友们则是可以随时一声不响动身前往拉斯维加斯或者去非洲攀登山峰的那类人。归根结底，成功交易者的交易风格往往与其自身的个性相吻合。

你自己的个性如何？与你的交易风格相吻合吗？

我觉得还是非常吻合的。我从小成长于保守的环境中。作为一名天主教徒长大的我，实际上曾在神学院读了4年，因为我想要成为一名神职人员。正如我们之前讨论过的，我让自己被征召入伍。年轻时候的我，说话从不拐弯抹角。成年后，一旦我浅尝了赚钱所带来的自由，我的冒险意愿更甚从前。15年前，我去了趟非洲，当时去非洲还没有成为一种流行风尚。作为一个成年人，我在面对很多个人际遇时冒过险，因为我相信人生苦短，应该趁现在好好享受生活。

我的交易风格融合了这两种互为对立的性格特质。我将自己性格中风险进取的一面置于其所属之处：交易；而将自己性格中保守稳健的一面置于其所属之处：资金管理。我的资金管理技巧极为保守。我从不冒任何接近账户资金总额的风险，更不用说我全部的资金了。

你的意思是，只要个性与交易风格之间不发生冲突，一个人的个性是什么其实没有任何区别。

没错，没什么区别，因为有那么多不同的交易风格，你总能找到适合自己个性的那一种。

对赔了钱的交易者有什么具体建议吗？

有时人们赔钱的原因是他们的筛选不够严格。通过分析，一个交易者可能会发现，如果他只专注于那些表现良好的交易并放弃其他类型的交易，他可能真的会成功。然而，如果一个交易者对自己的交易状况进行了分析，却仍然赚不到钱，那么他或许应该尝试换一条赛道。

交易的第一法则是什么？我认为，首先，潜在的交易者必须找到自己舒服的交易方法，即匹配交易者自身个性的交易方法。麦凯将这种特质视为区分赢家和输家的最重要因素。每个交易者都必须选择适宜的市场舞台，在系统交易和自主交易、基本面分析和技术面分析、仓位交易和价差交易、短期视野和长期视野、激进做法和保守做法等选项之间做出选择。对于所有这些对立选项，一种选项会更贴合交易者的个性，而另一种选项则会引发内在冲突。

说到这里，你可能会想，选择与自身个性一致的交易方法这一理念听起来不像是什么深奥的大道理。你可能会问："毕竟，难道不是每个交易者都会选择与自己的个性相匹配的方法吗？"绝对不是！我自己在这方面的经验将在本书的最后一部分展开详述。

从更普遍的意义上讲，交易者采用完全不匹配自己个性的交易方法是非常常见的。有些交易者擅长系统开发，但最终却不断地凌驾系统之上，妨碍系统运行，从而带来灾难性的后果。有些交易者天生倾向于开发长期策略，但最终却因为缺乏耐心或"做点儿什么"的冲动转而做了短线交易。有些交易者生来就是具有出色直觉的场内交易员，但他们放弃了让自己的专长得以尽情施展的环境，沦为了庸庸碌碌的投资组合经理人。还有一些理论导向的交易者，制定出错综复杂的、低风险的套利策略，但随后投身成为仓位交易者，而这种方法可能需要远超他们舒适水平的风险承受能力才能运用自如。

在上述所有情况下，天生在某种交易风格上有天赋的个人最终却采用了截然相反的交易风格，原因通常是为了满足某种情感需求。换句话说，个性需与交易风格相匹配可能是一个常识问题，但肯定不是普遍现象。然而，麦凯言之凿凿地指出几乎每一位他所认识的成功交易者最终都选定了某种匹配自己个性的交易风格，就此凸显了这一理念的重要意义。

麦凯自己的交易方法中有一个重要因素，那就是仓位规模的剧烈变化。当他一帆风顺并由此认定自己成功的概率最大时，麦凯的交易规模就会相当之大。另一方面，当他到处碰壁时，他就会将交易规模缩减至极小的程度。对于麦凯来说，交易规模变化超过100倍的情况并不罕见。这种方法不仅可以减少赔钱阶段的风险，还可以增加赚钱阶段的获利。采用固定仓位规模的交易者放弃了一项重要的优势，就如同21点的玩家不管之前发过什么牌，总是下等额的赌注。

风险控制是麦凯交易方法中的另一个重要因素，事实上，对于大多数伟大的交易者来说也是如此。除上文刚讨论的在接连亏损的情况下大幅缩减仓位规模之外，麦凯还坚信一旦仓位不利则应立即止损脱身。在为数不多几次违背他口中的这一关键原则的情境下（即访谈中提及的加元多头仓位），一反常态的两天耽搁将350万美元的损失扩大至700万美元。

麦凯作为一名交易员着眼于技术面分析，但在他定下重大交易策略方面，基本面分析也发挥了至关重要的作用。不过，他对基本面的运用有些特立独行。麦凯并没有试图判断基本面是看涨还是看跌，也没有直接权衡基本面新闻是利多还是利空。相反，他关注市场对基本面新闻的反应。例如，如果市场没有受到接二连三的利空新闻的影响，麦凯会将此视为牛市势头即将来临的迹象。

|威廉·埃克哈特|

(William Eckhardt)

数学家

威廉·埃克哈特是一段著名金融逸事中的关键人物之一，然而，他几乎不为公众所知。如果精英交易员们能像其他领域的领军人物一样为人所熟知，那么可以设想埃克哈特出现在那些老式美国运通广告中的情形[广告中出现的都是如雷贯耳又鲜为人知的名字，例如巴里·戈德华特(Barry Goldwater)的副总统竞选搭档]:“你认识我吗？我曾经是这个时代或许最著名的期货投机家理查德·丹尼斯(Richard Dennis)的合伙人。我就是那个与丹尼斯打赌交易技能无法传授的人。业内被称为海龟的交易团体，就是为了揭晓这场赌局的结果而进行的一项实验的产物。”话说至此，威廉·埃克哈特的名字可能会出现在屏幕上。

那么威廉·埃克哈特是谁呢？他离数学家只差一个博士学位，改行进军交易领域，再也没有回归学术界(至少未曾正式回归)。埃克哈特早年的交易生涯是在交易大厅度过的。不出所料，他最终放弃了这个反身性的交易舞台，转而采用更具分析性的系统交易方法。在长达10年的时间里，埃克哈特主要根据自己开发的系统所产生的信号，并辅以自己的市场判断，在个人账户上取得了出色的业绩。在过去的5年间，埃克哈特还管理着其他几个账户，在此期间他的平均回报率为62%，从最高1987年获利234%到最低1989年亏损7%不等。自1978年以来，他的个人账户年均回报率超过60%，1989年是唯一亏损的年份。

在我们访谈的时候，埃克哈特在经历了匿名的职业生涯之后，正蓄势待发将他在资金管理领域的业务范围扩大到更广泛的受众。为什么埃克哈特现在愿意出现在公众视野中，积极寻求公共资金来进行管理呢？为什么不像他一直以来所做的那样，继续交易自己的账户以及一些朋友和合作伙伴的账户呢？在明确谈及海龟交易员（见下一章）之时，埃克哈特直言不讳地承认："眼看着我的学生管理的资金数以亿计，而相比之下，我管理的资金微不足道，我已经受够了。"显而易见，埃克哈特认为重出江湖讨回他应得的报酬的时机已到。

埃克哈特显然对交易系统研究乐在其中，当然，这也是他谋生的方式，但他真正的热忱在于科学探索。事实上，从某种意义上说，交易和与交易相关的研究是埃克哈特为他感兴趣的科学项目筹措个人资金的手段。他热衷于探索一些持续困扰科学家的宏大悖论。量子力学的贝尔定理因其颠覆常理而勾起了他的兴趣，该定理表明，在不可能有影响传递的情况下，对相隔甚远的粒子系统进行测量可以相互决定结果。进化论是他研究的另一个领域，他试图找出有性生殖之谜的谜底：为什么大自然会演化出有性生殖，其中有机体只把一半的基因传递下去，而在无性生殖中则传递100%的基因？也许他最深入的研究是对时间概念的理解。在我与埃克哈特访谈期间，他正在撰写一本关于时间本质的书（他设定的大前提是时间的流逝是一种幻觉）。

埃克哈特将许多优势融入交易系统设计：多年的场内场外交易经验、敏锐的分析头脑以及严谨的数学素养。这种素质的组合使埃克哈特比其他大多数交易系统设计者更具独到优势。

★

你是如何与理查德·丹尼斯成为合伙人的？

丹尼斯和我在高中时就是朋友。我们可能是因为对市场有共同的兴趣而相识，但我们的友谊从来都无关乎交易——丹尼斯在大学期间才开始做交易。我留在象牙塔专攻数理逻辑的博士论文。1974年，我陷入停滞状态。

你所说的"陷入停滞状态"是什么意思？

我正在芝加哥大学师从一位世界著名数学家撰写一篇数理逻辑方面的博士论文。一切都进展得很顺利，直到一位新教员加入，他的专业正巧是数理逻辑。理论上，我是他唯一的学生。因此，我论文的指导工作从我原来的导师转移到了这位新教员身上，然后他硬是想让我做一篇不同选题的博士论文。结果便是，在我修完了所有的课程，参加了考试，并完成了四分之三的论文后，我的进展受阻。

当时，丹尼斯建议我休学一段时间，尝试一下场内交易。我照做了，从此再也没有回过学校。

从数学研究生到场内交易员的转变，听起来像是一次彻头彻尾的转型。

是的，确实如此。尽管我一直对投机价格的本质感兴趣，但我不得不承认，数理逻辑与场内交易有着天壤之别。要说真有什么的话，那就是我在步入交易场时，对市场的运作方式抱有太多先入之见。

什么样的先入之见？

我以为我可以将我身为数学家所长的分析技巧以一种直接的方式照搬到市场上。在这点上我错了。

你尝试过这样做吗？

交易大厅之外的交易员的生死存亡取决于他们对市场或交易系统的看法。但对于交易大厅内的交易员则不然。作为一名交易场内的交易员，你只需要能够判断市场何时偏离，哪怕只是偏离一个或几个最小报价。一旦掌握了这项技能，无论你的底层理论是否合理，你都能在市场中存活。事实上，我认识很多交易场内的交易员，他们订阅千奇百怪的伪系统：移动平均线、月相周期等，还有只有上天才知道的什么系统。当他们收到这些系统发出的信号时，基本上是根据买价买进或按照卖价卖出。到了月底，他们则总是会把他们的获利都归功于他们的系统。然而，其中某些系统完全是空洞无物的。也许我曾做过类似的事。我对投机和交易有一套自己的想法，而且我在交易场上也表现不错。但我不确定我是不是从我对市场的看法中赚到的钱。

你在交易大厅内做出买卖决策的依据是什么？

基本来说，我会在弱手卖出时买进，并在他们买进时卖出。回想起来，我不确定我的策略与我的成功是否有任何关联。如果你假定真实的理论价格介于买价和卖价之间，那么如果按买价买进，你买进的价位就会比它的价值略低一点。同理，如果按卖价卖出，你卖出的价位就会比它的价值略高一点。因此，总体而言，无论我采取何种策略，我的交易预期回报都为正。单凭这一事实就足以反映我100%的成功率。

你事实上真的是这么想的吗？

我认为，执行优势可能是我作为场内交易员取得成功的主要原因。小客户账户资金消磨殆尽的主要因素并不是小额交易者无法规避犯错，而仅仅在于他们无法克服自己的交易成本。我所说的交易成本不仅指佣金，还包括下指令过程中的滑点。作为一名交易场内的交易员，我身处滑点的对立面而从中获利。

作为一位专攻数学学科的前博士候选人，你是否怀念过去所从事的工作所带来的智力挑战？

最初会。但我最终开始认真研究价格问题，这与我在学术领域所遇到的问题一样棘手。

你对数学的研究领域中有什么可以应用于开发交易系统吗？

当然有——统计学。对商品市场的分析很容易陷入经典统计推断的误区，如果没有良好的基本认知就使用这些工具，很容易出问题。

统计学的大多数经典应用都基于一个关键假设，即数据分布是正态分布或其他已知分布类型。在对数据分布假设无误的情况下，经典统计学可以很好地发挥作用，可以让你得出精确的结论。但是，即便分布假设只是稍有偏差，该误差就足以使精密的统计估计量失灵，而较粗糙、较稳健的估计量将会产生更准确的结果。一般来说，统计学家用来从边缘数据中捕捉显著性的精巧的检验在交易中并无用武之地。我们需要直截了当的统计工具和稳健的技巧。

你能定义一下“稳健”的含义吗？

稳健的统计估计量是指不会因对分布性质的错误假设而受到太大干扰。

为何你认为此类技巧更适合用于交易系统分析？

因为我相信价格分布是病态的。

此话怎讲？

举个例子，价格分布的方差（方差是衡量数据变异性的度量）比基于正态分布理论所预期的要大。分形维数概念的提出者本华·曼德博（Benoit Mandelbrot）推测，价格变动分布实际上有无穷大的方差。随着更多数据被添加，样本方差（即价格中隐含的变异性）会越来越大。如果事实果真如此，那么大多数标准统计技巧在价格数据分析中都是无效的。

我不明白。方差怎么会是无穷大呢？

一个简单的例子便足以说明某种数据分布是如何有无穷大平均数的。（顺便一提，方差就是平均数——方差等于各个数据与其平均数之差的平方值的平均数。）假设一个一维简单随机游走事件，比方说，此处由抛掷一枚公平硬币产生。我们感兴趣的是平均要等多久才会连续出现正面与反面次数相等——也就是连续出现正面与反面次数相等所需的平均抛掷次数。通常，如果我们对这一过程进行抽样，就会发现连续正反面相等之间的等待时间往往很短。这没什么可大惊小怪的。因为在测量等待时间时，我们总是从相等的状态开始，而另一次相等的状态通常不会太远。然而，尽管很罕见，有时候正面或反面的次数可能会遥遥领先，这时我们可能就需要等待很长时间才能再次出现相等的状态，特别是由于额外的抛掷在很有可能缩小这种差距的同时，也很有可能扩大这种差距。因此，我们的样本往往会包含大量相对短暂的等待时间和少量等待时间久到令人不安的异常值。

平均数是多少？值得注意的是，这种分布没有平均数，或者你可以说平均数是无穷大。在任何既定阶段，你的样本平均数当然是有限的，但随着你收集到更多样本数据，平均数会不可避免地增大。如果你抽取的样本数据足够多，则可使样本的平均数变得任意大。

你刚才举的掷硬币的例子中，计算机模拟使得生成巨量数据样本成为可能，从而可以得出平均数没有极限的结论。但你怎么能断定商品价格分布的方差不是有限的呢？要得出这样的结论，现有的数据不会太有限了吗？

在确定价格变动的方差是否无限方面，存在一些统计学上的问题。在某些方面，这些困难与确定我们是否正在经历全球变暖的问题类似。有迹象表明我们正在经历全球变暖，但将近期温度上升与随机变动区分开来非常难。要获取足够的数据来证明价格变动的方差是无限的，可能需要一个世纪的时间。

方差并非有限这一点的实际含义是什么？

如果方差不是有限的，那就意味着某处潜伏着比你想象的更极端的情景，肯定要比价格符合正态分布这一假设所暗含的极端情景更极端——这一假设是大多数统计应用的基础。我们见证了一个例子：1987年10月19日，标普指数一天之内下跌8000点。正态估计理论会告诉你，如此大的单日价格波动可能每1000年才会发生几次。但在标普指数期货合约推出后的10年内，我们就目睹了它的发生。这个例子完美地说明了这样一个事实：如果市场价格没有有限的方差，任何经典理论推导出的风险估计都会被严重低估。

除意味着交易者面对风险控制需要比直接从统计分析所推断的更为保守之外，使用你所谓的稳健方法，相比使用假设正态概率分布的方法，是否还有其他实际意义？

一个重要的应用涉及你有多个指标用于某个市场的情况。问题在于：如何最有效地结合多个指标？根据某些精细的统计度量，我们可以为各个指标分配权重。但这种方法往往对各指标之间的关系提出了很多假设。

你可以在有关稳健统计的文献中发现，大多数情况下，最佳策略并不是某种优化的加权方案，而是赋予每个指标1或0的权重。换句话说，要么接受，要么拒绝。如果一个指标足够好，好到值得使用，它就应该与其他指标平等地被赋予权重。如果达不到这个标准，就不用去管它了。

同样的原则也适用于交易选择。你应该如何在不同的交易之间分配你的资产？同样，我认为，要么某笔交易足够好，好到值得去做，在这种情况下就应该满仓交易，要么就根本不值得花心思。

先前你谈到了市场分析中的陷阱。你能再举一些例子吗？

任何有意义的方法都必须不受单位选择的影响。某类条形图技巧严重违反了此原则。这些技巧有的很简单（45度角），有的则很草率（在图表上绘制正五边形），但它们的共同点都是在条形图上使用角度。许多——其中甚至不乏一些自称高深的——交易技巧大全，都秉承这样的理念。

有一个简单的考量因素，可以一举否定所有此类特定大小角度的方法：条形图上角度的大小并不随尺度的变化而变化。例如，试想从一段走势的低点以45度角绘制一条直线的技巧。如果你在合约相同但时间和价格尺度不同——比如说两张出自两家不同服务商的图表上这样做，那么描绘出的45度线就会不同。它们随后将在不同的价位上与价格序列相交。事实上，连接条形图上两个价格的直线的倾角根本不是价格序列本身的属性。这完全取决于你使用的价格和时间的尺度单位以及你如何对图表布局，种种这些都是相当任意的。方法有好有坏，但这些在角度上大做文章的技巧实在算不上是方法。

顺便提一下，请注意，涉及连接价格序列上的两个或多个点的趋势线在尺度变化时是不变的，因此从某种意义上讲，趋势线有一定意义，但由斜率决定的直线则没有任何意义。在不同尺度的图表上，给定的趋势线有不同的斜率，但它与价格序列的交点完全相同。

条形图上的角度缺乏内在含义这一点，即使是对不使用角度的图表导向型交易者也具有重要意义。图表上趋势倾斜的陡峭程度通常是交易决策中的一个心理考量因素。如果受到这种影响，你就是在让图表制作者的实用和美学考量影响你的交易。通过调整价格尺度，任何趋势都可以被制作得看起来更平缓或更陡峭。

这个例子也凸显了计算机化交易的一个优势：计算机只会关注指令要求关注的信息，除此之外的信息全部忽略。如果你想让你的计算机系统识别到斜率，你就必须将这个功能编写进程序里。完成之后，你就会非常清楚地意识到，斜率值直接取决于单位的选用以及时间轴与价格轴的尺度这件事就会变得昭然若揭。

我一直惊异于很多人对图表角度依赖于尺度的特性毫无觉察或对其影响不以为意。正是因为我意识到直线斜率方法内在的任意性，所以我从来不会花哪怕5分钟的时间在江恩角度线或是这类方法论的拥护者的研究上。

交易系统设计中有哪些分析陷阱？

设计交易系统时会遇上很多陷阱。首先，非常容易犯下“事后诸葛亮”的错误。

定义下“事后诸葛亮”吧。

利用只在事后才能获知的信息。有时，事后诸葛亮是显而易见的——一处编程错误。例如，在计算中使用收盘价来决定是否在收盘前发起某笔交易。此类问题并不罕见，通常会在生成好到不切实际的表现统计数据时露出马脚。然而，还存在一些更隐晦的事后诸葛亮的错误。数据中最高价之后会紧跟着出现较低的价格，这几乎是在照搬定义。但如果你将这些最高价纳入交易规则，或是出于周期性考量暗中将其纳入，那么该规则就会在你的数据上呈现出良好效果，但都只是事后诸葛亮。

还有其他陷阱吗?

过拟合这个问题已经被提过太多次了。系统的自由度越高，就越能将自身与价格序列拟合。

请为不熟悉数学的读者定义“自由度”。

最简单明了的说法是，自由度是一个数字，也就是所谓的参数，每个允许的值都会产生一个不同的系统。例如，移动平均系统的变化取决于选择平均的天数。天数就是一个自由度，其允许的值为正整数。但也可能存在隐藏的自由度。我们可以对系统内部的结构采取各种不同的形式。如果测试过各种替代形式，就给了系统又一次机会去吻合数据中过往呈现出的特异性。

系统内自由度过多不仅存在危险性，也会存在“不良”自由度。假设系统中的某个自由度仅对数据中的极少数过度趋势产生影响，除此之外对系统如何交易并无影响。通过附着于大趋势的小样本的偶然特征，这样的自由度可以显著地促成过拟合，即使自由度的总体数量处于可控范围内。

如何确定一个系统的绩效在多大程度上受到历史数据过拟合的影响，而未能成功捕捉关于市场行为的真相?

最好的方法是查看数百个例子。向系统中添加各种自由度，看看能从中得到多少信息。添加一些虚假的自由度，看看能得到什么。在这个问题上，我认为没有什么是经验的代替品。去尝试各种系统，多多益善。去尝试你理解或你不理解的系统。去尝试参数匮乏或参数泛滥的系统。一段时间后，你就能培养出一种直觉，靠直觉去权衡自由度与过往绩效作为未来绩效指标的可靠性。

你对一个系统中纳入的自由度有数量上的限制吗？

七八个可能太多了。三四个就挺好的。

你如何看待最优化（最优化指针对过往数据对系统的多个变体进行测试，然后选取表现最佳的版本用于实际交易）？

最优化是机械式交易者工具箱的有效组成部分，但是如果在最优化过程中不讲究方法论，你得到的结果将无法重现。

你如何避开此类陷阱？

你确实会卡在相互冲突的目标之间。如果完全避开最优化，最终得到的系统将远不能实现其潜力。然而，过度最优化又会让你的系统更擅长解读过去而非预测未来。总而言之，你必须在这两个极端之间达成某种平衡。

除我们已经探讨过的事情之外，你对参与系统开发的人员还有哪些建议？

如果系统的绩效表现没能让你眼前一亮，那么它可能就不值得采用。它必须是一个出色的结果。此外，如果你需要依赖精密的、充满假设的统计技巧来获得卓越的绩效表现，那么你应该对系统的有效性充满怀疑态度。

一条通则是，要始终对你的结果持怀疑态度。系统看起来越精妙，你就越应该坚决地尝试去证伪它。这一想法与人的本性背道而驰，因为人的天性总倾向于让系统的历史表现看起来尽可能好。

卡尔·波普尔（Karl Popper）倡导这样一种主张：所有知识的进步都源于对既有理论的证伪而非证实。无论这一假设在一般情况下是否正确，都无疑是应该带到交易研究中的正确态度。你必须尽最大努力去推翻你的结果。你必须努力去扼杀你的小小创造。尝试思考你的系统可能出现的一切问题以及可疑之处。在你通过真心实意地试图证伪来挑战你的系统后，那么也许，只是也许，系统是有效的。

你在系统中使用价格形态吗？

图表上看起来很好的东西，大部分——可能有98%——都行不通。

为何如此？

人类的大脑生来就会创造形态。大脑会从随机的数据中发现形态。世纪之交时的一本统计学图书如是写道："若以明眸寻形态，形态处处皆可见。"换句话说，你从图表上看到的东西比实际存在的要多。

况且，我们不会中立地看待数据——也就是说，当人的目光扫过图表时，并不会赋予所有数据点同样的权重。相反，目光会倾向于聚焦特定的突出案例，而我们倾向于基于这些特殊案例构建观点。我们总爱挑选出某种方法令人惊叹的成功之处，却忽视日复一日的损失，此乃人性使然，而日积月累的损失最终会把你吃干抹净。因此，即使是对图表进行相当仔细的审视，也容易让研究人员认为系统比实际情况要好得多。即使你通过细致的手工研究更进一步，结果出现偏颇的倾向依然相当强烈。事实上，这种偏见存在于所有科学研究之中，这就是为什么要进行严格的双盲测试。即使是最诚实的研究人员，也会倾向于使数据偏向自己的假设。这是无法避免的。当我手工做研究时，我秉承的态度是，所得结果必须得打个五到八折。

我记得有一次在旧金山飞往纽约的航班上，我想出了一个系统的新点子，兴奋之余便想在图表之外进行初步测试。该系统涉及以一种非传统方式使用某个传统指标（随机指标）。我在几个不同的市场上测试了这个系统，它似乎表现得非常好。当我最终让系统经受计算机测试时，我发现它实际上是赔钱的。问题出自我对齐图表底部的指标与顶部的价格时有一天左右的偏差。由于信号往往在价格快速波动的期间发出，偏差一天可能意味着在市场500点的波动中站在错误的一边（比如说，标准普尔500指数期货这样的市场上），而不是站在市场正确的一边——总共相差1000点（在标准普尔500指数中为5000美元）。因此，这个原本看似很棒的系统最终被证明一文不值。从那以后，我就对从手工测试中得出的任何结论都非常谨慎。我现在会等到计算机结果出炉。

人们渴望发现形态，正是这种怪癖让人们相信迷信、占星术或算命先生不乏可取之处。成功比失败更令人惊叹。你会记得神谕一针见血的时刻，却往往会忘记那些模棱两可或错误的预言。

你的评论基本上似乎是在说，图表解读充满了陷阱和未经证实的假设。

是的，就是这样。也许有人能做到，但我肯定做不到。我认识的每一位通过图表形态识别进行交易的交易者，都会把他真正喜欢的交易做得比他不那么喜欢的交易更大。一般来说，这并不是一个好主意。你压根不应该把自我投入到任何一笔交易中。而且更不应该在某些交易中投入比其他交易更多的资金。此外，如果你认为自己凭借对图表的敏感创造出有利可图的局面，那么一旦交易不成功，你就很难不感到过度自责。

我想，这不太好。

是的，这很容易让人心神不宁。

如果你有一套机械式的系统，那就不成问题了。

说得对。你只需要遵照系统执行。如果系统的所作所为招致亏损，那只是系统可预期的一部分。你应该对系统的整体表现而非单笔交易有所评判。

我充分理解机械式方法在心理上的优势（当然，前提是方法有效），但你是否也在说，你对将图表解读作为交易的一种一般性方法持怀疑态度？

当我基于图表形态产生一个想法时，我会尝试将其简化为某种可以在计算机上测试的算法。如果一种方法的确有效，你应该能够向计算机解释该方法。即使你无法精准定义该方法，你应该也能够构思出近似描绘该形态的算法。如果你的算法给出的期望回报趋近于零——情况通常如此——那就不要自欺欺人地相信该形态的有效性取决于你赋予它的某种难以描述的解读。

换句话说，计算机不会撒谎，要相信计算机，而不是相信你对形态可靠性的直觉观念。

对，原因正如我前面所提到的，人的意识总是会无中生有地找出不存在的形态。

你对系统是绝对遵循，还是有时会出手干预？

游戏进行到现阶段，计算机交易系统是遵循既定程序的算法。系统可能很复杂，但核心思路仍然很简单。我所了解的任何一套系统，如果交易规模足够大，偶尔也会误入过于危险的地带。当然，这种漏洞可以通过缩小交易规模——按照最坏的情况进行交易——来避免，但就整体绩效而言，这种解决方案代价高昂。更好的做法是以合理的水平进行交易，当你发现自己的风险敞口过大时，介入系统并削减交易规模。此外，一个好的系统偶尔也会指示你做一些蠢事。在这种情况下，自己的判断至关重要。

然而，一般来说，如果你的系统还不错，就不要人为操控它，除非它明显违背了其设计意图。不要养成日复一日摆弄系统的习惯。将你的聪明才智和创造才华挥洒在研究上吧。

你能举出一个系统违背其设计意图的例子吗？

股市崩盘那一天（1987年10月19日），我做空了标准普尔指数，也做空了欧洲美元。收盘时，标普指数跌了8000点，但欧洲美元只跌了5点。我的交易者思维告诉我，欧洲美元至少应该因标普指数的崩溃而下跌40或50点。尽管我的系统仍然做空欧洲美元，但我还是回补了仓位，因为我不喜欢这种市场走势。

你做对了吗？

对了。隔天市场开盘上涨了将近300点。

当你发现你的系统执行某些并非最优的操作，并且你能够用语言描述原因所在，就像你刚刚引用的欧洲美元的例子，那么你是否会修改你的系统，以纳入一个新的规则来应对此类情况？

如果你发现自己反复遇到某种问题，或者你发现系统中存在结构性缺陷，那就到改变系统的时候了。但是，你不应该在每次系统做出你不喜欢的事情时就去改变它。任何算法复杂度合理的系统都不可能在所有情况下按照设计者的意图行事。设计者无法预见所有可能的情况。即便设计者可以，为每年发生不到一次的事情向系统添加一个自由度也是不明智的。

还有其他让你印象深刻的出手介入系统的例子吗？

有，大概在海湾战争期间。这完全是前所未有的局面。我们以前从未有过根据截止日期发动的战争。我的直觉是不要交易，但我又有其他顾虑。我认为，错过一次重要的交易比做一次糟糕的交易要严重得多。在任何有价值的系统中，当你做了一次糟糕的交易时，都会有各种后备措施来保护你（即确保你能退场）。

另一方面，通常情况下，如果你错过了一次好的交易，你没有任何东西可以保护自己——也就是说，系统中没有任何东西可以确保你最终进场。此外，错过一次好的交易可能会使你意志消沉、心神不宁，特别是如果你正处于连续亏损的时期。就像许多糟心的交易决策一样，它最终让你付出的代价不仅仅是交易中亏损或未赚到的钱。错过一次重大交易往往会对你的整个交易策略产生深远影响。有时你可能要花上几周的时间才能重新回到正轨。出于所有这些原因，我认为不进场交易是不恰当的。

但我原以为你说这是你出手介入系统的一个实例？

我进场交易了，但把仓位规模缩减到平常的一半。

结果如何？

我一败涂地，或者更准确地说，“半”败涂地。

所以，再一次，你的干预似乎对你的绩效有所帮助。有没有你出手介入系统却适得其反的情况？

有很多。最突出的一次发生在几年前，当时我经历了比往常更漫长的一段连续亏损。当时，我碰巧做多外汇。周末，一些国际形势的发展导致货币价格大幅上涨。到了周一早上，我似乎发了一笔意外之财。由于波动加剧，我正在减少风险敞口，因此我将一半仓位获利了结。事实上，当时我在所有市场上的风险敞口都很小，完全可以承受外汇仓位的额外风险。只是，在经历了一段时间的大幅亏损后，我无法忍受将所有利润全部回吐。实际上，我的推论是外汇已经上涨得够多了——趋势即将发生逆转。此后不久，外汇再次爆发上涨，涨幅超过了第一次。这种有意为之的错失良机比损失更令人痛心。

总体而言，你认为你对系统的干预对绩效产生了帮助还是造成了阻碍？

我有过在为自己的账户交易（这是我职业生涯的大部分时间都一直在做的事）的同时为一位同人管理账户的经历，这个账户我完全按照机械式系统进行交易。尽管我个人账户的绩效不赖，但完全按照机械式系统交易的账户表现得更好，毫无疑问。

我已经知道，在丰收年份，一个好的系统有着比我个人更好的绩效，但我曾以为我可以在平庸的年份里取得比系统更好的绩效。(或许我曾经能做到，但我的系统这些年来精进了不少。) 这次经历却表明了事实并非如此。

不过，想必在这次无心的实验之前，你一定认为你的人为干预有助于提高绩效。

这是因为那些看似比系统聪明的举动会留在你的记忆中。稀松平常的日子里的失误则被你忘得一干二净。显然，我的人为干预让我付出了金钱上的代价，尽管我之前并非如此以为。

从那以后你改变了对人为干预的看法吗？

当然，我现在觉得它应该是一个比我多年前更为精雕细刻的过程。你应该尝试通过在晚上进行研究来挥洒你的热情和创造力，而不是在白天人为干预你的系统。当在意料之外的情况下——且仅当在经过深思熟虑的情况下，你才可以人为干预系统。如果你发现自己经常人为干预，那这就是一个明确的迹象，肯定是有一些你想要的东西没有被系统纳入在内。

除了系统交易，你能否谈谈你是如何选择交易的？

我不喜欢在价格回调时买进。如果市场正在上涨，而我认为我应该做多，我宁愿在市场强势时买进，也不愿等待回调。在回调时买进在心理上很有诱惑力，因为你感觉与不久之前的价格相比，自己捡了便宜。然而，我认为这种做法不亚于毁了一锅粥的那颗老鼠屎。如果市场回调的幅度足以让你的购买价格发生重大改变，那么这笔交易就不如当初那么好。尽管这笔交易可能仍然可行，但趋势逆转的可能性增加了。也许更关键的是，试图在回调时买进的策略往往会导致你完全错过整笔交易，或者最终被迫以更高的价格买进。在回调时买进是那种在心理上给人满足感，但在增加利润方面并没有提供任何实质好处的伎俩之一。一般性原则是，避开那些让你心安的事物，这种心安通常是虚假的。

对于趋势跟踪系统为何有效，你有什么合理的解释吗？

人们往往只关注那些看似最有可能出现的少数几种大的结果，而忽略了那些低概率的情境。随着各种可能的结果变得更可能或更不可能，某些被忽略的小概率事件就会突然显现出来——这就是阈值现象。市场不得不在一定程度上对这些“新”的可能性进行断断续续的调整。显而易见，趋势跟踪的成功意味着，比起随机产生，达到一定规模的走势更可能成为这种断断续续的调整过程的开端。当然，趋势跟踪者面临的推断问题是如何将此类调整的初始部分与随机波动区分开来。

你熟悉那些面向公众出售的系统吗？

我曾试图了解它们，但鉴于市面上的垃圾实在太多了，我发现这个经历让我怒火中烧。你必须从如此多既复杂又毫无价值的东西中挑挑拣拣，我认为时间花在集思广益上会更有价值。

你为什么把这些系统归类为“毫无价值”？

因为它们倾向于过拟合过去的数据。

你认为过拟合是无知的产物吗？还是肆无忌惮的商家想要卖出更多系统？

时至今日，可能主要是无良商家。

你关注过很多外部系统吗？

我看过大约50种。

这50种里面有多少存在可取之处？

一个。并且我不认为作为系统它存在价值，但它里面的一种元素我后来能用得上。

那你觉得购买系统是在浪费钱吗？

我觉得，大多数情况下确实如此。一想到一个人得花多少钱才有机会撞大运买到一些好东西，我就头疼。如果你有资源去评估各种系统，最好把时间花在开发自己的点子上。我不建议购买系统。

如果一个系统真的有效——我说的有效是指兼具高获利能力、低波动性和持久性——那么是否对卖家来说出售该系统在经济层面上是不合理的？

偶尔可能会出现这样的情况：有人鼓捣出了真正的好东西，但因为需要钱而把它卖掉了。但就我的经验而言，好东西可不是随便翻翻图表就可以发现的，好东西需要经过多年的发展才会形成。一般来说，如果一个人投入了足够多的时间和金钱来开发一个系统，他会想把这个系统留下来自己用，而不是卖掉赚钱。

你对反向意见有什么看法？

反向意见试图推行的理念是，在个别交易中与大多数人对做。尽管从理论上讲，在得到市场组成的正确信息的情况下，这种方法可能会奏效，但在实践中，反向意见交易者所能获得的信息的重要性有待商榷。

举例来说，考虑一下共识数。这些共识数基于市场简报、咨询服务等的建议而形成。因此，这些数字模拟的是一个非常不具代表性的交易者群体——那些根据市场简报建议进行交易的人。这种人我甚至一个都不认识。无论如何，这是一个实证方面的问题：共识数有效吗？我们的研究表明，在共识显示极度看涨的市场上买进——而不是卖出——的利润微乎其微。

你对相对强弱指数和随机指标等流行的技术性超买/超卖指标作何看法？

我认为这些指标几乎毫无价值。我并不是说你不应该研究这些方法——在研究上你可以非常随性地使用任何指标，但在交易中则不然。

经过研究，你会将这些方法称为“虚假指标”吗？

会，它们的获利预期接近于零。这些形态在市场盘整期间获利多少，在趋势出现时就会赔掉多少。

如果这些方法对交易毫无帮助，你认为它们为什么会如此受人追捧？

首先，当你把这些指标叠加在价格走势图上时，它们看起来比实际情况要好得多。人眼往往会捕捉到这些指标准确预测次要顶部和次要底部的时刻，但忽略了所有的假信号以及指标在趋势出现时错误到何种程度。

严肃说的话，错误在于混淆了先验概率与后验概率。例如，很多极端情况确实都有反转日。[反转日是指市场达到新高（新低），然后反转方向，收盘价低于（高于）前一或前几个交易日收盘价。]这告诉你的只是价格在极端情况下出现反转日的概率。但你真正想知道的是，在出现反转日的情况下，出现极端情况——市场趋势的持续变化——的概率。这两种概率截然不同。仅仅因为一种概率很高，绝不意味着另一种概率也很高。如果85%的顶部和底部都具有X特性，但X特性在其他地方也经常发生，那么使用这个指标作为信号将会让你粉身碎骨。

此外，这些方法之所以吸引人，是因为它们迎合了人性的强烈倾向，这种倾向诱使人们逆势交易或提前结束趋势跟踪交易。仅凭站不住脚的证据便了结一笔好交易总归是充满诱惑的。

那么周期分析呢，这也是交易者用来尝试捕捉顶部和底部的另一种技术？

周期分析中存在非常强大的科学方法，特别是发明于19世纪的傅里叶分析，其初衷是为了理解热传导。从19世纪末法国数学家路易·巴舍利耶（Louis Bachelier）的研究开始，傅里叶分析就一再被尝试应用于市场价格研究。所有这些科学研究都未能揭示价格数据中存在任何系统性的周期成分。这一失败强有力地反驳了基于周期的各种交易系统的有效性。在此，我想强调的是，寻找周期的技巧远比寻找趋势的技巧更为强大。寻找周期是一个经典的科学难题。

所有那些标榜可以从价格数据中发现周期的各种研究又是怎么回事呢？

市场起起伏伏。因此宽泛地说，价格周期的确存在。问题在于，即便是纯粹的随机形态，也能在相当程度上拟合正弦波。如果允许周期长度缩小、扩大，跳过异常值，甚至反转——就像许多周期理论家（或者更准确地说，周期怪人）所做的那样——那么你就能将周期套用到任何波动的数据序列上。归根结底，诸如傅里叶分析之类的严谨统计技术已经表明，这些所谓的周期实际上是随机的。

你认为将人工智能应用于交易的尝试能取得成功吗？

我认为，机器设备最终能够在每一项工作中超越人类，当然也包括交易。仅仅因为我们人类是由碳和磷组成就能做到由硅和铜组成的机器所做不到的事情？我并不这么认为。而且，由于机器设备不具有我们人类的许多局限性，总有一天它们会做得更好。我毫不怀疑，世界上最优秀的交易员终将会是一个机器人。我并不是说这件事很快就能发生，但很可能会在未来几代人的时间里实现。

相当一部分学术界人士坚持认为，价格行为的随机性质意味着不可能开发出长期跑赢市场的交易系统。对此你作何回应？

反驳市场价格行为随机漫步理论的证据数不胜数。数以百计的交易员和经理人都已经从基于价格的机械式系统中赚到了钱。

有一种说法是，只要交易者人数足够多，即使只是因为运气好，其中一些人也会做得很好。你怎么看？

这句话或许有一定道理，但考虑到我们已经取得并将延续的种种辉煌，只靠运气的概率必然接近为零。系统为我们带来收益，年复一年。我们把其中一些系统传授给他人，他们也很受用。接着他们管理其他人的钱，再次给其他人带来收益。总归存在那么一种可能性，即所有这一切都是运气使然，但概率微乎其微。

实际上，学术界对这个问题的看法已经发生了巨大的转变。当我刚开始从事这一行时，机械式交易被认为是异想天开的东西。从那以后，越来越多的论文为证明随机漫步理论的错误提供了证据。系统交易已经从左道旁门变成了新的正统观念。我认为如果不是因为它有些道理，事态不可能发展至此。然而，我也得承认，当初被认为是一个离经叛道的想法，如今却成为传统智慧的一部分，这着实令人不安。

当然，你实际上并不能证明价格行为是随机的。

是这样的。你面临的问题是如何证明一个否定命题。尽管市场是随机的这一论点是一个肯定命题，但实际上你要试图证明一个否定命题。你试图证明的是价格中不存在任何系统性成分。任何否定命题都很难证实，因为你试图证明的是某物不存在。例如，考虑这样一个否定命题：没有巧克力蛋糕在绕着木星运行。这种说法可能是真的，但非常难以证明。

随机漫步理论的缺点在于它是一个否定命题。尽管如此，在没有相反证据的情况下，这可能仍是一个貌似可信、值得维护的理论。不过，当下我认为，已经有足够多的反面证据，因此任何仍然拥护市场随机理论这一观点的学者都没有在睁眼认清现实。

近年来，运用计算机化的趋势跟踪策略的专业交易员所管理的资金量大幅增加。这种激增最终是否会杀死下金蛋的鹅呢？

系统交易者——尤其是大规模资金经理人群体——的大量涌现是否正在破坏系统交易，这个问题难以回答，因为有两种截然不同的证据得出了相反的结论。首先，从定量统计证据来看，系统仍然有效。其次是定性的论证指出，众多系统交易者的存在必然导致市场发生变化，使得利用这种方式获利变得不再可能。换句话说，随机漫步理论家们可能仍能笑到最后。

行吧，两种说法不可能都是对的。你相信哪一种？

系统交易者仍有一位重要的盟友：人性。人性从未改变。幸运的是，仍然有很多人凭直觉在交易。但毫无疑问，这场游戏变得更加困难重重。

在进化生物学领域，针对为何有性生殖（相对于无性生殖）如此繁盛的问题，有一种提出的解决方案被称为红桃皇后假说，该假说以《爱丽丝梦游仙境》中的角色为基础，在红桃皇后的国度里，你必须拼命奔跑才能保持原地不动。个中意味是，竞争如此激烈，以至于物种必须尽可能快速地进化，才能保持现有的生存地位，而有性生殖提供了一种进化的加速机制。与之类似，在系统交易这一生态位中，竞争也非常激烈，交易者必须尽可能快地开发交易系统，他才能勉强保持自己原有的位置而不被淘汰。

这是否意味着，专业交易员在整个交易领域中占比的增加将会改变市场的本质，致使原先有效的交易系统可能不再有效？

我认为是这样的。这就是为什么我愿意接受理论表现稍差的系统，只要我认为这些系统具有这样一条特性——与我所认为大多数其他系统交易者所使用的系统存在差异。

当我向可能成为系统设计者的人提出，期货市场不断变化的本质可能会使许多历史研究变得无效时，他们无一例外地回答说，解决方案是根据最近的数据来开发系统——这是易事一桩。这种方法存在一个严重问题。近期数据在统计显著性上必然低于长期历史数据，原因很简单，就是近期数据量少得多。仅靠近期数据开发的系统支撑基础薄弱。这是无可回避的基本事实。

如果让你重新开始，你会采取哪些不同的做法？

我会更加专注于资金管理。我很遗憾早年间忽略了这一点。讽刺的是，尽管资金管理比价格模型更重要，但从数学角度来看，它却是更容易处理的问题。

你在资金管理方面有何独到之处吗？

许多资金管理方案都有一个缺点，那就是它们以对数效用函数为前提。本质上，该模型假设，在财富的增长过程中，人们从同等百分比增长的财富中多获得的效用保持不变。这个模型的问题在于它是无界的，最终它会让你赌上全部家当。

对于无界效用函数存在一种技术面的反驳，即所谓的圣彼得堡悖论。我可以举一个简化的例子来说明其大意。假设你坐拥10亿美元。如果你的效用函数是无界的，那么必然存在一笔金钱的效用是如此之大，以至于你愿意用一枚硬币的正反面赌上你全部的10亿美元财富，只为得到这笔钱。世界上没有这么大一笔钱——尽管可能有非金钱方面的考量（或许是额外100年寿命）——会让一个神志清醒的人在掷硬币时赌上10亿美元的财富。因此，无界效用函数一定存在某些问题。

我们在风险管理研究中仅使用有界效用函数。我们所使用的特定效用函数还具有一个理想的技术面特性，那就是最优投资比例独立于绝对财富水平。

你会在单笔交易上承担多大风险？你有没有一套可以遵循的公式？

你在计划中对单笔交易承担的风险不应超过2%。当然，如果市场跳空并超过了你的预期退出点，你的损失可能会更多。

谈到赌注的大小，如果你以仓位规模为横轴、以业绩为纵轴绘图，你得到的图形类似于一头面向右侧、额头高耸的卡通鲸鱼。图的左侧对应相对较小的仓位规模，几乎呈线性关系；在该范围内，交易规模的增加将带来成比例的业绩增长。但是随着交易规模超出该范围，上升斜率趋于平缓。这是因为越来越大的回撤迫使你缩小交易规模，阻碍了你在经历一系列亏损后重整旗鼓的能力。理论上的最优交易规模大约就在图上鲸鱼喷水孔位置附近。最优交易规模右侧，图表会急剧下降，仅比理论最优交易规模略大的平均仓位规模，就可导致业绩为负。

你不该极力追求最优化交易规模。最优值就在悬崖边缘。相反，你的交易规模应设定在图表仍近乎直线的范围内的最上端。

智力在交易中有多重要？

我并未见到良好的交易与智力之间有太多相关性。一些杰出的交易员的确才智过人，但也有少数人并非如此。许多智力超群的人却成了糟糕透顶的交易者。平均智力水平就足够了。除此之外，情绪方面更为重要。

我想你大概参与了那些传授给海龟们的交易系统的开发工作。（有关背景详细信息，请参阅下一章。）

是的，我参与过。

据我了解，海龟培训计划的催化剂是你和理查德 · 丹尼斯之间关于成功的交易能否被传授的分歧。

是的。我的观点是成功的交易根本无法被传授。我认为，我们能做到并不意味着我们能教别人做到。我认为交易者为交易增添了一些机械式程序所无法涵盖的东西。事实证明我是错误的。海龟计划取得了巨大成功。总的来说，他们把交易学得非常好。对于交易是否可以被传授这个问题，答案是绝对肯定的。

因为现在有20位新学徒在使用同样的方法，你是否认为丹尼斯与你给海龟们呈现的系统已经退化了？

他们管理着数亿美元的资金，如果依然沿用相同的方式进行交易，很难说这不会成为事实。然而，很难说海龟们在多大程度上依旧沿用原来的系统进行交易。我会认为现在他们中许多人的做法已经有所改变了。

如果交易可以被传授，是不是任何智力过得去的人都能被教会？

任何具有一般智力的人都能学会交易。这不是很困难的事。不过，学会应该在交易中做什么比实际动手去做要容易得多。好的系统往往会违背正常的人性。在能够学会基础操作的人群中，只有一小部分会成为成功的交易者。

如果参与者数量固定的赌博游戏进行了足够久的时间，最终会有一个玩家赢走所有的钱。如果游戏中涉及任何技巧，则会加速所有赌注集中到少数人手中的进程。市场上也在发生类似的事情。资金从多数人流向少数人的整体趋势是持续存在的。从长远来看，大多数人都是输家。这对交易者的启示是，要想赢，你必须像少数人那样行事。如果你把普通人的习惯和倾向带入交易中，你就会趋向于成为多数人，赔钱是必然的结局。

你能展开讲讲哪些普通的人类习惯会导致交易亏损吗？

决策理论学家曾做过多项实验，让人们在确定的事物（一定数额的金钱）和简单的彩票之间做出各种选择，以观察受试者的偏好排序是否理性。研究发现，人们通常会选择确定的收益，而非预期收益更高的彩票；但他们倾向于避开确定的损失，转而选择结果可能更糟糕的彩票（只要彩票能给他们获利的机会）。这些人类本能的倾向导致交易者失败——获利则了结，亏损则继续游戏。

这种态度在文化背景上也得以强化，正如“抓住机遇，但在逆境中坚守阵地”这条建议所示。对交易者更好的建议是：在获利了结的机会出现时静静地观望，但在逆境中要动若脱兔。

在这个问题上，有一条常见谚语彻头彻尾地错了：获利了结不会破产。许多交易者就是这样破产的。外行因遭受巨大亏损而破产，交易专家则因赚取小额利润而破产。一言以蔽之，问题在于人的本性并不旨在利润最大化，而在于获利机会最大化。渴望最大化赚钱交易的次数（或最小化赔钱交易的次数）对交易者是不利的。交易的成功率是最不重要的业绩统计数据，甚至可能与业绩成反比关系。

你认为人性中还有什么自然倾向会妨碍交易成功？

有一种现象我称之为“逆势的召唤”。一系列认知和情绪因素交织在一起，使人们自然而然地采取逆势操作的方法。人们想低买高卖，这让他们偏向于逆势操作。但低或高的概念必须依照锚定。人们倾向于将他们习惯的价格视为正常价格，而将偏离这些水平的价格视为异常。这种观点导致人们在面对新的趋势时，会基于价格终将回归“正常”的假设而进行逆势交易。灾难之路便始于此。

人性中还有哪些方面阻碍了交易成功？

真正重要的是你的交易技巧、系统和程序所产生的长期结果。但是，从心理层面上讲，你此刻所建立的仓位是否能成功似乎是最重要的。当前的仓位似乎至关重要。假设长期数据十分有利，足以保障未来的盈利能力，人们倾向于为了让当前的交易成功而改变规则。交易中的两宗罪——任由亏损持续扩大和过早出手获利了结——都是试图让当前的仓位更有可能成功，却严重损害了长期业绩。

见过那些作为交易者幸存下来的人和那些没有幸存下来的人，你认为是

什么特质区分了这两个群体？

幸存下来的交易者不会让糟糕的交易导致自身情绪失衡，不会做出更多糟糕的交易，避开了此般滚雪球的境况。他们还能切身感受亏损之痛。如果你感受不到亏损的痛苦，那么你就和那些没有痛觉的不幸之人身陷同样的境地。即使他们把手放在滚烫的炉子上，也会因为没有痛感而把手烧焦。没有痛感在这个世界上是无法生存的。同样，在市场上，如果亏损没有刺痛你，那么你的财务生存状况就会很脆弱。

我认识几个靠继承的财富开始交易的大富豪。无一例外，他们每个人都把钱赔了个精光，因为他们在亏损时感受不到痛苦。在交易的头几年，他们都觉得自己输得起。你最好怀揣微薄的本金进入市场，觉得自己输不起。相比那些带着数百万美元进场的人，我更愿意赌那些仅以几千美元起步的人会赢。

一名亏损的交易者要怎样才能转变自身？

我可以就两种情况给出建议。如果交易者不知道自己为什么会亏损，那么除非他可以找出自己的错误所在，否则就希望渺茫了。对于那些知道自己错在哪里的交易者，我的建议听起来出奇地简单：他应该停止做那些错误的事情。如果他实在无法改变自己的行为，这类人应该考虑成为一个系统交易者。

在你的交易经历中，有没有哪一笔交易让你在情感层面上非常煎熬？

在我入门交易的第一年，有一天我在距离涨停板仅几美分的价位做多大豆。随后市场从涨停一路来到跌停，期间没有任何上扬。前后只用了3分钟。这一幕让我确信应该在跌停板时做空。两分钟后，市场又回到了涨停的位置。

这段经历给了你什么启示？

这是我在风险管理方面上的第一课。5分钟，两笔交易，亏损过半的资金。

你是怎么从那笔损失中恢复过来的？

小规模交易，做很多小决策，而不是尝试做一些大的交易。

你会觉得大额亏损带来的情绪冲击很难平息吗？

在很多方面，就情绪失衡而言，大额利润比大额亏损对情绪的破坏更具有隐蔽性。我认为，重要的是不要感情用事，对大额利润产生执念。在经历了长时间获利之后，我确实曾做出过一些最糟糕的交易。大获全胜很容易迷惑你，让你以为自己正在做一些特别的事情，这将让你得意忘形。你开始认为自己可以承担得起做出拙劣决策的后果。接下来会发生什么可想而知。一般来说，亏损使人坚强，获利使人软弱。

那么请允许我拓宽问题的范围。你是否发现，无论交易带来的是大额亏损还是大额利润，应对由此引发的情绪问题都是艰难的挑战？

交易在金钱上可能是一场积极的游戏，但在情感上却是一场消极的游戏。有几次，我有过以下经历：我重仓的一组市场开盘就对我极为不利，几乎触及了我的止损点。损失似乎非常惨重。我甚至可能会想，自己的风险是不是设置得太高了。然后，奇迹般地，我没有被止损出局，到了中午，这些市场走势变得对我有利，有利的程度几乎和早些时候对我不利的程度相当。这是什么滋味？多么兴高采烈的心情都无法弥补上午的焦虑。当然，利润看似很大，但它带来的慰藉似乎远不及早些时候的损失所带来的伤害那么大。

某种程度上，上述例子可能在情感方面夸大了，但不对称的反应确有其事。例如，如果价格变动使市场触及你的止损点，你就不应该抱有期待认为这是回调。这种满怀希望的想法会让交易者不断给亏损让渡更多空间。市场当然可能在回调（而不是形成反向趋势），但这不是你在需要退场时应该考虑的问题。现在，设想市场对你大为有利而非不利的情况。在这种情况下，考虑市场回调的可能性是完全恰当的。走势的剧烈程度表明波动性刚刚增加。因此，即使利润再丰厚也可能顷刻间消散。情况是不对称的。当你亏损时，认为市场可能正在回调这一想法或许能给你带来安慰，但这个概念在此时不该被纳入考量。另一方面，当你获利颇丰时，回调的想法固然令你惴惴不安，但此时它应当成为被优先考虑的因素。交易中充斥着这样的不对称性，使其在情感上成为一道负和命题。

既然交易让人在情感上如此不满足，那么做交易的唯一理由仅仅是出自金钱上的考量吗？

要不是为了金钱上的正面回报，我无法想象为什么会有人去做交易。这是少数几个仍然可以创造白手起家的传奇的行业之一。理查德·丹尼斯以几百美元起步，最终在不到20年的时间里赚了数亿美元——这非常激励人。

如果你做交易是为了追逐情感上的满足，那你就输定了，因为感觉良好的事情通常是错误的事情。理查德·丹尼斯过去常常半开玩笑地说："如果做这件事感觉良好，那就别做了。"实际上，我们教给海龟的一条原则是：当所有标准都达到平衡时，去做你最不想做的事情。你必须尽早确定你进场交易是为了找乐子还是为了成功。无论你是用金钱还是其他方式来衡量，要在交易中取胜，就必须为成功而战。

交易也极易成瘾。行为心理学家在比较各种强化程序的相对成瘾性时发现，间歇性强化——正强化与负强化随机分配（例如，老鼠按下杠杆时不知道会得到愉悦还是痛苦）——是所有强化程序中最易使人上瘾的，比单纯的正强化更具成瘾性。间歇性强化描述了嗜赌如命的赌徒与期货交易员的经历。不同之处在于，交易者或许真的能赚到钱，只是或许。然而，就像商品交易中大多数"情感"方面的因素一样，其成瘾性时刻威胁着毁灭。正是因为成瘾性，才会有如此多的交易者在发了大财之后身无分文惨淡离场。

你对应对交易中无可避免的情绪陷阱有什么建议？

有些人擅长避免在无法控制的情境上消耗情绪能量。（我就不是这样的人。）一位老交易员曾告诉我："不要去想市场将会怎么发展，这是你完全无法把控的。要去想如果市场到了那一步，你将如何应对。"

尤其是，你不应该浪费时间去想那些市场朝着对你有利的方向发展的乐观局面，因为在那种情境下，你无须再采取任何行动。相反，你应该全神贯注于那些你最不希望发生的事情，以及你应该采取的应对措施。

有什么关于应对亏损期的建议吗？

不要对损失耿耿于怀，这才对你有好处。如果你感到忧虑，就把这份精力疏导到研究中去。在C&D公司（丹尼斯和埃克哈特合伙的公司）的这些年里，我们总是在亏损期间取得了最佳的研究突破。

你认为这是因为那些时候你最有动力去改进自己的方法吗？

或许如此。

在你对市场和交易的多年观察中，有没有什么特别出人意料或有悖常理的发现？

几年前，有家公司举办了一次年度图表分析竞赛。参赛者须在规定的截止日期前预测未来某日几种期货的收盘价。我想，我们办公室里的某个人［达莱·德卢特里（Dale Dellutri）］也许是出于恶作剧的心态，决定采用随机漫步模型。换句话说，他直截了当将截止日当天的收盘价作为他的预测结果。他差一点就用这种方法成了获奖者。在大约50人的入围者名单中，他的名字位列前五。

本次竞赛共有数百名参赛者。因此，超过95%的参赛者，甚至可能超过99%的参赛者，得分都不如随机挑选的结果。这并不容易做到。

这个故事的极端结果似乎印证了我多年来多次观察到的一个明显现象，但我并没有确凿的证据：大多数人的交易情况比纯粹随机的交易者还要差。

你的假设意味着，大多数交易者用掷飞镖来做决定会比使用他们现有的方法表现得更好——一个带有挑衅的想法。你如何解释这一现象呢？

市场很像一个试图教你拙劣地进行交易的对手。我的意思并不是说市场实际上是有意为之，因为它没有。一个恰当的类比是进化论，在进化论中，你可以说进化仿佛有目的。例如，鸟类进化出翅膀是为了展翅翱翔。但严格来讲，这种说法是错误的。鸟类又不懂达尔文主义，可以肯定地说，没有鸟类或原始鸟类曾有意图去进化出翅膀。话虽如此，自然选择的行为非常像是有意让物种进化成有利的形态。

你可以以类似的方式来谈论市场。任何交易过一阵子的人都会开始察觉市场具有某些人格特质。很多时候你感受到的是“市场在针对你”，这只是对这一过程的拟人化。这种错觉是有坚实基础的。市场表现得确实很像一位试图灌输拙劣交易技巧的导师。大多数人的问题在于把这节课学得太好了。

请详细说明。这位导师教授的是什么样的课程？

鉴于大多数小到中等的利润往往会消散，市场教会了你赶在利润溜走之前将其兑现。鉴于市场在盘整阶段停留的时间比处在趋势中的时间要长，市场教会了你逢低买进、逢高卖出。鉴于市场反复经过同一价位，并且似乎只要你等待的时间足够长，它就会回到曾经造访过的价格上，市场教会了你死守赔钱的仓位。市场喜欢让你陷入高成功率技巧带来的虚假安全感中，而这些技巧长期来看往往会招致灾难性的损失。总体而言，大多数时候奏效的方法与长期奏效的方法几乎完全相反。

★

贯穿埃克哈特评论的一个基本主题是，感觉良好的事情通常是错误的事情。举例来说，决策理论学家已经证明，人们一贯倾向于锁定确定的收益，不愿接受一场预期收益更高的赌博。他们也倾向于在亏损时冒险，即使这个赌注的预期结果比确定的亏损额更糟糕。这些本能的偏好也许与成功交易的最基本原则相悖：截断亏损，让利润奔跑。这句箴言虽已成为陈词滥调，但其正确性却分毫不减。

另一个本能适得其反的例子是埃克哈特所说的“逆势的召唤”。逢强卖、逢弱买，迎合了人们低买高卖的欲望。虽然此类交易在执行时可能感觉更好，但遵循逆势策略几乎不可避免地注定会失败。（然而，这一主张并不意味着相反的策略——趋势跟踪——就能确保成功，因为这两种方法都会产生交易成本。）

交易者对当前仓位的过度担忧，是追求舒适的不良影响的又一例证。在达到预期目标之前就仓促获利了结，以免市场夺走蝇头微利；即便价格超过预设止损点之后仍然死守仓位，期盼着市场只是在经历回调；因惧怕亏损而在达到止损点之前急忙平仓，这些都是为了让当前仓位感觉更好受的举措。然而，所有这些行为都可能对长期业绩产生负面影响。

人们天生的倾向也会使他们在系统交易中误入歧途。交易系统与过去的价格行为拟合得越紧密，那么历史模拟的业绩就越令人印象深刻，交易者使用该系统的感觉也就越好。然而，讽刺的是，超过某个极限后，为使系统更紧密地拟合过去的价格行为而付出的努力越多，未来的实际业绩可能就越糟糕。设计出一个看起来很棒的系统的愿望也会导致人们在没有充分审视的情况下贸然接受有利的历史模拟结果。很多时候，看似惊艳的结果不过是错误抑或天真方法论的产物。埃克哈特的建议是，系统设计者应该在竭尽所能地证伪他们的结果之后，再去相信这些结果。

埃克哈特提出，追求舒适事情的倾向实际上会导致大多数人在市场上经历比随机结果更糟糕的结果。实际上，他的意思是说，大多数人之所以会亏损，不仅是因为缺乏比随机操作更好的技巧，还因为天生的人类特质会引诱他们陷入到一些行为模式中，导致比随机结果更差——这是一个特别引人深思的观察。如果埃克哈特是对的——我也相信他是对的——那么关键的含义便是，我们的自然本能会在交易中误导我们。因此，以交易者身份取得成功的首要步骤，就是调整行为，做正确的事，而不是做感觉舒适的事。

| 沉默的海龟 |

想象如下的场景：一间橡木镶板装潢的英式客厅。两位财气外露的绅士坐在各自的扶手椅上，面对着熊熊燃烧的壁炉，嘴上抽着烟斗，口中讨论着他们的交易哲学。

“科林，我的主张是，任何人都可以被培养成为一名卓越的交易者。这没有什么神奇之处。也不需要什么罕见的天赋。授以他们恰当的规则并令其遵守，交易便是如此。在我看来，毋庸置疑，我们可以训练几乎任何人通过交易致富。”

“这是无稽之谈，邓肯。你只是认为你的交易成功归功于你的交易系统。你没有意识到，你有一种特殊的天赋。你可以把你的规则以12英寸的字体印在纸上，用上一年的时间让人们日复一日地诵读，他们将仍无法做到你在市场上所达到的高度。你的成功取决于你的天赋。这是教不出来的！”

“这样吧，科林，恐怕这已经是我们第100次进行这样的讨论了。让我们一劳永逸地解决这个问题吧。不妨我们挑选出10个人，传授他们我的系统，再给他们每人100万英镑去交易，然后走着瞧吧。”

“这是个好主意，邓肯。挑选你的10个人，训练他们，如果一年结束时他们的平均获利没有达到至少25%——考虑到你通常每年能赚到这个数字的两到三倍，25%并不多——你要付给我100万英镑。如果他们的获利超过25%，我会付给你相等的金额。”

然后，邓肯和科林走到窗前，观察来来往往的路人，寻找潜在的实验人选。每次他们就某个路人达成一致时，就会派管家去请来这个人。

以上内容听起来像是一个故事或电影的虚构情节。（实际上，这一段是根据马克·吐温诙谐的小说《百万英镑》的大致内容改编而成。）不过，如果把故事发生地从伦敦搬到芝加哥，去除打赌中金钱那部分，并代之以一种更精密的方法筛选实验人选，你就会得到一个真实的故事。据说将几千美元初始资金变成估计价值2亿美元的财富的传奇交易员理查德·丹尼斯，和他的合伙人威廉·埃克哈特（在前一章中接受过采访）也有过大致相同的争论。丹尼斯认为，交易的成功是可以传授的，而埃克哈特则对该看法嗤之以鼻。

为了了结他们之间旷日持久的争论，丹尼斯和埃克哈特决意开展与前文类似的一个实验。他们在《华尔街日报》上刊登了一则广告，招募有兴趣接受培训成为交易员的人选。审查书面申请、评估考试成绩、面试入围者等一套流程走下来，最终从大约1000名申请者中层层筛选出13人。在大约两周的时间里，丹尼斯和埃克哈特向这群幸运儿传授了他们的部分系统。他们毫无保留地向这批学员传授了所有细节。培训结束后，丹尼斯为这批学员提供了交易资金，让他们独立进行交易。

第一批学员在第一年内表现得尤为出色，因此丹尼斯在第二年用第二批共10人重复了这一实验。这两批交易者在业内被统称为“海龟”。这个颇为古怪的称呼源于理查德·丹尼斯在那期间的一次东方之旅。有一次，他参观了一个海龟养殖场，在那里，海龟被饲养在巨大的水池中。在丹尼斯看来，在一个大水池里饲养成千上万只不停蠕动的海龟这一形象，正是培养交易员的完美类比。这个称呼由此而来并沿用至今。

理查德·丹尼斯是对的吗？普罗大众真的可以通过训练成为非常成功的交易者吗？为了回答这个问题，让我们来看看6年后的情景如何，也就是我在准备创作本书的时候。我的第一项工作是研究可能的受访对象。在期货交易员领域，我使用的一个参考来源是《管理账户报告》（*Managed Accounts Reports*）提供的季度摘要。该报告汇总了大量商品交易顾问的业绩，针对每位顾问都给出了单页篇幅的概况。每一篇概况的底部都有个一览表，列出了关键统计数据，如年平均回报率、最大回撤、夏普比率（一个回报/风险衡量指标）、获利月份的百分比，以及该商品交易顾问亏损50%、30%和20%的概率。客观起见，我进行了逐页翻阅，只瞥一眼表格（不看每页顶部的人名），然后在那些业绩格外抓人眼球的顾问名字上打了钩。这一步骤完毕，我已经勾选了超过100位商品交易顾问中的18位。这18个名字中竟然有8个（44%）是海龟。真是令人震惊！理查德·丹尼斯显然是对的。（诚然，隔年的结果就没有那么激动人心了，因为1991年对许多海龟来说是严峻的一年。）

于我而言，思路似乎很清晰了，如果我想探寻交易场上成功的配方，就应该去跟海龟们谈谈——丹尼斯的独特实验似乎提供了这样一个不同寻常的机会，让我们得以观察到接受相同训练的不同个体如何在面对市场时做出不同的应对。

尽管这个想法理论上看起来不错，但执行起来困难重重。首先，我发现诸多海龟索性缄口不语。"听着，"我会这么说，"我理解你对此三缄其口。但我可以向你保证，在你看过稿件之前，我不会出版任何一个字，如果你发觉不慎泄露了任何交易机密，我承诺不使用那些材料。风险全部由我承担。我可以在最终可能被你拒绝授权使用这些稿件的前提下去开展整个采访和编辑过程。你又有什么好失去的呢？"尽管我都这样保证了，许多海龟对于哪怕只是考虑下参与其中的请求仍一口回绝。

问题不只在于有些海龟根本不愿开口交谈。主要问题是海龟学员的其他成员对任何利益相关之事都守口如瓶。我很清楚，这群海龟签署了协议，不可泄露系统的任何部分，我很难指望他们会与世人分享这些秘密，更不用说辜负他人的信任了。因此，在采访中，我回避了任何系统相关的具体问题。很遗憾，海龟们的态度慎之又慎，以至于他们对哪怕只是与该系统稍微沾边的事情都避而不谈。（我不禁想起了二战电影中，被击落俘虏的美军飞行员通过重复他的军衔、部队番号和服役编号来应付审讯人员的所有问题。）以下是一个具有代表性的片段，旨在展露典型海龟访谈的风貌。

★

你如何选择要做哪一笔交易？

我基本上是靠系统，但除此之外我不方便透露更多了。

我理解我们无法探讨系统的具体细节，但你是否能笼统地告诉我，为什么这个系统往往比市面上绝大多数趋势交易系统的表现要好得多?

其他系统我还真不了解。

那么，为了便于比较，我们就只以典型的移动平均系统为例，它本质上是一种趋势交易法。在不泄露任何具体的交易机密的情况下，从一般理念上讲，丹尼斯传授给你的系统与这些更常规的方法有何不同?

对这个问题我不予置评。

你所遵循的交易原则是什么?

那些老生常谈的一般原则我相信你在其他地方都听说过。我觉得我没有什么可以补充的新东西。

让我们谈谈某一特定的交易情况。最近美国对伊拉克发动的空袭导致许多市场在一夜之间出现了巨大的价格波动。你是否置身于其中任一市场?你是否在夜盘留心了这些市场?

我很幸运——当时我已经退出原油市场了。

那么像黄金一类的市场呢?当时黄金市场的价格也出现了巨幅反转。

是的，我持有黄金头寸。

丹尼斯的方法本质上属于趋势交易法，这并非什么秘密。显而易见，由于空袭爆发前市场已经上涨了一段时间，那么你当时肯定已经做多了。战争是在夜间打响的，尽管金价最初有所上涨，但翌日一早，金价下跌了30多美元。在夜盘期间，你是否在监控市场?如果是的话，你是如何应对的?

我离场了。

你离场是因为，市场得到了战争爆发这一本应是利多的消息，价格却只稍微上涨了一点，然后开始走低吗?

我不能说。

我几乎没有谈到什么交易机密。市场未能对重要新闻做出适当反应是一条重要的价格走势线索，这一概念我6年前就写进了一本书里。我确信我不是第一个也不会是最后一个谈论这个观点的人。我只是想问，及时止损背后

的原因仅止于此，还是有其他原因？

还有其他原因，但恕我无可奉告。

有关成功交易的理念和哲学，有没有哪些是我们没有谈论过，而你想要发表看法的？

（沉默良久。）没有，没什么想说的。我想不出要说什么。

★

行了，你明白是怎么一回事了吧。将适当的交易原则应用于此，我决定及时止损，在头几次采访之后，就不再奢求对更多的海龟进行采访了。显然，海龟们对可能泄露——哪怕是不经意间泄露——理查德·丹尼斯教给他们的任何内容所表现出的异常敏感，给我与海龟们实现之前我与其他交易员那种相对推心置腹的探讨构建了看似不可逾越的屏障。

不过，我还是从我进行的两次海龟访谈中遴选了一些简短的摘录。以下材料提供了作为海龟交易员的一些感受，并就有用的交易经验或建议方面给予了一些洞见。

迈克尔·卡尔（Michael Carr）

在邀请海龟们参与访谈的前期工作中，我遭遇了以上种种近乎偏执甚至粗鲁的情况，这之后迈克尔·卡尔的态度给我带来了愉悦的宽慰。（他不仅欣然接受了采访请求，还在得知我是一名徒步爱好者后，非常贴心地给我寄了一份介绍冰河时代小径的小册子，这条小径就在他家附近。）

卡尔是理查德·丹尼斯培训的首批海龟之一。他于1984年开始交易，在为丹尼斯交易的4年中，卡尔的年平均回报率为57%（1988年，即丹尼斯终止该计划同年的前四个月时间里，他的业绩略有下滑）。直到1989年8月，卡尔才重拾起交易，当时他创立了自己的商品交易顾问公司。截至1991年年底，卡尔的业绩较此初始点大涨了89%。

我在卡尔位于威斯康星州的家中对他进行了采访，他家实际上坐落于湖心，仅通过一条非常长的车道与湖岸相连。我抵达时，天正好下起了暴风雨。卡尔的办公室四面都是窗户，四面八方的湖景尽收眼底。一览无余的湖景加之暴风雨拉开了壮丽的帷幕。遗憾的是，这里的景色远比我们的对话更具戏剧性。尽管卡尔为人相当和善，但我们的思想交流仍受阻于海龟访谈中共有的审慎姿态。

★

你如何成为海龟中的一员的？

我曾是凭借《龙与地下城》而声名大噪的著名游戏公司战术研究规则的创意管理团队成员。我在战术研究规则公司只有几名员工时加入了他们。随后的几年里，公司经历了一段辉煌的成长阶段，鼎盛时期员工一度达到了三百余人。但后来公司陷入困顿，为了生存不得不进行大幅裁员。我和其他200名员工一起失业了。大约就在那个时候，我拿起了一份《华尔街日报》。颇具讽刺意味的是，就在这一天，理查德·丹尼斯刊登了招募交易学员的广告。

那个时候你是否有任何商品市场方面的经验？

当然没有交易经验。不过，在为战术研究规则公司工作期间，我萌生了制作一款商品交易游戏的想法。我认为商品市场具备做出一款成功游戏的所有必要的元素。为了获取背景信息，我写信索要了很多交易所刊物。我还参加了一门继续教育课程，内含一位商品经纪人讲授的6堂晚间课。因此，我对商品市场略知一二，但也仅限于此。

就我了解，报名者有一千多人，最终只选中了其中13位。你为什么相信自己能被选中？

据我所知，我是唯一一个曾在游戏公司工作过的候选人。我相信，我的背景与众不同，这有助于我博得关注。此外，许多商品交易都以博弈论和概率为基础。因此，如果一个人在游戏方面有经验，他可能会提供一些价值，这并不难理解。

谁面试的你？

理查德·丹尼斯和他的几个同事。

你能回忆起面试期间任何可能有助于你赢得这份工作的回答吗？

没有什么特别的。不过，我想尽管我没有任何商科背景，但我还是能够提出一些机敏的问题，并做出得体的回应。但也有一处例外。（在回忆时他笑了起来。）我可能是唯一一个几乎对理查德·丹尼斯一无所知的候选人。理查德·丹尼斯身为世界上最伟大的技术交易员之一而闻名，是我孤陋寡闻了。面试的时候，我问："你是根据基本面还是技术面在市场上做交易的？"

提问引发了好一阵窃笑。他回答道："我们是根据技术面交易的。"

我又问："基本面分析已经死了吗？"

丹尼斯面带微笑地回答："我们当然希望它还活着。"

显然，缺乏经验并没有影响到你。

事后证实，在被选中的13人中，三分之一的人没有交易经验，三分之一经验丰富，其余三分之一则略有经验。

我知道你不能透露有关培训课程的任何细节。但是，这些课程中是否有任何你可以谈论的一般性经验教训？

在我看来，一条对任何在场内的交易者而言都有价值的至理名言是：与其劳心市场将何去何从，不如把心思放在你将如何应对市场走势上。

还有其他关于心理或态度的忠告吗？

依我之见，相当一部分人都不该参与到交易中来。虽然我不太情愿用赌博来举例，但我认为这个类比是较为贴切的。那些睿智且精明的赌徒很可能也会成为睿智且精明的投资者，因为他们对金钱的价值抱有某种超然的态度。另一方面，无论是赌博还是投资，那些沦陷在获利金额刺激中的人，在面对亏损时很可能会崩溃。

你因何交易？

一部分原因当然是为了维持生计。但交易具备游戏的众多元素。对于像我这样一直痴迷游戏的人来说，我认为再没有比这更棒的工作了。

霍华德·塞德勒（Howard Seidler）

霍华德·塞德勒无疑是我采访过的海龟中最热情洋溢的那一位。无论在情绪上还是在言辞上，他整体上都散发出一种对交易乐在其中的感受。在我们的采访中，他对交易的态度是如此乐观积极，以至于我自然而然地以为他一定是市场上的常胜将军。事后我才惊讶地发现，在进行访谈之前的半年时间里，实际上是他有史以来表现第二差的6个月（亏损16%）。我心目中“最快乐海龟”的奖项非塞德勒莫属。至于业绩，自1984年开始交易以来，他的年平均回报率（以年复利为计）是34%。

你首次涉足市场是何时？

我接触市场其实始于孩提时代，因为我的父亲曾在市场中浅尝辄止。上高中时，我开始注意到期货市场。期货令我着迷，因为它既可以做多也可以做空，具备对称性。我还被期货杠杆的潜力所吸引。随着我开始阅览有关期货市场的资料，普遍叙述似乎如下：“这就是这场游戏，顺便说一句，几乎没有人能赢。”这无异于对我下了战书。

你第一次真正进场交易是什么时候？

在高中。当然，那时我年纪太小了，还不能自己开立账户，所以我在我父亲的名下开了一个账户。

账户里有多少钱？

1000美元。这笔钱是我通过做家务，比如铲雪、修剪草坪，积攒下来的。才一年多的光景，这笔钱就被我赔了个精光。

实际上，考虑到微不足道的账户规模，而且你还完全是个新手，能坚持这么长时间已经很了不起了。

是这样的，当时这在我内心并未掀起太大波澜。不过，随着年岁渐长，我意识到，在当时那种情况下，我表现得相当不错了。而且我也的确收获了与那笔钱价值相当的经验。

作为学习经验来讲，那段时间有没有哪笔交易让你印象深刻？

有一笔我认为是相当走运的交易，实际上是我痛失了获利良机。根据我研究的一些交易想法，我认定马铃薯市场将大幅下跌。我做空了一张合约，市场开始朝我预期的方向发展。待我小赚了一笔后，我决定把头寸加倍。当时，我的账户是如此之小，即使一张合约的头寸也捉襟见肘。我实在没有资本加码。

在我卖空第二张合约后不久，市场开启了回升。我开始担心赔掉我的资金，于是我平掉了新增加的那一张合约。然而，由于这次亏损，我最终也在市场达到我的预期目标之前，提前脱手了先前的合约。在我退场两天后，市场就像我当初预料的那样开始陡然暴跌。

我不明白你怎么会称那笔交易是“走运”的。

如果我死守整个仓位，并最终在这笔交易上赚个好几倍，我一定会认为自己全知全能。要想成为一名成功的交易者，有些课是不得不上的。其中之一就是，如果交易的杠杆规模让你在市场中草木皆兵、风声鹤唳，那么你便毫无胜算。如果我当时没有习得这一观念，那么在日后某个时候我总会补上这一课，在那时我经手的交易资金更多，而这一课的学费将高昂得多。

在成为海龟之前，你是否已经重新开始交易？

就在看到理查德·丹尼斯刊登在《华尔街日报》上的广告前不久，我辞去了经济顾问一职，成为一名全职交易员。

每100名闻讯而来的应征者中只有约一人最终被选中参加培训项目。你知道自己为什么能够脱颖而出吗？

虽然他们当时并不是在物色有交易经验的人，但话说回来，交易员的身份也并不会让你落选。我认为，就我而言，我具备交易背景，而且我对市场的理念与丹尼斯契合，这可能有所帮助。另外，当然也只是猜测，我认为丹尼斯可能想看看我这样的学术背景——麻省理工学院工程学学位——的人会有怎样的表现。

如果有人想在市场上取得成功，你会给他什么建议？

我认为最重要的因素就是要有计划。首先，有计划才能有纪律，这是一笔成功交易不可或缺的部分。其次，计划会为你提供衡量表现的基准。

难道账户的盈亏状况不能反映这方面的信息吗？

从长远来看，当然可以。然而，在某些情况下，可能你严格遵循自己的规则行事却仍然在亏损。在这种情况下，你当然不是表现很差的交易者。基本理念是，如果你长期遵循自己的交易规则，那么概率将于你有利，并且你将获利。然而，从短期来看，遵循交易计划比短期资金波动更为重要。

还有哪些因素对交易成功至关重要？

你需要有持之以恒的毅力，日复一日、月复一月、年复一年地坚守自己的理念，这可是一件苦差事。

为什么这会如此困难？为什么人会想要背离制胜之道呢？

因为人毕竟是人。如果在短期内得到足够多的负反馈，你就再也无法按捺住性子坐视不管了。

还有其他交易建议吗？

区分对市场"敬"与"畏"至关重要。虽然尊重市场对确保保本很关键，但如果因害怕亏损而畏首畏尾，你就无法获利。恐惧会阻碍你做出正确的决策。

★

我深知，本章并未就海龟交易群体为何如此成功给出任何确切答案。尽管如此，它确实向那些对交易感兴趣的人传达了一条极为重要的信息：开发一套能够大幅跑赢市场的系统是行得通的。此外，如果你能够发现这样一套系统，遵循系统并遵守纪律，那么即使你没有与生俱来的交易才华，也可以在市场上取得成功。

|门罗·特劳特|

(Monroe Trout)

低风险下的最佳回报

我第一次见到门罗·特劳特是在几年前，当时我司的一位经纪人正在努力争取特劳特来开户，就以参观公司为由把他带了过来。我知道特劳特是一名初出茅庐的商品交易顾问，但除此之外我对他知之甚少。后来，特劳特这个名字一再在我耳边被提起，他被称为年青一代商品交易顾问中表现出色的青年才俊之一。直到我开始筹备这本书，我才意识到他的表现到底多么出色。

在为本书进行研究的同时，我查阅了《管理账户报告》的季度摘要，发现就回报/风险这一衡量指标而言，特劳特的表现是这一百多位经理人中最出色的。有少数经理的年平均回报率更高，而回撤更小的经理则更少（然而这些商品交易顾问的回报率要低得多），但把回报和风险结合在一起来看，无人能望其项背。调查共涵盖5年时间，在这期间他的平均回报率为67%，令人拍案叫绝的是，整个期间内他的最大回撤仅略高于8%。在87%的月份里他都实现了获利，这也再次印证了他的稳定表现。我尤为惊讶地发现，在特劳特从事交易的这段时间里（他于1986年作为基金经理走入公众视野），即使是保罗·都铎·琼斯（Paul Tudor Jones）这样传奇而非凡的交易员在回报/风险这一数据上的表现也不如他。

我欣赏特劳特的原因之一在于，他不会吹嘘自己的功绩。例如，几年前我第一次见到他时，他作为一名交易员的表现已经相当不错了，但我记得，当时他对自己的业绩只字不提。

特劳特将自己看作是一个为客户赚钱的生意人。正如他所表达的："有人制鞋，有人建房，我们赚钱，并且人们愿意花大价钱让我们为他们赚钱。"

你是什么时候开始对市场产生兴趣的？

17岁那年，我在一位名叫维拉尔·凯利（Vilar Kelly）的期货交易员那里得到了一份工作，他就住在我的家乡康涅狄格州新迦南（New Canaan）。他有一台苹果电脑，而那时候（1978年），还买不到存有数据的软盘，或者就算能买到，他也不知道哪里能买到。他从报纸上搜集了大量价格数据，希望能将其录入电脑。他雇用了我，每小时付我几块钱，让我录入这些数据。

这听起来确实是一份乏味又繁重的工作。

是的，确实。但他也教了我一些期货市场和计算机编程方面的知识。计算机方面的经验尤为宝贵，因为在当时，个人电脑还算是个新潮事物。

那份暑期工激起了我对市场的兴趣。在哈佛大学读大二时，我就已经知道自己立志想成为一名交易员。我选修了市场方面的所有课程，我的毕业论文也是关于股指期货市场的。

论文的结论是什么？

最重要的结论是，价格出现巨幅波动的概率虽然很小，但仍比基于标准统计假设所认为的水平要高得多。因此，必须准备好控制风险的方法，以应对从统计学角度看来几乎不可能发生的状况，因为它们并非没有可能发生。

我猜，1987年10月和1989年10月股市的剧烈波动就是一个绝佳的例子。

一点儿没错。如果你认为价格变动是一种正态分布，那么一天中价格出现如此大幅波动的概率几乎为零，当然，事实并非如此。

我想，这种理论上的认知使你以小于你本来可能倾向的规模进行交易。

是的。我不会用太大的杠杆。

你的论文是否还得出了其他重要结论？

我发现价格不是自变量。也就是说，存在某些在统计上具有显著差异的模式。

你接着读研究生了吗？

没有。

你以优异的成绩从哈佛大学毕业。我认为可能你本可以选择在全美任何一所研究生院继续深造。难道你没有过哪怕丝毫的犹豫就放弃了这个机会吗？

完全没有。我知道自己想做什么，那就是交易。读研究生只会让这一目标延后实现。我从来就没有考虑过读研究生。

你是怎么闯入这一行的？

哈佛大学的体育主管杰克 · 里尔登（Jack Reardon）认识纽约一家交易公司NCZ商品交易[1]的负责人维克多 · 尼德霍夫（Victor Niederhoffer）。尼德霍夫于1964年从哈佛大学毕业，是一名出色的壁球运动员（实际上，他曾一度是世界上最顶尖的壁球运动员）。里尔登获知我对交易感兴趣，就建议我找尼德霍夫谈谈。我俩一拍即合，他给了我一份工作。这是一份非常棒的工作，因为我很快就肩负起很多责任。

做些什么事？

两周之内，我就在纽约期货交易所的交易大厅里做起了股指期货的交易。尼德霍夫拥有各地的交易席位，他需要有人在场内替他做交易。

执行他的指令吗？

占一小部分，但大部分时间我只是为自己进行抢帽子交易。我做交易是有利润分成的。[抢帽子交易（scalping）是指场内经纪人为了在超短的时间内迅速赚取小额利润而在市场上进行交易。其主要方法有两种：（1）通过与客户的委托单对做来捕获买卖差价；（2）利用相关头寸之间短暂的、微小的价格差异来获利（例如，3月份股指合约与6月份合约不一致）。]

彼时你两只脚刚迈出校园。怎么在一夜之间就学会了抢帽子交易？

你得勤问问题。你泡在交易场内，与周围的人攀谈。这其实是一个快速学习

---

[1] NCZ商品交易公司的名称来自三位创始人——维克多 · 尼德霍夫（Victor Niederhoffer）、弗兰克 · 克罗斯（Frank Cross）和理查德 · 泽克豪泽（Richard Zeckhauser）的姓氏首字母缩写。——译者注

的好地方。在某个时刻，你会遭遇瓶颈。但当你第一次踏入这个领域时，这是一个理想的起点，因为这里有数百名交易员。如果你能找到那些对市场有所了解的人并且他也愿意跟你开口，你就能很快有所长进。

你还记不记得你在那时候学到了什么？

我学到的是，当你不清楚自己在做什么时，你的钱能赔得有多么快。

是你见过这种情况发生在某些人身上吗？

当然。前一天还在交易场内站在你旁边的人，第二天可能就没了踪影。这种事经常发生。我还学到了很多关于交易成本的知识。我能够相当准确地估算各类型交易的交易成本。这些信息对于评估我可能开发出的任何交易模型的潜在业绩至关重要。

举个实际的例子吧。

让我们以债券为例。交易大厅外的普罗大众可能会认为，除佣金以外，交易成本至少等于买卖价差，而债券市场的买卖价差为一档最小变动价位（31.25美元）。但实际上，如果你有一个出色的经纪人，那么交易成本只要半档，因为如果他沉得住气，大多数时候他都能以买价成交。如果你的经纪人很逊色，也许成本就是一档。所以，在这种情况下，交易成本并没有你想象中的那么高。因此，可能会因为预期获利太小而被你摒弃的某个国债交易系统，实际上可能是有利可图的——当然，前提是你得像我们一样拥有良好的执行能力。而标普指数市场的情况则恰恰相反。你可能以为买卖价差是一档最小变动价位（5点=25美元），但通常情况下会更高，因为当你试图按卖价买进时，那个价格随即就会消失。

你还在交易大厅内学到了什么？

我了解到人们喜欢在什么位置设置止价单。

他们喜欢在什么位置设置止价单？

就在前一天的高点上方以及低点下方。

比高点高出一档最小变动价位（后简称一档），比低点低出一档？

有时可能是好几档，但都大致在那个区域。

基本上，是否可以说市场往往会被拉到这些点？止价单集中设置在某个

区域是否就像在场内经纪人面前挥舞的一面红旗？

没错。很多场内人士就是这样赚钱的。他们试图找出止价单在哪里，只要他们不以非法方式行动，这样做就完全没问题。

考虑到这些过往经验，如今你已在场外进行交易，你会避免使用止价单吗？

我设置实际的止价单的次数并不多。不过，我会使用心理止价单。我们设置了警报器，这样当我们开始赔钱时，警报就会响起，提醒我们开始平掉仓位。

普通交易者可以从场内交易员通常会将市场推向止价区域这件事中汲取什么样的教训？

交易者应避免将止价单设置在显而易见的位置。例如，与其将止价单设置在昨日高价上方一档，不如将其设在高价下方十档的位置，这样你就能在一切走势发生之前退场，或者你可以将止价单设在高价上方十档的位置，因为止价单也许并不会将市场提升至那么高的地方。如果你要采用止价单，最好就不要将其放在通常会被放的位置。不存在什么是百分之百万无一失的，但这一想法被普遍认为是明智的。

你认为早年在交易大厅的经验有助于解释你卓越的表现吗？

我相信是有的。例如，我对于判断止价单将会出现的地方有相当敏锐的直觉，即使在场外也能做到这一点。我会设法在市场达到那个价位之前不久进场，有时甚至试图自己去触发那些止价单——然后市场就开始朝着有趣刺激的方向发展了。

你方才提到的常见止价单的例子——在先前的高价或低价附近的位置——相当显而易见。还有其他不那么明显的常用止价单吗？

整数。例如，当道琼斯指数开始向3000点爬升时，我会期待指数突破3000点从而开始买进一些。3000点这个关口简直就像一块磁铁。

所以市场会被整数吸引。市场通常会达到这个整数，还是经常会在接近整数时就停滞不前？

我认为市场几乎总是会达到整数。因此，运用我所说的“磁铁效应”，最佳的进场时机是在市场达到整数关口之前。例如，我可能会在道琼斯指数在2950点时买进，并期望市场涨至3000点。当市场接近3000点时，交易起来就更困难了。当这种情况发生时，我会让交易室里的每个人都去与不同的经纪人通电话，听听交易大厅内的嘈杂程度。电话那头的声音听上去有多亢奋？市场上成交的规模有多大？如果电话那头并未出现预想中的人声鼎沸，成交规模也不大，那么我就会开始抛售我们的头寸，因为市场很可能会开始下跌。反之，如果听上去近乎疯癫，且成交规模很大，我就会倾向于拿住头寸。

给我举一个最近的例子吧，能说明交易大厅嘈杂程度是一个很好指标的例子。

在波斯湾危机期间，原油价格达到20美元时，交易大厅分外喧闹，市场则继续走高。

你还从在交易大厅的经验中学到了什么？

我了解到了一天中哪个时段的流动性最强。当你的交易规模只有一手时，这无关紧要。但当你的交易规模达到了数千手时，这可以说是生死攸关了。

一天中流动性最强的时段是什么时候？

流动性最强的时段是在开盘时。流动性在开盘后迅速下降。一天中流动性第二强的时段是在收盘时。全天的成交量通常会呈现出一条U形曲线。开盘时流动性很强，然后下降，在中午达到低谷，之后便开始回升，在收盘时达到第二高峰。总的来说，这种模式几乎存在于每个市场。实际上，这真是相当耐人寻味。

同样重要的是，要知道什么时候是成交低迷的时间段，因为这是支撑你的仓位的好时机。例如，如果我做多一千张标普指数合约，而此刻是芝加哥的上午11:30，我可能会想要在价格下跌时分批次买进，比如每跌一档就买进十张合约，将市场维持在我预期的方向上。在一天中的这个时间段，支撑市价并不需要太多合约，因为市场上成交的合约并不多。你能支撑市价的时间越长，你的处境就会越好。

支撑市场难道不是徒劳无功吗？换句话说，无论你进场支撑与否，市场最终不都是按照它本来的方向行进吗？

从长远来看，是这样没错。但就短期而言，单个交易者完全能够凭借一己之力撬动市场。这是毫无疑问的。每一天我都在撬动市场。关键是要以一种机灵的方式做到这一点。举个例子，如果标普指数期货接近昨天的高点，而我手握大量多头合约并希望退场，我就可以尝试将市价往上推到突破昨天的高点，激发投资者的热情并刺激成交量。交易量增加能让我更轻松地脱手头寸。

是什么原因让你离开了交易大厅？

我发现我在场内最擅长的是仓位交易。我在大学时有过开发计算机模型的经验。每天在交易大厅的工作结束后，我都会回到办公室开发交易模型。尼德霍夫很好说话，让我利用其中一些模型在场外进行交易，我开始赚取相当稳定的利润。在交易大厅里时，我只能直接在一个市场进行交易，因此在场外交易对我来说效率更高。

根据你的模型所进行的交易通常仓位要持有多长时间？

一天至一周的持有时间。

我在交易模型方面的使用经验是，那些能产生极短期信号的模型，例如平均交易持续时间为一周或更短的模型，往往无法抵销交易成本。我看到你也在点头，所以显然你知道我在说什么。那么你的模型有何不同之处？

首先，我们的模型更加倾向于面向统计学。其次，我们的交易成本几乎比业内任何人都要低。我们一来一回的佣金可能低于99%的基金。

这是为什么呢？

因为我们管理的资金规模高达数亿美元，再加上资金周转频繁，这意味着我们的交易量几乎比其他人都要大。如此大的交易量使我们有能力谈成相当低的佣金率。此外，我相信我们也是所有场外交易商中具备最佳执行力的。我们在每个交易场内都启用多个不同的经纪人，并持续进行筛选。如果某个经纪人表现不佳，他就会被弃用。反之，如果某个经纪人为我们做出出色的业绩，我们就会相应给他更多的业务。我有足够的人手去到处打电话。如果有需要，我们可以让十个人打电话到特定的交易场。我们还仔细监控我们的滑点（预估的合理成交价与真实成交价间出现的偏差）。每一个交易日接近尾声时，我的员工都会给我一份汇总表，列出当天各个市场的滑点情况。

在下单时，你如何确定合理的成交价？

交易员每次喊单时，都会根据屏幕上看到的最新报价。例如，假设屏幕上某债券的价格为17，而买单在18成交，我们就会把该滑点记录为-1。

你怎么知道那是不是滑点，还是市场的确在最近一次屏幕报价后有了新动向？

我们做了一个简化的假设，即从长远来看，正负滑点都有可能出现，也就是说，市场可能会以朝向你交易订单的方向移动，也可能会以背离你交易订单的方向移动。因此，有时市场给你的滑点可能为负，但在另一些时候，给你的滑点则为正。完成了数千笔交易之后，你就会对表现出色的优秀经纪人有哪些以及每个交易场中合理的滑点系数是多少有一个清晰的认识。

基本上，鉴于你的交易成本（佣金和滑点）非常低，一些对一般交易者来说行不通的边际交易系统可能会为你带来利润。

没错。举个例子，如果某套债券交易系统的平均利润为每手40美元，而我的交易佣金不到10美元，滑点系数为半档（16美元），那么我就能在该系统中持续稳定获利。另一方面，如果有人来回交易要支付佣金30美元，平均滑点系数为一档，那么同一套系统就会让他的钱付诸东流。

你估计你的利润中有多大一部分来自对交易成本的把控？

我估计，通过审慎挑选和监督我们的经纪商，我们每年在减少滑点方面可节省约6%，而通过来回交易只需支付10美元的佣金而不是，比方说，20美元，可再节省6%。

你为什么最终离开了尼德霍夫的公司？

原因有二。首先，我已经受够了单程1个小时45分钟的日常通勤时间。其次，我觉得长期来看，也许靠我自己会赚到更多的钱——虽然短期内肯定不可能。

你如何定义交易上的成功？

我打从心底里认定，到年底时，每日夏普比率最佳的人就是最好的交易者。

(夏普比率是一种统计上的业绩衡量指标,用于衡量投资组合的风险调整收益。因此,举例来说,假设交易员A和交易员B管理着相同规模的资金并进行着相同的交易,但交易员A每次下单数量均为交易员B的两倍。在这种情况下,交易员A将实现双倍于交易员B的回报率,但由于风险也会相应加倍,因此两个交易员的夏普比率是相同的[1]。通常,夏普比率是以月度数据来衡量的。因此,只有逐月的资金变动情况被考虑在内。特劳特则迈出了更大的一步,他提出,依照他的定义,交易绩效不仅要考虑风险,还要精细到每日的资金变动情况。)

对于自己交易上的成功,你如何来诠释它?

(一)我们进行了充分的研究,因此我们具备优势。(二)我们采取了一套理性而务实的方法来进行资金管理。(三)我们支付了非常低的佣金。(四)我们的交易执行力是业内最佳之一。(五)这里的大多数员工都将自己净资产的很大一部分投入我们管理的基金中。就我个人而言,我95%以上的净资产都放在了基金中。

我理解为你不会提取很多钱。

我一分钱也不会提取。我住的公寓是租的,我开的车也很便宜。

那么,你赚钱更像是为了记录得分,还是说你有某种终极目标?

眼下更多是出于记录得分,因为我大可以今天就退休,下半辈子只靠利息就可以生活得舒舒服服的。事实就是我喜欢做交易。当我还是个孩子的时候,我就喜欢玩游戏。如今我可以玩一场非常有趣的游戏,而且还能从中得到丰厚的报酬。我可以坦言,除此之外,没有其他我愿意去做的事了。一旦某一天做交易不再能带给我乐趣了,或者我自觉无法从中获利之时,我便会退出。

自从你进入这个行业以来,市场有没有发生变化?

交易量大幅激增,这很棒。市场似乎也变得更有效率了。随着其他人开始跟进,我过去使用过的一些交易模式开始失效了。

你能举例说明一种已经过时的交易模式吗?

---

[1] 严格来说,由于无风险利率(例如国库券利率)也会被纳入计算,因此会有细微的差异。

过去，我喜欢根据股市两天前的价格走势方向建仓。举例来说，如果周一股市上涨，那么我会倾向于在周三买进。这就是一个我已经不再信赖的交易模式的例子。

你系统开发的类型似乎在很大程度上基于过往的交易模式。如果你检验足够多的交易模式，在正态概率下难道其中不总是会有一些在很大比例的时间内都是赚钱的吗？就像你让一万个人每人掷十次硬币，其中一些人会连续抛出十次正面。但这并不意味着这些硬币在下一次抛掷时有更高的概率正面朝上。在那些真实反映市场低效的模式和观察太多模式之后必然会出现的纯属巧合的模式之间，你如何做出区分？

一个模式必须得说得通。例如，如果我发现40天前英镑的价格变动在预测今天的标普指数价格走势方面有统计学意义，我是不会对此抱有信心的。为什么40天前的英镑价格会影响今天的标普指数？因而，即使很多这类模式有着很高的成功率，我们也会将其弃之不用。

那你为什么还要费心去检验这样的模式？

设置运行巨型计算机来检验每种市场和区间的关系组合，然后再考虑哪些关系在统计上意义重大，实际上比决定检验哪些单个组合要容易得多。

重视统计是你交易方法的关键之一吗？

是的，因为它使我们保持理性。我们总是乐于见到某些东西在过去是行之有效的之后再投入真金白银。

在任一特定时间点，你在市场上利用多少种不同的模型或模式进行交易？

许多种。

出于分散风险的考量吗？

是的。我们尽可能地将一切都分散开来。我们希望能在交易策略和交易时间上都分散。

你所说的时间的分散，是指你把相同的模式运用到每小时数据、每日数据和每周数据上吗？

是这个意思。它还意味着干脆在整个交易时段内跟踪市场并随时准备在一些事情发生时进场交易，无论什么时候。

在你的交易中，有多大比例是由你采用的特定模式或系统自动决定的？

占一半左右。这很难估算，因为我们的系统可能会告知我们在哪一天买进一千张合约，但至于具体在何时买进则由我自行决定。

照这么说，你在进场和退场方面的技巧是你交易绩效中的一个重要因素？

那是当然。

如果你只是盲从系统，使用某些自动化进场规则下单，例如在开盘或在收盘或在一天中的某些固定时段买进，而不去把握交易的进场时机，你估摸每个月的结果会有多大的下滑？

这很难说，但如果我们盲目遵从系统来做，我们赚的钱也许只有现在的一半。甚至可能更少。我可以向十个商品交易顾问提供我们现在采用的那套交易系统，但他们中的一些人仍然赚不到钱。

你说大约50%的交易并不是由系统决定的。给我举个这类交易的例子吧。

我个人偏爱的例子是我们之前谈到的“磁铁效应”。当市场接近某个整数或某个重要关口时，我希望押注市场会达到那个价位。

你是否曾尝试将这一概念系统化？

没有，因为我认为它无法被系统化。我可能会突然发觉某个价格水平是一个关键点，又或者这种信息可能来自我们在交易大厅的人脉。我们总是问我们的场内人员：“大家在等着的数字是多少？”

还有其他自主交易（即非系统交易）类型的例子吗？

我们持续从交易大厅搜罗情报。我们可能每分钟就会接到办事员打来的一通电话。

向你汇报谁在做些什么事吗？

对。

这些情报有帮助吗?

比方说，如果有很多我们敬重的交易员同行似乎都在做同一件事情，那么这可能会促使我们建立类似的仓位，或者如果我们已经有了相同的仓位，我们就会加码。

还有其他非系统交易的例子吗?

我喜欢做的另一种交易是摸清何时的价格波动主要是由场内人士造成的——我们在交易大厅有很灵通的门路，因此我们能获悉此类情报，然后进行反向操作。这样做的理由是，这些场内人士总会希望在当天收盘前平掉仓位，这将使市场回归到原点。(大多数场内交易者回家前会平仓。)

我注意到有整整一群交易员在为你工作。然而，我印象中你是这里唯一一个在做自主交易决策的人。你如何使用这些人? 难道你就不能只靠自己盯盘，然后聘请几个文职人员来帮你下单吗?

这里头的信息量太大了，我不可能一一紧跟和分析。我手下的交易员奉命要在任何重要事件发生时提醒我。他们还会依据基本面或新闻公告随时向我通报市场何时可能出现异常波动。詹姆斯·贝克(James Baker)于1月9日向媒体发表的声明就是这类公告最近的一个例子。我们的预案是应对一份更温和的声明。(1991年1月9日，美国国务卿詹姆斯·贝克会见伊拉克大使，试图避免一场战争。当时，人们对这次会面抱有一定程度的乐观情绪，因为对伊拉克来说，继续采取强硬立场实属愚蠢之举。贝克在会面后向媒体发表讲话时一开口便是:“非常遗憾……”交易员们甚至还没等听到第二个词蹦出来，铺天盖地的卖单便席卷了股票市场和债券市场。)

你是不是一听到“非常遗憾”这句开场白就马上卖出了?

对我们来说，已经来不及了。以我们的交易规模来说，一切都已经结束了。例如，在半个小时内，我们在标普指数市场上就损失了1200点，其中大部分亏损是在前10秒钟内发生的。我们当时持有大约700张合约的多头头寸。如果我们试图在这种市场行情下卖出，就会放大跌幅，可能最终会在当日的最低点卖出。

当一些突如其来的新闻传出时，你如何判定何时应该立即离场，何时应

该等待最初的恐慌性抛售过去？

根据交易规模大小不同，会有很大的区别。如果我的交易规模很小，比如十张标普指数合约，那么我很可能会立即离场。也就是说，一听到“非常遗憾”这个词，我就会立即抛掉。

但显然你已不再置身于那种境地了。现在你总是在进行较大规模的交易，那么当市场中意外来袭，你只能咬紧牙关等待吗？

我会等到市场稍稍稳定下来后，再开始离场，尤其是当损失的美元痛苦到超出我的忍耐极限时。

那一天最终发生了什么？你把你整个标普指数仓位都脱手了吗？

是的。我们基本上是在当天余下的时间里逐步抛掉的。没有什么好商量的，因为我的风险管理原则其一便是，如果我们在某笔交易中的损失超过总资金的1.5%，我们就得退出。

你还有哪些风险管理原则？

如果单日亏损4%，我们就会清掉所有仓位，等到第二天再进场。这一原则在过去两年间只触发过两次，其中一次是在1月9日。那天我赔了4%，所以我抛掉了整个投资组合里的头寸。

那天你损失了多少美元？

950万美元左右。

而且你是在很短的时间内就损失了这么多钱？

以实际的眼光回看，我在10秒钟内赔掉了这笔钱的绝大部分。

谈谈你一秒钟损失100万美元时的感受。

在这种情况下，一切发生得如此之快，以至于我有点说不出话来。通常，当我亏损时，我会感到恼怒。这通常是最先出场的情绪。

是对市场感到恼怒，还是对自己感到恼怒？

我想更多的是对市场感到恼怒，但当然，这不够理性，因为市场并非私人恩怨，它并不是要刻意针对我。我尽量克制自己的愤怒，因为我坚信要成为一名优秀的交易员，保持理性和控制情绪是非常重要的。这么多年来，我一直在努力彻底熄灭亏损时的怒火，但我得出的结论是这办不到。我可以朝着这个目标努力，但直到我死的那一天，我都不认为我能够在面对眼前的重大亏损时不发火。

愤怒会影响你的交易吗？

不会。我想说我在这方面表现得相当不错。

回到1月9日，你从一时语塞的状态中恢复过来后做了什么？

一旦我意识到我们的亏损超过4%，我即刻制订了一个井井有条的计划，在收盘前退出所有市场。在这种情况下，我试图先制订一个退场计划，然后离开交易室，因为我希望以理性的方式完成清仓。我将单子留给我的交易员来执行。

巨额亏损让你在那一晚彻夜不眠还是安然入睡？

总体来看，我的睡眠一向不好。不幸的是，这是身为交易员必须付出的代价之一。我也希望自己能幸免于难，但事情就是这样。

你在赚钱的日子里比在赔钱的日子里睡得更香吗？

未必。事实上，当我交易表现好时，我的睡眠可能更差，因为我会兴奋得睡不着觉。

你花了多长时间才完全摆脱了那天的影响并转而着手下一件事？

隔天我就开始有点忘了这事。完全抛诸脑后是在好几天之后了。

当这样的亏损发生时，你认为它会困扰你一段时间吗？一周后你就完全释怀了，你自己会感到惊讶吗？

我想我知道一周后我就会没事了。我从来不想陷入一种糟糕到无法自拔的境地之中。这也是我在风险管理方面尽量保守的原因之一。我想要确保自己明天还能回到市场中。

一旦你退场，即使你是赔钱退场的，你会因为不在场内而放轻松吗？

是的，因为痛苦已经结束了，而且我知道自己亏损的确切数额。颇有一点如释重负的意味。

同样都是4%的亏损，当你的交易规模为1亿美元时，是否比交易规模为100万美元时更难挨？

的确更难。金额大小也有很大关系。我认识很多交易员，他们的绩效记录里累计的胜率令人惊叹。我见识过这样的情况，他们可能在5年期间的回报率为1000%，但如果你从净赚或净赔的金额来审视他们的绩效记录，你会发现他们实际上是亏损的。

因为他们在交易金额较少时赚取了高回报率，而在交易金额较大时却亏损了？

完全正确。我不负责挑选商品交易顾问。但如果有需要的话，我会将一个人的总利润视为首要筛选条件，即商品交易顾问从市场中赚到多少美元。如果这个数字是负的，那么无论他的回报率有多高，我都会将这名商品交易顾问剔除在考虑范围之外。

你的单日亏损最大4%原则在1月9日当天发挥作用了吗？

那一次，在那种特定情况下，没有。实际上，要是我们咬紧牙关再坚持一段时间会更好。

但这难道不会动摇你对这条原则的信念？

不会，因为如果你没有立下这种原则，你可能会在像1987年10月19日那样的日子死守着标普指数的多头仓位收场，而在那一天耽搁退场则是大祸临头。

到目前为止，你提到了单一仓位的最大亏损上限为1.5%，以及整体投资组合在单日的最大亏损为4%。你还有其他风险管理原则吗？

我们每月的最大亏损点为10%。如果亏损达到这一比例，我们将退出所有仓位，并等到下个月初再重拾交易。谢天谢地，这种情况从未发生过。

我们还有第四条风险管理原则：每个月初，我会决定当月自己在每个市场中的最大持仓量，无论接下来这个月中我多么看涨或看跌，我都不会超过该上限。这条原则可以让我保持克制。

你用走势图吗？

我看走势图主要是为了弄清楚交易者何时会有兴趣进场。我还知道他们喜欢研究什么样的形态。

你同时使用自主交易和系统交易。对于这两种方法的优缺点，你有什么要说的吗？

最重要的是你需要具备一种优势。建立优势的方式之一就是找到一套制胜的交易系统。然而，如果你只是一个单一的系统交易选手，而且刚起步管理一笔庞大的资金，你会发现你的交易成本开始吞噬你的大部分利润。一般来说，最好是介于纯自主交易者和纯系统交易者之间。正如我之前提到的，你可以通过在进出场时运用一些自主判断来弥补你交易系统的不足之处。

你有没有留意过市面上的交易系统？

当然，我们买过当中的很多。以前我会亲自评估这些系统，但现在我让办公室的其他人来做这件事。我们从未原封不动地照搬过这些系统，而是在我们自己搭建系统时从中获取思路。

关于市面上在售的交易系统，你对普通投资者有什么建议吗？

加入“三千俱乐部”（Club 3000）吧。（该组织发行由会员信件组成的简报，探讨系统和交易的方方面面。“三千俱乐部”这个名字颇有渊源。三千俱乐部的成立源于会员们的沮丧，他们花了大约3000美元购买了一个他们认为基本上毫无价值的系统，于是他们愤而决定聚在一起分享各种系统相关的信息。）我也会订阅诸如《期货》（*Futures*）、《股票和商品技术分析》（*Technical Analysis of Stocks and Commodities*）、《商品交易消费者报告》（*Commodity Traders Consumers Report*）等刊物，以参考他们对交易系统的评价。此外，一旦你购买了一套系统，请确保使用自己的数据对其进行测试。

换句话说，不要轻信供应商的话。你认为是否很多交易系统的说辞言过其实？

是的。

这是因为刻意歪曲事实，还是大多数供应商实际上是在自欺欺人？

某些系统宣传实际上可能部分属实。但我通常发现这些系统没有足够的监测，因而无法得出具有统计意义的结果。此外，这些系统所宣称的回报率往往是基于交易所最低保证金要求得出的。

我明白了。这样做会给这些系统带来超乎寻常的杠杆率，而广告只谈回报方面，对风险方面避而不谈。

没错。我在我的毕业论文中也犯了同样的错误。我对回报率的计算是基于账户规模等于交易所最低保证金要求的两倍这一假设，而这一数字实在欠妥。实际上，如果你试图以这种方式进行交易，你会因为回撤太大而破产。

你是否基本相信，如果有人开发出了一套真正好的系统，他们不会将它出售？

在某种程度上，我是这么想的。当然，系统开发人员有可能没有本钱，但如果这个系统真的那么好，他应该能够说服朋友、家人或随便谁投入一些资金到系统中进行交易。

公众所知的技术指标中是否有你认为有用的？

移动平均线很有用。如果你做好风险管理，它们就会派上用场。我相信，如果你头脑足够灵光，你可以通过运用移动平均线获得高于平均水平的回报率。

有哪些指标是你认为被高估的？

大多数常见的指标：斐波那契回调、江恩角度线、相对强弱指数和随机指数。我还没有找到这些指标的任何用武之地。

如果你连日来表现出色，战无不胜，你是否会心生疑虑："这样下去不行"，并因此开始减仓？

实际上，我做得越好，就玩得越大，而我表现得越差，我就会进一步缩减规模。

所以你是相信有连胜这回事儿的？

是的，不只是在交易中，生活中的大多数事情也是如此。如果一支球队连赢了八场比赛，你就不会下注打赌他们第九场比赛会输。

你学会避免哪些交易错误了吗？

大体上说，我不喜欢下止价单。如果你是一个大玩家，那么在市场上下止价单时必须谨慎。

你是在下止价单时吃了大亏才学会这一点的吗？

在我整个职业生涯中，我从未下过太多止价单，不过我以前下的确实比现在更多。

你是否发觉止价单更容易被触发，如果你下了止价单的话？

如果我在市场上下了一个较大的止价单，它不但会有很大可能被触发，而且一旦它被触发，市场价格很可能会迅速朝不利于我的方向移动。所以我不仅会被止价离场，还会以比止价差得多的平均价格成交。

以你当前的交易规模，我会认为你或许极力避免使用明确的止价单。

正确。有时，如果我希望价格朝着某个水平移动，我可能会下一个止价单，然后在市场行情接近时取消这张止价单。这对我来说是家常便饭了。事实上，我今天就这么做了。今天这个方法奏效了，但有时会适得其反，你会发觉你自鸣得意地拿着一堆你不想要的债券。

你似乎对自己在市场上交易获利的能力信心十足。在交易场上时你总是这么胜券在握吗？

这4年来是这样的。

先抛开你自身不谈，总的来说，你认为信心强弱与交易成败之间有很强的关联吗？

存在一定的关联，但绝非100%相关。有些人就只是单纯自信罢了，但如果他们在市场上不具备任何优势，那自信就无足轻重，他们照样会赔钱。

你的意思是，并非每个自信的人都会成为出色的交易员。反过来说，几乎所有优秀的交易员都充满自信吗？

是的，我认为几乎所有优秀的交易员可能都对自身的交易能力充满信心。

你还记不记得自己作为交易者真正变得自信的时刻？你还能回忆起一些转折点吗？

我想，从我决定自立门户那时起，我几乎可以说是对自己相当有信心了。我知道自负盈亏之下，我必须得赚钱才能付得起房租。

这种信心是否来自你稳定的回报？

是的，我知道我得到了具有统计学意义的结果。

你是学者出身，甚至论文主题也跟市场有关。我相信你再清楚不过，学术界大多数人至今仍对有效市场假说深信不疑。显而易见，如果这个理论是

正确的，你今天所做的一切就不可能成立，不是吗？

市场显然不遵循随机漫步理论。市场甚至不是有效的，因为有效市场假说的假设意味着你无法获得高于平均水平的回报率。既然有人能做到这一点，我就不同意这个假设。

不过我敢打包票你的很多教授仍把有效市场假说奉为圭臬。

没错，这可能就是为什么他们是教授，而我靠做我正在做的事情赚钱。此外，我认为一旦你有真金白银面临亏损风险时，你能做出十分惊人的事情。学术界的人可能会认为，他们已经检验过了所有可能的系统类型。然而，当你有真金白银面临危险处境时，你就可以开始发挥创造力地思考了。总是有其他东西可以检验。我认为有许多可行方法还没有被学术界检验过。当然，如果你只花很短的时间进行学术研究，你不会挖掘出任何有显著意义的东西。不存在其他方法。如果真有的话，人人都能变成大富翁。但如果你生命中的每一天都倾注心血于市场研究中，并拥有充裕的计算机资源支持，你就能找到一些行之有效的方法。

成功的交易者具备哪些特质？

成功的交易者理性，善于分析，能够控制个人情绪，务实，且以利润为导向。

你会给想成为交易员的朋友什么建议？

学习大量统计学知识。学会如何使用计算机。找到一些行之有效的交易系统。制定一些简明的风险管理原则。

有没有关于市场方面的好书推荐？

我们在新交易员入职时会给他们三本书：你的第一本著作，《期货市场完全指南》（*A Complete Guide to the Futures Market*），佩里·考夫曼（Perry Kaufman）的《期货市场手册》（*Handbook of Futures Markets*）以及理查德·J. 特维莱斯（Richard J. Tewles）和弗兰克·J. 琼斯（Frank J. Jones）的《期货交易实用指南》（*The Futures Game: Who Wins, Who Loses And Why*）。此外，我还可以推荐一些有意思的书，比如你的那本《金融怪杰》（*Market Wizards*），这是一部很鼓舞人心的作品。我们的图书馆里还藏有大量其他图书，我们会让交易员自己选择他们想要阅读的其他图书。

人们对市场有哪些偏见？

他们对交易员轻轻松松赚大钱这件事信以为真。他们以为只需在周末做一点儿研究，一年就能赚取100%的回报率，这种想法荒谬至极。

他们低估了这场游戏的难度，同时又高估了回报？

一语破的。此外，有些人在赔钱后会责怪所有人，唯独不责怪自己。我在《华尔街日报》最近的一篇文章中读到，有个家伙竟然赢得了针对他的证券经纪商的诉讼，因为他赔光了账户中的所有资金，这让我感到很愤慨。问题的关键在于，他赔钱根本不是因为他的经纪人给出了糟糕的建议，他是亲自上阵交易的！他起诉了证券经纪商，声称他们不应该允许他以这种方式操作自己的账户。我坚信这是一个自由的国度，如果你想进场交易，你理应有权这样做，但如果你因此赔了钱，那也是你自己的责任。

大多数人在市场上会犯哪些错误？我说的是实际交易中的错误，而不是误解。

首先，许多人在不具备任何优势的情况下草率进入市场。他们进入市场仅仅是因为经纪人告诉他们市场正看涨。这算不上是一个优势。但老实说，大多数小额投机者永远无法坚持足够长的时间来摸清他们的交易系统是否切实可行，因为他们在交易上下了太大的赌注，或者他们的账户资金太少，根本无从下手。

所以有些人可能真的有一个能够赚钱的好点子，但他们永远都不会知道这点子到底能不能赚钱，因为在初次尝试这样做时，他们赌得太大了，结果被淘汰出局。

完全正确。

你们有进行隔夜交易的时候吗？

我们的交易24小时运转。我还有一台掌上报价设备，在家时也可以查看市场行情。

这样会不会负荷有点高？

是的，确实有点。虽然我每天晚上都会查看行情，但我尽量让自己适可而止，因为我确实容易冲动。

如果有重大情况在半夜出现，你的夜间值班人员是否会按照指示行事去打电话叫醒你？

是的。

这种情况多久发生一次？

不是很频繁，一年之中大概有4次吧。

你的娱乐活动有哪些？

我会去看很多体育比赛，还大量阅读图书。我对心理学和哲学尤为感兴趣。我还阅读大量自我提升类图书。不过可能有点儿过犹不及了，我注意到我读的记忆类图书越多，我的记忆力就会减退得越厉害。

你还打篮球吗？（特劳特曾是大学篮球队的队长。）你不会手痒吗？我是想说，很明显，篮球曾一度占据你生命中很重要的位置。

不打了，因为我已经投入到下一段重要的事业中：交易。

你是否曾考虑过成为职业球员这一可能性？

在我高中毕业那年，我曾希望能够去打职业比赛，我想也许我可以。然而，在大学打了一年比赛后，我意识到其他球员实力太强了。我本可以去欧洲打球的，事实上，我的很多前队友就在欧洲职业联赛中打球，但他们中的一些人年薪仅为1万美元。我不想做这种事。

你有假期吗？

过去的一年半我只休过3天假。

是不是因为你休假的时候会一直想着休这一天假会损失多少钱？

在某种程度上，我就是这么想的。此外，我觉得自己需要在现场监督我的员工，并确保交易妥善进行。

有时你是否会觉得自己是在画地为牢？难道你不想离开几周，前往某个地方并把一切抛之脑后吗？

我当然想，但要交易顺利进行，你就必须全情投入其中。我每年给自己拨出了10天假期，但我从未休过这10天假。生命中每一件美好的事物都标好了价格，对此我深信不疑。

你赖以为生的交易规则有哪些?

确保你有优势。了解自己的优势所在。制定像我们之前讨论过的硬性风险管控原则。基本上，归根结底，要想赚钱，你就必须拥有优势并采取良好的资金管理。单靠良好的资金管理根本无法扩大你的优势。如果没有好的系统，则无论你的资金管理规则有多奏效，你依旧免不了赔钱。但是如果你有一套能赚钱的方法，那么资金管理就将一招定胜负。

你眼下的目标是什么?

实现每年30%的回报率，而且峰谷回撤不超过10%。

最后还有什么想说的吗?

只想说我对未来满怀期待和充满信心。如果某天我不再是这样的感受，我将不会再交易。

★

我发现特劳特的历史绩效，兼顾了极高的年化回报和极低的回撤，近乎匪夷所思。当然，这种高回报和低风险的结合虽然很罕见，但并不是独一份的。实际上，我在本书（以及《金融怪杰》）中采访的其他若干交易员也展现出了这种特征。那么为什么我会在描述他的绩效时使用“匪夷所思”一词呢？因为根据我之前听到的关于特劳特的传言，我了解到他的交易主要基于计算机技术交易系统所产生的信号。

多年来，我一直在开发和评估技术交易系统。虽然我发现有一些系统几乎可以与特劳特的绩效相媲美（以年平均回报率来衡量），但这些系统不约而同地表现出更大的波动性。这些系统的回撤普遍达到25%，最坏情况下的回撤甚至超过50%。当然，减少杠杆（如每10万美元所交易的合约数量）可以降低这些系统的波动性，然而这样一来，回报率将降至平平无奇的水平。

以回报/风险来衡量，我找到的任何系统和特劳特的绩效相比，都难以望其项背。实际上，我采访过的每一位表现出高回报和极低风险的交易者，无一例外是自主交易者（即依靠自身对市场信息的自主综合分析做出交易决策的交易者，而不同于采用计算机生成的交易信号的交易者）。那么，特劳特是如何做到的呢？

在这次访谈中，我找到了这个问题的答案。部分原因在于他依赖的系统主要基于统计分析，而非更标准的趋势跟踪方法。不过，也许最主要的因素是，特劳特在进出场时机的把握上有着高超的技巧，据他自己估计，他回报中的一半要归功于此。他说："我可以向10个商品交易顾问提供我们现在采用的那套交易系统，但他们中的一些人仍然赚不到钱。"因此，我们再度探讨了综合分析那些无法被计算机处理的信息（例如，交易大厅内的嘈杂程度）对于优异绩效的影响。换句话说，特劳特可能会以与系统交易者类似的方式做出交易决策，但他像自主交易者一样执行这些决策。

特劳特传达的基本信息有两方面。首先，要战胜市场，你必须具备优势。其他一切都是次要的。你可以拥有出色的资金管理，可如果你没有一种能给你带来优势的交易方法，那么你就无法取胜。这个道理不言而喻，但许多交易者进场时却没有任何证据表明他们具备某种优势。

其次，假设你有了某种优势，你仍必须实行硬性风险控制原则，以防范那些偶发事件引发剧烈、突然的价格波动，这些波动可以迅速摧毁杠杆过高的账户。此外，正如特劳特自己的论文所表明的那样，价格剧烈波动发生的概率远高于标准统计假设所认为的水平。因此，风险控制至关重要。那些被突如其来的大幅不利价格波动横扫出局的交易者未必只是运气不好，因为此类事件屡见不鲜，所以必须未雨绸缪。

比较一下门罗·特劳特和布莱尔·赫尔（Blair Hull）的观点（见第六部分）是很有启发意义的。尽管两者的交易方法截然不同——特劳特是定向交易者，而赫尔是套利交易者——但他们对成功交易之关键的判断几乎是一致的：拥有优势和实行硬性资金管理两者兼备。

|阿尔·韦斯|

（Al Weiss）

人类图表百科全书

就回报/风险比率而言，阿尔·韦斯很可能是坐拥最佳长期绩效记录的商品交易顾问。自1982年在AZF商品管理公司（AZF Commodity Management）开始交易以来，韦斯的年平均回报率为52%。如果你在1982年给韦斯投资1000美元，等到1991年年底你能拿到约53000美元。然而，回报无法完全诠释他的成绩。韦斯绩效记录中真正令人印象深刻的部分在于，这些高收益是在回撤极小的情况下实现的。在整个期间，韦斯亲历的最大单笔回撤是1986年的17%。过去这4年（1988年至1991年），韦斯已经将他的风险控制磨炼到了炉火纯青的高度：在此期间，他的最差年度回撤平均不到5%，而年平均回报率则超过29%。

尽管韦斯有着堪称典范的绩效记录，但他一直保持非常低调的作风。1991年以前，韦斯一再推辞接受任何采访。对此他解释道："除非我实现了至少10年的卓越表现，我才会觉得自己的方法得到了验证。"他还认为，采访会招来心态不端的投资人。时至今日，这种考量已不再成问题，因为韦斯正在处理他认为在不影响业绩的情况下所能管理的最大资金规模（约1亿美元）。

尽管韦斯现在经常将新来的投资人拒之门外，但他偶尔也会破例。正如他解释的那样："有时候，如果我觉得对方是诚心诚意的，我会接受一个小额账户（10万美元）。接受一个小额账户并使其增值仍然能带给我愉悦。就在最近，我接受了一位新投资人，因为他在做出选择之前仔细研究了500位商品交易顾问的绩效记录，这使我印象颇深。讽刺的是，就在我与此人谈话之际，我还接到了法国某家银行的电话，他们希望投资3000万美元。我谢绝了这家银行，但接受了这个小额账户的10万美元投资。”

韦斯之所以极力回避公众视线，深居简出，是因为他生性内敛，颇具隐士气质。他承认，在管理投资人基金的10年间，他只见过其中5位客户。尽管韦斯在电话中给人以外向的形象，但在私下里，他羞涩的本性便暴露无遗。

韦斯的爱好之一是投资其他交易员。他每个月都会抽出一到两天的时间来进行这项事业。据他估计，这些年来，他已经分析了大约800名交易员的绩效记录。在这个庞大的群体中，他挑选出约20名交易员进行个人投资。他的目标不是挑选出任何一位超级交易员，而是将交易员混合在一起，组成一个群体，使其综合绩效既有好的回报又有非常低的回撤。有趣的是，这群交易员的整体绩效特征看起来像是韦斯的克隆。在1988年至1991年期间，该群体实现了19%的年平均回报率，而每年的平均最大回撤却异常低，不到3%。这两个数字之比（19/3=6.3）几乎与韦斯在同一时期的相应数字之比（29/5=5.8）相等。

事实证明，对韦斯的采访是我进行过的最困难的采访之一。老实说，要不是我对他的绩效记录印象那么深刻的话，我可能早就放弃这一章了。几乎在我抛出每一个问题后，韦斯都会不着边际地突然离题，最终突然住嘴，不再说话，并用一种似乎在说“在我扯得更远之前让我停下来”的眼神看着我。对我们俩来说，这次采访显然是失败了，于是我们决定休息一下，去吃晚餐。在其他采访中，我在此类情况下也会随身携带磁带录音机，事实上，过去一些采访的片段也有在餐桌上发生的。然而，这次的预期似乎并不乐观，所以我特意把录音机留在了房间里。我还有种感觉，有一搭没一搭随便聊聊可能有助于活跃下气氛。

晚餐后，我们决定再试一次，试着在夜晚散步时继续采访。在一个温和的冬夜，我们漫步在佛罗里达州海岸边一座小岛的宁静街道上，气氛有助于交谈。尽管如此，采访仍然进行得磕磕绊绊。我发现手中的录音机在开开关关个不停。

以下是从我们的谈话中费力搜罗来的一些节选，以及后续通信中的一些补充材料。

★

你最终怎么就成为一名交易员?

这个过程并非一蹴而就。在进行任何严肃的交易之前，我花费了4年工夫进行了扎实的研究工作。我花了数千个小时仔细研究图表，尽可能追溯历史，然后开始识别出某些模式，这些模式在日后成为我交易方法的基础。

在开始交易之前，你花了4年时间进行研究?

是的。我是一个风险厌恶型投资者。我希望在交易起步之前就对自己的方法有信心。

你的图表研究确切追溯到什么年代?

依各个市场的情况和可用图表而异。就谷物市场而言，我能够追溯到19世纪40年代。

真的有必要追溯到那么远吗?

绝对有必要。长期图表分析的关键之一是认识到市场在不同经济周期中的表现各不相同。识别出这些重复而又不断变化的长期模式需要大量的历史资料。而确定自己在经济周期中所处的阶段，例如，通货膨胀阶段还是通货紧缩阶段，对于解读当时图表形态的演变至关重要。

在你潜心研究市场的4年中，你是如何维持生计的?

在我20岁出头的时候，我率先开发了聚氨酯滑板轮，并取得了商业上的巨大成功。我把这次创业赚到的钱投资到了房地产市场，事实证明这也是非常有利可图的。至此，我拥有了所需的全部资金，能够全身心地投入研究工作中。

据我了解你基本上是一名技术系统交易者。是什么原因让你认定你的业绩比其他使用类似方法的商品交易顾问好得多？我尤为感兴趣的是，你是如何成功避开这种方法几乎无法避免的大幅回撤的?

尽管我采用技术分析来做交易决策，但我的方法与该群体中大多数其他交易者的方法之间存在一些重要差异。首先，我认为很少有其他技术交易者在研究图表时追溯到30年前，更不用说一百多年前了。其次，我并不总是以相同的方式解读相同的形态。我还会将我认为的我们在长期经济周期中所处的位置纳入考量。仅这一个因素，就可能导致我从图表中得出的结论与未将其纳入考量的交易者得出的结论之间存在非常大的差异。最后，我不会简单地将经典图表形态（比如头肩型、三角形等）视为独立的形态。相反，我倾向于寻找某些形态的组合，或者换种说法，形中复有形。这些更为复杂的多重形态组合可以产生更高胜率的交易信号。

哪些流行的图表形态只有50%的准确率?

大多数都是。但这并不是缺点。如果你将一种准确率为50%的形态与良好的风险控制计划结合运用，它可能仍将带来相当可观的利润。

技术分析是一门艺术还是一门科学?

它既是一门艺术，也是一门科学。它是一门艺术，是因为如果你让10位不同的交易者来定义头肩形态，你会得到10种不同的答案。然而，对于任何一位交易者来说，他都可以用数学方法精确地定义。换言之，图表交易者都是艺术家，直到他们以数学方式定义了形态（比方说，定义为系统结构的一部分），彼时他们就成了科学家。

为什么你选择了纯粹的技术性方法，而没有同时运用基本面分析?

许多经济学家都曾试图从基本面入手去参与商品市场交易，但往往都以亏损告终。其问题在于，市场的运作更多地取决于心理因素而不是基本面。例如，你可能认定白银的价格应为，比如，8美元，这很可能是一个准确的估计。然而，在某些情形下，例如在严重通货膨胀的环境下，白银价格可能会暂时性地大幅走高。1980年达到顶峰的商品通胀热潮中，银价曾一度达到了50美元的高位，这一价格水平与任何真实的基本面价值完全不相称。当然，市场最终还是回到了它的基本价值。事实上，纵观各种商品市场的历史，我想不出有哪种商品最终没有回归其基本价值，但在价格回到基本价值之前，任何纯粹基于基本面进行交易的人都被横扫出局。

有没有想到什么特别难忘的交易?

每当我度假的时候，我都会继续绘制市场图表。1990年夏天，我在巴哈马度假，在棕榈树下的野餐桌上更新补全我的图表。我注意到所有能源市场都发出了买入信号。这些信号似乎特别诡异，因为燃料油市场在夏季发出买入信号非同寻常。然而，我没有对这笔交易提出异议，而是直接打电话下了单。3天后，伊拉克入侵科威特，油价暴涨。

你是否完全遵循你的系统，还是有时会将个人意志凌驾于交易信号之上？

我在90%以上的时间里都遵循系统，但偶尔也会尝试做得比系统更好。由于这些偏离纯粹系统的交易决策都是经过深思熟虑后被采纳的，它们在整体上提高了绩效。

请举例说明在何种情况下你将个人意志凌驾于交易信号之上。

1987年10月，股市正在经历一场崩盘，客户开始焦躁不安地打来电话，迫切想知道自己是否遭受了重大损失。我平静地解释道，我们当年的获利仍然维持在37%，我们所有未平仓头寸的总风险仅为4%。我有一种预感，人们在市场上会非常没有安全感，从而纷纷涌向国库券。尽管我的系统还尚未发出任何反转信号，但我还是决定抛掉我在国库券上的全部空头头寸。事实证明，这一行动是正确的，因为在那之后几乎马上，国库券市场就开始在上涨的路上一路狂飙。

从你之前的言论中可以明显看出，你认为经济周期很重要。能否请你详细说明一下？

周期存在于任何事物中——天气、海浪和市场。最重要的长期周期之一就是从通货膨胀到通货紧缩的周期。大约每两代人，每47到60年，市场就会出现一次通货紧缩。例如，就商品市场而言，我们目前正处于始于1980年的通货紧缩阶段。在过去的两百年间，这种通货紧缩阶段通常持续8到12年。由于我们目前正处于商品价格通货紧缩的第12个年头，我认为我们已经非常接近商品价格的重要底部。

关于周期的另一个重要考量因素是周期的长度因市场不同而不同。例如，在高度依赖天气因素的谷物市场，每20年可能会出现5次大牛市。然而在黄金市场，大牛市周期在一百年内可能只出现3到5次。这一考量因素可能会让跃跃欲试迎接下一波牛市的交易者对黄金这样的市场感到心灰意懒。

你对市场能总结出的最重要的一句陈述是什么？

最重要的一点是，市场归根结底是建立在人类的心理基础之上的，而对市场进行图表绘制只不过是将人的心理转化为以图形呈现。我相信，在钻研这些价格图表的奥秘方面，人类的智慧比任何计算机都更强大。

韦斯高度个性化的方法并不适合一概而论。毫无疑问，他的评论应该对那些倾向于采用周期分析的交易者有所启发，但我想补充一点，其他交易专家，如埃克哈特，相当有说服力地提出了相反的观点。韦斯所秉承的最重要的理念或许是，通过将经典图表形态视为更复杂组合的一部分，而不是像通常那样孤立地去看待，可以大大提升图表分析的可靠性。韦斯还强调，图表分析的研究人士需要比通常情况下进行更久远的历史研究。在他能够获取数据的市场中，韦斯将他的图表研究延伸到了150年前。

从本质上讲，我认为韦斯之所以成功，是因为他将大量分析图表的研究成果与洞察相对复杂形态的诀窍相结合。最终，这一推理得出的结论是，如果你能像韦斯一样以高超的技巧解析图表，你也能取得成功。这并不是什么有用的信息，不是吗？然而，韦斯多年来一贯的高回报率和低回撤的稳定表现提供了令人信服的证据，即纯粹的图表分析也可以产生异常有效的交易方法。

PART FOUR

第四部分

基金经理人和择时者

| 斯坦利 · 德鲁肯米勒 |

(Stanley Druckenmiller)

自上而下的投资艺术

斯坦利·德鲁肯米勒是掌管着数10亿美元投资组合的天之骄子经理人中的一位。在1亿美元的投资组合上取得近40%的回报率令人耳目一新，但在数10亿美元的基金上实现这一业绩水平则令人难以置信。在他从导师及偶像乔治·索罗斯手中接过量子基金的主动管理控制工作后的3年里，德鲁肯米勒在规模介于20亿到35亿美元之间的资产上实现了超过38%的年平均回报率。

自德鲁肯米勒决定放弃研究生学业、投身现实世界以来，他的晋升就仿佛一路开了绿灯。在匹兹堡国民银行担任股票分析师不到一年，德鲁肯米勒就被提拔为股票研究部主管。德鲁肯米勒对自己的突然晋升不以为意，认为这只是一位行事古怪却又慧眼识人的部门经理的个人行为。然而，考虑到德鲁肯米勒后续的成就，人们怀疑这其中可能另有隐情。不到一年后，提携德鲁肯米勒的那位部门经理离开了银行，德鲁肯米勒被提拔填补了该空缺，再一次越过了觊觎同一职位的一众资深经理人。两年后的1980年，年仅28岁的德鲁肯米勒离开这家银行，创立了自己的资金管理公司——杜肯资本管理（Duquesne Capital Management）。

1986年，德鲁肯米勒被德雷福斯公司（Dreyfus）聘为基金经理。作为协议的一部分，德雷福斯允许德鲁肯米勒继续管理他自己的杜肯基金。德鲁肯米勒加入德雷福斯之时，他的管理风格已经从持有股票组合的传统方法转变为一种多元化的策略，加入了债券、外汇和股票，并灵活地从空头和多头两个方向对其中任何一个市场进行交易。德雷福斯对德鲁肯米勒与生俱来的市场天赋赞赏有加，公司专门围绕他成立了几只基金，其中最受欢迎的是激进型策略基金，该基金从成立之日（1987年3月）起一直到1988年8月德鲁肯米勒离开德雷福斯，都是业内表现最好的基金。

事实证明，德鲁肯米勒在德雷福斯的炙手可热未必是一件好事。最终，他发现除了自己的杜肯基金，自己还在德雷福斯管理着7只基金。所有这些繁重工作的压力，加上德鲁肯米勒与他心中当代最伟大的投资家索罗斯一起共事的愿望，促使他离开德雷福斯转投索罗斯管理公司（Soros Management）。此后不久，索罗斯就将其基金的管理工作全权交与了德鲁肯米勒，他自己则离开去追寻帮助东欧和苏联封闭经济体系转型的目标。

衡量德鲁肯米勒市场表现的最长效指标当属他自己的杜肯基金。自1980年成立以来，该基金平均每年获利为37%。德鲁肯米勒强调，杜肯基金早年的绩效并不具备直接参考价值，因为该基金的结构在1986年年中发生了彻彻底底的改变，以兼容他目前采用的灵活交易方法。从这个较晚的时间点开始算起，德鲁肯米勒的年平均回报率为45%。

某个周末的一天，我在德鲁肯米勒的合作公寓采访了他。我对他的年轻有为颇为惊讶。我几乎从未想过一个数年来一直管理世界上最大基金之一的人尚处于而立之年。我们在客厅逐渐放松下来后，德鲁肯米勒打开了话匣子，讲述起他如何迈进这一行的故事。

---★---

我进入了研究生院攻读经济学学位。然而，我发觉该项目过于偏重计量和理论，很少强调现实中的应用。我感到非常失望，第二学期就退学了。我在匹兹堡国民银行找了一份管理培训生的工作，我当时的想法是，这个项目会为我提供一个开阔的视野，帮助我确定深耕的领域。

当我接到信托部门经理打来的电话时，我已经在这家银行待了几个月了。“我听说你上过密歇根大学，”他说，我确认了他的说法，他说，“太好了。”他接着问我有没有工商管理硕士学位，我告诉他我没有。他说：“那就更好了。来上班吧，你被录用了。”

他给了你一份什么样的工作？

我被雇为一名银行和化工行业的股票分析师。

那类型的职位是你设想自己将要发展的方向吗？

我真的不知道自己最终会从事什么样的工作。大多数参加银行管理培训项目的人的短期目标都是成为一名信贷专员。当贷款部门的主管告诉我，我将会成为一名糟糕的信贷专员时，我还一直自我感觉做得相当不错。他说我对公司的实际运作过于感兴趣，而信贷专员的工作本质上是销售。他认定我的个性锋芒毕露，通常来讲不适合做销售。我记得，当我被告知我将会是一个失败者时，犹如一盆冷水当头，我真的一直以为自己在这个项目中表现得相当好。

谈谈你早期担任股票分析师的经历吧。

投资部门主管叫斯佩罗斯·德雷勒斯[1]（Speros Drelles），也是录用我的人。他充满智慧，循循善诱，但也相当特立独行。那年我25岁，刚进部门一年左右，他就把我叫到他的办公室，并宣布要任命我为股票研究部门主管。此举吊诡至极，因为我的上司50多岁，已经和这家银行一起打拼了25年以上。此外，所有其他分析师都有工商管理硕士学位，并且在该部门待的时间也比我长。

“你知道我为什么要这样做吗？”他问。

“不知道。”我回答。

“和他们把18岁的愣头儿青送上战场一样的道理。”

“为什么呢？”我问。

“因为他们太蠢了，甚至连不能乱冲都不懂。”德雷勒斯接着说道，“小盘股已经在熊市中挣扎了10年（这段对话发生于1978年），我认为在未来10年的某个时候，小盘股将会出现一个由流动性驱动的大牛市。坦率地说，从过去这10年中一路走来，我早已伤痕累累，而你不一样。我想我们会组成一个伟大的团

[1] 斯佩罗斯·德雷勒斯（1928年—2022年1月21日），曾就读于密歇根大学，学习金融并获得工商管理学士和硕士学位，在华尔街圈子里被称为“那个希腊人”（The Greek）。——译者注

队，因为你太蠢、太缺乏经验，不知道适可而止，见好就收。至于外面的那个人，”他说，指的是我的上司，那个即将离任的股票研究部主管，“他和我一样是个老古板。”

所以，基本上是，你从你的上司头上越级提升了。这有没有招致一些不满？

非常多，而且闹得很不愉快。尽管我现在意识到，在当时那样的情况下，我的上司处理得非常得体。他对我充满敌意，但我现在肯定比当时更能理解他的怨念。如果12年后有人用一个25岁的毛头小子把我换掉，我无法想象自己能否做出更好的反应。

德雷勒斯提拔你为研究部门主管显然并不只是因为你年轻。其中一定还有其他良苦用心。

我生来就是搞这一行的料，我认为他对我在分析银行业这项工作上所交出的答卷印象深刻。举个例子，当时花旗公司（Citicorp，前称第一国家城市股份公司）正在大肆开展国际信贷业务，我却写了一篇以看跌为主要观点的报告，事实证明我的观点是正确的。虽然我没有上过商科课程，但我对经济学的理解相当透彻，对国际资金流向的把握可能也给他留下了很好的印象。

你的研究报告是如何处理的？

分析师们向一个由7名成员组成的选股委员会汇报他们的想法。汇报完毕后，有一个密集的问答环节，分析师必须在这个环节中为自己的提议做出辩护。

汇报完毕后提议是怎么处理的？

如果委员会的大多数成员都批准了这个想法，该股票就会被列入选股清单。一旦某只股票被列入清单，银行的投资组合经理就被准许买进该股票。他们不得买进任何清单之外的股票。

如果你看跌某只股票，他们会怎么做？

如果提议被采纳，该股将从批准清单上被除名。

你喜欢分析师的身份吗？

我爱它。我早上6点就来了，一直待到晚上8点。要知道，这是一家银行，不是经纪公司，这样的工作时间在经纪公司那种地方再正常不过了。有趣的是，尽管德雷勒斯已经在这家银行待了30年，他的工作时间也差不多一直是这个点。

你在评估股票时采用了哪种分析方法？

刚开始干这一行那会儿，我撰写的报告事无巨细地涵盖了股票或行业的方方面面。在向选股委员会进行汇报之前，我首先必须将报告递交到研究部门主管手中。我记得尤为清楚的一次，我把关于银行业的报告交给了主管。我还沉浸在完成这份报告带给我的自豪感中。然而，他快速通读了一遍后说道：“毫无意义。股票价格起起伏伏的原因是什么？”这句话有如醍醐灌顶。从那时起，我便把分析的重心放在了寻找与股票价格走势密切相关的因素上，而不是关注所有的基本面。坦率地说，时至今日，许多分析师仍然不清楚他们看上的股票价格起起伏伏的原因是什么。

你找到的答案是什么？

关键因素往往与盈利有关，银行股尤其如此。然而，化工股的表现却大相径庭。在这个行业，关键因素似乎是产能。买进化工股的理想时机是在大量产能离开该行业之后，并且你认为存在某种催化剂引发需求增长之时。相反，卖出这些股票的理想时机是业内涌现大量新建工厂的公告时，而不是在盈利下滑的时候。造成这种表现模式的原因是，扩张计划意味着盈利将在两至三年内有所下降，而股市往往会预测到这种发展并率先反映在股票价格上。

我学到的另一门帮助我判定一只股票会上涨还是下跌的学问是技术分析。德雷勒斯非常注重技术面，而我可能比部门里的其他人更乐于拥抱技术分析。尽管德雷勒斯是上司，但就因为他保存了一堆装订成册的图表，很多人都认为他是个怪咖。不过，我发现技术分析有时能派上大用场。

其他分析师是否能接受你担任研究部门主管，即使你年轻得多且经验不足？

一旦他们意识到德雷勒斯已经做出决定并执意继续任用我，他们只得接受这个现实。然而，同年晚些时候，德雷勒斯离开了银行，我突然间发现自己失去了保护伞。我当年才25岁，而其他部门主管都已经四五十岁了。德雷勒斯离职的消息一经传出，各部门主管之间就打响了一场争夺该位子的权力斗争。

每周一早上，我和其他部门主管都会向信托部门主管陈述我们的观点，他是一位没有任何投资相关背景的律师。大伙都心知肚明，他将把这些陈述作为参考，从而决定最终由谁来接替德雷勒斯的位子。显然，每个人都认为我已经出局了。大家普遍认为，我能保住研究部门主管的工作就很幸运了，更别提接替德雷勒斯的位子了。

事情的走向是，德雷勒斯离职后不久，伊朗巴列维国王被推翻。我的经验匮乏反而在这里有了用武之地。巴列维被废黜后，我决定我们应该将70%的资金投入石油股，其余资金则投入国防股。这种做法对我来说似乎是非常合乎逻辑的，我甚至完全没有考虑其他任何事情。那时的我，对于分散投资还没什么概念。身为研究部门主管，我有权只允许我青睐的建议被呈递到选股委员会，我利用职务之便，将呈递的买进建议主要限制在石油股和国防股的范围内。

每周一上午，我都会向信托部门主管陈述相同的策略。不出所料，其他部门的主管只是为了持相反意见而反驳我的立场。无论我说什么，他们都会极力驳斥。然而，在人的职业生涯中，总有你做什么都正确的时候——而那时候就是这样的时候。当然，现在我连做梦都不敢想把投资组合的70%投入石油股，但当时我知之甚少。万幸的是，这是一个理想的仓位，我们选股清单的表现超出标普500指数数倍。大约9个月后，出乎所有人的意料，我被任命接替德雷勒斯，出任投资部门主管。

你是什么时候离开这家银行的?

1980年，我去纽约做演讲。演讲完毕，一位听众走到我身旁，对我喊道："你居然在银行！你到底在银行做什么？"

"我还能做什么？老实说，以我的经验水平，我认为能在那里工作已经很幸运了。"我说。

谈了大约两分钟后，他问："你为什么不自己开一家公司呢？"

"我怎么可能做得到呢？"我问，"我一点钱都没有。"

"如果你创立自己的公司，"他回答说，"我愿意每月付你10,000美元，就为了和你说说话。你甚至都不用动笔写报告。”

这么说你可能更容易有概念：1977年我刚进银行时，月薪是900美元。我晋升为研究部门主管后，我的年薪仍然只有23,000美元，而所有向我汇报工作的分析师的收入都比我高。即使在晋升到德雷勒斯的位子后，我每年的收入仍然只有48,000美元。在这种情况下，开价每月10,000美元，还不算上我在管理基金上可能赚取的钱，这条件看上去极具吸引力。我算了下，即使我在将来一败涂地，我还是可以找到另一份比我在银行赚得更多的工作。

1981年2月，我带了另一位分析师以及一名秘书创办了杜肯资本管理公司。一开始，我们管理的资金规模为100万美元，每年带来10,000美元的管理费收入。我们的大部分收入来自每月10,000美元的咨询费。我们的起步非常出色，抓住了小盘股的大幅上扬行情。到1981年年中，股票价格已经上涨到其合理估值区间的上沿，与此同时，利率飙升至19%。这是股市历史上比较明显的卖出信号之一。于是我们转为了50%的现金头寸，当时我认为这一步走得着实惊心动魄。而后到了1981年第三季度，我们的业绩一落千丈。

我不明白。如果你已转为50%的现金头寸，又何谈损失惨重？

噢，我们在仍然持有的50%仓位上遭受了重创。

是这样的，但你们的亏损最多只有其他人的一半。

在银行工作时，标准程序总是保持几乎满仓操作。尽管我不再为银行工作，但显然我仍然在某种程度上保留了这种思维模式。你要理解，1981年6月，我的看跌情绪强烈得令人难以置信。我的看法完全正确，但当年第三季度我们还是亏损了12%。我告诉合伙人：“这简直就是犯罪。我们对市场的感觉从未像这次的看跌情绪一样强烈过，但我们终究还是在这个季度亏损了。”从那时起，我们改变了我们的投资哲学，如果再对市场抱有如此强烈的看跌情绪，我们就会转为100%的现金头寸。

1981年第四季度，股市尚未完全反弹。我们当时仍然极度看跌，于是抛掉了整个股票仓位。我们将50%的资金投进现金，50%的资金投进长期债券。我们喜欢这个长期债券仓位，因为它的收益率高达15%，美联储实行极为紧缩的货币政策，通货膨胀已经急剧下降。这似乎是一份天降大礼。

我们做出了出色的业绩，到1982年5月，我们管理的资产规模已增至700万美元。一天早上，我上班时发现我们的咨询客户德赖斯代尔证券公司（Drysdale Securities）已经破产了。我立即打电话给公司的联系人，但电话那头早已人去楼空。

我意识到自己面临一个迫在眉睫的问题。我的开销为每年18万美元，而新的基础收入只有7万美元（我们管理的700万美元的1%）。我完全不知道我们如何才能生存下去。当时，我们公司的资产只有不到5万美元，而且我无比确信利率正在下降。我拿出公司所有的资金买入了国库券期货。短短4天内，一切都打了水漂。讽刺的是，在我们破产后不到一周，利率就达到了整个周期的高点。从那以后利率再也没有达到过那么高的水平。就在那时我学到，即使你对市场走势的判断可能是正确的，如果你过度使用杠杆，最终仍然可能会亏损。

当时，我有一位客户，他在非常年轻的时候就卖掉了一家软件公司。他把出售所得交给了一位经纪人，而这位经纪人在期权市场上将这笔相当可观的资金亏损了一半。走投无路之下，这位经纪人把他带到了我这里，而我最终把客户的账户做得极为出色。由于这是一个个人账户，而我管理的所有其他账户都是养老金账户，所以实际上我可以在股市进行空头操作。同时我还做多了债券。这两个仓位的表现都非常出色，他的账户也因此赚得盆满钵满。

在万般无奈之下，我去见了这位客户，询问他是否有意向资助我们公司，以换取一定比例的股份。以当时的角度来看，这可能是任何人都不可能做出的最愚蠢的买卖之一。这是一家净值为负4万美元、每年赤字11万美元起步的公司，由一个28岁的年轻人打理，只有一年的交易记录，也没有什么特别的声誉。我把公司25%的股份以15万美元的价格卖给了他，我想这足以让我们再维持12个月。

一个月后，牛市开始了，大约一年之内，我们管理的资产规模攀升至4000万美元。我想，1983年，我第一次有一个季度的收入实际上超过了我的秘书。在1983年年中到1984年年中期间，我们遭遇了一点挫折，但此后公司继续保持良好的业绩，尤其是在1985年牛市起飞之后。

既然你自己的交易公司取得了成功，你为何仍离开去加入德雷福斯公司出任基金经理？

1985年我认识了霍华德·斯坦[1]（Howard Stein），他促成德雷福斯与我签下了一份咨询协议。最终，他说服我正式加入德雷福斯，出任他们几只基金的经理。他们甚至根据我独树一帜的投资风格量体裁衣，打造了新的德雷福斯基金。作为协议的一部分，我被允许继续管理杜肯基金。事实上，我至今仍在管理杜肯基金。

在1987年股市崩盘之前、期间和之后，你有哪些个人经历？

1987年上半年很不错，因为我看涨市场且股价在直线上涨。6月份，我改弦更张，实际上转为了净空头。接下来的两个月非常艰难，因为我在与市场对抗，而股价仍在上涨。

什么决定了你从看涨转变为看跌的时机？

这是一系列因素综合作用的结果。当时市场估值已经涨得极高，股息率降至2.6%，市净率达到历史最高。此外，美联储收紧政策已经有一段时间了。最后，我的技术分析显示，市场广度缺席了，即市场强度主要集中在大盘股，而大盘整体表现则被远远甩在后面。这一因素使得这次上涨看起来像是虚张声势。

如何利用估值来择时？在你从多头转为空头之前，市场估值涨过头不是已经有一阵子了吗？

我从来不用估值来择时。我更多考虑的是流动性和技术分析。估值只能告诉我，一旦有催化剂介入改变市场方向，市场还能走多远。

催化剂是指？

催化剂就是流动性，真希望我的技术分析能够捕捉到它。

1987年的流动性情况如何？

自1987年1月以来美联储一直在收紧货币政策，而美元还在贬值，这表明美联储可能会进一步收紧政策。

---

[1] 霍华德·斯坦（1926年10月6日—2011年7月26日），美国金融家，被广泛认为是共同基金行业的创始人之一。——译者注

在你从看多转为看空之前，1987年上半年期间你的涨幅情况如何？

结果因基金而异。当时我管理着5只不同的对冲基金，每只基金都使用不同类型的策略。在我决定转向看空时，这些基金的涨幅在40%到85%之间。其中表现最强劲的可能当属德雷福斯激进型策略基金，在第二季度（该基金运作的第一个季度）的涨幅就高达40%。到那个时间节点为止，无疑是顺风顺水的一年。

许多基金经理会在年初涨幅较大的时候锁定获利。而我的理念是，在你赢得了激进的权利时，你应该激进，这一理念也进一步得到了索罗斯先生的强化。取得开门红之年，就是你应该全力以赴之时。由于我在该年已经赚得颇丰，我觉得我足以与市场对抗一阵子。我知道牛市必将终结，只是不知道何时终结。此外，由于市场被严重高估，我认为牛市结束时行情将会相当惊心动魄。

那么我猜你直到几个月后市场真正触顶前一直持有空头头寸。

没错。截至1987年10月16日，此前曾一度触顶突破2700点的道琼斯指数回落到2200点附近的水平。我已经在空头头寸上赚回了先前的亏损，并且以利润可观的一年回归正轨。我却在此时犯了整个交易生涯中后果最惨烈的错误之一。

根据当时的图表，基于1986年大部分时间内建立的交易区间，2200点位附近存在强力支撑位。我很确信市场会保持在那个点位上。而且因为已经在这一年早些时候从多头头寸中获利，现在我的空头头寸也赚钱了，财力雄厚。于是我从净空头转为了130%的多头（百分比大于100%意味着使用了杠杆）。

你是在什么时候做出这一转变的？

1987年10月16日星期五下午。

你在市场崩盘前一天从空头转为杠杆多头？你是在开玩笑吧！

是的，确实如此，而且当天市场有足够的流动性让我转换仓位。

我并不感到惊讶，但有些困惑。你之前曾一再表示非常重视技术分析。当时市场近乎自由落体般一泻千里，难道技术角度的分析没有让你对这笔交易感到不安吗？

许多技术指标都表明，市场当时处于超卖状态。此外，我认为2200点附近的巨大价格支撑位将提供极强的支撑——至少暂时如此。我认定，即使我的判断错得离谱，市场也不至于在下周一上午跌破2200点。我的计划是在周一上午给多头仓位预留半小时的时间，如果市场未能反弹就离场。

你是在什么时候意识到自己错了？

收盘后的那个星期五下午。我碰巧与索罗斯通了电话。他说他有一份保罗·都铎·琼斯[1]（Paul Tudor Jones）的研究报告想让我看看。我去了他的办公室，他拿出了这份保罗在大约一两个月前做的分析报告。该研究表明了股市的历史倾向，即每当上涨抛物线被突破——就像最近发生的那样，股市就会加速下跌。该分析还展示了1987年股市与1929年股市的价格走势之间极高的相关性，其隐含的结论是我们现在正处于崩盘的边缘。

那天晚上回家时，我感到恶心反胃。我意识到我搞砸了，市场即将崩盘。

只有保罗·都铎·琼斯的研究让你意识到自己错了吗？

实际上，这个故事还有第二个重要因素。那年8月初，我曾接到一位即将动身前往法国度假的女士打来的电话。她说："我哥哥说市场正在失控。我要出3个礼拜的远门，你觉得市场能撑到我回来吗？"

我试图安抚她，告诉她："市场很可能会下跌，但我认为不会发生得那么快。你尽可以放宽心去度假。"

"你知道我哥是谁吗？"她问。

"毫无头绪。"我回答。

"他是杰克·德雷福斯[2]（Jack Dreyfus）。"她告诉我。

据我所知，德雷福斯当时正忙于管理一家医疗基金会，在过去的15到20年里并没有太费神关注股市。接下来的一周，霍华德·斯坦带着一个客人来到我的办公室。"这位是杰克·德雷福斯。"他引荐道。

德雷福斯身着一件开襟羊毛衫，言谈举止文质彬彬。"我想了解一下标普股

---

❶ 保罗·都铎·琼斯（1954年9月28日—　），华尔街知名对冲基金经理，擅长利率和外汇等宏观交易，其投资理念为"投资最终还是要看走势图"。——译者注

❷ 杰克·德雷福斯（1913年8月28日—2009年3月27日），美国金融专家，德雷福斯基金（Dreyfus Funds）创始人。——译者注

指期货合约。”他说，“你知道的，过去20年间我都没怎么关注过市场。然而，最近我在桥牌局上听到的对话让我非常担心。每个人似乎都在吹嘘自己在股市中赚了多少钱。这让我想起了我读过的关于1929年市场的一切。”

德雷福斯在寻找保证金购买的证据，以证实他关于市场正处于类似1929年的崩盘边缘的猜测。股票的统计数据并没有显示出任何异常高水平的保证金购买。然而，他了解到有人利用标普股指期货以10%的保证金做多股市。他的假设是，保证金类型的购买活动现在涌入了期货市场。为了验证这个理论，他希望我做一项研究，看看是否有异常大的标普股指期货投机性买盘。

由于没有现成的数据，我们完成这项研究耗费了一些工夫。具有讽刺意味的是，我们在1987年10月16日星期五下午完成了分析。基本上，数据显示，投机者在1987年7月之前一直在不断做空，而在那之后则转为越来越重的多头持仓。

我在那周周六，也就是1987年10月17日，去见了杰克·德雷福斯，向他展示了分析结果。可别忘了，他在8月就表达过对市场的所有担忧。此时，我已经非常不安，因为在这之前索罗斯已经给我看了保罗·都铎·琼斯的研究报告。

德雷福斯看着我的研究报告，说道：“我想我们来不及利用我的恐惧获利了。”这很关键。我完全确信自己站在了市场错误的一边。于是我决定，如果周一早上市场开盘价高于支撑点位，即道琼斯指数低开30个点，并且没有立即反弹，我将清空我全部的多仓。事实证明，市场低开了200多个点。我知道我必须离场了。幸运的是，开盘后不久市场出现了短暂的反弹，我得以抛售了全部的多头仓位，实际上是净做空。

就在当天下午收盘前5分钟，德雷福斯来找我。“请原谅我之前没有告诉你，但我已经卖了标普股指期货以对冲我在股市的风险敞口。”他说。

“你卖了多少？”我问。

“够多了。”他回答。

“你是在什么时候做空的？”我问。

“哦，大约两个月前。”换句话说，他正好是在市场顶部做空，就在我告诉他妹妹不必担心股市即将见顶的时候。他问：“你认为我应该在这个点位回补空仓吗？”

尽管当时道指已经下跌了500个点，接近1700点，但股指期货交易的价格水平对应道指的1300点。我说：“德雷福斯，你现在一定要回补空仓。以道指为标的的标普股指期货现在正以4500点的贴水进行交易！”

他看着我问：“什么是贴水？”

那么他在那个时候回补空仓了吗？

当然了，他是在绝对低点回补的。

说回你的职业生涯，你为何离开了德雷福斯？

我觉得自己管理的基金太多了（我离开时管理着7只）。除了实际的管理工作，每只基金还要求我配合参与演讲和其他活动。例如，每只基金每年都要召开4次董事会会议。

你怎么可能抽得出时间来做这么多事？

我抽不出，这正是我离开的原因。在这段时间里，我一直在与索罗斯保持密切联系。我和他聊得越多，我就越发意识到人们口中关于他的一切都并非属实。

他们怎么跟你说的？

有很多关于公司人员流动的故事。索罗斯名声在外，因为他许人以优渥待遇，随后却又把他们解雇。每每我提及索罗斯曾有意向邀我加入时，我在业内的导师们都极力奉劝我不要去。

实际上，在我加入公司之前，索罗斯就已经开始把我称作他的“接班人”。当我去索罗斯家接受面谈时，他儿子告诉我，我是他的第十位“接班人”。前面几位都没能在这个位置上待太久。他认为这实在是太扯了。我隔天到索罗斯办公室时，公司员工们都称我为“接班人”。他们也认为这很好笑。

离开德雷福斯后，你是否考虑过回去全身心投入自己的杜肯基金？

这当然也是一个选项。事实上，杜肯基金管理的资产在没有任何营销推广的情况下不断发展壮大，而这仅仅得益于德雷福斯基金的强劲表现给我带来的极大知名度。

你为什么没有选择那条路？

很简单，因为乔治·索罗斯已经成为我的偶像。他似乎比我早20年就开始奉行我所采用的交易哲学：持有一组核心股票的多头仓，持有一组核心股票的空头仓，然后利用杠杆来进行标普股指期货、债券和外汇的交易。仅从与索罗斯的交谈中我就获益良多。我认为在这种局面下，不论结果如何，我都稳赚不赔。可能发生的最坏情况是，我会加入索罗斯，而他将在一年内解雇我——在这种情况下，我仍然能够通过这种经历获得宝贵的教训和经验，并将其视作教育的最后一课，且仍然有回去管理杜肯基金这一可选项。最理想的情况是一切都会顺利进行。

在开始为索罗斯工作后，你与他的关系是否发生了变化？

最初6个月的合作相当磕磕绊绊。尽管我们有着相似的交易哲学，但我们的策略始终无法紧密契合。自打我加入公司开始，他就要成了我的教练，而且是一位咄咄逼人的教练。在我看来，乔治·索罗斯是有史以来最伟大的投资家。但即使是世界上最伟大的投资家指导你，如果他频繁进行干预，打破你的交易节奏，那也是一种阻碍，而不是一种帮助。一山不容二虎，这是行不通的。部分问题在我，因为他会提出建议，而我会惊慌失措。毕竟，你怎么能对一个有着他那样业绩记录的人的建议有异议呢？

1989年8月，索罗斯卖掉了我建的某个债券仓位，事态发展到了一触即发的地步。他之前从未做过这种事。令情况雪上加霜的是，我对这笔交易确实抱有很大的信心。不用说，我当时相当恼火。在那个关头，我们进行了第一次推心置腹的探讨。

基本上，索罗斯决定在接下来的6个月内不再插手我的事务。但说老实话，我对这样的安排并不太乐观，因为我认为他一直在尝试这样做，但根本做不到。不过，1989年年末东欧局势升温挽救了这一局面。随着索罗斯于东欧进行活动，即使他想插手恐怕也鞭长莫及。

从那时起，一切开始步入正轨。我不仅可以在不受任何干扰的情况下按自己的想法进行交易，而且正是同样的东欧局势促成了我为索罗斯的量子基金做的第一笔真正意义重大的交易。我对任何一笔交易的信心都未能比得上柏林墙倒塌时我看涨德国马克的信心。我如此看涨德国马克的原因之一，是乔治·索罗斯在其著作《金融炼金术》（*The Alchemy of Finance*）一书中提出的一个激进货币理论。他的理论认为，如果庞大的赤字伴随着扩张性的财政政策和紧缩的货币政策，则该国的货币实际上会上涨。1981—1984年期间的美元为该理论提供了一个完美的试验性案例。当时，人们普遍认为美元会因为庞大的预算赤字而下跌。然而，由于美国紧缩的货币政策吸引了资金流入该国，美元实际上大幅走高。

柏林墙倒塌时的局势于我而言洞若观火。为资助民主德国的重建，联邦德国即将产生庞大的预算赤字。与此同时，德国联邦银行不会对通货膨胀坐视不管。我一头扎进了德国马克。结果证明这是一笔超乎寻常的交易。

你建立了多大的仓位？

大约20亿美元。

在建立规模这么大的仓位时你是否遇到了困难？

没有，我是在几天内逐步完成的。此外，当时普遍的看跌情绪也使得建仓变得更加容易。在柏林墙倒塌后的头两天，德国马克实际上下跌了，因为人们认为赤字增长的前景会对该货币产生负面影响。

你还能想到其他重大的交易吗？我对你进行交易背后的心路历程特别感兴趣。

1989年年底，我变得极度看跌日本股市，原因有很多。首先，从多年图表上看，日经平均股价指数已经来到了一个超涨的点位，在以往所有这样的情况下，这都会引发抛售，在最糟糕的情况下，或将导致出现横盘整理。其次，市场似乎处于一个巨大的投机性膨胀阶段。最后，最重要的是，日本银行已经开始急剧收紧货币政策，这一点的重要性是我方才所说的一切的3倍。这是同一时期日本债券市场的表现。（德鲁肯米勒向我展示了一张图表，显示在日经指数飙升、屡创历史新高的同一时期，日本债券市场却在暴跌。）当时做空日本股市几乎是我见过的风险/回报最好的一笔交易。

在对伊拉克空战开始后，美国股市突然大幅上涨且从未回头，当时你的表现怎么样？你当时在做空吗，因为市场在此之前一直处于以下跌为主的趋

势？如果是，你是如何处理这种情况的？

迈入1991年时，我的持仓与随后几个月的市场价格走势极不相称。我在美国和日本股市做空约30亿美元，在美国和全球债券市场也大量做空。

1991年头两周，我开始改变对市场的看法。在这过程中，笼罩着美国股市的悲观情绪已经达到了极致。每个人都在谈论，一旦美国对伊拉克开战，市场将会如何崩溃。此外，市场广度也不存在。尽管道琼斯指数已经跌至近期新低，但纽约证券交易所1700只股票中仅有约80只创下新低。

到1月13日，我已经回补了我的标普股指期货空头仓，但我仍在做空股票。在那一天，我和保罗·都铎·琼斯聊了聊，他刚参加完《巴伦周刊》主办的圆桌讨论会回来。他告诉我，有8位基金经理表示他们正持有10年来最高的现金头寸，而与会的基金经理一共就8位。我永远不会忘记当时标普指数接近310点，琼斯却说："340点只差临门一脚。"我当时已经开始看涨，但这番谈话让我对市场方向的判断更为确信。我坚信战争一旦爆发，市场就必定会上涨，因为所有人都已经卖光了。

你为什么不等到战争真正开始再着手买进？

因为大家都在等战争开始后再买进。我认为有必要在美国规定的1月15日最后期限[1]之前开始买进。

在空战开始后的隔天早上的大涨之前，你已经完全从空头转为多头了吗？

杜肯基金的情况是这样的，因为它更加灵活。索罗斯的量子基金的情况则是，我们已经将标普股指期货仓位从空头转为了多头，但我们仍然持有大量股票空头仓。其中很大一部分是银行股和房地产股，这些股票很难回补。战争开始后的几天内，我们就完全转为了多头。

硝烟散去后，你们的表现如何？

这看起来可能不可思议，我们在一月份月初持有30亿美元的全球股票空头

---

[1] 指美国规定的伊拉克从科威特撤军的最后期限。——译者注

仓，30亿美元的美元兑德国马克空头仓，以及大量的美国和日本债券空头仓，但我们最终在这个月赚了钱，要知道所有这些交易在后来都被证明与市场完全背道而驰。

你们为何持有如此大量的美元兑德国马克空头仓位？

自柏林墙倒塌以来，我们断断续续地持有了这个仓位一年多。这笔交易的基本前提是，德国人会将扩张性财政政策和紧缩性货币政策相结合奉行到底——这对他们的货币来说是看涨的组合。

是什么原因促使你放弃了这个仓位？

原因有二。第一个原因，在美国对伊拉克开战期间，美元受避险买盘支撑。一天早上，有一则新闻称萨达姆将在地面战打响前投降。消息传出后，美元兑德国马克本应大幅下跌，但实际上仅有微幅下跌。我感觉事有蹊跷。第二个原因是有关德国将要增税的传言。换句话说，他们将扭转他们的扩张性财政政策，这将消除我们一开始做多德国马克的主要理由之一。在一个早上，我们卖出德国马克，买进了大约35亿美元。

美国正在经历旷日持久的经济衰退，消费者情绪极其低落（截至1991年12月本次采访时）。你对国家的长期经济前景作何看法？

依我来看，20世纪80年代在荒谬地重蹈20世纪20年代的覆辙。我们的债务与国民生产总值之间的比率已经陷入了难以持续的窘境。20世纪80年代末的杠杆收购使整体债务状况雪上加霜，让我更加确信问题的严重性。我从未相信当下的经济下行是一场衰退，我一直将其视为债务清算，也就是某些人口中的经济萧条。这不仅仅是两个季度经济衰退的问题。这是一个积累了多年的债务问题，这将对经济产生阻遏作用，直到债务问题经过很长一段时间后得到解决。债务清算往往会持续数年。

鉴于你对美国经济的长期看法非常负面，你是否持有大量的债券多头头寸？

我在1991年年底之前一直做多。然而，购买债券的理由不一而足，有吸引力的收益率应该是排在最末位的那个。1981年，大众舍弃了30年15%的回报率，大量卖出债券，只因他们无法抗拒21%的短期收益率。他们鼠目寸光，毫无远见卓识，无法考虑长远之事。现在，由于货币市场利率仅为4.5%，依然是这一批可怜的大众又开始回来买债券，以7.5%的利率把钱借给了一个赤字高达4000亿美元的政府，期限长达30年。

目前的情况与1981年正好相反。1981年，大众本应将沃尔克（Paul Volcker，时任美联储主席）把短期利率提升至21%视为一项非常利多的举措，因为这会降低长期通货膨胀率，并推高债券和股票价格。然而，他们的眼里只有较高的短期收益率。相比之下，在目前经济下滑、赤字激增、政府和美联储陷入恐慌的情况下，大众应该对持有长期债券的风险保持警惕。相反，在1981年以15%的利率卖出债券的那批人，现在又以7.5%的利率把债券买回来，因为他们的钱没有更好的去处。再一次，他们不曾考虑长远之事。

你的长期表现远远超过了业界平均水平。你将这一卓越的业绩记录归功于什么？

乔治·索罗斯有一个哲学，我同样采用了这个哲学：打造长期回报率的方法是借由保本加上一击必胜。在你赚取丰厚的利润时，你理应更加激进。许多基金经理一旦赚了30%或40%，就会锁定当年获利（即在当年剩余的时间里审慎地进行交易，以免殃及已经实现的高回报率）。斩获真正卓越的长期回报率的方法是埋头苦干，先试着把30%或40%赚出来，然后，如果你怀有信念，就去争取第一个回报率100%的年份。如果你能接连几年实现接近100%的回报率并避开赔钱的年份，那么你就可以斩获真正卓越的长期回报率。

你从索罗斯身上还学到了什么其他的东西？

我从他身上学到了很多东西，但也许意义最重大的是，你对或错并不重要，你对的时候赚多少钱和你错的时候赔多少钱才重要。索罗斯为数不多批评过我的几次，都是我在市场上站对了边，却没有最大限度地把握机会的时候。

举个例子，在我开始为索罗斯工作后不久，我一度非常看跌美元，并以德国马克建立了大规模美元空头仓。市场开始朝着有利于我的方向发展，我感到相当自豪。索罗斯来到我的办公室，我们谈起了这笔交易。

“你的仓位有多大？”他问。

“10亿美元。”我回答。

“你管这玩意儿叫仓位？”他不屑地说。他鼓励我把仓位加倍。我照做了，这笔交易迅速朝着更有利于我们的方向发展。

索罗斯教会了我，当你对某笔交易怀有极强的信念时，你必须给出致命一击。成为贪婪的猪需要勇气。利用巨额杠杆来驾驭利润需要勇气。在索罗斯看来，如果你是对的，你的胃口永远都填不满。

虽然当年我还没去索罗斯管理公司工作，但我听闻在1985年秋季的广场协议（Plaza Accord）会议前夕，办公室里的其他交易员一直跟在领头“猪”索罗斯身后做多日元。当周一早上日元开盘上涨800点时，这些交易员简直不敢相信眼前赚到的这个数字，他们急不可耐地开始获利了结。据说，索罗斯从门外冲了进来，指示其他交易员停止卖出日元，告诉他们他会接手他们的仓位。在这些交易员因自己赚取了人生中最大的一笔利润而沾沾自喜时，索罗斯却在放眼全局：他方才从政府那里得知，美元在接下来的一年里都会持续走低，那么他为什么不做一头贪婪的猪，买进更多（日元）呢？

索罗斯也是我见过的面对亏损最坦然的人。交易中是赢是输，他丝毫不在意。如果哪一笔交易没成，因为他对自己在其他交易中把钱赚回来的能力有足够的信心，所以可以云淡风轻地放下该仓位。鞋架上的鞋子多得是，挑合脚的穿就行了。如果你极度自信，你就不会被认赔困扰。

你是如何应对管理数十亿美元投资组合的压力的？

与几年前相比，我现在对此没有那么紧张了。我们这一行的美妙之处就在于它的流动性，你可以在任何一天将过往经历一笔勾销，开启新的交易篇章。只要我还能控制住局面——也就是说，只要我还能回补仓位——就没有紧张的理由。

★

德鲁肯米勒认为，卓越的绩效表现倚仗两点关键要素：保本和一击必胜。第一项原则已经广为人知，但第二项原则鲜为人知。从投资组合的角度来看，德鲁肯米勒的意思是，要想真正取得优异绩效，就必须充分把握自己形势大好、手气正旺的时机。这才是真正需要发力的时候，而不是躺在既有利润上睡大觉。辉煌的业绩记录是由避开亏损的年份，并在赚钱的年份设法取得几个两位数或三位数的高回报率来创造的。就个别交易而言，追求一击必胜意味着在那些罕见的、你有极大信心的情况下真正利用好杠杆以追求利润最大化。正如德鲁肯米勒所言，“成为贪婪的猪需要勇气。”

可以从本次访谈中提炼出的一个重要教训是：如果你犯了错误，要立即做出反应！德鲁肯米勒曾犯下令人难以置信的错误，就在1987年10月19日股市大崩盘前一天，他从空头转为130%的多头，但他在那个月最终仍实现了净赚。怎么做到的呢？当意识到自己大错特错时，他在10月19日开盘后的第一个小时内出手了全部多头仓，并实际上转为做空。倘若他心态不够开放，面对相反证据时仍固守原来的仓位，或是优柔寡断，观察市场是否会回升，他将会遭受巨大损失。恰恰相反，实际上他还小赚了一笔。能够接受令人不悦的事实（即不利于自身仓位的市场走势或事件）并毫不犹豫地果断做出反应，是杰出交易者的特质。

尽管德鲁肯米勒采用的是估值分析，并认为一旦当前市场趋势出现反转，估值分析对于判断未来价格的可能波动幅度非常重要，但他强调该方法并不能用于择时。德鲁肯米勒用于择时的关键工具是流动性分析和技术分析。

在评估个股价值时，德鲁肯米勒回想起了他的第一任上司给他的建议，是这位上司让他认识到，任何分析的第一步都是确定导致某只股票价格上涨或下跌的因素。每个市场板块的具体因素会有所不同，有时甚至在同一板块内部也会有所不同。

德鲁肯米勒的整体交易风格与基金管理的正统观念背道而驰。投资人（或基金经理）没有任何合乎逻辑的理由在任何时候都几乎全仓持有股票。如果投资人的分析表明熊市可能即将来临，那他就应该将所有资产转为现金，甚至可能持有净空头头寸。回想德鲁肯米勒在1981年中期极度看跌市场，他的预测完全正确，却仍赔了钱，因为当时他还固守着“股票基金经理必须始终保持净多头”这一观念，他对此感到非常沮丧。如果德鲁肯米勒仅仅局限于股票市场的多头操作，他的长期回报无疑会大打折扣，资金回撤也会显著加大。德鲁肯米勒灵活的交易风格——既做多也做空，并且分散投资于其他主要全球市场（如债券和外汇）——显然是他成功的关键要素。在国际象棋中，能够向所有方向移动的皇后，显然比只能向前移动的兵更强大。

市场的一个基本真理（或者，更准确地说，关于人性的一个基本真理）是，如果你必须赢，你就赢不了。德鲁肯米勒孤注一掷地投身国库券期货，试图力挽狂澜，从财务崩溃的边缘挽救自己公司，就是这一道理的经典例证。即便他是在国库券期货创下历史新低的那一周（几乎找不到比这更好的进场时机了）买进的，他还是赔光了所有的钱。正是这种对必胜的迫切需求荼毒了这笔交易——在这个例子中，表现为过度使用杠杆和缺乏规划。市场有如一位严苛的大师，很少容忍那些因绝望而生的交易所伴随的疏忽大意。

|理查德·德里豪斯|

(Richard Driehaus)

自下而上的投资艺术

理查德·H. 德里豪斯在孩提时代就迷上了股票市场，从那时起，他对市场的热情从未减退。在十几岁的时候，德里豪斯就发现了听从财经专栏作家的建议是蠢事一桩。因此，他决定自学，在当地图书馆翻阅所有能找到的股票简报和财经杂志。正是在童年时代，他开始形成了基本的市场哲学，这将成为他后来担任证券分析师和投资组合经理时所运用的投资方法的内核。

大学毕业后，德里豪斯着手寻找与市场相关的工作，并获得了一份研究分析师的职位。尽管他很喜欢这份工作，但眼睁睁看着销售团队忽视他的最佳建议让他倍感沮丧。1970年，德里豪斯在A. G. 贝克尔（A. G. Becker）的机构交易部门工作时第一次有机会管理资金。令他喜出望外的是，德里豪斯发现自己的交易理念在实践中的表现之好出乎他的意料。在A. G. 贝克尔担任基金经理的3年时间里，在当时最大的基金评级服务机构贝克尔基金评价服务公司（Becker's Fund Evaluation Service）所进行的调查中，他的绩效被评为所有投资组合经理中的前1%。

离开A. G. 贝克尔后，德里豪斯先后在马拉尼韦尔斯公司（Mullaney, Wells and Company）与杰瑟普拉蒙特公司（Jessup and Lamount）担任研究部主管，然后于1980年创办了自己的公司。自1980年以来的12年间，德里豪斯的平均年回报率超过30%（扣除经纪和管理费用后），几乎是同期标普500指数涨幅的两倍，后者为16.7%。不过，使用标普500指数作为基准并不恰当，因为德里豪斯专注于小盘股。以防你认为德里豪斯的优异表现与小盘股的整体表现较好有关，请注意，跟踪美国市值排序第1001名至第3000名的公司（比较能代表德里豪斯投资组合中的股票的一组公司）表现的罗素2000指数（Russell 2000 index），在同一个12年期间的涨幅以年复利为计仅为13.5%。1980年投资于罗素指数的1美元，到1991年年底将价值4.56美元；而在同一时间段内，投资于德里豪斯的小盘股基金的1美元将增长到24.65美元。

尽管德里豪斯最主要的投资载体一直是小盘股，但他也已经拓宽了自己的涉猎范围，将其他类型的基金也囊括其中。他尤为钟情于他的牛熊合伙基金（Bull and Bear Partnership Fund）背后的构想。该基金旨在通过持续性地平衡多头仓和空头仓来消除股市大趋势的影响。换句话说，该基金的市场方向性敞口始终趋近于零，业绩完全取决于个股选择。在运作的头两年，即1990年和1991年，该基金接连取得了67%和62%的年回报率（包含尚未支付的20%激励费），24个月中只有3个月出现了亏损（最大亏损仅为4%）。

多年来，慈善事业在德里豪斯的生活中发挥着越发举足轻重的作用。1984年，他捐出100万美元的天使冰王股票，成立了理查德·H. 德里豪斯基金会。由他负责管理基金会的资金，每年将总资产的5%发放给各种慈善机构。到1991年年底，基金会的资本已增至约2000万美元。

我在德里豪斯定期前往纽约市参加艺术品拍卖会时遇到了他。访谈是在中城一家酒店宽敞的餐厅里悠闲地吃早餐时进行的（对于酒店员工来说显然过于悠闲了），最终我们移步到附近一家酒店安静的行政酒廊继续进行访谈，那里的地板和墙面上的深色木质饰面和古色古香的室内装置，营造了一个有百年历史的氛围。

★

你是什么时候开始对股票市场产生兴趣的？

13岁那年，我决定把我从报纸投递工作中攒下来的1000美元投资在股市上。我的早期投资是在财经专栏作家和经纪人的建议指导下进行的，结果很不理想。我原以为只要听从专业人士的建议，就一定能赚到钱。我对这次经历感到万念俱灰。

我决定试图弄清楚是什么导致股价波动。我开始定期去本地图书馆，查阅各种财经期刊和简报。约翰·赫罗尔德（John Herold）的《美国成长最快的公司》（*America's Fastest Growing Companies*）是对我影响特别深远的一份简报。

这份简报吸引你的地方是什么？

有两个原因使它成为我最喜欢的简报。首先，它向我展示了购买成长型股票所能获得的成功。赫罗尔德10年前在他的简报中推荐的股票已经上涨了10倍到20倍。这对我来说都是不可思议的涨幅。其次，赫罗尔德专注于盈利增长的方法对我来说很在理。如果一家公司的盈利长期保持增长，那么它的股价也必然朝着同一个方向发展，这似乎是合乎逻辑的。赫罗尔德在他的简报中展示了一些图表，图表上是叠加在一起的一只股票10年内的价格走势和盈利状况，两者都呈现出急剧增长。这些图表基本上证明了股票的价格与其长期盈利增长是一致的，这给了我强烈而深刻的印象，产生了重要的影响。

你的第一份工作与市场有关吗？

有关。大学毕业后，我在中西部一家小型经纪公司找到了一份证券分析师的工作。令我沮丧的是，我发现我的许多建议从未得以在客户的投资组合中大展身手。

为什么会这样？

因为市盈率（每股市价与每股盈利的比率）太高了。许多最佳成长型股票的市盈率都很高，要下手买进的话很难过心理上这一关。就算经纪人没有被高市盈率吓跑，他们的客户也会被吓跑。此外，我还意识到，许多经纪人并非投资组合经理，而主要是以销售为导向。发现自己的许多最佳建议都未被采纳让我心灰意冷。

大约两年后，我离开了这家公司，加入了A. G. 贝克尔的机构交易部门，该公司当时在中西部经纪业务中是中流砥柱。我为该部门的客户发行了我们自己的内部选股推荐通讯。公司管理层开始注意到，我推荐的股票表现明显优于他们其他投资组合中的股票，也优于他们自己的研究推荐。1970年年初，他们把大约

40万美元的A. G. 贝克尔利润分成基金（A. G. Becker Profit-Sharing Fund）交由我亲手管理。这是我第一次有机会实践自己的投资理念。我心花怒放。

你是否发现，实际管理资金与单纯提供建议之间存在差异？

不，其实没有。不过，我开始管理这个账户的时期恰逢股市熊市。因此，我不得不承受一些早期的巨额亏损。这就是一个很好的例子，说明了为什么你必须对自己的方法充满信心才能取得成功。举例来说，我最早买进的股票之一是奔达可[1]（Bandag），当时买进的价格是37美元。买进后，股价先是跌到了22美元，但随后在1971—1972年的牛市中，这只股票涨了10倍。

你是否一直持有那只股票直到涨势结束？

不，很遗憾，我没有。大约一年后，我在一次出差途中打电话到办公室查看我的股票。我发现那天奔达可上涨了5美元，达到了47美元的新高。我当机立断决定获利了结，并打算稍后再买回该股。然后，在接下来的一年里，奔达可的股价继续直线上涨至240美元的高位。这段经历教会了我，一旦卖出一只好股票，再想买回来就没那么容易了。它强化了这样一种观念：作为长线投资者会坐享巨大的优势和稳稳的幸福。

但据我了解，你的平均持有期往往比其他大多数基金经理短得多。这又是为什么呢？

尽管我们投资组合中的许多股票如果表现良好都会被持有很长时间，但若想获得优异的业绩，你必须要比常规情况更频繁地调整你的投资组合。我始终在追寻当下潜在的最佳业绩。即使我认为我持有的某只股票会走高，但如果我相信另一只股票的同期表现会明显更佳，我也会换股票。

换句话说，即使你的第一匹马仍在小步跑向正确的方向，你还是想要最快的那匹马。

是的，但更重要的是，如果马开始朝错误的方向前进，我想确保我能下马。大多数人认为高持股周转率有风险，但我的看法恰恰相反。当为了避免更大的亏

---

[1] 轮胎翻新业的领先企业。1957年成立，1968年上市，2007年被普利司通收购。——译者注

损而承受一系列小额亏损时，高持股周转率是在降低风险。我不会死守着基本面或价格形态不断恶化的股票。对我而言，这种频繁调整是合情合理的。它能降低风险，而不是提高风险。

你在A. G. 贝克尔工作了多久？

我在1973年秋天离开，成为一家小型区域性经纪公司马拉尼韦尔斯公司的研究部主管。

他们把资金交给你管理了吗？

没有，但A. G. 贝克尔让我继续管理我为他们操盘的账户。除此之外，A. G. 贝克尔办公室负责核对交易的女士发现我擅长选股，就把自己的10.4万美元交由我管理，这是她的大部分流动资产。

在我的印象中，1973年年末是一个特别不适合开立股票账户的时期。

是这样。1973—1974年的熊市是自20世纪30年代以来跌幅最严重的一段时期。

你将这笔资金悉数用于投资了吗？

是的。

那么我想在最糟糕的时候，这个账户应该蒙受了相当大的打击。

在最严峻的时刻，我记得这10.4万美元跌到了不足6万美元。

你客户的信心是否曾摇摆不定过？

这就是其美妙之处。她的信心从未动摇过。她有足够的力量支撑她坚持下来。事实上，她至今仍是我的客户。我将永远感激她在我年轻、尚未证明自己的时候一直与我并肩作战。

她的账户放今天值多少钱？

目前这个账户价值高达580万美元，而且这还是税后的数字。坚持终有回报！

在你漫长的交易生涯中，有什么交易格外亮眼？

我有史以来最大的一个仓位是于1986年买进的家庭购物电视网（HSN, Home Shopping Network）。我从我的一位分析师口中听说了这只股票，就在该公司上市前几周，我派他参加了一次有线电视会议。你可能知道，家庭购物电视网通过有线电视销售低价商品，如服装、首饰等。他们在上市前一年才成立，在成立后的头6个月里卖出了6400万美元的商品，税后赚了700万美元。这是我见过的新公司中业绩最好的。更棒的是，这家公司仍拥有惊人的潜力。在上市时，他们只能触达有限数量的订阅用户，但他们订阅用户的新增速度非常快。有线电视系统对该服务喜闻乐见，因为他们从中分得了一部分利润，所以家庭购物电视网很容易被新的有线电视网接入。

你是在首次公开募股时购得这只股票的吗？

我也希望我能买到，但当时的盛况可谓是一股难求。我记得我们只买到了100股。发行价为每股18美元，首笔交易价在40美元出点头。我仓位里的大部分股票都是在40多美元到50多美元之间买进的。

当时股价涨了这么多，是不是很难出手买进？

不难，因为当时的增长势头很猛，公司赚了很多钱，而且在当时看来潜力似乎是无穷的。以当时那种价位买进股票，实际上我感觉非常不错。不到5个月，股价就涨到了100美元。在此期间，公司不断建设订阅用户基础，甚至购买了电视台，以覆盖更多观众。收入和盈利保持着强劲表现。

你持有这只股票多长时间？

到1987年年初，股价已经涨到了200美元。我派我的分析师前往佛罗里达参加了由该公司举办的投资人大会。尽管管理层对前景非常乐观，但他们在会上也承认，几乎所有增长都来自新订阅用户，而来自现有有线电视系统客户的订单的增长情况并不突出。大约在这个时候，股价也开始出现技术性下跌。那正是我需要的机会。我大举抛售了这只股票，并在接下来的几周内清空了整个仓位。

还有其他选股是能够彰显你投资风格的例子吗？

最近的一个例子是美国外科公司（U. S. Surgical）。尽管现在美国外科公司已经成了投资机构的宠儿，但我有幸在1989年年底它真正起飞之前就揭开了它的面纱。当时，美国外科公司尚未具备后来在1990年和1991年显现出的营收和盈利加速增长、相对强度较高、投资机构保荐等优质股的特征。但它确实拥有一个非常强有力的基本面故事。该公司已经开发出了最好的非侵入性外科产品——这个创新领域在我看来将成为90年代增长最快的医疗市场。美国外科公司可能是说明我试图做的事情的一个很好的例证，因为买进这只股票的关键是在早期觉察到非侵入性外科市场的前景。在1989年，这种新的医疗手段还并未得到华尔街的广泛关注。它与我所说的“左脑”（微观）因素，即增长率、市盈率、利润率等，并无太大关系。这只股票是一个“右脑”（宏观）的故事。在数字横空出世并让人眼前一亮之前，你必须早就认识到这个市场的潜力。

脊柱植入物制造商丹历（Danek Group）是另一个不错的例子。1991年5月丹历一上市，我就开始买进。这只股票具备我想要在成长股中找到的一切：营收和盈利的加速增长，以及在迅速扩张的市场中的专利产品。更妙的是，从交易的角度来看，丹历是一家实力雄厚的医疗产品公司，而当时市场正迫不及待地买进这类公司的股票。1991年，任何与医疗保健相关的事物都在走俏，而丹历也势不可挡地参与了这一趋势，上市后的头3个月内，其股价从19美元蹿升到43美元。但随后有传言称丹历在美国食品与药品管理局那里遇到了一些麻烦。尽管这一消息未经证实，但股价在短短几天内就从43美元跌至34美元。这是我的第二大仓位。通常情况下，有问题出现时，我会卖掉一部分仓位——惹上食品与药品管理局的麻烦肯定算得上是一个大问题。但在这种情况下，我并不相信那些传言，而且市场对医疗股的需求依然旺盛，所以我坚守了全部仓位。事后证明，我的决定是正确的，因为丹历不仅恢复了元气，其股价更是屡创新高，到1991年年底突破了60美元。

在上面这个例子中，在股市中赚钱的关键是恰到好处的仓位交易。有些投资组合的管理决策是投资导向的，有些则是交易导向的。丹历的例子是一个以交易为导向的决策。另外，如果其他因素稍有不同，我可能会作出不同的决定。例如，如果市场的势头没那么猛，或者医疗产品类股走弱，那么我可能会卖掉整个仓位。有许多不同的因素能够影响决策，并不存在普适的决策规则。

还有其他具有代表性的案例吗？

另一家有意思的公司是百视达娱乐（Blockbuster Entertainment），该公司经营录像带租赁业务并开展特许经营业务。这是一个加盟扩张的故事。我最初是从得克萨斯州一家经纪公司发布的一份非常看好该公司的研究报告中了解到这家公司的。报告中估计的营收和盈利增长率一开始让我有点心生怀疑，但该股的技术指标正在持续改善，而且这一商业理念令人难以置信。这篇报告中的故事具有很高的可信度，因为百视达的创始人韦恩·胡伊赞加（Wayne Huizenga）是一位已经取得成功的企业家。他是废物管理公司（Waste Management）的创始人之一，也是该公司的前任董事长，而我是该公司在20世纪70年代初上市时的早期投资人。

当百视达发布最新一季盈利公告时，它的故事开始对我产生更大的吸引力。公司的增长率令人印象深刻，这让我相信，我之前并不看好的坊间预期不仅是能够达成的，甚至可能还保守了。我指示我的一位分析师加大对该公司的研究投入。胡伊赞加计划继续开设公司自营和特许经营的百视达品牌录像带租赁店。我了解到，这些超大型商店存有成千上万盒录像带。我觉得这个概念前景一片大好，因为当时录像机的销量仍在大幅增长，而百视达的主要竞争对手是那些夫妻经营的录像带零售商，他们提供的录像带选择要少得多。在接下来的几个月里，我们继续增持百视达的股票，并且因为股价翻了一番以上，我们赚了许多钱。

在以上这些例子中，听起来都像是你买进了股票，然后股票就起飞了。你能想到一个在你买进后遭遇出师不利的重要成功案例吗？

1984年夏天，我的一位经纪人朋友打电话跟我说："给你推荐一只好股票。"

"好啊，是什么股票？"我问。

"天使冰王。"他回答。

"我不太清楚，"我说，"我不太喜欢酸奶。"

"别这样，"他说，"它家酸奶味道确实不错。回头我给你寄一份招股说明书。"

他寄来的可不只招股说明书，跟着一起寄到我手上的还有试吃装的酸奶。招股说明书看上去非常有意思，显示了公司70%到80%的盈利增长率，但我更为看重的或许是，我觉得这个酸奶味道真的很棒——就像冰激凌一样。公司上市时，我以7美元的首次公开发行价买进了大量股票。我买进后，股价跌至4美元（1985年1月4日星期五）。这时，我的一位客户给我打来电话，质疑我们继续大量持有该公司股票是否为明智之举。天使冰王的盈利增长是如此惊艳，这使得我告诉这位客户，我认为这只股票仍然值得买。

你加仓了吗？

事实上，我买进了更多，不过是等到股票价格开始上扬时才买的。

你知道股票的价格为什么下跌吗？

我也想不明白。我能想到的猜测是，市场当时对小盘股如此看衰，天使冰王可能只是被其他同类股拖累了。

这只股票最终怎么样了？

最终它涨到了200美元。

是什么催化因素扭转了局势？

环境变了。市场开始青睐成长型股票。部分是公司的原因，部分是环境的原因。有一句谚语，“冬季不是收获的时节。”最初就是这样的形势。对于成长型小盘股来说，当时正值寒冷的冬天，市场就是毫无兴趣。一旦这种普遍态度发生改变，市场就会关注到该公司出色的盈利，股价也就随之一飞冲天了。

有没有出现过这样的情况，你因其盈利增长良好而重仓买进一只股票，结果股价下跌，从此一蹶不振？

当然，这种情况发生过很多次。我们的失败选股可能比成功选股还多，但我们会割肉止损。

你是如何决定何时割肉止损的？

可能是在基本面发生改变时，比如盈利出现了令人失望的转折，或者是因为价格走势。

难道不利的价格走势不会让你放弃天使冰王这样的股票吗？你是如何划分这条界限的呢？

这并不单纯是决定论者的论调，其中还涉及交易的艺术。归根结底，你必须在内心对该公司的信心和价格走势之间寻得平衡。

那这件事就是你对天使冰王基本面的信心强大到压倒了其他一切，对吗？

一语破的。这关乎我对这只股票信心高低的问题。

至于价格走势方面，你看重的是什么？

我看走势的全貌。我更注重视觉印象，而不是股价是否跌破了某个特定点位。

我理解为你是指你使用价格走势图。

绝对会。技术分析对成功至关重要。

你使用价格走势图有多长时间了？

大约25年。这就足以充分说明我发现价格走势图是多么有用和可靠。它们让你在情绪化的市场中得以不带任何感情色彩地洞悉一只股票。

你在买进股票之前总是会先查看走势图吗？

当然。即使我再看好某只股票的基本面，我也不会在股价下跌时买进。在买进股票之前，它的价格走势必须得让我看到某种稳定性。反过来，我可能也会利用股票的走势图来决定脱手当前持有的股票。再次强调，图表是一种不带任何感情色彩去观察股票行为和潜力的方式。

你根据基本面分析确定交易想法，但利用技术分析来把握进场时机，可以这样说吗？

大致来说，可能我的确是这么做的。不过，触发买进股票的因素通常是基本面的消息。例如，最近我在一家名为达泰莱（Dataram Corporation）的公司发布非常鼓舞人心的财报后买进了该公司的股票。该公司主要生产个人电脑和工作站的内存产品，季度盈利从0.32美元上升至0.75美元，营收从700万美元增加至1100万美元。该股在前一天的收盘价为26.375美元，受此消息影响，股价上涨了4美元。我们以30.25美元的平均成本买进了2.5万股。

在这种情况下，你会设置买入限价单吗？

哦，不会的！否则我们永远也无法成交。即使当天股价大幅波动，我买进这只股票仍然倍感安心，因为该公司的数据非常强劲，而且无论如何，市场都在向科技股靠拢。最终，我们以31.5美元的平均成本买进了这家公司近4%的股份，该股现在可以卖到58美元。

一般来讲，经历了单日大幅波动的股票在短期内往往会继续朝同一方向发展，这是真的吗？

这是我多年来的观察所得。如果有重大消息——无论有利还是不利——导致股票大幅波动，股票通常都会继续朝那个方向发展。

所以基本上你必须咬紧牙关，买进那只股票是吗？

是的，但这很难。

你是从最开始就一直能做到这样吗？

还是花了时间历练的。

你买进的股票是否必须比大盘整体更强势？

一般来说，是这样的。我乐于看到这只股票的相对强度位于市场的前10%，或至少前20%。

你方才表示过，你经常买进市盈率较高的股票。这是否意味着你认为市盈率是无关紧要的？

市盈率对于多种类股可能显示出统计意义，但对于我们买进的股票类型来说，市盈率通常不是一个关键变量。具有长期高增长潜力的股票常在交易中呈现出更高的市盈率，这一条尤其适用于新公司。市盈率实际上衡量的是在恐惧与贪婪之间剧烈摇摆的投资人情绪，只有在极端情况下才有意义。

你是否认为买进那些没有被市场大肆炒作的股票有优势？

当然有！市场无效性在这里得到了体现。通常来说，市场对股票的讨论度越高，赚钱机会就越少。

人们对股市存在哪些重大错误观念？

他们往往将短期波动与长期风险混为一谈。股票的持有期越长，持有股票的风险就越低。人们过分关注短期，譬如每周和每月的价格变动，而没有对长期潜力给予足够的关注。他们将所有的波动都视为消极因素，而我将波动视为一种建设性因素。对于许多投资者而言，在高回报、高波动资产的敞口不足是他们最大的风险。在我看来，短期波动最小的投资载体往往蕴含着最大的长期风险。没有显著的价格波动，你就无法获得卓越的绩效。

我持保留态度的一种市场范式是：低买高卖。我相信，在高位买进并以更高价格卖出可以赚到更多的钱。这意味着要买进那些已经具有良好走势且相对强度较高的股票，即为其他投资者所需求的股票。我宁愿投资一只价格正在上涨的股票，并承担它可能开始下跌的风险，也不愿投资一只已经下跌的股票，并试着去猜何时它的价格会反转。

最后，投资大众经常陷入的另一个巨大圈套是试图把握市场时机。自1980年1月以来，市场实现了17%的年平均复合回报率。如果你在仅占交易日2%的40个最好的日子不在场内，那你的回报率将掉到4%以下。此中寓意为，在错误的日子里离场，会受到严厉的惩罚，而这些日子恰恰是大多数人可能离场的日子——人性使然。

在这一行功成名就的人都具备哪些特质？

他们思想开放，头脑灵活。他们也敢于冒险，因为他们心里对自己手上正在做的事情充满信心。

我了解到你们公司有几个人在操盘他们自己的小型基金。这些人是你培训过的吗？

是的，在加入我们公司之前，他们每个人都没有任何从业经验。参与到这之中的共有3个人，他们都表现得非常出色。

我想这意味着你相信成功的交易是可以被传授的？

只要受教者有开放的心态，成功的交易就可以被传授。我常说，思想就像降落伞——只有打开了才有用。当然，每个人仍然必须形成个人理念，并根据自己的个性来定制基本的交易概念。

在1987年10月的股市崩盘中，你们的情况如何？

那个月我们过得很艰难。小盘股基金跌了34%。幸运的是，进入10月份时该基金涨了46%。我们那一年的业绩亏损了3%。大约在崩盘前一周，我嗅到了市场上即将来袭的狂风暴雨。

你是怎么意识到这一点的？

买盘已经枯竭，市场上弥漫着恐惧的情绪，我还担心投资组合保险的使用已然兴起。出于我对市场中的风险敞口增加的担忧，我在崩盘前的星期四和星期五将我投资组合中的相当一部分股票下了卖单。不幸的是，我没能如愿将我原本打算卖掉的那部分股票尽数脱手。

你无法清仓是因为市场基调太糟糕了吗？

当时气氛糟透了。

我们之前谈论过在价格出现极端波动时下单，你当时提到使用市价单而不是在这种情况下不太可能被成交的限价单的必要性。如果你有如此强烈的感觉，为什么在当时那种情况下使用限价单而不是市价单呢？

我们当时是试图以市价卖掉股票。但是，我们持有的许多股票在市场上交易清淡，而相对于市场能够处理的规模，我们想要脱手的股票数量实在是太大了。举例来说，我们持有的一只股票的名义交易价格是买价36美元/卖价38美元，尽管我们愿意以34美元的价格卖出我们全部3万股的仓位，但即使远低于市场价格，市场上也不见任何成规模买盘的踪影。

10月19日星期一，你抵达办公室的时候，是否已知晓这一天将会是糟糕透顶的一天？

知道，但我还不知道会糟糕到什么地步。

那一天你们仍在试图卖掉股票吗？

我们设法卖掉了一些。

随着这天慢慢流逝，你是否停止尝试卖出？

过了一阵子，跌幅是如此严重，尝试卖出似乎没有任何意义了，除非金融世界末日来临。

你能描述一下你那一天的心情吗？

我其实很镇静。我觉得输赢与我无关，仿佛我已经超脱了这种境地。我近乎有一种以旁观者视角观察自己及周遭所发生一切的感觉。

10月19日硝烟散去之后，你一定已经意识到自己在一天之内损失了1/3

的财富。（德里豪斯几乎把所有的钱都投到了自己的基金中。）对此你有什么感觉吗？

有，赚回来！（*他放声大笑。*）事实上，我在1973—1974年损失的可远不止这些。

那段经历有帮助吗？

有的，它确实有帮助。它让我明白，你可以在那样的暴跌中生存下来。我有信心能够把钱赚回来，也有决心做到这一点。诚如尼采所言，“凡杀不死我的，必使我更强大。”

我所感受到的是，即使是面对1987年10月的崩盘等极端情况，你也的确没有被任何与市场相关的重大压力所困扰。这是因为你相信终会守得云开见月明吗？

你的感觉一点儿没错。

你何时获得了如此程度的信心？

我打一开始就坚定了自己的投资理念，但直到我将这一理念运用于我在A. G. 贝克尔管理的基金，并发现我的绩效在所有被调查的基金中跻身前1%，我才获得了真正的信心。我简直无法相信这种方法竟然如此有效。我对这一交易理念的信心从未动摇过。

你担任投资组合经理已近20年，在此期间，你的表现大幅领跑行业平均水平，稳定性也令人惊羡。你认为你在如此长的时期内保持成功的关键是什么？

最重要的是要有一个核心理念。没有核心理念，你就不可能在艰苦卓绝的时期坚守你的仓位或坚持你的交易计划。你必须充分理解，坚定相信，并全心投入你的交易理念。为了达到这种精神境界，你必须自力更生进行大量的研究。交易理念不是一种简简单单就能从一个人转移到另一个人的东西，它是你必须经由自己付出时间和心血才能习得之物。

最后还有什么建议吗？

如果你到达高处，你可能会让自己大吃一惊。

德里豪斯的基本理念是，价格追随盈利增长，而在股市实现卓越表现的关键在于选择潜在盈利增长最大的公司。其他一切都是次要的。有意思的是，符合德里豪斯标准的高增长股往往具有极高的市盈率。德里豪斯主张，所谓谨慎的选股方法，即只买进市盈率处于平均或平均以下水平的股票，会自动将许多最佳表现的股票排除在外。德里豪斯倾向于买进的也往往是那些未被业内分析师关注或仅受到少量关注的公司的股票，他认为这一特性会导致市场更具无效性，从而带来更多赚钱的机会。

德里豪斯的选股思路以基本面为基础。不过，为了确认自己的选择无误并协助把握买进时机，德里豪斯是技术分析的忠实信众。在买进一只股票之前，德里豪斯希望看到其价格上涨且相对强势（即股票的表现明显强于大盘），几乎没有例外。这些技术特征意味着，当德里豪斯买进一只股票时，该股常处于其近期高点附近。他认为，财富是通过投资于在基本面和技术面表现最强劲的股票来创造的，而不是靠挑挑拣拣来的便宜货。

大多数投资者会发现难以买进德里豪斯投资组合中的典型股票。想象一下经纪人在电话邀约中推销同样的策略。“您好，史密斯先生。我这儿有一只真正有意思的股票，您可以考虑一下。”（停顿）“市盈率是多少？呃，是60倍。”（停顿）“距离低点有多远？呃，它正在屡创新高呢。史密斯先生？喂？史密斯先生？”

成功的策略往往需要做大多数人本能感到不适的事情，德里豪斯的方法也为该交易原则提供了又一例证。很简单，大多数人都会自然而然地倾向于舒适区内的方法（例如，买进低价附近的股票、买进低市盈率的股票），这也是绝大多数投资者遭遇如此糟糕结果的原因之一。

德里豪斯敢于做舒适区外的事情，从而提高了获利能力的另一个例子是，他愿意在重大利多消息发布、股价极度走强之际买进股票。在这种情况下，大多数投资者都会等待股价走低，但这永远不会到来，或者至少会采用限价单的方式买进。德里豪斯意识到，如果消息足够重磅，要买进股票的唯一方法就是去买进股票。任何更为谨小慎微的做法都可能导致错失良机。类似的，如果德里豪斯认为某个利空消息改变了股票的前景，即使单日股价大幅下跌，他也愿意即刻抛掉所持有的股票。这就是他的原则：做对的事情，而非舒适的事情。

一个需要着重强调的要点是，德里豪斯的卓越表现主要归功于一小波超级赢家股。你不必在大多数时候都判断正确，但你必须在正确的时候对其加以充分利用。做到这一点需要两个基本要素：在信心十足时扩大仓位规模（例如，家庭购物电视网是德里豪斯有史以来最大的仓位），并持有这些仓位足够长的时间，以实现大部分的获利潜力。后一个条件意味着，如果基本面和技术面仍表明股价会持续走高，就要在股价上涨一倍甚至两倍后拒绝获利了结的诱惑。要持有这样的仓位直至开花结果，钢铁般的耐心不可或缺，而这正是区分金融怪杰和技术欠佳的交易者的特质之一。尽管德里豪斯和德鲁肯米勒采用了截然不同的交易方法，但“一击必胜”式交易是他们各自成功不可或缺的重要因素。

德里豪斯最根本的建议或许是，要想在市场（任何市场）中取得成功，就必须形成自己的理念。潜心钻研并严格求证一套交易理念，对于培养在艰难时刻坚持到底所必需的信心至关重要，而即使运用了最成功的方法，也总会有这样的艰难时刻。

|吉尔 · 布莱克|

(Gil Blake)

常胜将军

吉尔·布莱克将自己的资产管理公司命名为二十加(Twenty Plus)。这个名字与他名片和文具上的公司标志相呼应，标志上的概率曲线显示，正20%的回报率落在平均数左边两个标准差的位置。如果有读者不熟悉统计学概念，这可以简单理解成他有95%的概率实现至少20%的年回报率。这条概率曲线并未延伸至0的回报率，更不用说负回报率了——布莱克的信心窥豹一斑。

布莱克显然并没有高估自己的能力。自他开始交易以来的12年间，他的年平均回报率达到了45%。诚然这是一个令人印象深刻的数字，但布莱克绩效中最引人注目的地方是他的稳定性。正如他公司的标志一样，他从未有过年回报率低于20%的年份。事实上，他最糟糕的表现是于1984年取得的24%的回报率。但即使在这不尽如人意的一年，布莱克还是有一份慰藉——他在那年12个月里都赚了钱！要真正领略布莱克的那份始终如一，你必须得看看他的每月回报。在他139个月的绩效记录中有134个月(96%)实现了盈亏平衡或获利，令人叹为观止。他的光辉战绩甚至包括一次连续65个月不亏损的记录，这一非凡业绩使他有资格成为交易界的乔·迪马乔[1](Joe DiMaggio，迪马乔的连续安打纪录止步56场)。

布莱克对自己的交易方法信心满满，这也体现在他独特的收费协议上。他向客户收取每年总利润的25%，但不同于业界常规之处在于——对于任何账户产生的亏损，他愿意承担25%；对于新账户在头12个月内产生的亏损，他愿意承担

[1] 乔·迪马乔(1914年11月25日—1999年3月8日)，效力于纽约扬基队的美国传奇棒球运动员。——译者注

100%。显然，他从不需要为他做出的承诺掏腰包。

话已至此，你恐怕想知道该把支票寄到哪里——省省你的邮票吧。布莱克早在5年前就停止接受客户资金了。在那之后，他只破例过两次，两次都是为了密友。

布莱克是一名共同基金择时者。一般来讲，每当情况不利时，共同基金择时者就会尝试通过转入货币市场基金来提高股票或债券基金的回报率。就布莱克的情况而言，他不仅要在单一的共同基金和货币市场基金之间来回转换，而且还要做额外的决策，从一组行业基金中找出在某一天提供最佳获利机会的行业。布莱克使用纯粹的技术模型生成每日最佳投资策略的信号。他的持有期往往很短，通常在1到4天之间。通过使用这种方法，即使在他投资的基金出现显著下跌的那几个月里，布莱克仍能每月持续获利。

布莱克以自己身为华尔街的局外人而自豪。从康奈尔大学毕业后，他在一艘核潜艇上服役，担任了3年海军军官。随后，他入读沃顿商学院，并以最优学业成绩毕业。商学院毕业后，布莱克在普华会计师事务所（Price Waterhouse）担任了3年会计师，然后在费尔菲尔德光学公司（Fairfield Optical）担任了9年首席财务官。在这段时光里，他从未认真考虑过从事交易这一行当。事实上，他大体上仍相信随机漫步理论的正确性，这是他在学校里被教师们责无旁贷传授的知识（该理论基本上意味着试图战胜市场是徒劳的）。

布莱克的人生轨迹发生改变的那天，他溜达着迈进一位朋友的办公室，朋友向他出示了市场行为并非随机的一些证据，而他则认定这纯属偶然。为证明自己观点而进行的研究反而说服他相信，市场上确实存在大量的非随机性行为，这些行为提供了令人难以置信的获利良机。就这样，离开校园15年后，吉尔·布莱克成为一名交易员。

伟大的交易员是生来便伟大还是成长为伟大的呢？对布莱克来说，从下面的评语中可以窥见一些启迪，这条评语来自他的幼儿园老师，他的母亲引以为傲地将其保留至今：

> 他的陶艺、绘画和木工都呈现出令人惊叹的细致精密。他喜欢做些

小玩意儿，而且追求完美。他做的每件东西都是由许多小部件组成的，而不是他这个年纪的孩子通常做的那种大而显眼的类型。他对数字有着非凡的兴趣和掌握能力，在数学方面展现出真正的天赋。

金秋时节的一个周六下午，我在布莱克位于马萨诸塞州郊区的家中对他进行了采访。饭点刚过，我就抵达了那里。考虑到我可能还没吃午饭，他贴心地准备了三明治。我发现布莱克没有架子，低调谦逊。因为我认为他值得被纳入一本关于顶级交易员的书中，他真挚地表达了自己的受宠若惊。就相对于风险的回报率而言，几乎无人能与布莱克相提并论，即使有的话，也很罕见，但从他的言谈举止中你绝对无法猜到这一点。

★

早在这种交易流派兴起之前，你就成为一名共同基金择时者。你最初的灵感来源是什么？

嗯，那我真得感谢一位朋友。那天的情形仿佛就发生在昨天。我闲逛进一个同事的办公室，他说："嘿，吉尔，来看看这些数字。"为了利用当时的高利率，他投资了一个市政债券基金，那时利率为10%至11%，而且还免税。尽管利率的确很高，但他发现由于资产净值在不断损耗，他的总回报率实际上在迅速下降。

他递给我一张表，上面记录了大约一个月的数据，我注意到上面的数字有着颇为连贯的趋势：在大约连续22天的时间里，资产净值不断减少。他说："富达公司（Fidelity）允许你随时转换成现金基金，且不收取任何费用。为什么我不能在基金开始下跌时将其转为现金，然后在基金开始上涨时再转回基金呢？"

我的反应是："尼克，我不认为市场是那样运作的。你读过《漫步华尔街》（*A Random Walk Down Wall Street*）吗？"我对他的想法嗤之以鼻。我说："问题出在你没有足够的数据。再多收集一些数据，我敢打赌，你会发现这不是一种能够长期获利的方法。"

他确实收集了更多的数据，而且出人意料的是，趋势的持续性似乎仍然存在。我很快确信，市政债券基金肯定存在某种非随机性行为。

你如何觉察到这种非随机性行为?

事实上，最简单的方法就是最好的方法。我们称之为“一分”法则。在收集到的为期两年的数据中，我们发现，价格上涨或下跌的交易日后，紧跟着出现价格朝同一方向移动的另一交易日的概率约为83%。1980年春，我开始根据这一观察结果在自己的账户中交易富达市政债券基金。

这样做奏效了吗?

奏效了，效果非常之好。

这简直令人难以置信。我知道，在债券市场上，每当每日价格出现反方向变动时都转换头寸是一种灾难性的策略。

此话不假。但是，你必须谨记两件事。首先，基金的转进和转出不涉及交易成本。其次，市政债券基金的资产净值数字中似乎有某种平滑处理过程在发挥作用。例如，1981年年初有3个月的时间，市政债券基金的资产净值几乎没有上升——每天不是下跌就是持平——与此同时，标的债券肯定有一些上涨的日子。事实上，几乎所有市政债券基金都表现出这种价格行为。

你怎么解释这个现象?

我不知道答案。也许哪天有人能给我解释一下。

当然，在下跌期间你无法直接获利，因为显然你不能做空基金。

没错，在那段时间，我们都是持有现金。

如果你只能做多或者既不做多也不做空，债券市场又正处于崩溃之中，你是否仍能获利?

当我于1980年3月开始交易时，该基金的资产净值约为10.50美元。到1981年年底，资产净值已经节节败退至5.65美元左右，跌了几乎50%。话虽如此，运用上述方法，我每年还是能赚超过20%，算上利息收入的话还能再多赚10%。这些胜算似乎非常有利于我，我开始认真琢磨如何才能获得更多资金来进行交易。最终，我在3年时间内连续办理了4个二次抵押贷款，之所以能够做到这一点，是因为美国东北部的房价正在快速上涨。

你做这件事一点都不犹豫吗？

没有，因为胜算对我青睐有加。当然，我必须克服传统观念的束缚。如果你告诉别人你为了做交易办理了二次抵押贷款，几乎很难得到认同的回应。过了一阵子，我索性不再对别人开口提及这些详情了。

如果资产净值的方向只改变了一天，你便将其视为信号，那么听起来你一年下来要转换无数次。

实际上，每年只有二三十次，因为趋势是持续的。

难道没有对基金的转进和转出次数的限制吗？即使是每年二三十次，听起来也不是一个小数目了。

富达公司的指导方针是每年可转换4次，但他们并没有严格执行这一规定。事实上，我甚至就转换次数过多的问题与他们进行过讨论，而他们的说辞则是："别过度滥用就行。"

我问："如果我每年做20或30次交易会怎么样？"对方的反应是："好吧，那就别告诉太多人。"就我的感受而言，这条规定仅作为后备条款存在，其实他们并没有把这件事太放在心上，至少刚开始并没有。

几年过去了，我偶尔会收到富达的来信，信上写着："我们注意到您每年的转换次数达4次以上，我们希望您能配合遵守我们的规定。"

你会对这些信置之不理吗？

不会。我会用市政债券基金做4次交易，然后用高收益市政债券基金做4次交易，接着用限期市政债券基金做4次交易，照此类推。

所以严格来说，你的确遵守了每年4次交易的规定，只不过你转换了不只一种基金。

是这样的。

资产净值如今想必会更频繁地改变方向。

没错。就如同大多数模式最终会走向衰落一样，当这种交易模式开始不复存在时，我作为交易者的下一个进化阶段也就此开启了。

与前一天价格变动方向相同的概率开始下降了吗？

在某种程度上是这样，但更为重要的是高波动性开始消失。自1979年至1984年年初，这些基金的每日波动幅度平均为四分之一到二分之一个百分点。每日波动幅度最终降至十分之一到十分之二个百分点。此外，这种模式的可靠性，或者说价格的持续性，从80%降至不足70%。

当趋势持续性的可靠性和债券基金的波动性都开始急剧下降时，情况又如何呢？这种方法仍然有利可图吗？

有，但市政债券基金的潜在年回报率开始只有20%左右。

这还不够吗？

我真的想寻求更佳的回报。我当时的想法是，如果我能挖掘出市政债券基金的无效性并从中获利，那么就有可能在股票基金中找到类似的机会。从1984年的秋天到1985年的春天，我几乎可以说是住在了本地图书馆，从微缩胶片机上调取了上百只共同基金过往多年的数据。我欲从大海中再捞得一根针。

我发现股票基金中存在可交易的模式，但预期的回报率仅为每年20%到25%。纵使股票基金有更高的波动性，每日价格持续性的概率约为60%也不够高。在研究的大部分过程中，我都忽略了富达的行业基金，因为每转换一次他们都要收取50美元的费用。在有这么多基金压根不收取转换费用的情况下，我看不出为什么要支付这笔费用。

有两大发现促成了我的研究实现突破性进展。首先，我很早就发现，与涉猎范围更广泛的基金相比，商品相关的基金（如黄金和石油行业）似乎表现更好。其次，我先后发现，科技、石油和公用事业类股指数的随机程度明显低于大盘。我又回过头去研究了行业基金，结果让我颇为吃惊。我简直不敢相信自己在前期的研究中竟然忽视了行业这个因素。我险些与其失之交臂。

你发现了什么？

总的来说，我发现如果在某个板块中，价格变动大于每日平均价格变动，那么第二天价格朝同方向移动的概率介于70%到82%。由于一些板块的波动幅度，这一发现令我兴奋不已。举个例子，生物科技类股平均每天波动0.8%，而黄金类股平均每天波动1.2%，相比之下，市政债券基金的波动当时已缩减至仅

0.1%到0.2%。因此，我将与过去相同的胜率应用到了提供5倍以上获利潜力的新市场。

锦上添花的是，与大多数其他基金适用的每年4次的转换次数限制不同，行业基金允许无限次转换。如果你愿意为每笔交易支付50美元的费用，你可以一年转换个100次。

是什么使你认为这些板块是可交易的？

你问到点子上了。这不仅是因为我认为自己可能已有答案，也因为我目前还未曾在其他地方看到过数学上的解释。

在研究个股的价格行为时，我发现显著的每日价格波动（具有相对强度）次日出现同方向价格变动的概率约为55%。将佣金和买卖价差计入考量后，这个概率上的微弱优势并不足以在交易中获利。

现在，打个比方，假设你有一堆硬币，每枚硬币都有55%的概率正面朝上。如果你抛掷一枚硬币，硬币正面朝上的概率为55%。如果你抛掷9枚硬币，硬币正面朝上比反面多的概率提高到62%。如果你抛掷99枚硬币，硬币正面朝上比反面多的概率提高到约75%。这便是二项分布的概率函数。

类似的，假设你有99只化工股，这些股票今天平均上涨了1%或2%，而大盘走平。在很短的时间内，这组同一类型的股票往往表现出类似鱼群的行为。虽然单只化工股明天上涨的概率可能是55%，但整个化工类股的概率则更接近75%。

我猜这种模式不适用于大盘。也就是说，一旦超出某个特定的行业，纳入更多的股票可能在实际上降低指数在次日保持趋势的概率。

关键因素在于组成指数或板块的股票是高度同质化的。例如，包含了百威（Budweiser）、泛美（Pan Am）和假日酒店（Holiday Inn）等多元化股票的富达休闲类股基金，在当时是同质化程度最低的行业基金，表现出所有板块中最差的持续性。相反，存储借贷以及生物科技等基金同质化程度更高，价格持续性往往也是最强的。

你是如何及时预测行业基金每日价格变动的方向，以便提交转换指令的？还是说你会延后一天再提交指令？

我发现，我从每个行业中抽样选出10到20只股票，就足以充分把握该行业当天的收盘情况。这一观察结果使我能够提前一天知晓交易信号，事后证明，这一点至关重要，因为我的研究表明，一笔交易的平均持有期只有2到3天，约50%的利润于第一天产生。

你是如何挑选行业股票样本的?

起初，我使用的是富达季度报告所显示的其持有的行业基金成分股。

我认为这些基金成分股的换手率不会很高，所以这是一个恰当的估计。

实际上，我后来发现这一步骤并没有我想象的那么重要。我发现我可以选取富达在某个特定行业基金中持有的15只股票作为样本，这样就能很好地估计出该行业的情况。另一方面，我也可以使用该行业中另外15只股票作为样本，这些股票没有一只被收入富达的行业基金，这样也能很好地说明问题。只要相对于该行业的股票而言，我选取的样本股数量足够多，就不会有太大的差别。

你每天的下注金额占你账户的百分比是多少?

百分之百。

你在一天之内可能会投资多少个不同的行业?

我一次只交易一个行业。

你是否考虑通过同时交易不同的行业来分散你的资金?

我并非分散投资的拥趸。对于这个问题，我的回答是，只要每年进行足够多的交易，就能很好地将资金分散。如果你的胜算有70%，而你做了50笔交易，那么这一年就很难出现亏损。

你是如何选择在某一天投资哪个行业的?

想象一张实体大盘，上面闪烁着灯光，每个灯都代表一个行业，红灯表示卖出或避免，绿灯表示买进或持有。我会结合波动性和历史可靠程度，我称之为持续性，对每个行业进行排序。基本上，我会选择最亮的绿灯，当那盏灯最终由绿转红时，我会选择此刻最亮的绿灯。然而，很多时候，当某盏灯变红时，所有的灯都会变红。

如果所有灯都变红了，你就会转为现金。

正确，但只需要一盏绿灯，我就可以在任何一天建立仓位。

你是什么时候开始接受客户委托的？

我今天的大多数客户实际上是在我还在交易市政债券基金时就开始追随我的。我在1982年接了第一个客户。当我可以管理10万美元的客户资金，获利时分享25%，亏损时也分担25%，相当于零利率借款2.5万美元时，向钱庄（The Money Store）的菲尔·里祖托（Phil Rizzuto）以15%的利率借款便毫无意义[1]。那是我决定开启相关业务的契机。话虽如此，我仍然保留了二次抵押贷款，因为我想把这笔钱也投入交易。对我来说，在我每年能赚取35%到40%的情况下，还清一笔15%利率的抵押贷款实在是没什么意义。

你是如何招揽客户的？

我的客户要么是朋友，要么是邻居。举个例子，我会招呼邻居晚上过来喝杯啤酒，然后说："我干这一行已经有几年了，我希望你能了解一下。"有些人完全不感兴趣，有些人则饶有兴致。

在钱的问题上，人与人之间的差异之巨大，颇为有趣。一些人根本不做任何功课就立即把钱交给你。另一些人无论你给他们看什么，他们都决不会掏出10美元给你。最后，还有一些人在投资之前做了很多功课，并问出了在点子上的问题。每个人都属于这三类人中的一类。

你的客户一般属于哪一类？显然，有一类人已经被自动筛掉了。

我的大多数客户都做了我认同的那类功课。他们问出了在点子上的问题。他们让我知晓他们的风险承受能力。

这些客户的账户有多大？

从1万美元到10万美元不等。

你是怎么收取费用的？

我收取资本利得的25%。不过，我也保证承担任何亏损的25%。我还向我的每位投资人保证，开户后12个月内如果账户出现亏损，我将承担亏损的100%。

---

[1] 入选名人堂、绰号"速克达（the Scooter）"的纽约扬基队游击手菲尔·里祖托（1917年9月25日—2007年8月13日）是美国住宅抵押贷款品牌"钱庄"的长期广告代言人。——译者注

硬币正面你赢一分，硬币反面你输四分。你一定非常有信心才敢做出这样的保证。

我的信心来自每年交易50次后的获胜概率。

承担首年亏损的100%这一保证你维持了多久？

这一保证我维持至今，但在过去5年中，我只接受了两名新客户的委托。

考虑到你的绩效，我想这意味着你不再接受任何新客户了。

我在5年前就不再接受新客户了。我对这两名客户破了例，因为他们都是我的挚友。

为什么停止接受新客户？你是否认为在不对你的绩效构成负面影响的情况下，你能处理的资金规模是有限的？

这无关乎我能处理的资金量的限制，而关乎我正在交易的基金可能能够容纳的资金量的限制。对我可能给基金经理或给那些不像我一样频繁转换的其他基金持有人所带来的任何潜在影响，我都很敏感。我倾向于在一个数亿美元规模的基金中，将我的资金转换金额限制在几百万美元内，力所能及地将影响降至最低。另外，我发现我下单时经常会听到类似的言论："你要退出吗？我们今天接到的大多数电话都是要买进的。"

这句话意味着什么？

这句话让我知道，我正在与大量转进或转出的资金背道而驰；因此，我的活动造成的影响并不大。也有基金公司的员工告诉我，大多数在自己账户中频繁转换的人，最终的获利情况还不如根本不转换。

你决定将自己的交易规模限制在一定金额内，是为了不捣乱吗？

在这件事上，最重要的因素是我的风险。分享25%的利润和亏损相当于杠杆操作。起初，我并没有充分意识到找到客户资金，并让其与我个人的资本维持一个稳定比例，这在心理层面上是非常重要的。事实上，我更愿意看到这个比例（或杠杆）随着时间的推移而下降。

你是否曾发觉管理的资金超出了自己的舒适区？

1986年，我过快地吸纳了新的委托资金。我发觉自己在为持有50%的仓位找合理的理由。例如，绿灯亮起，我只交易40万美元账户中的20万美元。我会想："是的，只投入20万美元，明天我就会感觉舒服得多。"我很快就意识到，由于我的谨小慎微，我让客户的回报减少了50%。我就此下定决心，必要情况下采用一种更好的做法，即减少客户数量，并为所有客户进行满仓操作。

我第一次降低我管理账户资金的交易比例时，我尚未意识到自己这样做的动机。事后来看，我才开始明白我对风险规模感到惴惴不安。这不仅关系到第二天我是赚还是赔，还关系到裁决来临时我的感受。我有一套例行程序，用来把第二天可能发生的事情内化为自己的感受。

这套例行程序是怎么一回事？

我的做法是在亏损成为现实之前就直面亏损。我会在心中预演亏损的过程。每当我建立仓位，我都喜欢去想象最坏的情况会是什么样子。这样一来，如果最坏的情况真的发生，我能将局势的混乱程度降到最低。在我看来，亏损是交易中非常重要的一部分。当亏损发生时，我深信我要张开双臂拥抱它。

此话怎讲？

拥抱亏损，真正感受亏损，我往往会减少对下一次潜在亏损的恐惧。如果我无法在24小时内排解承受亏损的情绪，那么就是我交易做得太过火了或者在其他事情上犯了错。此外，预演潜在亏损的过程和直面实际亏损有助于我逐渐适应随着时间推移而不断升高的风险水平。我管理的资金以每年15%到20%的速度增长，这意味着我在资金上所承担的风险也在以同样的速度提升。应对这一现实的最好办法就是切身体会各个水平上的风险。

为什么你管理的资金每年只增长15%到20%？你的回报率可是该数字的两倍以上。

直到两三年前，增长率可能还有平均50%，但最近我试图限制这种增长。现在，客户每年提取更多的钱来支付我的费用、所得税和其他账单，这对限制资金增长有所帮助。此外，我还鼓励客户缩减账户规模，并要求一些拥有多个账户的客户关闭一个账户。

你曾经对客户下过逐客令吗？

一位与我并无私交的客户属于这种情况。他在另一位客户的推荐下在我这里开了一个账户。他用来投资的钱来自他妻子继承的一笔遗产，这个账户让他坐立难安。他的账户起步时的情况再糟糕不过了。那是在1985年的秋天，我在医疗保健行业做了两笔灾难性的交易。第一笔交易是在工业化国家宣布美元贬值计划当天进行的。美元暴跌，医药股一飞冲天。次日，大家都在说这个计划行不通；美元反弹，医药股遭受重挫，我带着惨重的损失退场。仅仅大约一周后，我又重返医疗保健行业。第二天，美国医院公司（Hospital Corporation of America）公布的财报之糟糕出人意料，整个行业再次遭受当头棒喝。

这两笔交易造成了多大的损失?

每笔大约赔2%或3%。总而言之，这位客户对他的投资坐立难安。他的账户资金从7万美元掉到了约6.7万美元。我安抚他："别担心，我会100%承担你的损失。"我到银行给他寄了一张3000美元的银行支票。我告诉他："如果这两周内我们又赔了3000美元，我就再给你寄一张支票。你拿好这张支票就行了，它和现金一样好使。"

通常，你要等到年底才会补足差额，不是吗?

没错，但这家伙悬着的心就没落过地，我希望他户头总有7万美元。大约一个月后，账户资金又回到了7万美元以上。我必须坦白，我确实打听过他是否兑现了支票，结果是他确实这样做了。一两年后，当我裁减客户时，他是被淘汰的头号人选，因为他的行为表明他对我缺乏信任。

你认为富达为什么会从实际上鼓励转换行业基金的政策转向实施严苛的限制，使频繁的转换操作几乎不可能呢?

我猜他们认定一些市场择时交易者所赚取的利润是从基金持有人的口袋里掏出来的。但我认为，利润主要来自不成功的市场择时交易者。

富达对市场择时态度的一个例子展现在他们对1989年年初《华尔街日报》的一篇文章的回应中，该文章提及了我的绩效记录以及我交易富达行业基金的事实。文章刊登两天后，我打电话下单，结果被告知："抱歉，布莱克先生，能源服务行业基金的每小时投资限额已经降至10万美元。"（之前的限额为基金资产的1%，约为50万美元。）我怀疑他们查了一下，发现能源服务是我专门为五六位客户做交易的一个行业，而且我一直做得挺好的。

为什么你使用这只基金更为频繁呢？

因为能源服务行业包含了我迄今为止所发现的最可靠的模式。在富达于1986年实施行业基金每小时报价后一年左右，我发现能源服务行业有一种异常强烈的倾向，即每天交易伊始成交在当日低点附近。当我初次分析每小时数据时，我发现只需在10点、11点和12点为不同的客户买进这只基金，然后在收盘时卖出，就有90%到95%的概率实现获利。值得一提的是，在我交易这只基金的一两年里，这种极高的概率一直存在。

如此简单的模式竟能如此持久地存在，实在令人惊叹。这个模式今天还存在吗？

可能还存在，但价值不大。1989年11月，富达开始对持有不到30天的交易收取0.75%的费用。

我猜管理资金只占据你一天中的一小部分时间。

非常少。我每天大部分时间都在研究新方法。

你找到比当前使用的方法更好的新策略，就相应地调整你的方法？

向来如此。

既然无法同时使用所有方法，那么想必你还有很多可行的方法因为没有用武之地而被束之高阁。

确实有。

你是否绝对遵循你的交易信号？或者说，你是否曾经偏离过这种纯粹的机械式交易方法？

于我而言，忠于自己的系统是很重要的。当我偶尔不这样做时，则无论输赢，我都犯了一个错误。这一点多年以来我都铭记于心。

不过，对一笔交易提出质疑并不代表不忠于系统。有时，基于以前的经验，某笔交易看起来就是不对劲。如果我能在收盘前完成必要的研究，并且研究结果也确实印证了我的猜测，那么我就会对原本的交易规则做出永久性修改。

你拿来交易的基金的表现对你整体的表现有多重要?

没有你想象的那么重要。交易一只一年上涨20%的基金与交易一只一年下跌20%的基金之间的差别小得惊人。例如，如果一只基金的平均每日波动率为1%，那么20%的年回报率意味着大约54%的交易日是上涨的，46%的交易日是下跌的，对于一年下跌20%的基金来说情况正好相反。(假设一年有250个交易日，平均每日价格波动1%，20%的净回报率将意味着有135个上涨日和115个下跌日，而135是250的54%。)对于我的策略来说，交易一只54%的时间在上涨的基金与交易一只46%的时间在上涨的基金之间的差异并不大。

有什么特别难忘的交易吗?

在我刚起步的时候，有一天我没有通过电话获悉当日收盘价。我知道那应该是行情相当不错的一天，但不知道好到什么程度。半夜醒来，我才想起来自己还没有查看收盘价。我打了个电话，发现这一天的涨幅非常大，是我预期的两倍。我想我赚了好几千美元。要知道，这还是我刚起步的时候。我当时太兴奋了，根本睡不着觉。我就像个过圣诞节的孩子。我会永远记得那一刻的感觉。

是否还有其他交易因某种原因而引人注目?

1986年7月7日，股市跌了62点(我想在当时是创纪录了)。那天早上，我就清楚我应该在收盘时清仓。然而，由于这是每小时转换实行之前的事，在收盘前的这段时间里我什么都做不了。那天下午我去上了帆板课。我以为可以在4点之前回来打电话清掉我的仓位。可不幸的是，我对这项运动掌握得不够好，被风刮到了湖的另一边。我知道留给我的时间不多了，于是我拼命操纵帆杆往回赶，试图在收盘前赶回去清仓。我最终没能成功，这也让我付出了代价。

还能想到其他交易吗?

1987年8月，我建立了一个黄金类股基金的仓位。递单后的第二天，基金就跌了，向我发出红灯信号，但我仍然坚持持有。

为什么你选择继续持有?

我实在想不起来了。但总之，第二天，黄金股大幅下跌，而留下我与科技股这盏明晃晃的绿灯面面相觑。我记得，我发现要让我所有客户的账户在承受巨大亏损——我知道我一开始就不应该承受这种亏损——的情况下撤出黄金类股基金并立即将他们置于已经急剧上涨的科技类股基金中再次承受风险，是一件非常困难的事情。我认为，事情之所以变得如此的困难是因为我违背了我的交易原则。结果，科技类股基金随后的获利足以弥补黄金类股基金操作上的损失。

所以到头来你还是遵循了你的系统。

是的，但我差一点就没能遵循。我从中得到的教训是，如果你违反了一次纪律，第二次就会变得容易得多。不遵守节食计划就是一个恰当的类比——一旦你打破先例，再次破例就变得容易多了。

在过去10年间，市场是否发生了变化？

从微观层面上来说，变了；从宏观层面上来说，没变。机会在变，策略在变，但人性和人心不会变。如果趋势跟踪系统不再起作用，那么总会有其他系统起作用。市场有赔就有赚，几家欢喜几家愁。

你认为有关市场的重大错误观念有什么？

一方面，华尔街盛行的一个错误观念是，没有人能够年复一年地持续战胜市场，每年赚取20%或30%的稳定回报。另一方面，卖方会试图让你相信，任何人都可以做出这样的成绩。然两者皆非真相也。

交易者为何会赔钱？

首先，大多数交易者没有一套制胜的策略。其次，即使在那些有制胜策略的交易者中，很多人也没有遵循自己的策略行事。交易对人性中那些脆弱的一面施以重压，似乎要让市场中每个人的阿喀琉斯之踵无所遁形。

如何才能成为优秀的交易者？

一个关键因素是特立独行的头脑。艺术和科学的融合也很重要。以艺术面来想象、发现和创造交易策略。以科学面来将想法转化为明确的交易原则并加以贯彻执行。

人们可以使用购买的系统取得成功吗？

我相信，系统对创造者来说往往比对其他人更有效或更成功。个性化的方法很重要，否则你就无法胸有成竹地去遵循它。别人的方法不太可能符合你自己的个性，也有可能成为成功交易者的人本就不是那种使用别人方法的人，再说了，成功的交易者也不会出售他们的系统。

你会如何回应伯顿·马尔基尔（Burton Malkiel，《漫步华尔街》的作者）？

这样说吧，我对他的看法是认同多于不认同。市场在大部分情况下是随机的，大多数人无法战胜市场或在市场上“把握时机”。一百位基金经理个个都相信自己能够持续跑赢大盘，而在我看来这个数字更接近于零而不是一百，交易可能比大多数人愿意相信的更像一门艺术。我想我也很乐意给他看看我的数字。

你对交易新手有何建议？

成为一名成功的交易者有5个基本步骤。第一，专注于适合自己个性的交易载体、策略和投资期限。第二，在认识到市场行为在大多数时间都是随机的的同时，识别出非随机的价格行为。第三，确信你的发现在统计上是有效的。第四，制订交易规则。第五，遵循交易规则。一言以蔽之，一切都总结为：做自己的事（独立性），并做正确的事（纪律性）。

★

从本质上讲，开放心态是布莱克成功乃至他整个职业生涯的关键。多年来，布莱克发自内心地相信市场是随机的。当面对矛盾的证据时，他并没有固执己见地为自己争辩，大多数人在这种情况下都会做出这样的本能反应。相反，他对问题进行了研究，在证据表明他先前的观点错误时，他改变了主意。改变想法的能力可能是成功交易者的一个关键特征。教条和古板的性格很少能在市场上取得成功。

布莱克成就卓越的另一项原因是他的适应能力。市场是一个动态过程，要想在交易中持续获利，就必须具备随着市场的演化而调整甚至改变原有策略的能力。布莱克入行时交易的是市政债券基金。然而，当他对这类基金所采用的方法的可靠性和获利能力开始减弱时，他并没有一味地盲目重复过去曾行之有效的策略。相反，他以不断变化的市场环境为契机，开展了紧锣密鼓的研究，最终觅得了一种全新且更为有效的方法。当富达公司实行行业基金每小时转换之后，他相应地改变了自己的交易方法。然后，当富达（通过收取令人望而却步的高额费用）让使用其基金进行转换几乎没有操作空间时，布莱克转而使用不同的基金类别和不同的策略。布莱克的适应能力使他在交易环境发生剧烈变化的情况下，仍能维持杰出的业绩表现。

布莱克令人惊叹的常胜绩效记录提供了令人信服的经验性证据，证明了市场行为并非随机——他的故事中最重要的信息就在于此。当然，这种非随机性不是显而易见的。如果显而易见的话，我们都会成为百万富翁。然而，布莱克在令人震惊的25个发生亏损的月份制胜，这一能力足以让我们说出那句，“是的，弗吉尼亚，市场是可以战胜的。”

如何才能战胜市场？肯定不是花钱去买答案。即使答案可以买到，也很可能不符合你自身的个性，你也就无法胸有成竹地去遵循它。实质上，世上本无捷径。每个交易者都必须为市场难题找到自己的解决方案。当然，大多数此类研究工作都将以失败告终。但是，如果你能揭示并非随机的市场模式，并能有力地证明这些模式的有效性，那么你距离交易的顶峰就只剩下两步台阶了：制定你的交易规则，然后遵循你的交易规则。

| 维克多 · 斯波朗迪 |

（Victor Sperandeo）

市场亦会老

维克多 · 斯波朗迪高中毕业后就只身闯荡华尔街。这是一个乏善可陈的开局，他先是做了一名报价员，领着最低工资，然后转为在标准普尔公司担任统计员，薪资待遇才稍微好一点，斯波朗迪发现这份工作基本上只涉及复印和递交一列列数字，“无聊至极”。他很难全身心扑在工作上。令他如释重负的是，他最终因为出了太多差错而被解雇。

在华尔街某家公司的会计部门从事过另一份与交易无关的工作后，斯波朗迪凭借自己的口才获得了期权交易的职位。在接下来的两年里，他做起了场外期权市场的交易经纪商，撮合买卖双方达成交易，做“中间人”。

1969年熊市期间，斯波朗迪换了家公司，以寻求更大的交易决策自主权。在这家新公司，他可以从每笔期权交易所赚取的价差中获得一定比例的报酬，这不同于以前的公司所采用的固定薪酬结构。然而，由于当时正值熊市，新公司采取了谨慎的态度，对薪资不作保证。斯波朗迪欣然接受了公司的“开价”，他相信通过对交易获利进行一定比例的分红，自己的收入会大幅增加。

在工作了6个月后，斯波朗迪赚取了5万美元的佣金。年薪5万美元的老板把他叫去谈话。“维克多，”他说，“你干得很出色，我们决定给你发固定薪资。”不知何故，2万美元薪水的开价和一个含糊其词的承诺——以某种奖金代替他现有的薪酬安排——听起来并不像个好消息。3周后，斯波朗迪换了工作。不幸的是，他发觉新公司也只是换汤不换药——每次他收到月度损益表，他都发现自己的利润被巧立名目的巨额费用侵蚀了。

又过了大约6个月，斯波朗迪终于决定，要想得到公正的待遇，就必须自立门户。在找到一个合伙人为公司的运营提供资金后，斯波朗迪于1971年创立了自己的公司——拉格纳期权公司（Ragnar Options）。斯波朗迪称拉格纳是第一家提供期权保证报价却不收取过高权利金的期权交易商。如果他们无法在市场上找到满足客户要求的现有期权合约（他们可以买入这些合约并以权利金转售），他们就自己卖出期权。（当时期权是根据客户的要求量身定做的，而不是在交易所作为标准化工具进行交易。）根据斯波朗迪的说法，由于采取了提供合理实盘报价的政策，拉格纳在6个月内就成为全球最大的场外期权交易商。

拉格纳最终与华尔街的另一家公司合并。斯波朗迪在新公司留任了一段时间，随后于1978年加入了州际证券公司（Interstate Securities）。在州际证券，斯波朗迪有机会管理一个公司账户和几个私人账户，费用和利润都享有对半分成。斯波朗迪终于找到了一份理想的工作，他可以完全独立自主地以任何方法在任何市场进行交易，有资金支持，利润（和亏损）也能得到合理的分成。1986年，州际证券上市，决定解散其交易团队，这种理想的安排终于走到了尽头。在决定创办自己的资金管理公司——兰德资金管理公司（Rand Management Corporation）之前，斯波朗迪用自己的个人账户做了一年多的交易。

斯波朗迪更注重规避损失，而不在于获取巨额利润，这一理念贯穿了他的整个职业生涯。他大致在这一目标上取得了成功，在1990年首次出现亏损之前，他已经连续18年保持获利。在这段时间内，他的平均年获利为72%，最低是1990年的单次亏损35%，最高有5个年头的回报率达三位数。

尽管斯波朗迪从未修完夜大的学分，但多年来他已经进行了大量的阅读。除了市场相关的图书，斯波朗迪还广泛涉猎了经济学、心理学和哲学等相关领域。总的来说，据他估计，他总共阅读了大约2500本有关这些主题的图书。

本次采访是在斯波朗迪的“办公室”进行的，他的办公室位于他家的地下室，他把地下室的主体区域改造成了一个会客厅，内设一个15英尺长的吧台，可容纳75人，并配备了一套精巧的音响系统。你几乎可以期待比尔·默瑞（Bill Murray）突然冒出来表演一段《周六夜现场秀》（*Saturday Night Live*）的酒廊歌手[1]。想象一下，一位不苟言笑的养老基金受托人考虑将斯波朗迪作为基金经理的潜在候选人，对他的业务进行实地考察，这场景让我忍俊不禁。我发现斯波朗迪非常松弛友善，是那种看上去很讨喜的类型。

作为一名独立或半独立交易者近20年后，你为何最终决定创办一家资金管理公司？

1987年，我抓住了股市崩盘的机遇，大获成功。我在这个市场的成功让我接到了一些要约，主动提出让我管理一些大额资金。我意识到，如果一直以来我干的是资金管理，而不仅仅是交易自己的账户，我的获利潜力将大大增加。

自从你创办自己的资金管理公司以来，你的交易表现如何？

1989年，也就是公司成立的第一年，我的表现不错，但1990年我赔钱了。实际上，我觉得有点讽刺的是，我在市场上的第一个赔钱的年份是在我收获了比以往更多的知识之后出现的。

对此你作何解释？

人生不就是这样嘛。（他放声长笑。）

你是如何成为一名交易者的？

我想我最初的相关兴趣是对扑克的热情。十几岁时，我就靠玩扑克谋生，千真万确。刚开始玩扑克时，我把能找到的每一本关于扑克的书都读了一遍，很快就掌握了获胜的要领在于胜算管理。换句话说，如果你只玩那些胜算对你有利的牌，而在胜算不利于你时弃牌，那么你最终赢的次数就会比输的次数多。我记住了所有重要牌型组合的胜算，并在游戏中大获成功。

虽然我玩得相当不错，但我意识到，做一名职业牌手并不是我想干一辈子的行当。20岁那年，我对《纽约时报》的就业版块进行了一次彻彻底底的调查，发

---

[1] 指比尔·默瑞在《周六夜现场秀》的经典喜剧形象：酒廊歌手尼克（Nick the Lounge Singer）。——译者注

现有3种职业的起薪超过每年25,000美元：物理学家、生物学家和场外交易员。在那时，我甚至都不知道场外交易员到底是做什么的，但是，由于我显然不具备成为物理学家或生物学家的教育背景，而且场外交易听起来有点像打牌，它们都涉及胜算，所以我决定去华尔街闯一闯试一试。就这样，我在潘兴公司（Pershing & Company）找到了一份报价员的工作。

你是如何了解交易和市场的？有人带你吗？

没有。在那时，米尔顿·利兹（Milton Leeds）也在潘兴公司工作，他是当时的传奇看盘高手和交易员。我发现观察他的言行举止能带给我启发，但我并没有直接在他手下干活。基本上，我是通过阅读所有我能找到的相关内容来了解市场的。

你是什么时候开始真正成为交易员的？

我在华尔街工作了近3年，先是在潘兴，后来又做了一些其他短期的工作，之后我决定尝试交易。我考虑了可以涉足的不同交易领域。股票嘛，无聊。债券嘛，太无聊。然后期权嘛，太复杂。20世纪60年代末，可能只有约1%的股票经纪人了解期权。我想，如果我能从这种最晦涩的交易形式入手并精通它，那我一定能赚大钱。于是，我申请了一份期权交易员的工作。

那时你对期权交易了解多少？

一无所知，但我知道这就是我想做的。我试图通过告诉面试我的那位高级合伙人我是个天才，来给他留下深刻印象。

他说："你这是什么意思？"

我告诉他我有过目不忘的记忆力——那个，顺便说一句，我没有。

他说："证明给我看。"

我告诉他，我已经记住了所有的股票代号——这个我真记住了。几年前我上过一门高效记忆的课程。这家伙在华尔街摸爬滚打了35年，却没认全所有的股票代号。他测验了我，我对答如流。他给了我这份工作。

你方才说过，你之所以被交易这一行吸引，是因为它和打牌类似。那么你是否将交易视为某种形式的赌博？

我得说赌博这个词用词不当。赌博是指在胜算对你不利时冒险。例如，买一注彩票或玩一次老虎机都是赌博。我认为，成功的交易，或者此处的玩扑克，所涉及的是投机而非赌博。成功的投机意味着在胜算对你有利时冒险。就像玩扑克时，你必须知道该下注哪一手牌，在交易中，你必须知道胜算何时对你有利。

你如何定义交易中的“胜算”？

1974年，我错过了10月至11月大幅回升的股市行情。这个错误促使我开展了紧锣密鼓的研究，为期两年。我想弄清楚如下种种问题的答案：牛市和熊市会持续多久？市场在形成顶部或底部之前的价格波动百分比通常是多少？

通过这次研究，我发现市场价格的波动就像人一样——两者都具有统计意义上的预期寿命特征，可以用来衡量风险敞口。例如，在牛市中，道琼斯指数的中期波动幅度的中位数是20%。这并不意味着当市场上涨20%时，就会见顶。有时会更早见顶，有时会更晚见顶。然而，这确实意味着，当市场上涨超过20%时，进一步上涨的概率开始显著下降。因此，如果市场已经上涨超过20%，并且你开始看到可能见顶的其他迹象，那么密切关注这些信息就很重要。

想一下人寿保险，作为类比，它涉及的是人的预期寿命，而不是价格波动。如果你要承保人寿保险，那么申请人是20岁还是80岁将会产生很大的差异。如果对面是一个身体状况欠佳的20岁年轻人，你可能会认定他存活下去的概率相当高。不过，为一位80岁的老人承保，你就没那么急迫了。如果这位80岁的老人是同龄人中的杰克·拉兰内[1]（Jack LaLanne）——他能做200个俯卧撑，能游过英吉利海峡——那行吧，你大可以给他签发一份保单。但是，如果这位80岁的老人每天抽3包骆驼牌香烟，每天喝一夸脱苏格兰威士忌，而且还肺炎缠身——那么你可能就不会给他签发一份保单了。个体年龄越大，症状就越发需要重视。

同样，在一个处于老年阶段的市场中，敏锐捕捉当前趋势可能结束的迹象尤为重要。沿用人寿保险的比喻，大多数涉足股市的人并不清楚20岁的年轻人和

[1] 美国健身大师。——译者注

80岁的老年人有什么区别。

依我来看，许多类型的技术分析之所以效果不佳，原因之一在于这些方法往往被不加区分地应用。例如，如果你在相当于20岁年轻人的市场中看到头肩形态，那么这个市场不太可能会那么快就消亡。然而，如果你在相当于80岁老年人的市场中看到相同的图表形态，那么这个形态更有可能准确指示出价格触顶。在不了解市场所处阶段的情况下进行交易，就好比以相同的保费向20岁的年轻人和80岁的老年人出售人寿保险。

当你说牛市走势的历史涨幅中位数为20%时，你是如何定义牛市走势的？

我指的是长期牛市中的中期上涨。除了极少数例外情况，我将“中期”定义为价格波动持续时间最短为3周，最长为6个月。当然，按市场类型（牛市或熊市）、波动长度（短期、中期或长期）以及市场周期内的位置（第一波、第二波等）分类，所有其他类型的市场走势，都有相对应的数字。

凑巧的是，20%的上涨幅度中位数具有显著的一致性，这一数字是我根据对自1896年以来所有年份的研究得出的。当我只查阅1945年之前的市场时，我发现相对应的数字几乎相同，都是19%。我认为有两个原因有助于解释这个20%左右的数字为何如此稳定。第一个因素与价值有关。罗杰·伊博森（Roger Ibbotson）曾做过一项研究，比较了不同形式投资的回报率，数据跨度长达60年。他发现，在研究期内，股票市场的平均年回报率为9.2%，包括股息在内。因此，如果市场在107天——这恰好是中期上涨天数的中位数——内上涨了20%，那么你就在很短的时间内从市场上榨取了大量价值，整个市场的价值大打折扣。

第二个因素是心理因素。比方说，你去超市买沙拉的食材。一颗生菜售价1美元，一磅番茄售价1美元。两周后你再去，生菜仍然卖1美元，但番茄现在卖1.5美元。在这种情况下，很多人会寻找番茄的替代品。他们会说：“我就是不愿意为番茄付那么多钱。”这50美分真的有那么重要吗？我的收入达到七位数时，我也做过同样的事情。这真的没那么重要，但你不想支付超过某个数字的钱。

你是说20%就是一个这样的数字吗？

那是我的假设。显然，我无法真正证明这一点。

你是否会利用对常态价格波动的期间和幅度的统计研究来设定价格或时间目标？

绝对不会。利用幅度和期间的统计结果来预测确切的市场转折点，就好比保险公司在你购买保单的当天告知你将于何时如何死亡。他们不需要做这个来赚钱。他们只需要知道概率是多少就能赚钱。

那么，你如何分析市场上涨幅度已经达到历史中位数的情况呢？

一旦价格的上涨幅度超过了其历史中位数，你用于分析市场的任何方法，无论是基本面还是技术面，都可能会准确得多。例如，如果图表分析师将某一特定形态解释为顶部形态，但市场较前一个相对低点仅上涨了10%，那么预测不准确的概率就很高。但是，如果市场上涨了25%至30%，那么同类型的形态应用于预测时的准确率就会高出许多。

当你错过了一个重要转折点，比如你之前提到的1974年10月的低点（这是自那时以来市场的低点），你最终是如何重返市场的？

市场是阶梯式上涨的。我一直等待，等待另一个看起来像是重要相对低点的到来。以1974年为例，我在12月6日全力做多。事实证明，那天正是市场的底部。具有讽刺意味的是，实际上我最终在这笔交易中赔了钱。

在我请你解释这个明显的悖论之前，先告诉我是什么让你如此确信那就是市场的底部。

首先，出现了道氏理论的买进信号——道琼斯工业指数创下新低，但道琼斯运输指数和标普500指数却未创下新低。其次，跌破新低的成交量相对较小。再次，我们已经处于熊市很长一段时间了，看跌情绪在整个市场中弥漫。最后，坏消息对市场的影响力开始减弱——利空消息仍将会出现，而股市基本风平浪静。

现在请你跟我说说你是如何在1974年12月的低点买进却还赔钱的。

到那时为止，我度过了利润丰厚的一年。我拿出当年利润的三分之一，买进了一月份到期的虚值看涨期权。举个例子，当时柯达（Kodak）的交易价格是64

美元，我买进了70美元一月到期的看涨期权，当时合约的交易价格接近1美元。1月27日，也就是这一系列一月期权的到期日，柯达仅反弹至69美元。这些看涨期权显然变得一文不值。一周后，柯达的交易价格涨至80美元。同样的经历也在其他十几个仓位上演。

所以，你的错误在于，买进的期权偏离标的资产当前价值太多，且合约期限太短？

它们并没有偏离太多。我的错误在于没有给到期日留出足够的时间。这一事件发生在我对历史价格波动的期间和幅度进行研究之前，我们之前讨论过这个问题。1976年完成研究后，我意识到牛市的第二条腿往往会相对延长。我确信，如果我在1976年之后遇到类似的情况，我一定会买进四月期权，而不是一月期权。但在当时，我对各种市场波动的概率认知不足。

你最终是如何重返市场的？

我于1975年2月做多，并且做得很好。顺便说一句，这并非易事，因为我重返市场时，股票价格远高于一月份我的期权到期变得一文不值时的价格。

我并不完全理解你对价格波动持久性的统计研究。看起来我们一直处于一个延伸自1982年的牛市之中，截至本次采访时（1991年4月），当前的牛市已经走过了它的第九个年头。从你的历史研究来看，这牛市的年头难道不会过于持久了吗？这是否会导致你寻觅主要顶部时为时尚早？

我从完全不同的角度看待这个问题。按照我的定义，始于1982年的牛市结束于1983年11月。

你如何客观地进行这种分类？

什么定义了上升趋势？一个重要的标准是，其间没有触及先前的主要相对低点。从1983年6月持续到1984年7月的熊市阶段由两次主要下跌构成，也就是说，你触及了先前的主要相对低点。此外，按照我的定义，要符合熊市的条件，价格波动必须至少持续6个月，且幅度至少要达到15%。从1983年6月高点到1984年7月低点的价格下跌就满足这两个条件。因此，就我所有的标准而言，1984年7月开始的价格上扬标志一个新牛市的开端。

按照你的分类，始于1984年7月的牛市结束于何时?

在我看来，这次牛市于1989年10月结束，成为自1896年（我统计研究开始的时间）以来第二长的牛市。这次牛市之所以没有在1987年8月结束，是因为随后的价格下跌仅持续了3个月。因此，尽管那次价格下跌势头猛烈异常，但它并不符合熊市的最短持续期间定义，即从市场顶部到底部持续至少6个月的跌势。

你认为你的资金管理方法有什么独到之处吗?

有，我通过衡量价格波动的幅度和期间来分析风险。举个例子，如果市场在大约107天内上涨了20%，即使我仍然极度看涨，我也会将最大仓位规模限制在50%以内，因为从统计学的角度来看，我们已经达到了上涨历史幅度和期间的中位数。

换言之，你会根据自己对市场风险的感知来调整押注的大小。在限制亏损方面，你是否有任何不同的做法?

我总是预先设定好亏损，这样我就得以衡量我的风险。

你说的“预先设定”的意思是你在进入市场之前就决定了出场点?

没错。让我举个例子来说明为什么这个原则如此重要。拿一位典型的交易者来说，他接到经纪人的一通电话。“听着，”他的经纪人说，“我从一个可靠的渠道那里听到一些风声，XYZ股票将面临一场收购。它目前的交易价格只要20美元，可能会直冲60美元！”于是这位交易者买进了该股票，两周后股价跌到了18美元。这笔交易看起来不太对劲，于是他暗暗向自己保证，等回本了就出场。下一周，股价跌至17美元。现在他开始有点担心了。“我要在第一次反弹时出场。”他对自己发誓。一周后，股价跌至15美元，这位融资买进股票的交易者突然意识到自己已经损失了一半的钱。又过了2天，股价跌至14美元，他不管不顾地打电话给经纪人，大声喊道：“我要出场！”他出场的成交价是13美元，那正是市场的底部。这听起来是不是似曾相识？

想想这中间的心路历程。一开始，交易者被赚快钱的诱惑蒙蔽了双眼。当股价跌至18美元时，他感到有些许焦虑。当股价跌至17美元时，他开始陷入了恐慌。当股价跌至15美元时，他的感觉只有恐慌。当终于出场后，他感到了一丝解脱——这有点讽刺，因为他刚刚折损了70%的钱。整个过程毫无逻辑可言。说到底，这就是一个情绪上的陷阱。在进行交易之前计划好出场的价位，是一种强制执行情绪纪律的手段。

预先设定好出场的价位是你过去几年才开始做的事情吗？

不，这是我从入行的第一天起就一直在做的事情。我心里会一直有个价位，我知道那时候我就该出场了。

蒙受亏损会对你产生情绪上的影响吗？

不会。蒙受亏损从来不会影响到我，而且我不会让自己蒙受重大亏损。

从来没有过？难道就没有过偏离风险控制准则的情况吗？

唔，其实，1984年11月确实发生过一次。那次的情况非常戏剧性，因为最终我亏损了超过100万美元。当时，美联储正在实行宽松政策，而且我确信我们正处于牛市之中。由于国会正在考虑修改税法，市场开启了抛售。然而，当报纸报道税法修正提案将是“税收收入中性”时，我决定做多。我建立了一个庞大的仓位，因为当我赚钱时，我会进行最大手笔的交易，并且在那之前，我那一年顺风顺水。我全力做多，仓位列满了整整两页纸。我最小的仓位是100手期权，而我最大的仓位——毫不夸张——是2000手期权。

我没有意识到的是，尽管拟议的税法修正提案是收入中性的，但该计划却要求将钱从公司口袋转移至个人口袋。当你做多股票时，你不会希望有任何从公司那里把钱拿走的计划（他笑了）。

市场连续下跌4天后，我知道是我错了。我想出场，市场继续下跌。在连续下跌的第六个交易日，我出场了。如果我在第四个下跌的交易日后卖出，我的损失可能只有现在的一半。

我还以为你制定了关于出场的规则呢？

我制定了。我的规则本来会在第四天带我出场。

所以你违反了自己的规则？

是的，但原因并不是我希望市场会上涨。我之所以没有出场，是因为下跌势头似乎太过了。我的计划还是平仓，但要等到市场反弹的第一天。

你最终是在市场底部出场了吗？

不是，市场实际上连续下跌了9天。

从这次经历中你吸取了什么教训？

如今每当出现税收提案或其他重大立法上的不确定因素时，我都会立即平仓。在摸清到底会发生什么之前，市场总是会持观望态度。

还有哪些更普适的教训吗？

有的，当你进行最大手笔的交易时，你必须要即刻赚到钱。

换句话说，当你建立了庞大的仓位时，除非这个仓位一开始就赚钱，否则你应该迅速削减下注规模？

是这样的。当你进行大手笔的交易时，你需要快速止损。身处在这华尔街，我的目标从来都不是大富大贵，而是在这一行有立足之地。这两者有着莫大的区别。如果这一行再也没有你的容身之所，在发家致富这件事上，你将永无翻身的可能。这就是为什么在交易较大规模的头寸时，你必须格外小心谨慎。

还有其他交易在你看来特别戏剧性吗？

标普指数期权的某个到期日——1985年还是1986年，确切的日期我忘了——标普500指数（S&P）和标普100指数（OEX）合约之间的价差让我确信，大规模的买盘即将涌进市场。主要市场指数（MMI）当时在349点附近交易。我以1/8美元的价格买进了4000手355期权，又以1.75美元的价格买进了500手350期权。

市场走高，到了下午3:30——离收盘只有半小时——355期权的成交价格为2美元，而350期权的成交价格为5.5美元。我出手了这500手350期权，让自己余下的仓位搭上了市场的顺风车。此时，华尔街的一家大公司在市场上砸下了规模极其庞大的卖盘，价格应声崩溃。距合约到期仅剩不到半小时，而且期权还处于虚值，根本无法脱手。当天市场收盘时大幅下跌。

收盘后，我记得自己去了迈克甄选酒吧（Michael's One），对酒保招呼道："我要喝一杯。我今天刚赚了10万美元——唯一美中不足的是本来一个小时前我已经赚了80万美元。"

交易记录显示，你在20世纪80年代从你的账户中提取了大量资金。你看上去不像是那种花钱大手大脚的人。因此，我认为这些钱以某种形式进行了再投资。你还选择了哪些其他投资方式？既然你做得这么好，为什么不干脆让这些钱趴在你的账户里利滚利呢？

我的主要投资之一是创办了一家交易公司。我雇用了其他交易员，把我的经验传授给他们，并把我的资金拿给他们做交易。

你为什么这么做？

因为我想成为交易界的麦当劳，而不只是一名孤芳自赏的交易者。当然，这次创业的成绩没法和麦当劳比肩（*他放声大笑起来*）。

结果如何？

在5年的时间里，我培训了38个人。他们中的每个人都在我身边待了几个月，而我几乎将我所知道的有关市场的一切倾囊相授。在这38人中，有5人赚到了钱。

你是如何选择培训对象的？

我并没有采取很科学的方法。基本上，我是凭直觉和兴致来判断谁可能成为一名优秀的交易员。我挑选出的人群非常多元化。

智力和交易成功之间是否存在关联？

绝对存在，但不是以你想的那种方式。举个例子，我选中的人中有一个是高中辍学生，我打包票他连字母表都认不全。但他是给我赚了很多钱的那5人中的一个。

你为什么选中了他？

他是我在美国证券交易所（American Stock Exchange）的电话办事员，他非常积极进取，警惕性很强。此外，他曾亲历越南战争，一枚手榴弹在他身旁爆炸，在他的胰腺中留下了弹片。鉴于这段经历，他总是对万事万物怀有恐惧。在交易方面，他不怕赚得少，就怕赔得多。他能非常迅速地认赔清仓。

在智力光谱的另一极端，我培训过的人中有一个是天才。他智商高达188，曾经参加过一次《危险边缘》[1]，并在台上正确回答出每一道问题。同样是这个人，在5年内从未在交易中赚到一分钱。

我发现，光靠灌输知识是无法教会人们如何做交易的。交易成功的关键在于情绪上的自律。赚钱完全无关乎智商。想想那些在华尔街择业的聪明人吧。如果智商是关键，那么就该有更多的人通过交易赚到钱。

你几乎是在暗示智力是成功交易的障碍。对此你作何解释?

假设你是一名聪慧的学生，以最优异的成绩从哈佛大学毕业。你在一家顶级投资机构找到了一份工作，不到一年，他们就把500万美元的投资组合交与你管理。你会如何评价自己？大概率你会认为自己天资聪颖，做的一切都是对的。现在，假设你发现自己处于市场走势与你的仓位背道而驰的境地。你可能会作何反应？"我才是对的。"何出此言？因为你这一生中所做的一切都是对的。你会倾向于将自己的智商凌驾于市场行为之上。

要成为一名成功的交易者，你必须能够承认错误。聪明绝顶的人犯的错误不多。从某种意义上说，他们一般都是对的。然而，在交易中，谁能更快承认错误，谁就能以赢家的身份离场。

除了交易这一行，可能没有其他职业要求你在犯错时必须承认。好好想想这句话吧。例如，一位律师在一宗大案开庭前夜，和女友外出游玩，三更半夜还没睡。第二天，他昏昏欲睡，准备不足，最终输掉了官司。你认为他会对客户坦白说，"非常抱歉，我昨晚出去玩了，熬夜熬得太晚了。但凡我头脑能再敏锐一些，我就能打赢这场官司。你的钱退给你。"这个场景永远不可能发生。他总是能找到一些借口。他的说辞可能会类似于，"我已尽力而为，但陪审团有偏见。"他永远不必承认自己错了。除了他自己，没有人会知道真相。事实上，他很可能会把真相深深地埋藏在自己的潜意识深处，他永远也不会对自己坦诚承认是他的行为导致输掉了官司。

在交易中，你无法隐藏自己的失败。你的账户余额每天都在反映你的表现。

---

[1] 一档电视智力竞赛节目。——译者注

试图将损失归咎于外部事件的交易者永远也无法从错误中汲取教训。对于交易者来说，掩耳盗铃必然导致最终败北。

通常情况下，你会给这些受训者多少钱去做交易，以及他们的止损点是多少？

在大多数情况下，我给受训者的初始资金从25,000美元到50,000美元不等。在少数情况下，我给受训者的起步账户资金可达250,000美元。他们赔光所有钱的时候，就到他们的止损点了（他笑了）。他们都是自生自灭，从来用不着我亲手解雇任何人。

总体而言，你在这个交易培训计划中赔钱了吗？

没有，因为在38名受训者中，其中5名成功者赚到的钱比其他所有人赔掉的钱加起来还要多。唯一的遗憾是，这5个人赚的钱太多了，以至于他们都退出了该计划。这一结果是我始料未及的。

但最终，你还是从这个计划中获得了净利润。

是的，但考虑到这次创业所付出的心血，获得的利润其实并不算多。我肯定不会再做这种事了。

你认为你培训的大多数人赔钱的原因是什么？

他们缺乏我所说的情绪纪律——在交易决策中摒弃情绪的能力。与交易相类似，节食提供了一个贴切的类比。大多数人都了解减肥的必要知识——也就是说，他们知道为了减肥，必须迈开腿，管住嘴。然而，尽管这些知识为大众所熟知，但绝大多数尝试减肥的人都失败了。为什么呢？因为他们缺乏情绪纪律。

如果你要再次重复这个实验——显然你并不会——你认为你挑选出的交易者会有更高的成功率吗？

会，因为这一次我会根据心理特质来做筛选。

具体来说，你看重的特质有哪些？

基本上，我会寻找那些能够承认错误并迅速止损的人。大多数人都认为，赔钱是对自尊心的极大打击。因此，他们会试图延迟亏损的发生。他们会想出各种各样的理由抗拒认赔。他们设定了某个心理止损点，但未能遵照执行。他们背弃了自己的交易计划。

你认为人们对市场最大的误解是什么?

在我看来，最大的误解是大家都以为只要买进并长期持有股票，就一定能赚到钱。让我举几个具体的例子。在1896年低点和1932年低点之间的任何时间点踏入股市的任何人都会赔钱。换句话说，在这样一段长达36年的时间里，采取买进并持有的策略都是赔钱的——这甚至还不计入资金的机会成本。举个更近代的例子，在1962年低点和1974年低点之间的任何时间点踏入股市的任何人都会赔钱。

如果某件事发生过一次，我想逻辑会让你知晓，它可能会再次发生。实际上，我相信任何事情都有可能发生，如果它曾经发生过，它就肯定有可能会再次发生。从1929年到1932年，市场平均下跌了94%。事实上，类似情况甚至在更近代的时期也发生过——1973—1974年间，“漂亮50[1]”（Nifty Fifty）股票的价值蒸发了75%以上。

你的意思是说，我们可能会迎来一个比大多数人想象的还要糟糕的熊市?

没错，那些认为买进并长期持有才是正道的人很容易破产。

如果我们迎来市场下跌80%或90%的情况，那么你所制定的期间和幅度原则不会将你引入歧途吗?

完全不会。别忘了，我只是将这些统计研究作为众多工具中的一种来使用。

你如何应对连败的局面?

我们都会经历与市场脱节的时期。当我做对事情时，我倾向于扩大我在市场中的参与度。相反，当我开始赔钱时，我就会削减仓位规模。这样做的目的是在连败时尽可能减少亏损。一旦遭受重创，你就会始终处于守势。在我赔钱的所有月份里，我的交易规模总是很小，有时甚至只占交易账户金额的1%。

当我陷入连败时，我喜欢读一本非虚构类图书，来学习新东西。这样做可以

[1] “漂亮50”指20世纪六七十年代在纽约证券交易所交易的50只备受追捧的大盘股。——译者注

一举两得。首先，它能让我的大脑从交易中解脱出来；其次，增长知识有助于提高自尊。关键是要找一些积极向上的事情来做。

你会有完全脱离市场的时候吗？

会。

多长时间呢？

有时会长达一两个月。

你认为这种长时间脱离市场的做法好吗？

毋庸置疑。如果你走进了死胡同，你不会想一直赔下去，因为那只会更大限度地击垮你的自信心。

你如何重回场内的？

泰・柯布（Ty Cobb）曾被问及为什么他从未经历过低潮。他说，每当他感到自己即将陷入低潮时，他不会试图去打出安打，而会简单地试着击到球。将此概念与交易联系起来，当你处于低潮时，尽量保持耐心，等待一笔你觉得非常有把握的交易，并保持较小的交易规模。你的目标不应该是赚大钱，而是通过做出正确的决策来重拾自信。

为什么大多数人都会在市场上赔钱？

我知道这听起来像是陈词滥调，但人们在金融市场上赔钱的最重要的一个原因是他们没有迅速认赔出场。人性的吊诡之处在于，无论有多少本书谈论这一原则，无论有多少专家提出这一见解，人们仍然接二连三地犯同样的错误。

人们还会犯哪些其他错误？

他们没有把交易当作一项事业来做。而我向来将交易视为一项事业。

你能详尽阐述一下你交易事业的计划吗？

我将交易的目标分为三个层级。首先也是最重要的是保本。当我跟一笔交易第一次打照面时，我不会问："我能实现的潜在利润是多少？"而是会问："我可能遭受的潜在损失是多少？"其次是通过依据累积的利润或损失平衡风险来努力争取稳定的获利能力。稳定获利比赚大钱重要得多。最后是当我在前两个目标上取得成功，我就会尝试获得优厚的回报。为此，我在且仅在高获利期之后，才会增加交易规模。换句话说，如果最近一段时间我的获利非常可观，我可能会尝试通过增加交易规模让自己的利润节节攀升，当然，前提是出现有利的形势。积累财富的关键在于保本，耐心等待合适的时机，赚取优渥的报酬。

你对图表分析有何见解？

我通过技术面观察进行交易赚了太多钱，因此不会像许多纯粹的基本面主义者那样排斥技术分析。不过，我确实认为将技术分析作为分析市场和在市场中交易的唯一手段是不够的。

早在1974年，有一位技术分析师找到我，信誓旦旦地告诉我他能帮助我提高交易获利。我以试用期每周125美元的薪资聘请他担任顾问。我还提出把他的推荐所带来的利润分一定比例给他作报酬。嗯，这个家伙勤勤恳恳。他一天工作16个小时，并以我至今仍然无法理解的方法分析图表。然而，每当我向他询问具体的推荐时，他都会向我展示图表，说一些“这只股票可能正在触顶”之类的话。每当我问他应该买进还是卖出时，他从来都不能给我一个明确的答案。我对他最深刻的记忆是他的衬衫袖口磨破了，午餐总是吃自己带的金枪鱼三明治。

你使用图表分析吗？

用，但我喜欢简单明了的做派。我的主要方法是通过三个步骤来确定重要的趋势变动。让我以试图在上升市场中识别顶部为例。第一步便是等待上升趋势线被突破。

依据我的经验，我不认为趋势线特别可靠。

关键是要正确地绘制趋势线。大多数人的趋势线都画错了。

如何正确绘制趋势线？

以上升趋势线为例，你要从最低的低点开始画线，连接最高的高点之前那个最高的低点，确保所选连结点之间没有任何价格穿过这条趋势线。

打断一下。你说你使用了三步图表分析法。其余两个步骤是什么？

一旦趋势线被突破，我就会寻找对最近高点的失败测试。这种失败可能表现为价格在前一个高点之下反转向下，抑或是在某些情况下，价格实际上可能会小幅穿透前一个高点，随后暴跌。在价格穿透前一个高点的情况下，回调至该高点以下则可作为高点测试失败的确认。趋势变动的第三个也是最后一个确认点是对最近相对低点的向下突破。

在你提到的第二个标准，即前一个高点的测试失败，你指出有时反弹会未能突破前一个高点，有时则会穿透前一个高点，然后价格再次大幅下挫。如果在价格回调之前穿透了前一个高点，这样的形态是否会更可靠？

事实上，是这样的。其实，有时单靠这一种形态就可几近准确地捕捉到高点或低点。在我看来，这类价格测试失败可能是最可靠、最重要的图表形态。

这类失败往往标志着重大转折点，背后原因与交易大厅的运作机制相关。许多交易者倾向于将止价单设置在前一个高点或低点及其附近。这种行为模式对于或重大或微小的价格波动都适用。当此类止价单高度集中于某个价位时，你有理由确定场内交易员都已经知晓了这一信息。当价格上涨接近市场上方的买进止价单集中区时，场内交易员会倾向于买进（或者当价格下跌接近市场下方的卖出止价单集中区时，场内交易员会倾向于卖出）。场内交易员试图通过预判大量止价单被触发将导致价格顺着原本的方向略微延伸来获利。然后，他们会利用这种价格延伸的机会来平仓以实现快速获利。因此，试图触发大量高度集中的止价单符合场内交易员的利益。

如果价格波动超越前一个高点（或低点）背后有合理的基本面理由，那么价格走势将趋于延续。但是，如果达到新高点（或低点）主要是由场内交易员的行为造成的，一旦止价单被执行完毕，价格往往会反转，回落至前一个高点以下（或反弹至前一个低点以上）。实际上，止价单被触发代表市场在回光返照。

我上面描述的过程适用于公开喊价制度的市场，例如期货市场。不过，在特许交易商制度的市场中，例如证券交易所，也存在类似的过程。特许交易商负责一种或几种股票的交易。他的工作就是为这些股票创造市场。特许交易商在提供这项服务时，按每百股交易收取固定费用。显然，让价格移动到能成交最多订单的价位水平符合特许交易商的利益。这些价位通常略高于前一个高点或略低于前一个低点。此外，请记住，特许交易商的优势在于能事先知道他负责股票的所有订单的执行价位。况且，证券交易所的场内交易员与期货交易所的场内交易员一样，也存在类似的触发止价单并从中获利的动机。

我想说的主要观点是，关键的图表形态往往建立在场内交易员活动的基础上。

你使用任何技术指标吗？

我把它们作为次要参考。在股票市场中，我最重视的那个指标是200天移动平均线。我不建议将这一指标作为交易决策的唯一参考指标，但它确实为其他分析方法和分析形式补充了一些有用的信息。事实上，我看到的一项研究表明，仅仅通过在道琼斯指数成分股上使用200天移动平均线，投资者在50年的研究期间就可以获得平均每年18%的回报率——大约是直接买进并持有方法所能获得的回报的两倍。

我知道你是一位自学成才的经济学学者，读过几十本甚至上百本相关图书。这种钻研纯粹是求知欲，还是在交易方面也带来了一些实际的好处？

我认为我的经济学和经济史知识曾屡次帮助我从市场中获利。一个典型的例子发生于弗朗索瓦·密特朗（François Mitterrand）在1981年法国总统选举中意外获胜的时刻。密特朗在竞选中承诺将工业部门国有化，并推行大规模的社会福利计划。我深知，密特朗计划的经济影响将使法国法郎下跌。我立即卖出了法郎，当时法郎兑美元的汇率约为四比一。仅仅3周后，法郎兑美元的汇率就跌到了六比一，我回补了仓位。在我看来，那笔交易几乎是稳赚不赔的。顺便说一句，法郎兑美元的汇率最终跌到了十比一。

你最广为人知的市场预测可能是1987年9月在《巴伦周刊》上对股市出现主要顶部的预测，你做出这一预测是在崩盘发生前一个月。是什么让你对即将到来的股价崩盘如此笃定？

在1987年8月的高点时，股市在96天内上涨了近23%。这些数字几乎完全符合中期牛市走势的幅度和期间的历史中位数。这方面的考量只是一条告诫。如果所有其他因素都是利多的，那就没问题。然而，回顾一下我早些时候用过的一个比喻，这个市场可不是杰克·拉兰内。8月份，道琼斯工业指数创下新高，但涨跌比率指标却没有创下新高——这是一种看跌背离。当时的市盈率是25年来最高水平。政府、企业和消费者的债务均创下了历史新高纪录。几乎所有你能看到的指标都在提醒人们警惕近在眼前的崩盘。

10月19日的崩盘前，你已经做空了吗？如果是，你是出于什么考量来判断进场时机的？

第一个主要的时机信号出现在10月5日，当时我读到了美联储主席格林斯潘的评论，他的话被《华尔街日报》引述为，如果通胀担忧在金融市场上“如雨后春笋般涌现”，利率可能会变得“高得危险”。尽管格林斯潘表示，他认为这种担忧毫无根据，但他也暗示，可能需要提高贴现率来缓解这种担忧。10月15日，道氏理论发出卖出信号，我开始建立空头仓位。

压垮骆驼的最后一根稻草是美国国务卿詹姆斯·贝克与德国的争端，在争端中他敦促德国刺激经济。当德国拒绝合作时，贝克在周末宣布美国准备“让美元贬值”。在我看来，毫无疑问，这一声明是10月19日股市崩盘的导火索。不明不白的货币贬值是任何外国投资者都不愿意承受的。“贬值”是什么意思？百分之五？百分之十？百分之二十？你打算让它贬值多少？持有以美元计价的证券的投资者在弄清“贬值”意味着什么之前会一直抛售。

在当时，我绝对确信股市会因这种不明不白的美元贬值而崩盘。周一一早，尽管道琼斯指数开盘下跌了200多点，我还是立即加仓做空。

我知道你也成功捕捉到了1989年10月的小型崩盘。这一次的分析过程与1987年10月相似吗？

非常相似。到1989年10月，市场已经连续上涨了200天，其间没有出现中期下跌趋势（根据斯波朗迪的定义，中期下跌指的是跌势达到或超过15天），而历史中位数为107天。此外，市场上涨超过24%，而我的历史研究表明，当市场涨幅达到这一水平时，8次中有7次最终会发生调整，使价格回到这一水平以下。换句话说，市场继续上涨的可能性非常小。因此，我平了多头仓位，转而密切关注市场即将凋零的迹象。从统计学上讲，这个市场就像一个87岁的老人。

最后还有什么想说的吗？

从事这一行需要极大的投入和好胜心。但是，你不应该把交易奉为生活的全部。你需要停下脚步。你需要花时间与至亲至爱之人在一起。你需要平衡你的生活。

当我对股票历史趋势进行详尽研究时，我的女儿詹妮弗（Jennifer）正处于学龄前阶段。这正是孩子成长的关键时期，也是父母享受天伦之乐的美妙时光。遗憾的是，我太专注我的项目了，以至于下班回家后，我吃完饭就会立即投身我的研究。当我的女儿走进我的办公室时，我根本无暇顾及她。这个错误让我懊悔至今。

有些交易员把这一行视作他们生活的全部，因此，他们可能会赚到更多的钱，但代价是失去了更圆满、更平衡和更惬意的人生。

★

殊途同归，一切都归结为胜算。除非你能找到某种方法使胜算对你有利，否则交易就像任何需要付出成本（此处是佣金和执行价差）的胜负五五开的游戏一样，终将会是一笔亏损的生意。斯波朗迪将胜算的定义推至类保险精算学这一极致。正如保险公司会根据风险对投保人进行分类以确保胜算对自己有利一样，斯波朗迪也会根据风险对股市进行分类。每每谈及股市，他能分辨出20岁和80岁的区别。

斯波朗迪成功背后的另一个相关因素是他的交易规模变化相当之大。当他认为市场正处于新趋势的初期阶段，而且各种指标也证实了这一交易的合理性，他的交易手笔往往比缺乏这些条件时要大得多。由此，斯波朗迪得以在他估计胜算最有利的时候下最大的押注（顺便一提，这种策略本质上也是21点等游戏成功的关键；参阅赫尔的访谈）。不过，斯波朗迪强调，在进行大手笔的交易时，市场必须立即向对你有利的方向发展；否则，应迅速削减下注规模。当你在自认为非常有利的情况下出错时，这项措施事关账户的生死存亡。

斯波朗迪淡化了智力在成功交易中的重要性，尽管他的这一观点并未得到普遍认同。根据他培训38名交易员的经验，斯波朗迪得出结论，认为智力对于预见个人成功几乎无关紧要。据斯波朗迪说，作为交易者要想获胜，一个更重要的特质是承认错误的能力。他指出，那些把自己在市场中的决策正确与否和自尊联系在一起的人，在市场行为指明他们错了时，往往都很难认赔出清。

斯波朗迪认为，在股票市场中尊崇买进并持有策略这条“金科玉律”才是真正的馊主意。他还举了一些例子，说明在很长一段时间内，这种策略可能会带来灾难性的后果。

PART FIVE

第五部分

跨市多面手

|汤姆·巴索|

(Tom Basso)

风平浪静先生

老实说，汤姆·巴索一开始并不在我这本书的采访对象名单上。尽管他的业绩表现稳健，但并不惊艳。作为一名股票账户经理人，自1980年以来，他的平均年回报率为16%，比标准普尔500指数的回报率高出约5%。这在大多数经理人无法跑赢指数的情况下算是相当可敬的表现，但仍然够不上传奇。作为期货基金经理人，自1987年以来，巴索每年的平均回报率为20%，波动幅度不大。他的业绩明显好于业内平均水准，但算不上出众。然而，从某种重要的意义上讲，巴索也许是我采访过的最成功的交易员。套用一句最近的广告词[1]：成功该如何拼写？如果你的答案是M-O-S-T B-U-C-K-S（赚最多的钱），那么巴索可能不够格。但是，如果你的答案是G-O-O-D B-U-C-K-S，G-R-E-A-T L-I-F-E（多赚钱，过好生活），那么几乎无人能出其右。

初次见到巴索时，我就立刻被他在交易方面的那份无与伦比的从容所打动。他学会了接受交易中的亏损，这不仅体现在理智层面，也体现在情感层面。此外，他对交易（甚至可以说是对生活）的充沛活力似乎就在他身上迸发而出。巴索在成为一名获利交易者的同时，显然还保持着内心平静，乐此不疲。从这个意义上说，我想不出还有谁比他更值得作为交易者的楷模了。在与巴索见面的几分钟内，我就知道我想把他收录这本书中。我还意识到，仅仅基于数字来严格选取采访对象的做法未免有些狭隘了。

[1] 此处指抗胃酸药物Rolaids的How Do You Spell Relief系列广告。——译者注

巴索最初担任孟山都公司（Monsanto Company）的工程师一职。他发现这份工作并不能充分吸收他的精力，于是他开始涉足投资领域。他在金融市场上的首次尝试是开设商品（期货）账户，结果这次小试牛刀立马演变为一场灾难。虽然巴索花了多年时间才能够通过期货交易获利，但他坚持不懈，直到最终成功获利。

1980年，他因加入投资俱乐部而开始管理股票账户。1984年，他将管理范围扩大到期货账户。由于这些期货账户的规模大多较小（很多只有25,000美元），导致波动幅度过大。巴索意识到，为了将波动降至合理水平，同时仍然保持适当的投资分散，他必须大幅提高账户的最低金额门槛。1987年，他将账户最低金额提高到100万美元，并退还了所有账户规模较小客户的资金。时至今日，他继续管理股票和期货账户。

我与巴索在由范·撒普博士（Dr. Van Tharp）和阿德里安娜·托格雷伊（Adrienne Toghraie）主持的心理学投资研讨会上相遇。这场研讨会在新泽西州纽瓦克这个不太想得到的地点举行。采访是在当地一家小餐馆用午餐时进行的。

★

见到你后我立刻注意到的一点是，你在交易中散发着一种不可思议的松弛——甚至是幸福——气场。这与通常情况下人们心目中交易员的精神状态截然不同。你看待交易的态度向来如此吗？

大错特错。我还记得我的第一笔交易。1975年，我用2000美元开了一个商品账户。我买了两张玉米合约，立刻赔掉了600美元。我当时胃里翻江倒海，根本无法专心工作。（那段日子里我还是一名工程师。）我每小时都要给我的经纪人打电话。

你还记得你进行这笔交易的动机吗？

我之所以做这笔交易，是因为我做了一项相当不成熟的研究，在研究中我发现在某种非常罕见的图表形态之后，价格百分之百会上涨。几年前，我听过一场你的演讲，你在演讲中谈到了“精挑细选的例子”。当我听到你用这个词的时候，我会心一笑，因为这让我想起了自己的第一笔交易，这正是精挑细选的例子的缩影。

巴索提到的“精挑细选的例子”是最令我无法忍受的事物之一。其基本论点是，只要你通过选取被证明是对特定方法最有利的历史市场期间来说明该方法，那么实际上任何发明的系统都可以看起来很棒。我第一次了解这个概念是在20世纪80年代中期，当时我读到了一篇关于某个简单、完全公开的交易系统的文章。那个时候，我正致力于给自己打造一套相当复杂的系统。令我又震惊又沮丧的是，这个非常简单的系统的表现似乎比我耗费大量时间开发的那个复杂得多的系统更胜一筹——至少就文章所提供的那个例子而言是这样。

我更仔细地重读了这篇文章。文章中所提系统只包含两个条件。我和诺曼·斯特拉姆（Norman Strahm）——我当时的系统开发合作伙伴，他负责我们所有的编程工作——之前已经测试过其中一个条件。我们知道这是一个净获利的交易规则，但也只是表现平平。另一个条件是我们认为成功希望非常渺茫的规则，以至于我们甚至懒得去测试它。然而，如果文章中描述的系统真的有那么好，那它的优越性就必然来自第二个条件——一个我们当时根本不屑一顾的交易规则。

当然，我们还是对第二个条件进行了测试。它在文章选取的市场中的表现与文章所述完全一致。然而，那个例子所选取的时间段恰好是该市场10年测试期内最好的一年。事实上，对于我们在这10年期间测试的25个市场来说，这都是最好的一年。难怪这个系统看起来那么好——我们看到的正是从我们测试的250个可能的市场和年份组合中找出的最好情况。真是太巧了！我确信这绝不是什么事后诸葛亮。

但这故事还没结束。该系统在测试样本的其余时间里表现不佳。事实上，一旦计入交易成本，在测试期间的10年里，25个市场中的17个实际上是赔钱的。从那时起，我就对交易系统文章和广告中所使用的例子产生了根深蒂固的怀疑态度。

你相信大部分使用这些精挑细选的例子来兜售交易系统的人心里清楚得很吗？又或者他们真的在自欺欺人——正如你在第一笔交易中那样？

我认为可能两者都有一点。有些人就是在卖垃圾，他们自己心知肚明，而有些人则是在骗自己——他们认为自己拥有的东西很有价值，但实际上并没有。这种类型的自我欺骗时常发生，因为构建一个看起来在过去的市场中表现非常出色的系统会带来心理上的慰藉。系统开发者为了实现过往的优异表现，往往会定义不现实的限制性的系统条件。问题在于未来永远不会和过去一模一样。因此，这些精挑细选的模型在未来被应用于交易时，会分崩离析。

经过多年的市场历练，我现在尽可能保持模型的灵活性。我试着想象一些几乎可以拍成精彩电影情节的场景。比方说，美国政府垮台，导致国债违约，财政部无法支付国债的本金和利息，美元一夜之间暴跌50%。

你又怎么能设计出能够应对这种极端情况的系统呢？

我不一定要设计出能够应对这种情况的系统，但我会在头脑中模拟在这些情况下我的仓位会受到什么影响。

这有什么帮助吗？

它帮助我为各种可能出现的不同市场情况做好准备。因此，我知道自己在任何特定情况下会如何去做。

在你对自己第一笔交易的描述中，你给人的印象是内心充满了紧张和焦虑。你是如何从那种心态转变为目前这种格外放松的态度的？

我意识到，每次亏损，我都需要从经历中学到一些东西，并将亏损视为“交易大学”的学费。只要你能从亏损中学到一些东西，那就算不上是真正的亏损。

你是什么时候养成了这种心态的？

非常早了，可能就在那笔玉米交易之后。

这种心态有帮助吗？

当然了。用这个角度看问题，我不再把亏损看成问题，而是开始视其为将自我提升到下一个层次的机会。在接下来的5年里，我的绩效逐渐改善，亏损也逐年减少。

从开始做交易起，你连续5年亏损，你是否曾想过自己可能不适合干这一行？

没，从来没有。

是什么给了你信心？很显然你并未从市场中得到任何正反馈。

我的正反馈来自亏损在逐渐变小。我已经非常接近盈亏平衡点。我还将我的亏损控制在可控范围内。我总是用一个很小额的账户进行交易，这个数额的损失是在不影响到我生活的前提下可以承受的。

当你在一年中设定限于亏损的金额损失殆尽时，你是否会停止交易？

从未发生过这种情况。我已经形成了一种观念，那就是绝不做会危及我继续交易能力的交易。我总是将任何交易的风险都限制在即使出错也能重新进场再来一局的水平上。

在你就读所谓“交易大学”期间，有哪些“课程”最让你记忆犹新？

一次绝对关键的经历发生在1979年，大约在我开始交易的4年后。我的父母住在纽约州锡拉丘兹市（Syracuse），他们来探望我，待了一周。我当时忙着当向导，工作耽搁了不少。就在那一周，白银爆发了猛烈的上涨行情，我毫不知情。下一周，我才发现我错过了白银的买进信号。

你当时基于系统来交易吗？

是的。我当时遵循的是一套特定的系统，我连续9个月按部就班地跟着系统做了每一笔交易。换句话说，如果我当时及时处理了工作，肯定会进场做这笔交易。在接下来的几个月里，白银价格一飞冲天。故事的结局是，错过这一笔交易意味着每张合约损失了3万美元的利润。

你当时的交易账户规模多大？

很小，大约5000美元。因此，那笔交易做成的话意味着账户规模大约可增加6倍。从那时起，无论我使用什么系统，我总是确保自己可以获取所有来自系统的交易信号。

是否还有其他交易对于塑造你的整体交易方法至关重要？

1987年，我妻子和我拥有一个账户，当时的账户金额约为13万美元。市场暴涨时，我们买进了几张白银合约。我们眼睁睁地看着账户在一个月内增加了约50万美元，又在短短一周内吐出了80%的利润。

那笔交易让我对自己的抗压能力有了深刻的认识。当你的账户经历这般大起大落时，你往往会在市场遂你心意时感到热血沸腾，在市场不遂你愿时遭到重创。这些情绪对你成为一名优秀的交易员毫无裨益。无论何事发生，保持账户波动范围可控，每日努力寻求内心平衡，这才是更好的做法。那笔交易是一剂催化剂，促使我采用了一个公式，通过缩减每个市场上交易的合约数量，将我的利润和回撤维持在一个可承受的水平。关键在于交易的合约数量会根据每个市场的波动而起伏。

回到我的第一个问题，你能解释一下，你如何能在市场交易中保持如此沉着冷静的态度吗？

每天我去工作时，我知道我的投资组合的风险和波动性与昨天、上周和上月完全相同。那么，如果我一直处于完全相同的风险敞口中，为什么我要让自己的情绪起伏波动呢？

我想，要有这种态度，就必须对自己的系统充满信心。

这件事一是要有信心，二是要对自己使用的方法感到舒心。举个例子，如果我把我的系统原封不动地交给你，我敢肯定一个月之内，你就会根据自己的想法对系统做出修改。出于这样或那样的原因，你大概率不会对我交给你的东西感到舒心。如果我将系统以黑匣子（一种基于未公开规则生成买卖信号的计算机程序）的形式提供给你，情况就更糟了。那会让你发疯的。因为你根本不知道程序输入了哪些信息，所以当系统第一次出现连续亏损时，你可能会彻底放弃它。你可能会说："汤姆也许是个好人，但我怎么知道他不是根据一些精挑细选的例子开发出这个系统的呢？"

这正是我认为人们几乎总是无法从购买的交易系统中赚钱的原因。即使他们足够幸运买到了行之有效的系统，他们几乎从不会有信心在系统经历第

一次大幅回撤时继续坚守——而世界上每个系统都会出现回撤。

我无比赞同。

如果交易者说："我总体上赚了钱，我也用止损点来限制损失，但我仍然对交易充满焦虑。我仍然无法忍受亏损。"你会对他说什么？

我会告诉这位交易者，把每一笔交易都看作是他将要做的1000笔交易中的一笔。如果你从接下来1000笔交易的角度思考问题，那么突然之间，你就会觉得任何一笔交易都变得无关紧要。谁在乎某笔交易赚了还是赔了？不过就是又一笔交易罢了。

你会做一些心理练习来放松吗？还是说现在你已经完全计算机化，就没有必要这样做了？

我现在可能会比以前做更多的心理练习。每天早上开车上班途中，我都会有意识地让自己松弛下来。我在脑海里预演当天可能发生的任何冲突。上班前的心绪整理和放松的过程帮助我以一种非常积极的心态来开启一天的工作。

实际上，你是在想象所有可能发生的危机或紧张局势，以及你将如何应对，这样如果它们真实发生了，也不会给你带来压力？

就是这样。

你能举一个例子，说明这种心理态度经受住了考验吗？

最近的海湾战争就是一个很好的例子。1991年1月16日晚上（美国对伊拉克发动空袭的那天晚上），我来到办公室做一些电脑方面的工作。就在这时，战争的消息传出，原油价格飙升至40美元。当时我碰巧持有大量多头头寸。我的第一反应是……

"明天是个好日子。"

事实上，我想我最直接的想法是，"明天波动会很大，风险控制警报会响起，我们最好做好准备。"我给总经理乔治家里打了个电话，确保他知晓这一情况。

他说："我知道，三大电视台都在播。明天我会早点到。"

次日一早，我洗完澡出来在吹头发，妻子正在隔壁房间看新闻。我想我听到了新闻播音员说原油价格为22美元。我当然不相信这个数字。我心想，"是42美元吗？还是32美元？”我走进卧室对妻子问道：“他说的是22美元？”

“不好意思，”她说，“我刚刚没在听。”

我等着新闻重播一遍，发现价格确实是22美元。我打电话给乔治，问他：“你看新闻了吗？今天早上我们可真有的忙活了。”

我们俩早早到了办公室，赶在开盘前运行了所有程序，处理了所有风险警报，并打电话下了所有的单子。我们做了所有计划要做的事情。到9:30时，一切就绪——所有单子都已下达，执行价格已接收，新的仓位余额已计算。我坐了下来，长舒一口气，对乔治问道：“你觉得我们今天会赔多少？”

“我猜15%左右。”他回答。

“是，我猜也是大概这个数。”我说。

我坐在那里沉思了一会儿，回想了昨晚和今早发生的所有事情和行动。我意识到事情无一不是按照我的预想去实施的。尽管投资组合在一夜之间损失了15%，但在那一刻，我的感觉好极了。

因为你做了所有应该做的事情？

没错。

前一天晚上你去睡觉时，原油的市场交易价还在40美元以上吗？

是的。

你以为第二天早上还会上涨吧？

当然。

发现原油价格从前一天晚上的上涨8美元到第二天早上的下跌10美元，一定会让人大吃一惊。当你意识到前一天晚上的利润突然转变为单日巨额亏损时，你本能的内心感觉是什么？

我在琢磨我的交易程序会如何处理原油价格的波动从每天（每张合约）1000美元到每天18,000美元。想到我的程序将如何处理这种情况，我既兴奋又害怕。我希望自己已经做好了应对灾难性事件的准备。

但在内心深处，你难道感受不到任何受伤或沮丧吗？

没有，我更多的只有好奇。

正是这种态度让我觉得着迷。你的投资组合从前一天晚上的大幅上涨到第二天一早的亏损15%。在这种情况下，大多数人都会产生一些非常消极的情绪。你是如何做到如此淡然处之的？

你得从长远的角度来看问题。我喜欢把交易看作是数十年的事情。如果我活得足够长，我将会做五六十年的交易。我认定，在这条时间长河里，我将会见证毁灭性的下跌，也将会见证几乎难以置信的惊人上涨，还将会见证介于两者之间的万事万物。如果你已经通过心理演练预演了自己在各种灾难性情况下的反应，那么当这样的事件真实发生时，你有的只是好奇。

好奇自己是否会遵循你的心理演练去做？

正是如此。你感觉自己好像已经看过这部电影，你好奇它是否会以同样的剧情呈现。

在心理演练中，你如何处理这种情况？

我对灾难性事件的心理演练是想象一位医生在分诊的情景。这位医生身处战场急诊手术室。来了50位伤员。有些人会活下去，有些人会死掉。医生接受过处理这种情况的培训。将由他做出所有必要的决定。“这位伤员推进一号手术室。”“这位伤员推到一旁。”他镇定自若，毫不紧张。他知道自己要尽最大可能最大限度地挽救生命。他也自知无法救活他们所有人，但他会尽其所能。

你只需专注你当下必须要做的事情。

没错。

这种专注是否真的消除了可能产生的任何负面情绪？

谁知道呢？那个时候你不会去想这些。你也不会因获利而欣喜若狂。

事实上，为利润而陷入狂喜并不那么可取。一位交易者向我描述了如下的情绪波动：“当我赔钱时，我会因为赔钱而沮丧。当我赚钱时，我会因为担心自己无法继续赚钱而焦虑。”

我把交易中的情绪比作弹簧，情绪被上下拉伸，忽上忽下。上下起伏的时候你会觉得挺刺激，但弹簧终会松弛变形。倦怠感开始袭来，你会意识到，坐情绪过山车也许并不那么有趣。你会发觉，如果你能保持情绪不悲不喜，其实会更乐在其中。

你是如何实现这种平衡的？

我全神贯注做好交易，让结果自己说话。

听起来你几乎可以做到旁观者清，将自身完全抽离出来。

上高中时，我非常害怕站在全班同学面前发言。我的膝盖真的会颤抖。最后我学会了通过解离和观察自我的方式来应对这种局面。在紧张的时刻，我能够让这位观察者现身。当我发现自己在颤抖时，我的观察者会开口："汤姆，你为什么发抖？放轻松。你说得太快了。慢一点。"

最终我发现观察者从未缺席。如果你一直在观看自己的所作所为，就会非常接近于在看一部电影。观察者正在观看你在这部名为《人生》的电影中所扮演的角色。

这就是你给普罗大众的建议吗——试着做自己的观察者？

绝对是。我会不遗余力地推荐。与其说"我要做这笔交易"，不如说"我要看着自己做这笔交易"，顷刻间，你会发现这个过程变得轻松多了。

这位观察者对你的交易有何帮助？

观察者能够说出："你在这笔交易中太贪婪了，注意点。"当你的部分指标看涨、部分指标看跌，你可能倍感压力，左右为难，不知该如何是好。观察者可能会说："什么都不做怎么样？你不必非得进场交易。"

这个概念不仅适用于交易，总体上也适用于人生。人生没有必要满是挣扎和压力地痛苦前行。

然而，若你只是旁观自己的生活，那你就没有在生活。这种说法听起来未免太过冷漠疏离。

很多人都这么想，其实完全不是那么回事。想象生活如同一部电影，你现在所见的这一刻，仅此一次，永不再有。沉浸其中，觉察它，享受它。

你有什么建议给那些压力满满的人？

首先，要保持长远的角度看问题。宇宙浩瀚无垠。在你出生前就已存在，在你去世后仍会存在。从宏观上来看，你的问题并没有那么重要。此外，如果你把自己的人生看成一部电影，也会有所帮助。如果你去音像店租了一部恐怖片，你选择让自己受到惊吓，这并不会造成心理压力，因为在内心深处，你知道这只不过是部电影。如果对生活也抱有同样的态度呢？

你先前提到，你设想自己的交易生涯为五六十年。你真的打算一直交易到老吗？你想过达到某个财务目标后提早退休吗？

实际上，几年前我曾经短暂萌生过退休的念头。我的妻子问我："如果你退休了，你会做什么？"

"那个，我会在家里装好电脑和报价屏幕，"我回答道，"我会做一些交易，将大部分时间花在研究开发新系统上。每天早上我会花一些时间翻阅《华尔街日报》和其他金融期刊。"

我妻子耐心听完后说道："这听起来和你现在做的事情没什么差别。唯一的区别是，你想去度假时，现在会有员工为你提供支持。"

当然，她是对的。我意识到自己是在做真正热爱的事，在做退休后无论如何也会继续做的事。

你的交易方法显然高度依赖计算机。你的交易方法是完全机械化的，还是在交易进场时仍会酌情做出一些自主决策？

我对市场的直觉正确的次数可能比错误的次数更多。不过，通过观察自己，我注意到有时我直觉上最紧张的交易信号反而会成为最好的交易。因此，从长远来看，我认为不假思索地遵循我的系统对我的绩效最有裨益。

我偏好纯粹的系统化方法还有另一个原因。我发现，使用系统能让你摆脱后顾之忧。如果你今天赔了钱，错不在你，是系统有问题。这其中涉及一种解离感的因素。哪怕系统是你设计的，你也会开始减少对损失的个人情感因素。至少在我身上是这样的。一旦我实现了完全计算机化，我发现自己在每笔交易中投射的感情越来越少。

现在，我有更多的时间来从事各种工作项目和追求个人兴趣，因为我不需要像以前那样寸步不离地守在报价机前，盯着行情每一刻的上涨和下跌。在这个过程中，生活变得趣味盎然。

如果今天你的交易员生涯才刚起步，在知晓你现在所知晓的一切之后，

你会采取哪些与第一次不同的做法？

我刚起步时担心的第一个因素是我将要用来交易的系统。我担心的第二个因素是风险管理和波动控制。我关心的第三个领域是交易心理学。如果让我重来一次，我会完全扭转这一过程。我认为投资心理是迄今为止最重要的因素，其次是风险控制，最无关紧要的考量因素是在哪里买进和卖出的问题。

★

与《金融怪杰》一样，如果说本书有一个主题不断重复出现的话，那就是心理对于交易成功至关重要。当然，巴索的访谈有力地重申了这一观点。然而，这里还有一个更重要的教训：为了获得成功的人生，你必须拥有正确的心态，否则，成功的交易将得不偿失。

如果交易（或任何其他工作或事业）是焦虑、恐惧、沮丧、抑郁或愤怒的根源，那就出问题了——即使你在传统意义上取得了成功，更何况是在你没有成功的情况下。你必须对交易乐在其中，因为如果交易是消极情绪的根源，那么即使你赚了钱，你也可能早就输了这场游戏。

就绩效统计数据而言，巴索远不是我采访过的最成功的交易员，但他可能是我最优先选择的楷模之一。本质上，选取如此一位楷模意味着遵循以下处方：把你的热情、精力、专注、奉献和自律结合起来，力争成为最优秀的交易者，但一旦你做到了这一点，就无须再为细节而苦恼。像看电影一样看待不断演绎的市场事件，保持全局观。如果你的长期策略是正确的，就无须担心不利的市场波动。如果你还没有形成一套完善稳健的方法，那就从亏损中汲取教训，并将其视为交易课程的学费（始终确保你所冒的风险永远不会超过你所能承受的损失）。

巴索建议将人生视作一部电影，这些字眼从书中读起来可能显得有些消极被动，但在个人层面上并非如此。巴索提倡你要像欣赏一部引人入胜的电影一样，全情投入地享受和体验你的生活，但同时也要保持一种看电影时的视角。不要让问题掺杂太多的个人情感。明天宇宙依然存在。

| 琳达·布拉德福德·拉施克 |

(Linda Bradford Raschke)

解读市场乐章

琳达·布拉德福德·拉施克对待交易非常认真，在她分娩的前一天仍在进行交易。“你不会在产房里还在交易吧？”我半开玩笑地问她。“这倒没有，”她说，“不过话又说回来，那时候是凌晨4点，市场还没开盘。不过，在生下女儿的三个小时后，我确实做了一笔交易。我做空了一些当天到期的外汇期货合约。这似乎是一笔不错的交易，我无法让自己放弃将头寸转递到下一个交割月的机会。”如我所言，拉施克对待交易非常认真。

拉施克从小就知道自己想要投身市场。大学毕业后未能如愿找到一份股票经纪人工作的她，养成了每天早上上班前去太平洋海岸证券交易所（Pacific Coast Stock Exchange）的交易大厅溜达一圈的习惯。尽管她每天去交易大厅的动力是对市场的痴迷，但这个习惯最终为她带来了成为交易员的机会。拉施克结识了交易所的一位场内人士，他向她传授了期权的基本知识。被拉施克的热忱和快速掌握市场概念的能力打动后，他为她提供了一份交易本金。

拉施克前前后后做了6年场内交易员，最初在太平洋海岸证券交易所，后来在费城证券交易所。除了交易生涯初期的一次灾难性事件，拉施克作为场内交易员做到了平稳获利。

1986年底，当拉施克在一次意外中受伤，被迫在办公室进行交易时，她发现自己更喜欢场外交易。在那之后，她在家中设立了自己的交易办公室。尽管许多试图转换到办公室交易的场内交易员在过渡的第一年都会遇到重大困难，但拉施克离开交易大厅交易的第一年实际上是她有史以来最好的一年。在随后的几年里，她一直平稳获利。

我第一次见到拉施克时，她眉飞色舞的神态使我印象颇深。她告诉我她患有爱泼斯坦-巴尔综合征（Epstein-Barr Syndrome）——一种以慢性疲劳为典型症状的疾病时，我非常震惊。“你不知道，”她说，“在过去的4天里，我大部分时间都在休息，以积蓄足够的精力来应对这趟旅行。”（虽然我提出去她家做采访，但拉施克想要给纽约一日游找个借口。）即便如此，我还是无法想象她完全健康时会是什么样子。

拉施克认为，她身体抱恙的原因是把自己逼得太紧了——既要全职交易，又要照顾婴儿，还要在家里重新装修时与一群工人打交道，也要积极追求自己驯马和骑马的爱好。拉施克甚至还能够对自己的病情保持乐观。“在我看来生病这件事也并非一无是处，”她解释道，“我不再试图在35岁之前把一切都安排得满满当当，而是意识到，33岁的我还很年轻，未来还有很多大好机会等我大展身手。”

前几个小时的采访在我的办公室进行。接着我们在华尔街附近的一家餐厅继续我们的谈话。晚餐过程中，我的目光没有从手表上挪开过，并加快了我们谈话的节奏，因为我知道她错过下一班回家的公交车就意味着要再等4个小时。即便拉施克看起来很放松，毫不在意，但我也不想她因为我在港务局客运总站滞留那么久，有很多地方比在这儿待上这4个小时要好得多。

★

你什么时候第一次涉足市场？

我父亲喜欢在市场上交易，尽管他从未从中赚到过钱。作为4个孩子中的老大，我被父亲叫过去帮他翻阅数百张股票走势图，寻找一些特定的模式。我第一次真正涉足市场是在读西方学院（Occidental College）的时候。学校有一个项目，每年挑选10名学生来管理一个由一名匿名捐赠者设立的信托基金。

你当时对市场了解多少？

了解不多。我们几乎完全根据基本面做出决策。小组里的任何人都可以提出想法，只要得到大多数人的赞成，就会付诸实施。

你从那段经历中学到了什么？

我只知道那段经历可真是太有趣了。

大学毕业后你找到市场相关的工作了吗？

大学毕业后，我去了旧金山，想找一份股票经纪人的工作。我敢肯定这座城市里的每一家经纪公司我都申请过了，他们根本没用正眼瞧过我。对他们而言，我只是一个刚踏出大学校门的年轻人。我一次又一次地被告知四五年后再来吧。最终，我在一家纸业公司——皇冠泽勒巴赫（Crown Zellerbach）找到了一份财务分析师的工作。

兴许是命运的安排，我的办公室距太平洋海岸证券交易所只有两个街区之遥。因为我上午八点半才上班，而交易所上午七点半开盘，所以我开始把每天的第一个小时耗费在交易所。

你在那里做什么？

我只是看看交易所里发生的事情。不久之后，人们注意到我在那里，其中有些人还特意走上前来向我解释。一位交易员向我解释了期权的定价，我心想："天呐，我也能做这个。"这听起来没什么大不了的。事实是，一旦你进入了交易大厅，你会发现交易员来自各行各业。要成为交易员，你不必非得聪明绝顶。实际上，我在交易大厅结识的一些最优秀的交易员是冲浪迷。正规的教育背景似乎与一个人的交易技能没有太大关系。

你是如何完成从旁观者到参与者这一转变的？

向我解释期权市场基础知识的人认为我可以成为一名优秀的交易员，并表示愿意为我提供本金。当时我正在申请研究生院，想拿一个工商管理学硕士学位。我心想，"我要么去上商学院拿个工商管理学硕士学位，要么在证券交易所的交易大厅做交易——嗯，我到底想做哪个呢？"这个抉择并不艰难。

他资助你成为交易员出于什么理由？

那些我最终决定培训或资助的人，我在意的是他们的兴趣程度。如果某个人有足够强烈的兴趣或渴望，那他通常就能克服其他障碍。我认为是我对市场的兴趣深深打动了他。

他给了你多少本金？

依照交易员资助其他交易员的标准程序，我们建立了合伙关系，我是普通合伙人，他是有限合伙人。他出资25,000美元，协议规定利润对半分成。

你是如何做出交易决策的？

我就只买进定价过低的期权，或卖出定价过高的期权，并用其他期权或股票来对冲这个仓位。

作为一名新手，与更富有经验的经纪人在同一类型的交易中竞争，对你来说岂不是很困难？

没有，20世纪80年代初期的期权市场效率极其低下。你智商不过百都可以赚到钱。头3个月过后，我就赚了约25,000美元。

大约就在同一时间，我开始卖出城市服务公司（Cities Service）的看涨期权，因为该期权定价过高。为什么会定价过高呢？因为这只股票是并购的潜在对象之一。

你当时知道这件事吗？

哦，当然。

那你知道怎么将这种情况计入价格中吗？

我本以为我知道。当时，该股票的交易价格是32美元。这个价格下我可以卖出期权。我知道只要股价不超过55美元，我就不会出问题。不幸的是，并购计划在期权到期的前一天下午被宣布，股价从34美元左右跃升至65美元。突然之间，我才发觉一夜之间损失8万美元并不是天方夜谭。

所以，就在一夜之间，你赔掉了你所有的利润和起始资金，还产生了3万美元的窟窿。谁来负责填补这笔亏空？

是我，因为我是普通合伙人。

你还记得自己当时的情绪反应吗？

情绪上倒没有那么糟糕，因为我见过我周遭的其他交易员在突发并购的情况下损失更加惨重。他们可以经受数百万美元亏损的打击并存活下来。相比之下，我的情况似乎并没有那么极端。况且，我觉得在任何可能迅速亏损的行业中，你都得有能力把钱赚回来。

听起来，你几乎可以对这件事一笑置之。

我并不想轻描淡写地叙述这段经历，因为22岁的我面对堆积如山的债务时其实内心是非常惶恐的。实际上，我还欠着1万美元的上大学时的学生贷款。万幸的是，我找到了另一位资助人，摆平了一切。这段克服困难的经历给了我信心，让我相信我能战胜未来可能发生的任何事情。

从那以后你做得怎么样？

我稳定地赚钱了。

是什么让你决定放弃场内交易，转而在办公室做交易？

1986年底，我在骑马时遭遇了严重事故。我的肋骨折断，肺穿孔，肩膀脱臼。站在交易大厅内让我身体倍感不适。那也促成了我第一次坐在楼上用报价机进行交易。我觉得那样很棒！我可以同时观察所有那些指标和不同的市场。随着时间的推移，我逐渐摸索出了自己的标普指数期货交易风格。

你的交易风格是什么？

我的专长是短线交易，这也是我的谋生之道。偶尔做做长线交易只是锦上添花。我认为，只有短期的价格波动才能被准确预测。随着预测时间变长，预测的准确性就会急剧下降。我是混沌理论的忠实信徒。

[混沌理论的一个基本概念是，对于非周期性系统——永远不会完全重复自身，因此也永远不会达到稳定状态的系统，比如气候、市场——变量值或测量值的细微差异可能会随着时间的推移被放大，产生巨大的影响。这种现象的技术名称是对初始条件的敏感依赖，但更为人所熟知的名字是“蝴蝶效应”。正如詹姆斯·格雷克（James Gleick）在他优秀的著作《混沌：开创新科学》（*Chaos: Making a New Science*）中所描述的那样：“例如在气象中，这就成了人们半开玩笑说的‘蝴蝶效应’——今天在北京有一只蝴蝶扇动空气，可能改变下个月在纽约的风暴。”]

两个月内有太多无法预测的事情可能发生。对我来说，为期10天的交易是理想的交易，但在对待每笔交易时，我都会当作持有期只有两三天。

我也笃信价格走势可以预测，但价格幅度不可预测。我不设定价格目标。当市场行为告诉我是时候出场时，我便会出场，而不是基于价格涨跌幅度的考量。市场给你什么你都必须乐于接受。如果市场给你的不多，那你也不能犹豫，小赚一笔就出场。

为了尽可能把握最佳进场价格，我倾注了大量心血。我觉得这可能是我的看家本领之一。在日内交易中，一个好的进场价格至关重要，因为它可以为你赢得时间，看看市场将如何反应。如果你买进是因为觉得市场应该会反弹，但市场却只是横向盘整，那你最好还是退场。交易过程的一部分就是在试水。如果你的进场时机足够好，即使错了也不会赔太多。

在所有人都非常惊慌失措的时候，一些绝佳的交易机会就会来临。市场中的人群往往会做出非常愚蠢的行为。你可以把围绕均衡水平的价格波动想象成一根被拉伸的橡皮筋——如果拉得太紧，它最终会弹回来。作为一名短线交易者，我会试着等到橡皮筋被拉伸到极点。

你如何确定市场已经接近这个极点？

我最喜欢的模式之一，就是市场倾向于每隔2到4天就会从相对低点移动到相对高点，反之亦然。这种模式是人类行为在起作用。市场要经过几天的上升才会看起来相当好。这时人人都想买进，而像我这样的专业人士则会卖出。相反，当市场连续几天下跌，所有人都看跌的时候，那就是我喜欢买进的时候。

我还追踪不同的指标。我认为具体选择哪些指标没有那么关键，只要你能有效解读你所使用的指标。就我个人而言，我密切关注的指标有：跳动点（tick，最近跳动点上涨的股票数量与最近跳动点下跌的股票数量之间的差值）、短线交易指标（TRIN，将上涨股票的价格和成交量与下跌股票的价格和成交量联系起来的衡量标准）和升水（premium，股指期货相对于现货指数理论价格的升水或贴水）。举例来说，当跳动点处于极端水平并不断下跌——-480，-485，-490，-495——然后止跌——-495，-495，-495——而我观察到其他指标也显示市场超卖了，那么我通常就会进场以市价买进。有时候，我用这种方法真的能买在当天的最低点。

我不惧怕在急跌时买进或在激涨时卖出。当然，有时候市场会朝同一个方向延续，我会马上赔掉标普指数上的一整点或更多。不过，即便在这种情况下，只要等到足够极端的行情，市场往往会“回弹”到足以让我接近回本出场。或许我的头号准则就是：不要试图在糟糕的交易中获利，只需设法找到最佳的出场点。

所以当你做了一笔糟糕的交易，你也不会立即抛掉。

说对了。我发现只要我稍稍有点耐心，通常可以在一个更好的价位出场，因为我一开始进场交易是因为市场过了火，似乎早该有所反应了。一旦我出场，重新进场对我来说也很容易。如果我以更高的价格买回，我就将其视为一笔全新的交易。

你是什么时候在家里设立交易办公室的?

离开交易大厅大约3个月后。

场内交易多年，早已习惯于身处熙熙攘攘的交易大厅中的你，是否觉得很难适应在家交易这种与世隔绝的生活?

最初4年，不在场内交易的感觉非常好——没有干扰，没有外界声音。然而，从去年开始，这种与世隔绝的感觉开始真正困扰到我了。我开始感到孤独。我试过白天和其他交易员通电话，但我发现这会分散我的注意力，降低我的工作效率。我也试过和另一个交易员建立交易办公室，一度合作愉快，直到他离开去纽约建立了自己的交易业务。我还试过聘请一位助理，但这并没有使我的获利有所增加。

如今，我尝试通过在交易日之外安排一些项目来让自己与外界保持联系，从而排解这种孤独感。我是美国技术分析师协会（Market Technicians Association）的会员，每次会议我都尽量出席。我还和一位程序员合作开发了神经网络交易指标，我现在将其用作市场工具。（神经网络程序的一个关键特征在于它们并非静态的，而是在“学习”数据时不断进化。）通过这个项目，我还与全美各地致力于将神经网络应用于交易的其他人员进行了多次联系。

我意识到与世隔绝已成了一个问题，并且我不断尝试寻找不同的解决方案。

我想，最终我可能还是希望能和一两个交易员再次共享我的办公室。

既然你主要从事股指期货交易，我很想知道你在1987年10月那场令人难以置信的崩盘中的经历。

讽刺的是，我在崩盘前一个月左右停止了交易。到那个时间点为止，我度过了成绩斐然的一年，赚了50多万美元，几乎是前一年的两倍。我简直不敢相信自己做得这么好。我抓住了市场所有重大波动。冥冥中我有一种感觉，这一切都过于顺风顺水了，不该再继续铤而走险了。与此同时，我有机会拜一位此前一直与我合作的驯马师为师。我想这会是个给交易按下暂停键的好时机。

所以1987年10月股市崩盘的时候你并未参与市场？

不完全是。那周刚开始的时候我还没有仓位。不过，在我停止交易的那段时间里，我每天早上都会给我丈夫（他是费城证券交易所的做市商）打电话来了解市场上发生了什么。那天早上，当我从马场给他打电话时，他说："你最好回家看看今天会发生什么！世界各地的市场都崩溃了，看起来道琼斯指数开盘要跌个200点！"听到这句话，我在心里盘算着："伙计，这下好了。我一直在等着这个买进机会呢。"

我匆忙赶回家，打开新闻。所有人都在谈论着恐慌、恐慌、恐慌。我那愚蠢老旧的逆向思维明知山有虎偏向虎山行，"妙极了。让我们拭目以待市场开盘能跌到多少。"你也记得的，市场全天都在暴跌。我不得不强迫自己克制住不买。终于，到了下午早些时候，我再也按捺不住了。我买了一张标普指数期货合约。在收盘前的最后一个小时，随着市场不断走低，我继续买进。截至当天收盘，我买进了10张合约。

当市场收盘时，你当天赔钱了吗？

当然。那天市场的收盘价接近最低点。我赔了大约10万美元。

你会感到不安吗？

不，并没有。当然，我会懊恼自己没有再多一点耐心，因为如果我能再等等，我的平均成本价格就会更低。不过，我真的没有担心这个仓位的初期亏损。期货市场相对于现货股票指数的贴水非常大，我确信第二天它会开盘走高，而现实也果真如此。

你在开盘走高时出场了吗?

我卖出一部分头寸获利了结。我的计划是继续做多。我认为，我们已经看到过市场上如此愚蠢的行为，人们实际上把有价值的股票都抛掉了，我的感觉是卖盘枯竭终有时。举个例子，我记得我第一次踏进费城证券交易所交易大厅时，所罗门兄弟公司的股票交易价格为32美元。而后股价一度涨到60美元以上。崩盘那天所罗门兄弟公司的股票跌至22美元。对我来说，人们这样给股票定价似乎很荒谬。

听你说的，好像你对那一周席卷市场的恐慌完全不以为意。

我不认为我在崩盘那天买进10张标普指数期货合约时低估了交易风险。不过，事后看来，我当时还是太天真了，竟然对市场、清算公司和银行会照常运作深信不疑。后来我意识到，如果美联储没有那么激进，我的清算公司，以及其他许多公司，都可能会破产，在这个过程中，我的账户资产也将化为乌有，现在回想起来，不免一阵后怕。

当你赔钱时，你会感到烦恼吗?

完全不会。赔钱从来不会让我烦恼，因为我始终知道我会把钱赚回来。我始终知道，无论发生什么，我可以带着任意金额的钱，进入任意市场，并靠交易填饱肚子。

你能描述一下你交易生涯中犯过的错误，以及从中得到的教训吗?

我自己的弱点一直都是在进场建立仓位上有些操之过急。俗话说："枪打出头鸟。"我学会了对自己说："耐心，耐心，再耐心。"我尽量等到万事俱备再进行交易。接着等我准备好进行交易时，我会慢慢数到10再拿起电话。有错误的想法但时机把握得好，总归好过有正确的想法但时机把握不好。

我经常犯的另一个错误是同时参与太多市场，导致我操作上的草率。我还发现，给我造成最大损失的是我最小的仓位，因为它们往往容易被遗漏。对大仓位自然要谨慎小心，加以关注。而对于小仓位，我则很容易掉入盲目乐观的陷阱。意识到这个陷阱后，我对待这些仓位就慎之又慎了。

我意识到自己只是个普通人，而普通人总是会犯错。我只是尽量降低犯错的频率，更早地认识到错误并立即加以改正！

你交易中的获利比例是多少？

大约70%。

你的平均利润是否也比平均损失多？

在我的短线交易中，以每张合约来计算，我的平均获利约为450美元（如果算上长线交易，这个数字会更大），而我的平均亏损仅略高于200美元。

你的获利交易不仅在次数上是赔钱交易的两倍以上，而且每笔交易的平均利润也是平均损失的两倍有余，听上去你每个月都平稳获利。

每个月！我的交易理念要求我做到每天都获利！当然，我尚未能持续做到这一点，但这是我的目标。我几乎每周都能赚到钱。别忘了，我是靠这个吃饭的，我用的可是自己的钱。我是把交易当作一门手艺来学的，我把这一点看得很重。像任何一门手艺，就拿钢琴演奏来说吧，完美也许是遥不可及的——我永远无法完美无瑕地弹奏出一首曲子，我也永远无法买低卖高——但如果你日复一日地练习，稳定的发挥并非遥不可及。

我想，你能保持如此稳定的绩效，在一定程度上可以归功于你对市场动态的高强度追踪。方才你描述你的交易时，听起来就像你几乎是在追逐市场的每个跳动点。我猜这种方法肯定限制了你交易的市场数量。你同时追踪多少个市场？

数量不固定。我分析20个市场。但在任何特定时间，我交易的市场都不会超过6个。理想情况下，我肯定想每天都在每个市场进行交易，但我知道这非人力所能及。

难道你就不能培训助理，让他们把你的交易方法应用到你无暇顾及的市场中吗？

我试过这样做。我雇用过一个人，培训了他一年。他人特别好，你会希望和这样的人打交道。任何组织都会为拥有他这样的员工而感到骄傲。他工作极度勤奋，也忠心耿耿。他身材完美——饮食健康，每天练习空手道。情绪方面，他的心态非常平和，我从未见过他对任何人动气。

我花了很多时间和精力来培训他。我甚至让他拥有了自己的账户，因为我认为他只有通过交易才能学会交易。但很遗憾，这件事以失败告终。

哪里出了问题？

他似乎对交易毫无激情。他没办法拍板做决定。我想他不喜欢冒险的念头。

[拉施克描述了她与助理的一段典型对话。]

“好呀，史蒂夫，你今天有什么交易计划？”

“我想我今天要买进小麦。”他说道，并且解释了他做这笔交易的理由。

“太好了！”我说道，试着去鼓励他。

那一天结束的时候，我问他：“你买了小麦吗？”

“没有。”他回答。

“行吧，那你做了什么？”

“我看着它上涨。”

[回忆起这段往事，她发自内心地大笑起来。]

你为什么认为自己作为交易员表现出色？

我认为我最重要的技能是洞察市场模式的能力。我想我对模式识别的这种天赋可能与我对音乐的巨大投入有关。从5岁到21岁，我每天都花数个小时的时间来练习钢琴。上大学时，我主修经济学和作曲的双学位。乐谱拆分开来就是符号和模式。每天坐在那里把乐谱分析上好几个小时，或许对我大脑中与模式识别有关的部分有所助益。此外，每天练习乐器数小时有助于培养纪律性和专注力——这两项技能对交易者非常有益。

你能否进一步阐述音乐与市场之间的相似之处？

一首音乐作品具有明确的结构：一再重复的模式，且带着变化。类似地，市场也有一再重复的模式，且带着变化。音乐作品有安静的间奏、主题的发展和渐强的高潮。与之相对应的，市场则有价格盘整、主要趋势和奔向主要顶部或底部的价格波动。在乐曲展开时，你必须保持耐心，在交易确立之前，你也必须保持耐心。你可以练习、练习、再练习，但你永远也无法完美无瑕地演奏一部音乐作品，就像你永远无法在交易中低点买进高点卖出一样。你只能寄希望于将乐曲（或交易）演奏得比以前更好。无论是音乐还是交易，放松状态下你才能做到最好，而且在这两种场合，你都必须顺势而为。

最后一个类比也许可以解释我所偏好的交易类型。在能演奏整首乐曲之前，你必须能够读懂单个音符，然后逐个学习整首乐曲的每个小节。或许这就是为什么我的精力主要放在短线交易，而不是分析长期走势。

全职的女性交易员太少见了。你认为女性进入这一领域是否存在障碍？

有时候我觉得自己必须加倍努力，才能赢得尊重或受到重视。但坦白说，这种看法可能是基于我自己的信念，而不是事实。现在回头看，我并不认为女性的身份给我带来过真正的阻碍。事实上，如果说有什么不同的话，那就是有时候人们似乎会格外卖力地给予我帮助，或许是因为女性交易员实在是少得可怜。

当然，身处这个行业中，女性可能在某些看不见的边边角角遇到一些障碍——比如，纽约的大型公司机构和银行。我就认识一些女性，她们认为性别歧视使她们在交易部门求职的过程中碰壁。但是，再次重申，我本人从未遭遇过这样的困境。

我强烈鼓励那些有志成为交易员的女性去付诸努力。女性没有任何理由因此而恐惧。相比于任何其他行业，交易更讲究实在的业绩。人们看重的是你的绩效数字。他们不在乎你是男人还是女人。如果你表现出色，你就会得到资金支持。反之，如果你作为一名交易者能力不足，仅靠你的男性身份那也是无济于事的。

作为交易者，女性也可能比男性更具有内在优势。例如，女性较少将交易视为彰显自尊的手段。她们不容易进行大男子主义式的交易（大举建仓，意在撼动市场的过程中感受到权力），我曾见过许多男性交易员因此倾家荡产。即便是我认识的最大手笔的女性交易者，作为交易者也往往非常低调，近乎拘谨。

男女交易者之间还有其他哪些差别吗？

女性可能更靠直觉。我确实觉得自己能看到别人看不到的模式，但我不确定这是否因为我是女性。我认为比起男性，人们更容易接受女性依靠直觉，而直觉在交易中肯定会发挥作用。举个例子，当我查看报价时，我从来不会说这样的话："噢，市场正好下跌了62%，我必须在这里买进。"相反，我可能会想："嚯，调整幅度看起来够大了，价格也止跌了，那我最好介入。"

在我们最初的电话交谈中，你提到你与其他交易者分享了你的交易方法。你难道不担心透露了你的方法，其他人也开始用之后，它的有效性会被破坏吗？

我真心觉得，我可以把我所有的秘密公之于众，也不会产生任何影响。大多数人无法控制自己的情绪，也无法遵循系统。况且，即使我向他们提供了逐步说明，大多数交易者也不会遵循我的系统，因为他们觉得和我的方法不契合。他们不会像我一样对我的交易方法充满信心或舒心。但为了便于讨论，假设向其他交易者展示我的方法最终的确导致我遵循的一些模式发生了变化。如果这些模式改变了，新的模式就会产生，我有信心能够找到它们。

你对交易新手有什么建议？

要理解学习市场可能需要数年时间。要让自己沉浸在交易的世界里并割舍其他一切。要尽可能结识其他成功交易者。考虑无偿为其中一位工作。

首先要找到一个利基市场并专攻该市场。选取一个市场或模式，在扩展你的关注面之前，先把它学透。我最推荐新手交易员做的练习是：只挑选一个市场，不看盘中图表，从开盘到收盘，每5分钟记下一次价格。如此坚持整整一周。注意观察模式。支撑位和阻力位在哪里？价格触及这些价位时会如何表现？过去半小时内发生了什么？盘中每段价格走势持续多长时间？你自己都难以相信能从这个练习中学到那么多东西。

永远不要害怕市场。永远不要害怕犯错。如果你真的犯了错，不要试图对冲，从而使仓位情况更加复杂——直接出场即可。

其次积极参与市场。不要只是被动坐在显示器前，也不要只是盯着图表看。请注意，许多成功多年的老前辈仍在坚持每日亲手绘制自己的点数图。他们日复一日地保持着同样的例行公事。你得制定你自己的例行公事来定期读取市场信息。

永远不要贪婪。有些钱没赚到也没关系。如果不能以有利的价格进场，那就放弃这笔交易，着手寻找下一笔交易。

最后，请记住，交易者要自己完成工作，自己制订计划，还要自己做出决策。只有独立行动、独立思考，交易员才能知道交易什么时候出了问题。如果你发现自己忍不住想就某笔交易寻求他人的意见，那么这通常是一个明确的信号，表明你应该退出你的仓位。

你的目标是什么？

无论手中的乐器是钢琴还是市场，没什么比演奏好一首作品更能让人心生满足了。我衡量自身进步的标准不是金钱，而是自己预测市场模式的技能——也就是我可以在多大程度上准确地使自己的进场点和出场点与市场转折点无限贴近。我相信，只要给我一台报价机，我就可以进入任何市场并战胜其他98%的交易员。在接下来的10年中，我想大幅扩大自己的交易规模。我确信自己可以成为最好的交易员之一。

★

我从伟大交易者身上发现的一个主要的共同特征，毫无疑问是对自己成功能力的几乎无懈可击的自信心。与我所采访过的任何交易者一样，从拉施克身上也可以看到这种自信。我丝毫不怀疑，她可以用最少的资金进入任何市场重新开始，并取得优异成绩。她确信自己会成为有史以来最优秀的交易员之一，而我肯定不会跟她打赌说她做不到。

像拉施克这样的交易者是因为成功才自信，还是因为自信才成功呢？可能两者兼有。然而，关键的一点在于，意气风发的自信似乎是交易者取得非凡成就的基本要素之一，我认为在其他许多领域中也是如此。

有时，一次采访会让我重新审视自己对现实的看法。长期以来，我一直以为市场在长期范围内或许是可预测的，但短期价格波动则在很大程度上是随机的。拉施克则持有完全相反的观点。她认为，在市场中，就如同天气预报一般，短期预测可以相当准确，而长期预测则几乎是不可能的。凭借看到别人看不到的模式的能力，她能够以一种违背概率定律的一致性从短期交易中获利，如果这些短期价格波动中确实不存在模式的话。拉施克让我转变了想法。显然，即使是短至数日或单日内的价格走势也是可预测的。

拉施克提醒我们，交易者要自己完成工作，自己做出决策。拉施克提出了一个特别有见地的观点：忍不住想就某笔交易寻求他人的意见是一个明确的信号，表明这笔交易该结束了。

琳达·布拉德福德·拉施克认为，要成为一名优秀的交易者，必须具备以下特质：对交易的热忱，独立开创交易思路、独立做出交易决策的能力，承担风险的意愿，立即纠正错误（因为错误在所难免）的能力，以及耐心、耐心、再耐心。

PART SIX

第六部分

金钱机器

| 芝加哥研究与交易公司 |

（CRT）

交易机器

“你们这群人每天都在赚钱。”一位场内经纪人在谈及芝加哥研究与交易公司（Chicago Research and Trading, CRT）时对马克·里奇（Mark Ritchie）这样说道。他的声音中夹杂着嫉妒、憎恶和钦佩。他持有多头仓，而市价却被锁定在跌停板，对他极为不利，出现了周期性的惨痛挫折，这对成功的交易者来说也是一种折磨。令人称奇之处在于，这位气急败坏的经纪人只是略微夸大了一点而已。CRT也许不是每天都在赚钱，但几乎每个月，甚至每个星期，都在赚钱。想想看吧！

CRT的故事在投资界内算得上数一数二的不可思议。仅仅15年前，这家公司的创始人兼领军人乔·里奇（Joe Ritchie，马克的哥哥）还穷困潦倒，不得不在拜访芝加哥期货交易所（Chicago Board of Trade）时借用弟弟的廉价西装。如今，乔是一家拥有800名员工的交易公司的掌舵者，其中包括一家美国国债一级交易商，据估计，该公司已经赚取了近10亿美元的交易利润。据乔·里奇估计，为了赚取这笔利润，公司完成了超过10万亿美元的交易。（就像用来描述美国债务总额的数字一样，这里用的是“万亿”——我们在谈论一个庞大的数字。）

CRT不追求一击必胜。该公司所专注的主要领域是挖掘轻微的市场无效性不断创造出的许多微薄的获利机会。某个交易所的期权价格是否略微高于相同期权在另一个交易所的价格？如果真的出现这种情况，CRT就会利用其最顶尖的信息和执行能力，买进价格较低的期权，并卖出价格较高的期权。某个特定市场上的期权是否能提供比标的现货市场更佳的风险回报比率？又或情况相反？如果存在这样的差异，CRT就会将其中一个市场的仓位与另一个市场的仓位进行对冲交易。这种获利方法的变体少说也有成百上千种。

CRT不间断追踪着全球19个交易所约75个不同市场的交易情况，复杂的交易模型会即时发出信号，显示哪些金融工具定价相对偏低，哪些定价相对过高。其他模型则持续评估公司所有仓位的净风险，目标是尽可能将净风险降低至接近于零。通过捕捉这些微小的获利机会，并将净风险保持在最低水平，在打造一台成功的交易机器这条路上，CRT遥遥领先于任何同行。

CRT是如何运作的？场内经纪人手握公司独家计算机模型生成的表格，表格告诉他们在任何给定的市场价格水平下能够给出的买卖报价。计算得出的数字不仅考虑到了确定期权价值的问题，还将该期权与公司整体仓位的相互关联纳入考量。例如，如果某个期权仓位有助于使公司的净风险趋近于零，则该期权的指示买入价可能会被调高。

楼上交易员团队为场内交易员提供支持，这些楼上交易员使用公司的计算机模型，来监控价格的波动以及公司不断变化的投资组合对期权价值的影响。楼上交易员源源不断地为场内交易员提供最新信息。赶上某个交易日波动剧烈，跑手可能会在一天之内给场内交易员捎去多达20次更新后的计算机估值表。

当场内交易员执行期权交易时，他会立即在直接市场上进行相应的反向交易来平衡仓位。例如，如果交易员卖出98美元国债看涨期权，他将买入对应数量的国债期货来平衡仓位。这种套期保值操作是立即执行的。一旦场内交易员发布期权交易，他会即刻向50英尺外站在债券期货交易场顶层台阶上的套利办事员打手势示意。只要一两秒，期货交易员就会下达对冲指令，交易就此完成。

最初在直接市场上进行的对冲实际上消除了该仓位的任何重大短期风险。然而，随着市场的变动，仓位会变得不再平衡。一旦初始交易和对冲交易确认完成，管理仓位的职责就转移到了楼上的仓位经理人身上。仓位经理人的工作是使公司不断变化的投资组合的风险敞口尽可能趋近于零。CRT在风险控制方面非常严格，甚至设有一支后备风险控制小组。后备小组确保公司随时准备好应对最极端的交易事件（例如，1987年10月的股市崩盘、波斯湾战争爆发引发的巨大价格波动）。

在价格和仓位每秒都在变化的情况下，要监控数百名交易员的持仓，也要重新评估全球市场中不同交易工具之间数以千计的相互关系，还要持续追踪公司的投资组合风险平衡，这些工作非常复杂，需要大量的计算机支持。CRT的办公楼几乎有整整一层专门用于存放计算机设施。公司设有开发新专属软件的部门，甚至拥有自己的现场硬件维修部门。

CRT的计算机软件程序非常复杂。该公司相信人脑更易获取可视化信息，倾尽全力将数据转化为图形显示。在我访问公司时，可提供三维显示的新一代CRT软件的开发工作已经接近尾声。交易者可通过这些计算机图像在一张图片上查看公司在某个期权市场上的一系列执行价格和一系列到期日的实时仓位，不同的仓位密度以不同的颜色显示。

撇开所有高科技不谈，只要问问CRT的任何一位员工，他们都会告诉你团队合作是公司成功的关键。这听起来可能有些陈词滥调，但它显然是CRT哲学中绝对必要的元素。要么你接受这种哲学，要么就是来错了地方。以自我为中心特立独行的交易者，无论多么才华横溢，都没有必要来应聘了。

以下是一位前CRT场内交易员（现在担任各种其他职务）所描述的CRT团队合作方式相较于其他大多数公司情况的优势。

> 如果你确信楼上的那帮人不会指责你，日子就会因此轻松许多。我在场内工作时，经常看到有人为了确保自己不被归咎责任而大吵大闹。经纪人会指责办事员，办事员会指责电话那头的人；而电话那头的人又会指责客户。这从来没有发生在我身上。当一张500手的单子进入交易场时，我知道我可以利用自由裁量权立即采取行动，而竞争公司的许多其他交易员则必须先打电话给楼上，才能获得执行50手以上交易的许可。

另一位CRT交易员也表达了类似的观点。

> 我们竞争对手的交易员会在到期日那天塞给办事员一张100美元的钞票，以求特别关照。我不必给我的办事员塞一张100美元的钞票。我

让他知道，我信赖他，公司也器重他。比起其他经纪人给办事员塞100美元，我让我的办事员感受到这些，就能从他那里得到更好的服务。

团队合作哲学也延伸到了薪酬方面。正如一名员工所描述的那样："乔绝对致力于分享财富。他似乎更关心如何公平地分配利润，而不是考虑如何支付给员工尽可能少的薪资。"

马克·里奇带领我进行了第一次例行公事般的CRT参观，带我在主交易大厅转了一圈。工作空间看起来非常美观舒适。不过，似乎有什么地方不太对劲。我想起了儿时的那些解谜游戏，谜面是"这幅图画里有什么错误？"。当我们经过接待区时，马克被告知他有一个电话要接听。就在他接电话的时候，我终于意识到了事情的蹊跷之处。交易大厅里静悄悄的！我的意思是，你可能会以为我们参观的是大学或律师事务所的办公室。交易大厅里通常会充斥着司空见惯的叫喊、忙乱、繁杂、焦虑、压力、欢呼、咒骂以及其他各种噪声和情绪，在此处都无影无踪。

CRT在很多方面都是一家气氛悠闲的公司，这种悠闲氛围不仅体现在计划交易、监控交易和执行交易时非比寻常的平静，在很多方面也是如此。这里不穿西装，不系领带，当然，除非那是你偏爱的着装。牛仔裤和运动衫是常见的着装。交易大厅中央就有一个食堂，所有员工都可以在这里就餐——而且食物都是家常菜，不是典型自助餐厅的菜品。大厅里甚至还设有一个休息区。再次重申，这可不是典型的交易场所。

以下两章包含了对CRT最初4位创始成员中马克·里奇和乔·里奇两位的采访。实际上，马克早在几年前就已经离开了CRT，他更喜欢自己独立交易，不承担额外的管理职责。不过，乔仍深度参与到CRT的业务中。公司的日常运营已移交给了一支资深管理团队，但他仍然是公司的愿景与指导的首要力量。尽管马克不再积极参与CRT的业务，但他的访谈仍被放在第一篇，以遵照对话实际发生的先后顺序。

| 马克 · 里奇 |

(Mark Ritchie)

交易场之神

本章的副标题取自马克·里奇的自传体著作——这本书非常不寻常地融合了灵性启示、异域经历和交易故事。然而，这当然并不意味着里奇认为自己拥有类似神一样的交易能力。恰恰相反，书名指的是里奇的信念，他感知到了神在他生活中的存在。

很难想象有什么教育背景能比这更和交易不沾边了——马克·里奇曾就读于神学院。(不，这对为仓位祈祷没有帮助。)在校期间，他靠做监狱警卫(夜班)和卡车司机等各种兼职工作勉强维持生计。那时候的他非常贫穷，有时候连卡车的油箱都加不满。在陪同哥哥乔参观芝加哥期货交易所时，马克对交易产生了最初的兴趣。

马克交易生涯的大部分时间在芝加哥期货交易所的交易大厅度过，他专门从事大豆压榨(访谈中对此进行了解释)交易。尽管他作为场内交易员一直很成功，但大约5年前，他决定尝试在办公室做交易。

意识到场外交易与他熟悉的交易方式完全不同后，马克·里奇潜心研究各种可行的交易方法。第一年可谓是相当艰难，因为经验不足，他走入了许多死胡同。尽管初期困难重重，但事实证明他的场外交易相当成功。他的交易账户从1987年的100万美元起步，在接下来的4年内取得了平均每年50%的回报率。

里奇的兴趣远不局限于交易领域。近年来，他积极投身于旨在帮助亚马逊原始部落的慈善事业中。他的参与不仅限于提供金钱资助，还包括多次与部落成员长时间同吃同住。里奇从印第安人的视角出发，将一系列叙事汇编成最近完成的手稿《妄想受害者》（*Victim of Delusion*）。

里奇把他的那本《交易场之神》（*God in the Pits*）寄给我那次是我与他的第一次接触，他在书中对鄙人的第一本书不吝赞美之词。我回了他一封信，随后便有了进一步的通信。然而，这本访谈录促成了我们的第一次会面。我发现马克·里奇风度翩翩、为人低调、诚挚恳切。访谈在CRT的办公室里分数次进行。

★

因为你是吃交易（大部分是在场内交易）这口饭的，而且显然对职业道德有着深刻的认识，我认为你是回答这个问题的理想人选。媒体对于场内经纪人道德问题的报道颇多，尤其是近期联邦调查局对芝加哥期货交易所交易大厅进行的暗访行动。我们谈论的是和其他任何行业一样的一小撮不法分子，还是大额金钱的诱惑实际上导致了更严重的欺诈问题？当然，这里我们不用指名道姓点出来。

如果我提到了任何名字，我知道你也不会把它们写出来。你怎么可能写出来呢？（他笑了。）你一开口就扔了一颗重磅炸弹。

不同交易场的情况千差万别。每一个交易场内几乎都有各自的江湖。交易场有自己的个性。我过去90%的时间都在豆粕交易场度过，那里的交易员是我这辈子认识的最友善、最诚实的人。从某种意义上说，你必须非常诚实，才能在这个点头之间即可完成巨额交易的行业里立足。尽管如此，业内仍存在大量的欺诈机会。不过，我倒不认为这一行的骗子会比，比方说，水管工或律师中的骗子更多。

这份背书还真是热心呢。这让我想起了我在一家乡村商店里看到的一块待售的招牌，上面简简单单地写着，“诚实律师。”

（笑）他们可能就做了这一块招牌，现在还等着卖出去呢！没有哪个行业能完完全全把骗子拒之门外。想想我们拿谎话连篇的虚伪政客开的那些玩笑吧。从本质上讲，我认为在我们的行业中，不诚实的人所占的比例可能与其他行业差不多。区别在于欺诈行为的好处。在交易所里，有些人为了获得投机获利的机会，愿意免费执行订单。实际上，有人告诉我，有些经纪人甚至愿意付钱给客户来执行订单。告诉我这件事的经纪人还吐露，交易自己的账户和执行客户订单之间的利益冲突是如此之大，他晚上能够入睡的唯一方法就是拒绝帮任何客户下单。

你对联邦调查局的暗访行动有何看法？你认为这次行动揭露了一个真实存在的问题，还是言过其实？

我认为，这个行业中所有诚实的人都在庆幸终于有人做了点什么。多年来，我就一直在说，如果我们不清理自己的行业，自有人会替我们清理，而我们不会想这样收场。他们掏出的可能就不是手术刀了，而是钝的链锯。

我们不妨换个话题。据你估计，来到交易大厅淘金的人中，真正成功的人占多大比例？

好吧，我真的不清楚，但我尽我所能去做个猜测。我想大概有10%的人能做得很好，也许有1%的人做得非常好。但这只是一个大胆的猜测。我对其他人给出的百分比持开放态度。

这是一个相对较低的成功率。你认为这么多人失败的主要原因是什么？

在这个行业中，很多自诩成功的人其实都是失败者。我认识这么一号人，他至今仍为行业刊物撰写文章，并经常被媒体引用，但他对交易的致胜之道几乎一无所知。有一次，我持有一个波动较大的利差仓位。走势对我不利，我对这个仓位很紧张。也恰是这位交易者也持有相同的仓位，而且他看起来也相当忧心忡忡。

“你觉得我交易做得过火了吗？”他问我。

我向他询问了账户规模和持有的合约数量。“我账户里有25,000美元，”他说，“但我赔不起，我持有50张合约的仓位。”

我目瞪口呆。我的账户里有大约100万美元，而我的仓位只比他的大一倍，我尚且还在为此忧虑。我说：“何止是交易做得过火。”

于是他把仓位减半并说，“我现在没事儿了，对吧？”“你有事儿，”我说，“你这甚至还没开始呢。”

跟这样的人根本没办法沟通。我记得我曾对为他结算订单的人说过，他就是一颗行走的定时炸弹。

他最终自毁了吗？

当然了，他对清算公司欠下了巨额债务，得自己想办法偿还。

如何判断仓位过大？

我有一个原则，只要我晚上头挨到枕头上时还在想着我的仓位，第二天早上我就会开始清仓。我很犹豫是否要这么说，因为这可能会被误解。你知道我是一个喜欢祈祷的人。任何时候，一旦我发现自己在为某个仓位祈祷，我就会立即清仓。那是灾难的明确征兆。上帝不操纵市场。我曾经认识一位交易员相信他操纵市场。后来他破产了——我指的是那个交易员。

我想这种对仓位过大和损失失控的敏感性是你成功的要素之一。

完全正确。亏损和获利的大小纯粹是仓位大小的问题。控制仓位规模对于成功来说是不可或缺的因素。在成功交易必备的所有特质中，这个因素最易被低估。

一旦提到仓位规模，也就挑起了贪婪这一话题。我刚才提到的那位交易员，为什么只靠他输不起的25,000美元的账户来支撑他持有的那个巨大仓位呢？我不想妄加评判。一个人必须从内心寻求这些答案。但是，如果忽视人性的贪婪，就太愚蠢了。成功的交易者必须能够识别并控制自己的贪婪。如果你因获利而雀跃，因亏损而沮丧，你该去拉斯维加斯，而不是市场。

你认为还有哪些特质对成为成功的交易员很重要？

你必须能够在恐慌的市场中清晰思考、果断行动。疯狂的市场才是提供绝佳机会的市场。通常，当市场疯狂到一发不可收拾时，即使是身经百战的交易老手也会倾向于作壁上观。你赚钱的机会就来了。俗话说，“如果你能在别人失去理智时保持头脑清醒，你就能发大财。”

实际上，我以为这句话的后半句是，“……那是你还没听到消息。”

（笑）没错。风险就在这里。也许你还没听到消息。但是，另一方面，这往往也是一个机会。如果它看起来好得不像是真的，那就代表市场上的其他人可能知道一些你不知道的事情。但在这个行业中，我们错失良机通常是因为我们会说，“看起来好得不像是真的”，然后什么都不做。我们常常认为，其他人一定知道一些我们所不知道的内幕，我认为这是一个严重的错误。

有多少次，你听到有人对你为之兴奋的想法嗤之以鼻时说：“如果这真是个好主意，为什么大家都不这样做呢？”这是平庸之辈的战斗口号。仔细想想吧，人人都在做的投资机会，从定义上来说，就是坏主意。我总是建议反其道而行之。市场失控是因为每个人都在做错误的事情。优秀的交易者总是坚持自己的想法，并对众人的“为什么大家都不这样做”的呐喊充耳不闻。他会在自己能承受的保守水平上与众人对做，如果错了，就退场。止损单就是这么用的。

你需要有在人群中逆行的勇气，决定自己的仓位，并付诸执行。我上飞行课的一次经历让我真正明白了这一点。我掌握了理论基础，但实践经验不多。当时大概是我第二次或第三次着陆。当我距离跑道只有20到30英尺的时候，几阵狂风把飞机吹得东倒西歪。我奋力把飞机往下拉，这可能是有史以来最糟糕的一次着陆。最终让飞机平稳着陆，我竟为这次糟糕的着陆暗自发笑，不知道教练会怎么说。

“嗯，真是令人印象深刻。”他说。

我又笑了两声，问道：“这有什么印象深刻的？我觉得很吓人。”

他回答：“我从未见过其他的初学者能做到这样。其他初学者都会松开操纵杆，彻底放弃，然后指望我来着陆。而你坚持了下来，始终在执行程序，直到完成着陆。”他停顿片刻，又补充道：“不过你是对的，这太吓人了。太吓人了。”

事后再回想起来，我意识到这就是你参与交易必须具备的特质。

这种特质是什么？

即使境况不利也可以实施自己想法的能力。市场上没有哪个机会不是源自逆境。

所以，在别人惊慌失措的时候，能够清晰思考并鼓起勇气，是成功交易者的一个特质？

不可或缺。

这是与生俱来的能力吗？我想你要么有，要么没有。你不可能通过训练

来后天培养这种行为方式，不是吗？

我不确定，但我认为那不是与生俱来的。你可以通过制订计划来做准备。曾经我有一个教练，当我踏上本垒板时他会大喊，“有想法了吗？你打算怎么做？”投资也是如此。你必须知道当市场失控时你要怎么做。一般来说，犹豫不决是人性使然。

你是怎么准备的？

我会让自己经历一个心理过程。设想当事件X、Y或Z发生时，我会决定自己怎么做。如果X、Y或Z在你意料之外，那么你就沦为了茫茫人群中的一员。

你的《交易场之神》一书非常私密。在出版物上如此敞开心扉地展示自己的私事，你不会有所顾虑吗？

我记得有一位评论家称这本书“私密得令人尴尬”。当然，我对于展现自己脆弱的一面确实有些犹豫。这本书出版后的最初几个月，我几乎不敢直视任何自称读过这本书的人的眼睛，因为我觉得他们对我的了解超出了必要的范围。

这是否意味着你改主意了？你还会再一次做同样的事情吗？

是的，我会。我希望这本书能让人们长久、诚实地审视自己，审视自己与他人的关系，审视自己与上帝的关系。除非我愿意这样做，否则我怎么能指望人们诚实地面对这些问题呢？我相信，大多数读过这本书的人见过我本人后可能会大失所望，因为我在人前无法表现得像在书中那样诚实。

你最初是如何涉足这一行的？

20世纪70年代初，我的哥哥乔为洛杉矶的一家银币交易商工作。他来到芝加哥，探索在芝加哥和纽约市场之间建立白银套利业务的可能性。（白银在纽约和芝加哥都有交易。理论上，两地的银价应该相同。然而，偶尔会有大量买单或卖单涌入纽约或芝加哥其中一个市场，从而导致暂时的价格差异。套利者往往会通过在低价市场买进白银，同时在高价市场卖出等量白银，来从这种异常价格行为中获利。由于许多套利者竞相从这些暂时的价格差异中获利，两个市场的价格永远不会相差太大。本质上来看，套利者试图通过迅速行动来利用市场的低效率，从而锁定小额、几乎无风险的利润。）

乔让我和他一起拜访芝加哥期货交易所。他还需要借一套西装。当时，我只有两套西装。一套破破烂烂，另一套是我以60美元的批发价买来的。既然要开口说话的是乔，所以我就把那套好西装给了他。

到达交易所时，我们向交易所总裁办公室咨询了会员资格和交易特权等问题。交易所的一位高级职员一看到我们，就慢慢地从头到脚，再从脚到头地打量了我们一番，然后开口道："你们两个小伙子想必走错地方了！"

对话就这样结束了吗?

没有，但整个对话的紧绷程度丝毫不亚于开场白。乔询问他是否有可能获得会员资格，这位交易所的高级职员始终无法掩饰他脸上的嘲笑。"你们或许知道，要成为结算会员的财务要求吗？"他轻蔑地问。

你们知道吗?

不，当然不知道（笑）。我们一点都不知道！我们连几位数都猜不出来！整段对话几乎就是个笑话。我很庆幸开口说话的那个人不是自己。

在这个挫败的开局之后，我们走到了访客看台。我早就听闻交易所的交易大厅是一片狂野之地。我们站在那里观察了一阵。虽然每个人都在跑来跑去，喧闹声此起彼伏，但似乎并没有我们想象中那样狂野或刺激。突然，我们听到震耳欲聋的一声钟响，整个交易大厅顿时沸腾起来。显然，我们刚才看到的是开盘前的样子。这是一个特别繁忙的交易日。交易场里的人群像波浪一样，此起彼伏，延绵不绝。我们讶异得合不拢嘴。就在那一刻，乔和我都认定，这里就是我们的归宿。这里看起来乐趣无穷。

彼时你还有其他工作吗?

实际上，当时我正在读神学院，主修宗教哲学。我有一份狱警的兼职，值班时间从午夜到早上8点。这份工作勉勉强强可以负担我的房租和学费。

你修完神学院的课程了吗?

是的，在我入行之后修完的。获得学位花了我7年时间。

你打算运用你的宗教训练吗?

虽然成为神职人员是一个选择，但我志不在此。我读神学院主要是为了找寻一些困扰我的个人灵性问题的答案。我没有具体的计划。

你对于如何谋生没有真正的计划吗？

没有，在这方面我太过理想主义了。那可是20世纪60年代末到70年代初。我们有一股“但行好事，莫问前程”的感觉。你也记得，当时的社会认为这种态度是多么天真。

你是如何进入交易所的交易大厅的？

在我们拜访交易所约6个月后，乔的公司赞助他开启了白银套利的场内业务。几个月后，我在该公司找到了一份工作，在交易大厅里担任电话办事员。那份工作持续了一年多。后来，白银市场的波动性从1973—1974年期间的繁忙水平急剧下降，套利机会也随之枯竭。或者更准确地说，机会仍然存在，但规模不成气候，不足以证明为了这项业务支付非会员结算费的操作是合理的。总之，公司让我走人了。

你尝试过留在这一行吗？

我在一家面向公众推销商品期权的公司找到了一份工作。

如果我说错了，请纠正我，但在我的记忆中，那是交易所交易期权之前的事，当时销售期权的公司向公众收取高昂的权利金。（“权利金”即期权的价格。）

价格高得离谱。简直是在明抢。他们转手加价的幅度约为100%。他们会以2000美元的价格买进期权，然后再以4000美元的价格卖出。

当你去面试的时候，你是否因为知道这些而拒绝了这份工作？

我完全不知道是怎么回事儿。

你得到这份工作了吗？

是的。

然后发生了什么？

我在那里工作了大约一天，就意识到了整个运作基本上就是电话推销。他们有潜在投资者的名单，然后会打电话给名单上的这些人，试图说服他们买期权。

换句话说，你发现自己正在卷入一场“锅炉房骗局[1]”中？

完全正确（笑）。我被带去见识了这个行业的另一面。

被录用后，我参加了他们的培训项目，培训旨在教我们如何推销期权。由于当时还没有在美国本土交易的期权，他们从伦敦买进期权，然后大幅加价转手给公众。他们有撰写好的推销脚本。你得打电话给某人说，“您好，某某先生。我们获悉您是一位富有的投资者，就此便得到了您的名字。显而易见，您是如此聪慧，一定懂得赏识这个投资机会。”你得先奉承他。

我坐在那里，怀揣着一种交易者的心态来回揣摩，心里想着如果我要把某样东西卖给某人，我就得知道这玩意的过往表现。

你问讲师了吗？

当然问过。他回答说：“我们为客户赚钱。”

于是我问他：“能赚多少？具体我要怎么和电话那头的人说？他们能期待多少百分比的回报率？”

他瞪了我一眼——仿佛我问的都是些无关紧要的蠢问题——带着怀疑的神情说：“你为什么要知道这些东西？”

换句话说，他的态度是不是：你知道还是不知道能有什么区别？

当然，这正是他的态度。“重点是要让那个家伙签约。”他说。

那当客户问你他们可以从投资中赚多少钱时，你应该告诉他们什么呢？

嚯，“你会赚票大的！糖价要翻倍了！”或者你可能会大肆宣传某个特价促销活动。有时他们会推出这样的特价活动，4000美元的期权以3000美元的价格出售。我猜这可能是他们花2000美元买进的，该期权即将到期变得一文不值，他们只是想尽快脱手。所以他们会打电话给所有的潜在客户，告诉他们这个期权有特别优惠。

当一个潜在的投资者——宽泛来说也勉强算吧——提出要看绩效记录时，你应该如何处理？

---

[1] 锅炉房骗局是最普遍的证券市场诈骗手法之一。行骗者通过电话、电子邮件等向投资者推销一文不值的理财产品。这类骗局最初在租金低廉、闷热的地方进行，因此被称为“锅炉房骗局”。——译者注

我问过一个一模一样的问题。讲师说，“我们的记录显示，62%的客户都赚了钱。”

他是在赤裸裸地说谎吗？

这个嘛，我想他手上可能有一些数字做支撑，但很难讲这些数字意味着什么。也许有62%的客户在某笔交易中赚过一笔钱。不过，据我所知，他们中的大多数人连本金都损失殆尽了。于是我一直抓着这个问题不停追问。

他的态度是不是：别来烦我了，小子？

分毫不差！总之，我继续抓着这个问题不停追问。我问他：“你看，我以4000美元的价格卖掉一个期权。买家能以什么价格将其卖回来？”你总能通过简单地询问另一方的报价，很快判断出一个市场是否合理。

他用这种滑稽的眼神看着我，问道：“他为什么要卖呢？他是从你这里买的。直到赚大钱之前，他会一直持有它。”

于是我说：“假设一下，如果他隔天想卖的话，他能卖到什么价格？我对市场再熟悉不过了。市场意味着有买方，也有卖方。”他不断地回避这个问题，这样一来一回争论了一会儿。最后我说，“告诉我吧，你为这个4000美元的期权掏了多少钱。”

他深深叹了口气，倚在桌子上说：“听着。如果你进了一家家具店，并且坚持在售货员告诉你进货价之前拒绝购买家具，他是不会告诉你的。你可以没完没了地问这个问题，但最终他会叫你滚蛋。而这正是我要告诉你的。”教室里随即陷入了良久的沉默。

班上的其他学员对这整段对话作何反应？

他们都是行业新人，对于发生了什么毫无头绪。其中一名学员看到公司的某个销售员开着一辆雪佛兰科尔维特跑车来公司，这就是他想要的，他当即就签了约。

公司要求你离开了吗？

没有。但整个情况让我感到有点尴尬。我最后嘟囔了一句，如果大多数人都在赚钱，那可能真没什么问题吧。

但你并不是真的相信吧，你信吗?

不，当然不信。事实上，有一次，电话响了，讲师接起来说："他在交易大厅，我去叫他。"我心想："我都不知道这楼里还有个交易大厅呢。"他打开门，大房间里的人围满了办公桌——这就是所谓的交易大厅，你把它形容成锅炉房再恰当不过了——然后他用最大音量扯着嗓子喊道："嘿，鲍勃，你的电话！"他们就爱这种如交易大厅般乱成一团的氛围。我喃喃自语道："交易大厅？这就是场骗局。这些人在自欺欺人。"事实上，这个行业里有太多不诚实行为都是从对自己不诚实开始的。

你真的相信他们在自己的头脑中掩盖了太多事实，多到不能意识到他们这是对公众彻头彻尾的欺骗吗?

我想是这样的。我相信大多数骗子对自己撒了足够多的谎，以至于他们开始相信这些谎言。举例来说，我们之前谈到过的在联邦调查局的暗访行动中被起诉的场内经纪人通常会说："嘿，我在做的和别人在做的没什么两样。"这并不属实，但我认为他们自己都信了。

你在那时辞职了吗?

培训课程结束后的第一天，我不情不愿地打了几个电话，但那整个事情都让人感觉像是个骗局。之后我就走人了，再也没有回去过。

有哪些交易是你认为尤为难忘的?

我脑海中想到的一笔交易发生在马岛战争爆发那天。场外的人都以为场内的交易员是了解最新动向的人。这简直错得离谱。早在我们得知消息之前，市场就已经爆发了。我们是最后听闻市场驱动因素的人。那天，我以看似不错的价格建立了一个很大的豆粕仓位。在我退出头寸的时候，我已经赔了10万美元，可能就在一分钟之内。

还有其他难忘的交易吗?

我赔钱的速度总是比赚钱的速度快。一个尤为引人注目的例子发生在1979年到1980年年初黄金市场飙升那段期间。伊朗扣留人质时，金价在400美元附近。我本以为，这一事件引发的紧张局势将会大幅推高金价。但市场反应疲软，所以我迟疑了。黄金市场最终确实走高了。在接下来的一个月里，金价几乎涨到了500美元。这是一个“明知可为而不为之”的典型例子。

换句话说，你行事不够果断，而行事果断正是你之前提到的成为成功交易者的一项关键特质。

就是这样。最终我以每盎司略低于500美元的价格买进了黄金。正如你可能猜到的那样，我买进的当天，黄金跌停了。实际上是跌停封板了。

你想过要出场吗？

没有。当时人质危机尚未完全得到解决。并且大概在同期，苏联入侵了阿富汗。我仍然认为市场终将会继续走高。所以我坚守仓位。当然，你也知道，市场确实大幅上涨了。

你有出场的计划吗？

有，我的计划是只要市场从高点下跌10%就出场。

基本上，你的计划是先让市场放任自流，直到出现一些明确的疲软迹象。

对。不幸的是，当市场下跌时，一天之内就跌了25%。无须多言，那是尤为惨痛的损失。但重点是我最终还是从这笔交易中获得了丰厚的利润。

事实上，这笔交易引出了一个问题：你如何看待回撤。大多数人并不会区分开放权益的回撤和封闭权益的回撤。（区别在于，开放权益指的是现有仓位的未实现利润。实际上，里奇在这里想说的是，如果某笔亏损是在赚钱交易中回吐的部分利润，那么与赔钱交易的回撤相比，他的看法是不同的。）如果我就像保护封闭权益那样，以同样的关注来保护开放权益（即未平仓利润），我将永远无法参与长期走势。任何合理的整体风险控制措施都无法经受住对于走势中的这类正常波动的过分关注。

换句话说，为了获取真正丰厚的利润，你就必须面对这些利润在退场前大幅回吐。

我想不到其他方法。如果你过于谨小慎微，不想拿自己的利润冒险，你就不可能获取丰厚的利润。

你在任何单笔交易或想法上承担的风险有多大（以交易发起那一刻而不是顶峰时期的账户资金衡量）？

大约半个百分点。我认为，当你开始一笔交易时，交易规模应该小到几乎让你觉得是在浪费时间，这大体上是个好主意。始终在看似太小的水平上进行交易。

你交易生涯的前十年大概都在交易大厅，后来你转为办公室交易。由于你在场内交易中取得了巨大的成功，我想了解你做出转变的动机所在。首先，请告诉我，我是否可以假设，在你担任场内交易员期间，几乎每个月都能获利？

可以。

让我们更进一步。你估计，在那段时间里你的交易以周为单位获利的比率是多少？

90%。

绝大多数人会说："天呐，这家伙10个星期里有9个都是获利的！"你为什么会放弃这样的优势呢？

我先给你一份简短的答案：年纪大了。此外，大豆市场的波动性已经大大降低，交易机会因此减少。似乎离开交易大厅的时机已经成熟。

你对如何从楼上进行交易有任何计划吗？

毫无头绪。我查过很多资料。我试过很多咨询服务，但发现它们往往不值得我花时间去听电话录音。最终我转而尝试开发自己的系统。让我感到惊讶的事情之一是所谓的业内专家提供的信息有多么的不靠谱。举个例子，当我开始着手测试和开发系统时，我从一家推销他们所谓的"永续"合约的公司购买了该合约的价格数据。[永续价格是通过对两个最近的实际期货合约进行内插，得到一个假设的价格序列，该价格序列永远会从当前日期往前推一个固定的时间量（例如，90天）。由此得出的价格是一个理论概念，是两个不同合约的混合体，并且无法通过任何实际的交易工具复制。]

我使用了这些数据6个多月后才意识到它们并不能反映真实的市场。例如，永续价格序列可能会显示一段大幅且有利可图的价格波动，但该利润在真实的市场中根本无法实现。发现这一点时，我差点从椅子上摔下来。我实在无法理解，任何有过交易经验的人都不会构建这种序列。

我问自己："所有这些显然知道自己在做什么的专业人士怎么可能会遵循这种根本就是愚蠢至极的数据呢？"这个问题回答起来再容易不过了。毕竟，这些数据我自己也用了6个月。我不得不回到原点，从头来过。从那以后，我再也没有相信过任何人的研究成果。

你当时有没有购买过任何市面上的交易系统？

买过，我买了几个。其中一个我名字都不想提的系统本质上是套模拟软件包。我曾以为，如果我能得到一个工具，让我开发出优化的交易系统，那会比使用图表来接近市场有效千倍。（优化是指测试特定系统的过程，对关键输入使用许多不同的值，然后选择在过去历史中效果最好的单个值的组合。虽然这一过程针对过去可以产生出色的表现，但它通常会过分夸大对未来表现的预测。）结果，我发现该软件一无是处。再一次，我对开发这个系统的那群人的无知程度感到惊讶。

它怎么一无是处？

这套软件是一个让你到死都无法完成对市场的优化的系统。实际上，这家机构甚至建议每周重新优化系统。换句话说，根据上周的数据对程序进行曲线拟合，以便本周的交易能够符合前一周本应采取的策略。我强烈感觉到：无论是谁提出了开发这个系统的理念，他自己都从未进行过交易。

你最后搞清楚这是真的假的了吗？

（一声长叹）我问了这个问题，但他们对此避而不答。事实上，我还记得那家公司的销售员向我演示了如何手动输入数据。就我个人而言，我更喜欢用计算机输入数据，因为手动输入看起来太费事了。总之，这位自己就是交易员的伙计说："我甚至不用为《华尔街日报》付费。我有个朋友给我复印行情页。"我心想："这家伙推销的是被誉为市面上首屈一指的交易系统软件的程序，而他甚至连买《华尔街日报》的钱都没有。"

你实际尝试过使用那套系统做交易吗？

试过，但结果只是时好时坏的，并不稳定。此外，我对用黑匣子（交易系统计算机软件生成买卖信号的同时不透露信号生成规则）交易这个主意感到极度不安。我对自己发誓，我再也不买黑匣子系统了。

那你的建议是什么？忘掉外界，专注自身？

我对人们的建议向来都是：远离这个行业，彻底远离市场。对于新手来说，要想在这个极其复杂的行业中创造利润，就好比我想在周末做神经外科手术来赚点外快一样。

我有一个朋友，他认识3位医生，这3位合伙投资买了一匹种公马。当他们接到马时，才发现马被阉割过。我朋友拿这件事取笑他们，问他们是否考虑过检查一下这匹马。说来你可能不信，但他们确实考虑过，却没有采取进一步的行动。于是他说："好吧，你们都是医生，难道你们就没有弯下腰朝底下看一眼，以确保它有必要的'工具'吗？"

如果你今天问这3位医生他们犯了什么错误，我相信他们会告诉你，他们应该好好检查一下马的命根子。由此可见他们仍然没有吸取教训：**如果你不懂，就不要投资**。如果他们再投资一匹马，他们可能不会再买到一匹骟马，但他们会犯其他一些错误，同样可笑。

你的意思是说，人们应该把钱投入国库券吗？

我认为他们可以选择一些有良好绩效记录的管理型基金或交易顾问。但我会非常认真地对待"过去的绩效并不保证未来的结果"这一标准免责声明。此外，我认为除非你愿意承担赔钱的风险，否则你是赚不到钱的。除非你有一笔即使赔了也能安心入睡的钱，否则你不适合进入市场。愿赌服输是我在市场中赚钱的根本。

而大多数人都做不到这样吧？

说得对。大多数人进入这个行业却不情愿赔钱。他们进入市场时还带上了不切实际的期望。即便他们足够幸运，选中了一位成功的交易顾问，他们也很可能在账户出现回撤的第一个季度把钱撤走。所以尽管他们可能处于胜利的境地，但他们最终还是输了。

实际上，我的实证研究也证实了完全相同的结论。数年前，我有一部分工作是评估外部交易顾问。在这个过程中，我发现了一些特别有趣的事情。有一小撮顾问每年都能赚到钱。然而，即使是这一小撮人，在他们已关闭的客户账户中，呈现获利的账户只有不到50%。这让我实实在在地意识到，大多数人在决定进入和退出投资的时间点方面是多么差劲。我认为，人的天性倾向于，在经理人屡战屡胜之后投资，在经理人屡战屡败之后撤资。

尽管你不鼓励人们进入这一行，但如果有人怀揣着成为一名交易员的浓厚兴趣来找你。你会跟他们说些什么？

我知道这听起来是恭维，但实话实说，我会告诉他们去读读你的第一本书《期货市场完全指南》。我会告诉他们，等他们消化了那本书一半的内容后再来找我，因为我心里清楚得很，他们中的大多数人都不会这么做，这样可以给他们降降温。

这就是你把人们从这一行拒之门外的方法。这真是对我工作最好的褒奖。

其实，仅仅是拿起那本书就足以让人生畏了。说真的，我认为你的书让人们很好地了解到要在这一行中做到称职需要付出多少努力。

你从事交易的动机之一是为了能将部分利润用于慈善吗？

虽然我不想把这件事说得那么简单，但的确如此。年轻的时候，我非常理想主义，认为金钱是邪恶的玛门[1]，必须抵制它才能为人类造福。最终我领悟到财富具有巨大的内在价值。当你见到饥肠辘辘的人，他最需要的就是钱。

想必你可能早就过了用交易获利来满足个人需求或保障财务安全的阶段。就你自身而言，如果不是出于慈善事业，你认为你还会继续交易吗？

我不确定还会不会交易。我真的不知道。顺带提一句，请允许我纠正一下你对慈善一词的用法。我不是从慈善这个角度来考虑问题的。我是从投资穷人这个角度考虑的。如果有人在忍饥挨饿，而你递给他一块钱，你教给他的就是他需要他人的施舍。我更乐于投资穷人，为他们提供资金，让他们提高生产力。穷人需

---

[1] 玛门（Mammon）为七宗罪里代表贪婪的恶魔。——译者注

要的是能让他们自力更生的家庭小工业。这便是我相信的资助方式，它可能与人们对慈善的传统观念格格不入。

我知道我接下来要说的话很容易被误解，但如果我能建立一个系统，让我可以从穷人身上赚钱，那我的目标就达成了。我知道这听起来麻木不仁。当然，我的目的并不是赚穷人的钱，但重点在于，慈善往往会滋生依赖心理。这就是“伟大社会”向贫困宣战[1]以惨败收尾的原因。相比之下，如果我可以为穷人的事业打下基础，让他能把我的钱还回来，那我就知道他的境况很安稳。

你介意大致说明一下你用多少百分比的收入帮助穷人吗？

粗略估摸了下，大约三分之一上缴给了山姆大叔（即美国政府），三分之一重新存入账户以增加我的交易规模，另外三分之一分配给这些不同的慈善项目。

我知道你与亚马逊丛林的印第安人有所接触，他们的部落习俗包括杀害邻近部落的成员。你造访这些地方时，难道没有恐惧的感觉吗？

没有。他们只会互相残杀，不会伤害外来者。他们的信仰之一是，每当有人死去，必须通过杀害另一个村落的人来为死者复仇。当这个人被杀之后，他所在的村落又会反过来为他报仇，如此循环往复。

你的意思是，每当有人死去，他们就会把死亡归咎于另一个村落的成员吗？听上去好像用不了多久就没有活人了。

他们不会把老人或小孩的死归咎于另一个村落成员的恶灵，但除此之外，对你问题的回答是“是”。幸运的是，他们的杀戮手段效率并不高。不过，他们的人数在过去几年中急剧减少，部分原因是疾病和营养不良，但也有这种特殊习俗的原因。我应该补充一点，我所走访的村落已经改信了基督教，并且已经摒弃了杀人这种陋习。

你本人对这个村落的投入有哪些？

自1982年以来，我造访过那里四五次，每次待的时间都很长。我致力于帮

---

[1] 1964年，时任美国总统林登·约翰逊（Lyndon B. Johnson）发起了“向贫困宣战”（Wars on Poverty）和“伟大社会”（Great Society）运动，掀起了继富兰克林·罗斯福的“新政”后新一轮社会保障发展高潮。——译者注

助他们发展。例如，我全权负责安排，帮助建立了锯木厂。上次我去村里做客时，他们正在搭建华丽的房屋。如果你见识过他们曾经生活过的肮脏环境——孩子们在肮脏的地面上和蟑螂玩耍，稚嫩的小脸上沾满了污物——那你就能对我看到他们新家时所感受到的欣喜心情感同身受了。

你难道不担心帮助这些村落走向西化会摧毁他们的生活方式，最终对他们造成伤害吗？

在文明的西方社会，人们普遍认为与世隔绝的民族文化和生活方式应该受到珍视和保护。我觉得这种观点极为浪漫，让人着迷。但除非能在这些文化里找到一个不嘲笑这种自我感动的人，否则我并不倾向于同意这个前提。

比（Bee），我认识的一名印第安人，曾在报纸上读到过一篇关于他那美丽文化的文章。比用下面的问题做了回应："写这篇文章的人住在哪里？怎么会这么蠢？"他被告知，这个人在加拉加斯（Caracas）生活和工作。"他为什么要坐在他舒适的办公室里写这些关于我们的废话？"比问道，"他为什么不带着他的家人来这里加入我们的生活呢？这样我们就能一起享受这个美丽的地方了。"他对我们同情心的缺失感到困惑。学者们以强有力的证据颂扬印第安文化的美与德，但我同意印第安人的观点。

所以印第安人大体上接受外来文明的入侵？

是的。我见过的印第安人没有一个不想进步的。当然了，他们中的一些人希望维持自身的信仰和习俗，但他们都希望享受文明社会带来的好处。[作者评论：虽然我对"文明有益于部落社会"这一概述持怀疑态度，但在读过里奇的《妄想受害者》一书后，书中（从印第安人的视角）描写了这个社会中超乎想象的生死残酷，让我很难对他们生活方式的丧失感到遗憾。]

让我们从亚马逊丛林回到交易世界。我知道你正在考虑从私人交易员转变为公共基金经理人。既然你用自己的资金交易时取得了相当大的成功，并且拥有一个规模可观的个人账户，继续做同样的事情岂不是更容易？为什么还要吃资金管理工作的苦头呢？

如果大幅增加交易金额会大幅减少你每笔交易的利润，那么你的说法是正确的：利润激励费用可能无法为交易利润的下降提供足够的补偿。

但从你自己的情况来看，你显然觉得你的交易方法不受体量的影响。

是这样，因为我做的是长线交易。

我们来谈谈具体的事情。平均而言，在特定市场中，你的方法在一年中会发出多少次由多转空或由空转多的信号？

一般来说，每个市场每年1到5次。

这可能比大多数人想象中的要少很多。

对。当然，我情愿每年只做一笔交易。事实上，也许我有史以来做得最成功的一笔交易是我持有了4年多的那笔。

那是什么交易？

我做多豆粕，做空豆油，然后一直展期操作。

是什么让你在那笔交易中坚持了这么久？

每月的利润。

（此时此刻，乔·里奇走进了房间，手里端着一盘咖啡和甜点。与乔的访谈将在下一章继续。）

马克·里奇的交易成功似乎离不开5项基本交易原则。这些原则可以概括如下。

1. 独立进行研究。

2. 保持每个仓位的规模小到几乎感觉像是在浪费时间。

3. 只要还在获利，就耐心持有仓位，即使意味着持有同一仓位数年时间。

4. 将未平仓利润的风险与交易建仓时的资金的风险区别对待。重点在于，为了发挥出赚钱仓位的最佳潜力，以大于最初建仓时所设定水平的风险去承担未平仓利润阶段性的损失很有必要。

5. 识别贪婪，控制贪念。

| 乔 · 里奇 |

(Joe Ritchie)

直觉型理论家[1]

乔·里奇是CRT的创始人兼背后推动者。正是他的思想、概念和理论构成了指导公司复杂策略的蓝图。尽管从未修过高等数学课程，但这并不妨碍乔·里奇被许多人视为数学天才——一个天生的数学天才。想想CRT采用的交易模型内在的复杂数学本质吧，他必然是这样的天才。乔将数学描述为一种他几乎能感觉到或凭直觉理解的东西。

里奇每时每刻都在强调，CRT的成功绝非他一个人单打独斗的战果。有许多个体对公司的成就起到了不可或缺的作用。在我们的访谈中，乔坚持让我与CRT的其他一些员工也聊聊。一位身居要职的员工如此描述里奇的哲学："乔相信赋能于人。他用人不疑，疑人不用。我由衷地相信，我们能够赚这么多钱的原因之一，就是乔让我们放心大胆地拿他的钱来大展身手。"

里奇做出的很多商业决策都是基于他对相关人员的直觉。如果在与某人相处时感到任何不悦，他会毫不迟疑地转身离开，即使是最有利可图的投资机会。另一方面，众所周知，他也会在可能只握了一次手的基础上开启重大业务。

最近的一个例子是他在俄罗斯投资创办了一家计算机公司。这家公司参与了从生产到营销链条上的每个阶段，包括开发软件、进口硬件、建立服务和交易中心以及实施分销系统。所有这一切精心策划的运作之所以能够迅速启动，是因为一位充满商业头脑的俄罗斯人打动了里奇。里奇对这个人充满信任和信心，这是

---

[1] 建议不熟悉期权的读者阅读附录，以便更好地理解本章节中所提及的交易相关的内容。

他做出投资承诺的全部原因。一位CRT员工如此解释道："虽然所有其他在该地区涉及合资业务的美国公司都试图起草即使长达300页也无法做到滴水不漏的法律文件来保护自己，乔却要求那位俄罗斯人拟一份他觉得公平的合同，在自己下一次前往莫斯科时就在上面签了字。"

作为缔造了世界最成功交易企业之一的人——乔·里奇，正如人们所想象的那样，充满活力、精力充沛、才华横溢。工作是他真正的乐趣，因为工作是无穷无尽的挑战与永恒变化的谜题。但让乔·里奇对工作感到愉悦的还有另一个重要因素，那就是人。"我喜欢来上班。"他的声音低沉有力。他是认真的。不仅仅是因为他爱他做的事，他也把CRT视为一个大家庭。看起来他对员工是真情流露。

★

你初次尝试做白银套利时，这并不是一个前所未有的创新。其他人已经在做同样的事情了。为了取得成功，你有没有采取什么不同的做法？

我们试图更好地理解市场之间的相互关联，并评估所涉及的概率。比起其他经纪人，我们的交易更积极，赚取的利润更低。几年后，我们在期权领域也做了同样的事情：通过使用更精确的定价模型，我们能够给出价差足够小的买卖报价，使我们的主要竞争对手认为我们提供的报价价差太小，没法赚钱。如果你真正掌握了机制或理论价值，你就能以更小的利润率做更大的交易量。

其他场内经纪人对你们竞争同类业务有何反应？

他们怨恨我们，因为我们非常积极，侵蚀了他们的交易量。

但我想，那时候你们的资本规模很小。怎么可能对他们的业务构成很大威胁呢？

的确如此。我们可能是交易大厅内资本规模最小的公司之一。其他一些主要玩家可能会做500手的套利单，而我们如果做50手就已经达到极限了。然而，我们来回交易得更加激进，因此，相对于我们一般的下单规模而言，我们最终获得的交易量占比要比预期大得多。

这是否缘于你们愿意接受比其他经纪人更小的利润空间？

这当然是一部分原因。但还跟很多其他的小事有关。例如，找更好的电话办事员，或者找更快的方式来联通芝加哥和纽约的白银交易所。

我不太明白。难道大家不都用电话通信吗？你们还能快多少呢？

你一定会觉得难以置信。刚到芝加哥的时候，我们发现非常多做白银套利交易的人甚至都没有电话办事员，因为他们不想花钱请人。取而代之的是，他们有一部电话，上面有一个小灯泡，纽约市场那边发生变化时，纽约的场内办事员就会拿起电话，芝加哥这边的电话灯就会闪。芝加哥的经纪人看到灯亮了，就会跑过来接电话，听报价，挂电话，再跑回交易场下单。这个过程的传输时间太长了，我们就此认定只要找一个好的电话办事员，我们就能轻松地击败他们。

大多数人是这样做的吗？

大约有一半人是这样做的。但即使是用了电话办事员的人，传输时间也得花上3到10秒。我们发现，只要我们找到最好的电话办事员，调动他们的积极性，并将其他事宜处理妥当，就可以将传输时间缩短到两秒左右。

基本上，你凭借的是以更快的速度进行交易，并在价差扩大到其他经纪人也会进场交易之前进行交易。我猜这种做法会让你们没那么受欢迎。

这让我们很不受待见。事实上，他们一直试图把我们赶出交易大厅。

以什么理由？

违反规定，比如电话办事员以口头形式向交易场下单。严格来说，单子应该写下来，再由跑手带进交易场。然而，将单子口头传入交易场内也是当时的标准操作程序。交易所意识到，他们需要套利活动来提供流动性，因此没有强制执行该规定。但是，这并不妨碍他们把我们拉到委员会面前，指责我们违反了这一规则。最终，他们不得不放弃追究此事，因为他们意识到，试图针对某一方强制执行规则，却允许其他人违反规则是行不通的。

你把它说得像一个真正的内部人的俱乐部。

是的。

大多数交易所都这样吗？

（一声长叹。）各个交易所之间天差地远，但现在没有过去那么普遍了。竞争迫使改变发生。

白银套利业务最终还是告一段落。发生了什么？

1973年到1974年，白银套利非常有利可图，因为市场波动足够激烈。不过，自1975年波动性减弱后，白银套利业务变得步履维艰。我试图说服我所在公司的老板试试别的路子。我认为大豆压榨在当时是不二之选。

[大豆通过压榨工艺被加工成两种产品：豆粕和豆油。如果大豆价格相对于产品价格较低，那么加工厂就可以通过买进大豆并卖出等量的产品来锁定非常诱人的利润。这种活动将导致大豆价格相对于产品价格的上升。反过来，如果大豆价格相对于产品价格较高，导致利润率较低或为负，压榨活动就会减少。实际上，这种情况会减少大豆需求，从而降低大豆价格，且减少产品供应，从而提高产品价格。本质上，这些经济力量将导致大豆及其产品（豆粕和豆油）价格维持一种大致确定的关系。大豆压榨交易员试图在大豆价格相对于产品价格较低时买进大豆并卖出产品，而在大豆价格相对较高时进行相反的操作。]

在做大豆压榨交易时，你做了哪些不一样的事，让你比其他做大豆压榨的经纪人更具优势？

非常简单的事情。许多我们在白银交易中做过的事情。我们提供高薪和成长机会来留住最好的员工。我们还构建了自己的一套基础计算工具，可以根据不同的豆油和豆粕价格组合显示隐含的大豆价格。这个工具使我们能够即时计算出市场价值，帮助我们更快地利用下单流程进行交易。我不知道其他经纪人为什么不做同样的事情，但他们就是没这么做。

当时你与原来的公司还有关联吗？

有。我与公司达成了一项协议：从白银套利交易转为做大豆压榨价差交易，所有损失由我承担，但利润将与公司对半分成。

赢了赚五十，输了赔一百——这买卖听上去不太划算啊。为什么在那种安排下你还留在公司？是因为你需要使用他们的席位吗？

不是，这可能是惰性，也可能是对给我事业起步机会的公司的忠诚。但最后我还是自立门户了。

CRT就是这么来的吗?

对，尽管公司名称和合伙安排是后来才定下来的。进军大豆产品市场也体现了我们后来一以贯之的一个原则，即不与任何一项业务捆绑，而是向正在发生新鲜事的市场进军。合伙公司刚成立那会儿，名称是“芝加哥板材粉碎公司”（Chicago Board Crushers）。一段时间后，我们才把公司名称改为“芝加哥研究与交易公司”（Chicago Research and Trading）。

（马克·里奇一直在旁听采访，这时插了一句话。）

我们之所以从“芝加哥板材粉碎公司”更名为“芝加哥研究与交易公司”，其中一个原因是我们的秘书受够了向打电话来的人解释为什么我们不能帮他们粉碎板材。

你在开玩笑。

没有，认真的。

你刚才提到了要灵活切换到有最佳交易机会的市场这一想法。我记得，你们在1979—1980年的疯狂行情中再次踏进白银市场。你们是只做套利交易，还是也做定向交易?

几乎只做套利交易。当市场波动性急剧增加时，套利的获利机会就会大大增加。

不过，倒是有一笔交易可以称之为定向交易。这个故事也证明了，与其聪明地赔钱，不如愚笨地获利。1979年年初，某个神秘买家现身，买进了两万张白银合约。没人知道他是谁。我打探了一阵儿，发现管理这笔交易的是一个巴基斯坦人。我碰巧认识一个来自巴基斯坦上流社会的人，而巴基斯坦的上流社会圈子相对较小。于是我问她，有没有哪个巴基斯坦人可能有如此雄厚的财力。她说：“没有，但是有两个巴基斯坦人为沙特阿拉伯人管理资产。”她给了我两个名字。果然，稍加秘密调查，我们发现其中一个人与这笔买单有关。我们觉得自己掌握了一条有用的情报。

那时候，白银期权只在伦敦交易。虚值白银看涨期权的成交价格非常低。尽管市场的流动性并不高，我还是买进了大量看涨期权。因为知道我们的下行风险有限，我的仓位相比我们的资金规模大得离谱。[本质上，虚值看涨期权给予买方以高于当前价格的特定价格买进合约（本例中为白银）的权利。如果市场未能上涨至该价格，期权到期时将变得一文不值，为期权支付的全部权利金也将损失殆尽。反之，如果到期时的市场价格超出了特定价格（称为行权价格），则看涨期权仓位所提供的买进权利就会带来利润。如果价格大幅超出行权价格，则可能有巨大获利潜力。]

关于谁可能会做这笔白银交易，我们意见不一。但唯独有一种是我们从未考虑过的。事实证明，是有人给达拉斯的一家经纪公司开了一张2000万美元的空头支票。

这和沙特阿拉伯人有什么关系？

完全没有关系。显然这个人与沙特阿拉伯人没有任何关系。他只是个开假支票的人。所以尽管我们觉得自己非常聪明，我们所有的分析实际上都是不准确的。那家经纪公司最终抓住了那个家伙，卖掉了他的仓位，白银价格跌到了6美元以下。我甚至无法清仓，因为市场流动性太差，我持有的期权太多，如果我试图卖出，我将几乎一无所获。本质上，我和这个仓位绑在一起了。

当时我外出度假了，此乃幸事一桩，因为亨特兄弟[1]（the Hunt）的买盘开始将白银价格大幅推高。我确信如果我没外出的话，我一定会在盈亏平衡后第一时间出场。当我回来的时候，白银看涨期权已经是实值期权了（即市场价格已经涨到了行权价格之上）。

虽然我认为市场还会继续走高，但我忍受不了那么大的波动。一天，我决定走进白银交易场内，去感受一下市场上的情况。我向自己保证，我会乖乖把手按在口袋里。当时，白银的成交价为7.25美元。我决定卖出25张合约，先锁定一

[1] 20世纪70年代，亨特兄弟大量买入白银期货、期权合约并囤积白银现货，操纵白银价格，导致白银市场价格严重偏离价值。在美国商品期货交易委员会的督促下，纽约商品期货交易所对白银期货市场采取提高保证金、实施持仓限制和只允许平仓交易等措施，亨特兄弟无法追加保证金而接盘失败，国际银价大跌收场。——译者注

些利润。不知不觉中，我已经清空了全部仓位。看涨期权到期时，白银价格已经涨到了8.50美元左右。

1979—1980年的白银市场是史上数一数二的大牛市之一。（一年出头的时间，白银价格从每盎司5美元飙升至每盎司50美元。）你当时对白银价格可能会涨到多高有没有什么预感？

完全没有。事实上。涨到每盎司10美元就已经显得极其牵强。我不认识哪个人在相对较低的价格买进了白银然后在银价超过20美元时卖出了。那些在3美元、4美元、5美元和6美元买进白银的交易者们都做了如下两件事之一。要么在白银价格上涨到7美元、8美元或9美元时就出场了；要么和他们的头寸一起，一路飙升，又一路狂跌。我相信也有例外，但我从未见过例外。不过，我确实认识一些交易员在9美元和10美元的价位做空白银，因为价格似乎已经高得离谱，结果就是他们只能一直死守仓位，直到钱财尽失。这就发生在我认识的一些白银市场内最优秀的专业人士身上。

如果不是交易所介入改变规则，只允许平仓旧合约，从而避免了交割挤压，亨特兄弟会不会成功？

交易所没必要改变规则来阻止亨特兄弟实际交割。根据规则，交易所有权出面说："好，你想要白银，可以给你白银，但你必须分散交割日期。"或者他们可以只允许平仓旧合约。如果交易所只是作壁上观，允许非经济力量驱动的交割需求，那么它们就是在违背其职责。

在亨特兄弟准备交割4月份白银时，远期合约正在以大幅贴水交易。亨特兄弟并没有立即交割的经济需求。如果他们真正想要的是白银的所有权，他们大可以把4月份合约转成贴水的远期月份，这样既可以锁定巨额净储蓄，也可以腾出资金供这期间使用。或者，在4月份合约价格为50美元时，他们也可以在自由市场上以每盎司35美元的价格买进银币。他们没有采取这些经济角度很明智的行动，而是坚称："不，不，不，我们想交割4月份白银。"这就表明他们在耍把戏。市场不是耍把戏的地方。所以我觉得亨特兄弟咎由自取。

亨特兄弟的所作所为也殃及池鱼。例如，秘鲁的某座银矿以低于5美元每盎司的成本生产白银。当白银价格上涨至15美元时，该矿场决定在白银期货市场上对未来两年的产量进行套期保值来锁定巨额利润。从经济角度来看这完全合理。然而，当价格不断上涨到20美元、25美元、30美元、35美元时，他们就不得不为空头期货仓位追缴越来越多的变动保证金。最终，他们资金耗尽，被迫清仓，并在此过程中破产。

我知道CRT的基本重心放在期权套利，但我很好奇，你们是否也会做任何定向交易？

会，用我的个人账户。我一直相信技术交易行得通。我时不时会涉足其中，每次都成绩喜人。不过，我不喜欢定向交易总是让我分心。我把我的想法提供给对技术交易感兴趣且具备相应技能的CRT员工。他们基于这些理念开发出技术交易系统，并承担起日常交易执行的责任。除了偶尔瞥一眼账户报表，我已经很少再看这个系统了。

这个系统运行多久了？

5年。

系统的表现如何？

该系统在5年的交易期间内，有4年实现了获利，整个期间的平均年回报率为40%。

赔钱那年你做了什么不一样的事情吗？

说来讽刺，那年开头棒极了。大约到年中，系统表现相当亮眼，于是我们开始迅速增加仓位规模。我们一度将仓位规模扩大了约两倍。那是我们唯一一次快速增加交易规模。事实证明，如果我们保持交易规模不变，系统将会在那一年获利。

系统涉及任何人工判断吗？还是说是完全机械化的？

早期有大约6个月的时间采用了人工判断。

这样做通常会对系统产生负面影响吗？

损害巨大。

确实，这种情况如此屡见不鲜，真令人诧异。

每个人都这么说。

你如何看待基本面分析与技术分析之争?

早在20世纪70年代末的一场研讨会上,我发表了关于技术分析的演讲。午餐时段,我恰巧和理查德·丹尼斯(Richard Dennis)坐同一张桌子。我问他,他的交易中技术分析和基本面分析各占多少比例。他回答的声音中带着些许轻蔑:“我一点儿基本面信息都不用。”他回答问题的方式让我后悔开口问了这个问题。他接着说:“我不知道你如何避开这样一个论点,即所有的基本面信息都已经存在于市场中了。”

我问:“你如何避开这样一个论点,即所有的技术信息都已经存在于市场中了?”

他说:“我倒是从没想过这个问题。”我对他肃然起敬。我认为他身上的谦逊态度很大程度上解释了他的成功。

我的基本论点是,许多技术交易者利用相同的信息进行交易,而成功与否取决于谁更好地利用这些信息。基本面分析不应该是一样的吗?即便所有信息存在于市场中,但这并不意味着某个交易者不能比其他交易者更好地利用这些信息。

CRT声名远播很大程度上是拜期权所赐。我想CRT实际上是世界上最大的期权交易商。一个没有受过任何数学训练的人——我记得你主修的是哲学——是如何涉足高度量化的期权世界的?

除了高中代数,我从未修过其他数学课程。从这个意义上说,我并不属于计量分析者。不过,我以直觉感受数学,而许多计量专家似乎都缺乏这种直觉。当我考虑期权定价的问题时,我可能不懂微积分,但我可以在脑海中描绘出一幅期权定价图,它看起来与教科书中的理论定价模型一模一样。

你是什么时候第一次参与到期权交易中的?

早在1975—1976年,我就曾在芝加哥期权交易所小打小闹地尝试过股票期权交易,但是并没有坚持下去。直至开始做期货期权交易,我才算第一次真正接触到期权领域。顺带提一句,1975年,我把布莱克-斯科尔斯模型的公式塞进了一台TI-52掌上计算器里,在手动输入所有其他变量后,它能在大约13秒内给出一个期权价格。虽然这种方法相当原始，但在这个盲人的世界里，我就是一只眼睛拥有光明的那个家伙。

当市场仍处于萌芽阶段时，期权市场是否存在严重的定价错误？你的基本策略是否旨在利用这些定价错误？

当然。我还记得第一天在国债期货期权交易场里工作的情景，当时市场才开始交易了几个月。有人要我为远期月份做市。（远期月份合约流动性比近期月份合约低很多。）因为是第一天，我觉得有些手足无措。我不好意思不做市。于是，我给了他一个50点买卖价差的100手单子。我说："你看，这是我的第一天，我没怎么做过远期月份交易。抱歉，我只能做到这样了。"

他惊得下巴都要掉下来了，说："你给100手的单子做了50个最小报价！"他不敢相信有人做买卖价差这么窄的市场。

当时的买卖价差那么大吗？

是的，那时的成交量比现在小得多。50手或100手都被认为是很大的单子了。

一旦你因为市场提供了巨大优势而对做建立了一个仓位，我想你会试图对冲仓位以消除风险。然而，当你去建立一个对冲仓位时，你不同样也面临着买卖价差过大的问题吗？

通常情况下，你首先会通过在成交量要大得多的直接市场中建立一个相反的仓位来对冲期权仓位。然后，接下来工作就变成了缩减可能对你不利的仓位，有很多种方法可以实现。例如，如果我在最初的交易中卖出了看涨期权，那么我现在将寻求买进其他看涨期权，并且有能力在交易场中报出最好的买价。

显然，早年间的期权市场效率极其低下。在那种情况下，很容易理解你如何可以建立远远超出预期的仓位，对冲风险，并赚到大钱。不过，我相信随着这些年来成交量的急剧增长，市场已经变得更有效率，这类交易已不复存在了。在当今的市场里，还有哪些理念可以用来赚钱呢？

是的，市场上的竞争已不同于往日，变得越发激烈，但我们的竞争力也在提升。只要我们比竞争对手略胜一筹，就仍然会有大好的获利机会。

所以市场上仍然存在定价错误的情况吗？

当然。市场中会一直存在定价错误的情况。市场将以其精确的理论公允价格成交的观念意味着，必须有人在那里维持这一价格，而这群人不会因此获得报酬。为什么会有人这么做？做市这种服务，就像其他劳动一样，没有人愿意免费去做，就像没人愿意免费给人端茶倒水一样。这涉及劳动，是有风险在里头的。市场必须付钱请人来做这件事。这只关乎付多少钱的问题。

付的这笔钱就是买卖价差吗？

是的。如果这种优势不存在，当有人带着大买单或大卖单走进交易大厅时，谁又会愿意去跟他对做呢？

以下部分涉及与期权有关的理论问题。文中用括号标注的内容为非专业人士提供了解释。

你认为标准期权定价模型有哪些概念上的缺陷？

我不知道如何才能在不透露我们不想谈论的信息的情况下回答这个问题。

好吧，让我来主动出击。举例来说，标准模型的缺陷之一是否在于没有给予极端价格波动足够的概率权重？换句话说，实际价格分布曲线的尾端要比正态概率曲线的尾端更肥。因此，使用标准模型的人可能倾向于以低于市场实际运作方式所保证的价格卖出虚值期权。

是的，这是布莱克－斯科尔斯标准模型的缺陷之一。在我们刚起步的时候，即使是我们最大的竞争对手似乎也没有意识到这一点，我们的很多利润都是通过这个缺陷赚取的。不过，到了现在，所有认真的市场参与者都已经发现了这一点，我想许多市面上流通的模型都已经考虑到了这一点。

不过，我还想补充一点，认识到尾端比正态概率曲线更肥是一回事，知道接下来要怎么做又是另一回事。例如，你是否只是简单地将分布曲线生搬硬套到你的经验观察中，并由此为期权定价？这种做法存在一些严重的问题。你是否考虑了你的对冲策略？是否存在市面上现有模型都没有考虑到的其他变量？如果存在这样的变量，它们的纳入是否会给模型带来如此多的复杂性，从而使得模型的应用变得冗余低效呢？

换句话说，认识到分布不是对数正态分布只不过是触碰到了问题的冰山一角。不过，老实说，我还是不理解为什么当时的竞争对手连看都不曾看过冰山一眼。

我想我可以回答你这个问题。考虑特定概率分布的标准数学曲线，看起来并不是那样子的（即没有比较肥的价格尾端）。

我想这或许可以解释很多问题，但它的前提是现实与数学家头脑中的曲线相吻合。相信这件事的代价会很高昂。

让我再尝试另一种问法。标准期权定价模型是价格中性的——也就是说，它们假定最有可能的情况是价格不变。你们的期权定价模型的不同之处是否在于纳入了趋势倾向？

其实不是，但我想有些人以为我们的模型是。之前有传言说CRT表面上是价格中性且套期保值的，但实际上我们真正的赚钱方式是依靠定向交易。我们并未试图阻止人们相信这种传言，因为这让人们更愿意与我们交易。但现在既然已经挑明了，我就证实一下吧。我们的价格模型是中性的。

假设你开发了一个模型，该模型对市场走势方向预判的准确率为60%。如果你将这种趋势预测纳入考量，那么你的期权定价模型就会出现偏斜，理论上你的绩效可能会更好。

对这个问题的一个显而易见的反驳是，如果你认为存在某个方向上的倾向，那就设立一个单独的账户，依照这个想法来交易，但在你的期权账户中则保持中性交易。你将获得相同的利益，别的不说，至少你还将能够将每种方法的结果分开来看。

你认为从长远来看，权利金的卖方更有优势吗？

我不这么认为。

你认为历史波动和隐含波动中，哪一个更能准确预测未来的实际波动？[用于估算期权价值的理论模型使用一系列已知输入（例如，标的市场的当前价格、期权距到期日的天数）以及一个关键的未知因素：期权到期前市场的波动。由于这个因素是未知的，所有标准期权定价模型都假设未来的波动

将等于最近的波动。根据这一假设得出的期权价格被称为公允价值。有些人认为，如果期权的市场价格高于公允价值，则该期权的价格过高，如果低于公允价值，则该期权的价格过低。

另一种解释是，市场只是假定期权到期前剩余期间的波动将与最近的波动，即历史波动，有所不同。市场价格中内嵌的波动假设被称为隐含波动。如果期权价格比最近的波动更能准确预测未来的波动，那么期权的价格是否被高估或低估的问题不仅无关紧要，实际上还具有误导性。本质上，上述问题等同于询问是否有任何理由认定买进价格低于公允价值的期权并卖出价格高于公允价值的期权的策略有任何优点。]

隐含波动在我看来似乎更好。

概念上还是经验上？

对我而言，从概念上看起来相当明显。隐含波动是市场上所有参与者在投票后所声明的在未来波动下的公允价格。历史波动只不过是代表过去波动的一个数字。

然而，在期权交易的初期阶段，在市场效率极其低下时，你是否采用过买进远低于其公允价值（基于历史波动）的期权，并卖出远高于其公允价值的期权的策略？

没有，即便在那个时候我们也没有这么做。我们从不认为历史波动是期权真实价值的可靠指南。

那你如何确定某个期权的价格是否偏离常态？

设定一个买卖价差，使得你认为可以在该价差找到其他愿意接受的交易者来对冲波动风险，同时仍能保留利润空间。我们只对期权的价格相对于其他期权是否被高估或低估进行判断，而不是关于它相对于标的市场是否定价错误。

人们花费了大量的时间和精力来开发改进期权定价模型。如果模型推导的价格不如当前市场价格能更有效反映期权的真实价值，那么使用哪种理论模型来推导期权价值真的有什么大的差别吗？

我认为有。你仍然需要模型来确定相对价值。换句话说，你要确定的是某个期权的价格相对于其他期权是否被高估或低估，而不一定是任何绝对意义上的定价过高或过低。如果两个模型对两个期权的相对价值有不同的看法，那么使用这两个模型的人将会相互交易，他们不可能都是对的。然而，两位交易者可能都不会就一个特定期权是否定价过高或过低发表看法，只就它相对于其他期权的价格是否被高估或低估发表看法。

你是否认为，你们所开发的期权定价模型能够比标准期权定价模型更准确地衡量期权的相对价值，也是CRT成功背后的部分原因？

模型固然重要，但人才是关键所在。要让如此规模的公司如钟表般运转，需要极度不寻常之人。

在采访过程中，另外三名CRT员工——吉恩·弗罗斯特（Gene Frost）、古斯·佩利齐（Gus Pellizzi）以及尼尔·尼尔森（Niel Nielson）——进入了房间，现在开始参与到访谈中。

在这方面，CRT与其他交易公司有何不同？

古斯：曾经来这里面试的人告诉我说，我们与其他公司的不同之处在于，其他公司似乎只对他们的技术能力——教育背景和工作经验——感兴趣。相比之下，CRT则更注重个体，以及这个人与工作团队中其他成员的相处之道。

CRT寻找的是怎样的贤士？

吉恩：早些年，我们非常重视聘用聪明绝顶的人。我们雇用过一位围棋世界冠军。他头脑过人，这就像把一台人形计算机放入交易场中一样。有一天，他做了一笔糟糕的交易，惊慌失措之余，他迟迟无法下定决心平仓并承认自己犯了错。他一直等到当天收盘，却仍然没有出场。幸运的是，乔在晚上发现了这个错误，但最终还是让我们赔了10万美元。尽管这家伙聪明绝顶，但他有一个让错误变得一发不可收拾的性格缺陷。不管这个人是因为缺乏安全感不想看起来丢脸，还是出于其他什么原因，归根结底，都是性格缺陷的问题。乔曾经评论说，他宁愿要一位值得信任的“乙级”交易员，也不愿要一位无法信任的“甲级”交易员。我们雇人的时候，看重三点：性格，性格，还是性格。

古斯：我认为，我们在招聘员工时，尽量避免以自我为中心的人，更注重具有团队合作精神的人，这类人并非业内典型。其他许多公司可能也会使用这些词汇，但我不认为它们能像在CRT一样成为公司不可或缺的一部分。这并不意味着我们总能做得很好，但仅仅是尝试去做似乎就已经让我们走在了前列。

乔：我会把我们的员工描述为那些对团队成功和个人成功同样感到喜悦的人。我们寻找的不是那些为了他人利益而牺牲自身利益的人，而是那些能从团队成功中获得快乐的人。胸怀这种态度的人会提升身边每个人的价值。当你把那些不担心自己个人是否获得足够的个人荣誉的人聚集在一起时，相比竞争对手你就占据了巨大的优势。

如果许多人都对最终成果做出了贡献，你如何鉴别一个人在这之中的工作是否出色？

乔：你能看出来。与此人共事的人都知道，你可以去问他们，他们会告诉你。我最近花了一些时间评估一名CRT员工的绩效。他写了好几页的材料，展示了他手头正在做的事情以及他优先事项的概述。在翻阅了大约一个小时后，我终于开口："听着，你觉得自己最近做得怎么样？你会如何评价自己？不是你有多忙。不是你工作有多努力。而是你到底做得怎么样？"

他思忖片刻后说："嗯，我觉得我应该被辞退。"他接着给了我一番诚实的包含他自身缺点的自我评价。他知道自己做得怎么样，比我监督他的工作看得更清楚，而且他确实想把事情做好。通常来说，如果我信任某人能够评估自己，他就会如实评价，而且往往会成为最严苛的自我批评者。

可并不是每个人都具备胜任这份工作的才能。可能有人来到这里，诚恳地说："我喜欢CRT的理念，我想成为团队的一员。"但他仍然缺乏从事这份工作的天赋。又或者，一个人可能认为自己能胜任这份工作，但后来发现自己不能。抑或他反应还不够敏捷，抑或他太情绪化。这种情况必然会发生。在这样一个组织中，你如何处理这类情况？

乔：就像在其他公司一样。但区别在于，如果此人并不以自我为中心，就会更容易发现他不适合这份工作。他会更快地承认这一点。当你找到了态度正确的人选，而他发现自己无法胜任这份工作时，他会来找你。

团队中的其他人有时会过来说“这个人就是干不好”吗？

尼尔：当然，这种情况时有发生。但一旦这种情况发生，我们都会花很多心思在CRT的其他地方为他找到一个合适的岗位。这种情况总是一而再再而三地发生。

这样做有用吗？

尼尔：对那些我们认为拥有正确态度的人，成功的次数远超失败的次数。

是什么区分了成功的交易者和失败的交易者？

乔：成功的交易者往往仰仗直觉本能取胜而不是过度分析。

为什么运用分析不利于成为优秀的交易者？

乔：因为这似乎掩盖了直觉的特质和能力。事实上，最依赖分析能力的人往往是最差劲的交易者。

优秀交易者还有哪些不一样的特质？

乔：谦逊——犯错时有能力承认错误。

来自其他采取相同类型交易策略的成熟公司的竞争在加剧，这一事实难道不会侵蚀你们的利润空间吗？

古斯：会。利润率比以往要低很多。

你们是如何应对的？

乔：利润率下降了，但交易量上升了。况且，在任何行业，利润空间只会缩小到一定程度。利润空间不可能缩小到连该行业中的高效人士都无法养家糊口的地步。因此，如果你能做到行业内效率最高，那么利润空间应该始终存在——也许不是一直存在，但长远来看肯定存在。我相信几乎任何行业都是如此。

CRT是同类公司中的翘楚。是什么让公司与众不同？

乔：在CRT，我们信奉的哲学是，人人工作为人人是最佳的工作状态。人们认为CRT的成功得益于某种秘密的计算机模型。不过，我相信CRT之所以成功，是因为我们打造了团队。我们尝试赋予员工很大的自主权，并支付他们相匹配的报酬。我经常被问及CRT成功的原因是什么，我非常乐意把答案告诉他们，因为第一，他们不会相信我告诉他们的答案；第二，即使他们相信我告诉他们的答案，他们也无法训练自己去做同样的事情——去信任他人，去放弃绝对控制权。

其他从事此类交易的人往往过于机械化。以数学为导向的人认为，只要能得到正确的公式，所有问题就迎刃而解了。其实不然。大部分行业倾向于认为工作是由一颗大脑和一大堆机械化的执行者来完成。要构建一台运用许多不同大脑的机器，并且让这些大脑做出不同的高质量贡献，是一门艺术。大多数人并不想这样做。通常人们愿意相信是自己的头脑在推动事情运转，而往往没有给予其他人足够的认可或授权。在我们这里不是这样办事的。

对我来说，这里有一种魔力，我不知道你能否捕捉到。如果没有这种魔力，CRT会是一家规模远小于现在的交易公司。我们或许仍将立足于行业之内，获利于群雄之间，但与如今的地位相比就不值一提了。

你说的“没有这种魔力”指的是人与人之间的相互关系吗?

乔：是的，正是这一点让我每天都怀揣着愉悦的心情来上班。能在这样的环境中，和这样一群人工作，我真是三生有幸。

★

乔 · 里奇为证明创造性思维可以比复杂化分析更强大提供了活生生的例证。尽管他没有接受过正规的数学培训，但仅通过思考期权应该如何运作，里奇就开发出了一套期权定价模型——从CRT的业绩来判断，这个模型一定优于所有常见的衍生自学术界的模型。

CRT所进行的交易类型与个人交易者没有什么直接关系。我认为，从此次访谈中可以汲取的主要经验，与交易无关，与管理有关。CRT巨大的财务成功和员工广泛的忠诚无疑是乔 · 里奇管理哲学的成果：责任共担，利润共享。这一政策既合情又合理，以至于你不禁要问，为什么更多的公司都没有采用这一政策。美国企业界，你们听见了吗？

| 布莱尔 · 赫尔 |

(Blair Hull)

夺取优势[1]

布莱尔 · 赫尔的交易之路始于21点的赌桌。这件事并没有听起来那么古怪，因为这两项活动之间实际上有着非常密切的相似之处。重点并不在于交易的获利与赌博的运气相似，而在于两者的持续获胜都关乎策略和纪律，而非运气。运气只发挥短期作用，其潜在的不利影响必须通过资金管理来抵消。

在赫尔的21点团队被赌场盯上后，他开始另辟一条运用概率论赚钱的蹊径。他发现，相同的一般原则也可以用来从期权市场的定价错误中获利。赫尔在1976年年末入场时怀揣25,000美元，到1979年年初他的本金已经翻了20倍。在接下来的几年里，他持续稳定获利，平均每年获利约100%（不计入他休假的那几年）。

1985年，他成立了赫尔交易公司（Hull Trading Company，HTC），使更广泛地应用他的交易策略成为可能。公司成立之初只有5名骨干员工，后经迅速扩张，到1991年年中，员工人数已接近百人。如果说人员的增长是算术级数，那么计算机的扩张则是几何级数。HTC办公大楼里有一整个楼层专门用于放置计算机设备。在同一栋楼里办公的芝加哥期权交易所（Chicago Board Options Exchange）的另一位期权交易员打趣道："大楼必须在楼顶额外安装一排空调，因为赫尔的电脑把所有的冷气都吸光了。"

赫尔的公司采用复杂的策略，在各种相互关联的期权市场上交易，从短暂的

[1] 建议不熟悉期权的读者阅读附录，以便更好地理解本章节中所提及的交易相关的内容。

定价错误中获利，同时将公司的净风险敞口保持在最低水平。HTC是芝加哥期权交易所、芝加哥商品交易所、美国证券交易所、纽约证券交易所和多家海外交易所等多家交易所的做市商。在他们做市的期权市场中，他们的交易量或可占总交易量的10%以上。

公司现有25名交易员所建立的所有仓位都受到实时监控。策略会根据市场价格和公司持仓的变化以仅两秒的实时延迟不断修正。现在你知道为什么赫尔需要那么多计算机了。

HTC的交易利润图表看起来就像那些交易系统广告的模拟图，只不过这里的结果并非模拟。从1985年的100万美元起步，到1991年年中，扣除费用后的资本已增长到9000万美元。（在此期间的交易毛利更高，约为1.37亿美元。）尽管利润非常可观，这家公司风险水平保持在较低水平，这才是真正令人瞩目的成就。自成立以来，HTC在过去69个月中有58个月实现获利（扣除费用后），只有5个月出现了交易净亏损（摊提费用前）。

本次采访是在HTC的一间会议室进行的。我发现赫尔在讨论他的职业生涯时相对轻松和开放。我尤其喜欢他坦率地谈论他玩21点的经历。

你最初是如何接触市场的？

我的兴趣大抵可以追溯到我祖父绘制股票图表的年代。当时我并不真正理解他在做什么，但钱生钱这一想法很吸引人。对金融市场的求知欲将我领进了圣塔克拉拉大学（Santa Clara University, SCU）商学院的大门。毕业后，我在布莱尔公司（Blair and Company, BC）找到了一份证券分析师的工作。就在我入职整3个月后，公司的西海岸研究部门在1969年的熊市中被裁撤了。

在你短暂的任职期间，你学到了什么关于市场的东西吗？

我学习了金融分析师的工作内容。我了解了格雷厄姆和多德以及基本面分析[1]。我认为这种方法太过主观，无法被量化或系统化。所以我不想再跟这种方法有任何瓜葛了。

丢了工作之后，你又找了一份分析师的工作吗？

没有，我找了一份销售大型计算机使用时长的工作。不过，那个职位本质上是一份营销性质的工作，而我对分析工作很感兴趣。大约一年后，我离开了公司，到凯撒水泥公司（Kaiser Cement）从事运营研究工作。那时，我读到了爱德华·索普（Ed Thorp）的一本名为《击败庄家》（*Beat the Dealer*）的书，对玩21点产生了兴趣。1971年到1975年间，我经常流连于内华达州的赌场。

你当时住在内华达州吗？

没有，我住在加利福尼亚州。但我一逮着机会就会去玩21点。在那段时间里，我每个月大概有5天是在内华达州度过的。从某种意义上说，我所拥有的一切都要拜内华达州所赐。它不仅为我提供了最初的交易本金，赌博的经历也教会了我许多事情，使我得以成为一名成功的交易者。

是否可以说索普的书在一定程度上造就了你作为交易者的成功？

那本书确实教会了我21点的方法论。如果没有这些知识，想必我如今也不会从事交易行业。

那本书所主张的基本策略是什么？

根据21点的基本规则，赌场拥有微弱的优势。但是，如果已经发了很多小牌，也就是说，牌堆中有很多10点牌和A，那么胜率可能会偏向赌徒，大概1到2个百分点。（10点牌指点数为10的牌，包括所有的花牌和10。）[2]

那就是追踪发出的牌，如果出现相对较多的A和10点牌，就下很小的注

---

[1] 赫尔指的是本杰明·格雷厄姆（Benjamin Graham）和戴维·多德（David L. Dodd）合著的《证券分析》（*Security Analysis*），这本书被许多人誉为股票市场基本面分析的圣经。

[2] 21点的目标是获得一个比庄家高的总牌面点数，但不能超过21点。每张牌的点数等于其牌面的点数，但花牌除外，每张花牌的点数为10，A可以由玩家选择算作1点或11点。黑杰克是指由一张A和一张10点牌两张牌组成的手牌——如果玩家被发了一手黑杰克，他赢得1.5倍的赌注，除非庄家也发了同样的手牌，那样的话结果就是平局。如果只有庄家发了一手黑杰克，所有玩家自动输掉游戏。只要玩家的总点数不超过21点，他可以抽取任意数量的牌。如果他的总点数超过21点，他自动输掉游戏。牌堆中10点牌和A越集中，玩家的胜算就越大。

或者根本不下注？

没错。我基本上就是这么做的。我用这种方法一小时可能只下注5次。

我对21点牌桌的印象是，你坐下来，不断地要牌。就实操的角度而言，你如何有选择性地下注而不显得突兀？

我的策略是只玩有优势的牌。我会站在一旁，采取“桌后计牌”策略。如果你下注的金额不大，这样做就可以蒙混过关。

使用这个技巧后你立刻就成功了吗？

其实我第一次尝试的时候只下了大约50次注，最终以赔钱收场。从那以后，我开始稍微花心思计算了一下下多少次注才能确保自己从长期来看能成为赢家。

换句话说，下注50次没成功的原因是50次太少了，获胜的概率还是太接近百分之五十了。

对。我知道如果我能继续玩对我微弱有利的牌局，最终我一定会赢。遵照索普的建议，我从120美元起步，每次下注1到4美元不等。两年后，我赢了大约1万美元。

大约在这个时候，我和另一位21点玩家成为朋友，他告诉我说有一支玩得相当不错的玩家团队。他说：“这个团队相当神秘，所以我不能给你队长的名字。但我会给他你的名字，也许他会联系你。”几个月后，我的这位朋友在一场车祸中丧生，我想我和那个团队攀上关系这件事就画上句号了。大约一年后，团队的组织者给我打了电话。

在此期间，我其实曾尝试过组建自己的团队。不过，我在招募符合资格的成员方面不太顺利。例如，有一次我们本应在我们经常去玩的城市——拉斯维加斯——的撒哈拉赌场酒店碰头。但其中一名成员只知道太浩湖（Lake Tahoe）的那家撒哈拉。于是他就去了那里。整个周末，我们都没弄清楚他人在哪里。

你为什么不再继续单打独斗，而是对团队合作产生了兴趣？

无论是玩21点还是做交易，你的获利能力都取决于你的优势以及你发挥该优势的次数。团队合作有两点好处。第一，假如我们玩一个周末，我的胜率是三分之二。通过和另一个玩家联手，总交易天数将翻倍，获胜的概率也将提高到四分之三。第二，联合的玩家越多，赢钱的机会越大。

换句话说，如果你有优势，通过大幅增加下注次数，成功的概率就会接近百分之百。听上去像是你在赌场内开辟了一个迷你赌场，反倒是赌场在迷你赌场里接手那些输多赢少的投注。你所说的另一点好处是什么？

团队投注法可以让你提高下注金额的上限。理论上来说，你能下注的最大金额应该是你本金的五十分之一。如果你手头有1000美元，这意味着你能下注的最大金额应该是20美元。但是如果有5名各自拥有1000美元的玩家联合下注，那么最大投注金额就会提高到100美元。

你的意思是说，每个人都可以根据所有玩家的本金总和来决定自己的最大投注金额，且不会增加任何个人风险？

说得对。

那个团队接纳你为成员了吗？

要想成为成员，必须通过团队的一系列测试。我本以为自己技术娴熟，但我其实没有通过测试。我必须磨砺自己的技能，才能成为团队的一员。

你的不足之处体现在哪些方面？

各方面都有。我的基本策略有些瑕疵。我计牌的速度不够快。我对牌堆的估算也不准确。

你是如何估算牌堆大小的？

赌场通常使用四副牌的牌靴。团队使用8种不同大小的牌堆，以半副牌为单位递增。你要练习识别不同的牌堆，直到你从房间另一头都能分辨出来。

团队用什么方法计牌？

他们使用了一种名为“里维尔高阶计点法”的方法：2、3、6点牌计为2分，4点牌计为3分，5点牌计为4分，7点牌计为1分，8点牌计为0分，9点牌计为-2分，10点牌计为-3分，A则单独计分。分数越高，意味着未发出的高点数牌越多，对玩家来说就越有利。

计分是否必须以剩余牌数为标准？

是的。真实分数是用原始分数除以剩余的牌堆数。即，如果原始分数为10，而未发出的牌还有两副，则真实分数就是5。如果只剩下半副牌，则真实分数就是20。你真正关心的是未发出的牌中高点数牌的密集程度。

索普在他的书中是否也采用了类似的方法？

索普最初采用的是10点牌和非10点牌计点法。在他的第二本书中，他对该方法做了一些改动，2—6点牌计为1分，7—9点牌计为0分，10点牌和A计为-1分。

因此从本质上说，里维尔高阶计点法是索普方法的一个更复杂的版本。

对。计牌的准确程度与困难程度之间存在一个基本的权衡。即使是里维尔法，也并非基于概率论的最优解。但如果你使用更复杂（大概也是更准确）的计牌方法，就容易犯下更多的错误。

持续追踪真实分数是否很难？

这需要大量练习，并且需要遵守纪律。此外，你还得培养思维捷径。例如，如果你看到一张5点牌和一张10点牌同时出现，你会自动联想到这个组合的分数为正，因为5点牌的分数是4，而10点牌的分数是-3。

你究竟花了多少时间来磨炼这些技能？

刚开始需要花很多时间，一段时间后，每次出门前花上几个小时练习一下就行了。

当你未通过团队测试时，你感到震惊吗？后来怎么样了？

一共有10项不同的测试。我被告知了欠缺的知识所在。我练习了大约一个月，再次参加了测试并成功通过。

当时团队中有多少人？

我加入时还只有8名成员，但最终扩充到了20人左右。

这种运作方式是不是非常依赖信任和诚实？如果你们把赌资放在一起，然后独立运作，那你们如何知道其他成员做得怎么样呢？

我们后期其实开始用测谎仪了。我被别人测过谎，也给别人测过谎。早期阶段没有测谎仪，有的只是人们之间的相互信任。

人们从什么时候开始猜忌团队中的其他成员？

（他笑了。）显然有一名成员正在暗中揩油的时候。

因为关于测谎仪存在不小的争议，所以我很好奇你是否相信测试真实有效。

大致来说，我认为测谎仪准确率在85%左右。我自己被测过4次，给别人测过大概6次。准备测谎和实施测谎的过程可以从人身上获取信息，这一点是毫无疑问的。有一次，当我问完一个问题后，我亲眼看到一个人的脸变得毫无血色。在测谎之前、期间和之后，我都收到过供认。有时你发现的信息可能无足轻重——例如，某人没有准确地核算费用。有时则会触及更大的问题。例如，有一个家伙在为我们团队效力的同时也在为另一个团队效力，这就涉嫌将独家信息泄露给竞争对手了。

这个团队是以团队为整体在运作，还是仅仅是单打独斗的个体共享赌资？

团队有很多种。这个规模较大的团队采用的模式是一位大玩家和几位计牌手。计牌手分散在几张牌桌上，下注相对较小。当牌局非常有利时，计牌手就会向大玩家发出信号。

这样做是为了掩人耳目吧？

对。如果这家伙连牌都不看，又怎么可能计牌呢？

赌场花了多长时间才发觉该团队的存在？

大约6个多月。我们开始玩得很大。筹码越堆越多，很快我们就玩到了赌注上限，他们也就知道我们是谁了。

他们知道你们都是同一个团队的成员，还是只是单独知道你们每个人的存在？

他们认出我们每个人，但是慢慢就开始发现我们之间有所关联。赌场雇了私家侦探，专门负责抓计牌手。侦探把计牌手和掷骰子的老千或老虎机的作弊者归为一类。本质上就是赌场不希望出现技艺高超的玩家。我能理解这一点。如果我开赌场我也不希望有这种人出没在我的赌场。

找出计牌手是不是不难？因为他不是每手牌都玩？

就算他每手牌都玩也很容易找出来。

是因为下注金额大小的变化吗？在低胜算的牌局中下小额的赌注。

是的。如果我站在一个玩得很大的人身后，我可以快速判断出他在每一局里处于优势还是劣势，势头如何。

你最开始有没有认为团队本可以存续得更久，不会那么容易被赌场抓到？

我认为，如果我们能更谨慎一点，团队可能会存续得更久。其中一个问题在于，团队中的一名成员对写书比对团队的再续辉煌更感兴趣。[赫尔所指的书是肯·乌斯顿（Ken Uston）所著的《大玩家》（*The Big Player*）。] 讽刺的是，说服其他合伙人让他出任大玩家的那个人是我。结果这被证明是团队走下坡路的开端。人人都有被认可的基本需求。他也需要得到认可——甚至是来自赌场的认可。直到你被赌场禁止入内，你才会被赌场认可为一名顶尖高手。这与在市场上交易有着直接的共通之处。

让我们来谈谈这种联系。

道理都一样。那些渴望被公认为最伟大交易者的人，大抵不是最伟大的交易者。自我成了前进路上的绊脚石。依我看来，你永远不会想成为交易场里最大的玩家。

在讨论21点和交易的联系之前，我很好奇一件事：如今是否仍然可以运用计牌法赢过赌场？

当然可以。如果我没钱了，接下来该去哪里，毫无悬念，我心里已有了答案。

那为什么赌场不多用几副牌或更频繁地洗牌呢？这样计牌不就行不通了？

首先，21点策略图书的盛行让人们以为看到了胜利的曙光，实际上是帮了赌场的忙。其次，获胜的关键不在于数学技巧，而在于有能够坚持系统的纪律。能够学习掌握这套技巧来获取优势的人是极少数，而能够在情感上承受亏损并仍然坚守系统的人就更少了。具备成功所必需的纪律的人，500个人里大概仅有1个。

你所在的团队帮助你培养必要的纪律吗？

团队在某种程度上帮助你培养纪律。这几乎就像是一支军队——你必须在特定条件下行事，并且必须具备一定水平的技能。团队在自我监管的过程中强化了纪律。仅靠个人很难达到同等的纪律水平。

所以，赌场故意给用计牌法赢21点留出操作空间，是因为误用制胜策略的人要更多。

正是如此。

在你玩21点的经历中，你认为哪些因素对你成为成功的交易员做出了贡献？

我在熬过了一段漫长的亏损期后仍有信念坚持系统，因为我知道自己有优势。这段经历在我进入交易场时使我获益良多。此外，风险控制的经验也让我受益匪浅。在21点中，即便你占据优势，也会有损失惨重的时候。每到这时候，你就必须削减下注的规模，以规避一败涂地的可能性。如果你赔掉了赌金的一半，你就必须把赌注减半。在你大幅亏损时要做到这点很难，但这是存活下去的关键所在。

照你这么说，21点和交易非常相似。

说得对。你所需要的就只是数学上的优势和确保你能继续玩下去的资金管理策略。其他的一切老天自有安排。

团队被曝光之后发生了什么？

有一段时间，我用同样的原则组织了人员较少的团队。我低调行事，没做大玩家，而是做了计牌手，去了大西洋城等其他地方打牌。待我厌倦了漂泊无定的日子，我试着寻找其他方法来应用概率论。有一阵子，我曾尝试玩扑克，但我发现，虽然我的数学炉火纯青，但缺乏相应的技能。每次我拿到好牌下大注，大家就弃牌，而每次我诈唬时，没有人离场。

如果我说错了，请指正。在21点中，规则是绝对清晰明了的。庄家必须再抽一张牌或者停牌，具体取决于他的点数，而在扑克中，人们有更多的选择，读懂对手也就成了一个因素。因此，即便你在数学上占优势，但如果别人能正确解读你的情绪，或者你无法解读他们的情绪，你就会失去优势。

对，你会在很大程度上失去优势。虚张声势是扑克的一个必要元素。有位数学家写了几本关于扑克策略的好书，但他从来没能在扑克牌局中赚到钱。

你是否认同这样一种说法，一些场内交易员之所以成功，是因为他们善于阅读他人的内心？

当然。在某种程度上，如果有另一位市场参与者陷入困境，你可以感觉得到。换句话说，他的出价是四分之一美元，而你能读出他迫切想要出场。那即便你想以四分之一美元的价格买进，你也会等，因为你知道他最终会将出价降到八分之一美元。但是，在我自己的交易中，这种方法从来都不是重头戏。我赚到的大部分钱是对资产理论价值正确计算的结果。

你是什么时候开始真正涉足交易的？

在我逐渐减少参与21点期间，我着手进行了一些期权估值模型的工作。

你的模型与布莱克-斯科尔斯模型之类的标准模型相似吗？

事实上，关于这个模型的论文发表于1973年。我当时对这份文献不够熟悉，所以在1975年时，我还在忙着构建这个模型，构建这个已经被开发出的模型。1976年年末，我申请成为太平洋证券交易所的做市商。

你的交易方式是什么？

我每天都会运行一个计算机程序来生成理论价值表，这个表可以告诉我每个期权在特定股价下的价值。基本上，我拿着这些报表在交易场里来回走动，只要有期权偏离我的理论模型，我就会买进或卖出。

所以，当你刚开始做期权交易时，你一直在寻找偏离理论价值的期权。

没错。

这就抛出了一个有趣的问题。由于理论价值基于历史波动，那这种方法不就意味着历史波动比隐含波动更能预测未来的波动吗？（有关此问题背后概念的详细探讨，请参阅前一章乔·里奇的访谈。）

没有。实际上，实证研究表明，隐含波动在预测未来的实际波动方面优于历史波动。

那么，你怎么能通过根据相对于你的模型的定价错误进行交易来赚钱

的呢？

真正关键的是相对价值。使用哪种模型并不重要，只要你能对所有期权价格一以贯之地运用该模型即可。我真正关心的是期权相对于其他期权的价格。我会调整模型隐含的价格，使平值期权的隐含价格与市场价格一致。例如，如果模型显示平值期权的价值为3，但实际成交价格为3.5美元，我就会调高模型中的波动假设，使平值期权的价格也落在3.5。一旦进行调整，其他所有期权的价值都应该与市场趋于一致。然后，我只需买进交易价格更便宜的期权，卖出交易价格更贵的期权。

换句话说，我们讨论的不是要关注市场是否偏离模型，而是要关注特定市场中的个别期权是否偏离其他期权。

是的。我得说，我早些年赚到的大多数钱都是来自这类交易。

除了数学模型被迫利用历史波动来预测未知的未来波动这一事实，使用这些模型还存在其他潜在缺陷吗？

大多数模型都假设股票期权的价格遵循对数正态分布。实际上，我发现几乎所有金融市场的实际价格分布往往都比对数正态分布呈现出更“肥”的尾部。

用通俗的话来说，你是说标准的数学模型并不能准确反映出现实世界中期权的定价状况，因为极端价格波动发生的概率远高于这些模型的标准预设所隐含的概率。

正确。

这就意味着，买进深虚值期权这一行为比根据模型假设的更有意义。

没错——尤其是在可能发生并购的情况下。

既然存在这种偏差，你是否可能被误导，从而更愿意卖出某个深虚值期权，而不是本该卖出的另一个期权？

是的，当然。在所有类别的期权中，如果你相信模型，你就会卖出更多这类期权。

你这样做赔钱了吗？

没有。我一直在赚钱，这种卖出深虚值期权的策略虽然能带来持续的利润，可灾难一旦发生，你就会赔掉之前赚的所有钱，甚至赔掉更多。

你使用这种方法，却没有遭遇灾难，是因为运气好吗？

我确实很幸运，遇到的灾难没能把我横扫出局，尽管这种情况真的可能会发生。

能否给我举个具体的例子？

1981年，我为美国证券交易所的一位交易员提供资金，他在某次并购状况下出售了虚值期权。结果在那笔交易中，我赔掉了大约三分之一的资金。在情感层面我很好地处理了这件事。屋漏偏逢连夜雨，大约一周后，我又在肯尼科特公司（Kennecott）的虚值看涨期权空头仓位中遭受了巨额亏损。讽刺的是，尽管我的仓位相对较小，但一夜之间天翻地覆的大变天，导致损失惨重。在这两次并购之后，我折损了大约一半资金。

那时你做交易多久了？

大约4年半。

仅这两笔交易，就抹去了你在那之前数千笔交易所累积利润的一半左右？我理解得对吗？

对。

在那之前的4年多，你的绩效如何？

在我进入这个行业的头两年，我连续取得了400%的年回报率。此后，我平均的年回报率约为100%。

那么，1981年呢，也就是你遭受两次重创的那一年？

我仍然以净利润为那一年画上了句号。

你的交易利润是否完全来自利用定价错误？

是的。投机者通常只押注市场方向的一侧。例如，他们可能买进虚值看涨期权。与此同时，机构投资者可能会采取备兑开仓策略，过程中会卖出长期看涨期权。从某种程度上来说，一个聪明的做市商便是风险转移代理人。他会从机构手中买下看涨期权，然后将其他看涨期权卖给投机者，设法平衡整体仓位，从而尽可能降低净风险。

你是否总是完全对冲？

我总是试着做到相对对冲。然而，在并购出现的情况下，你可能会以为自己已经对冲了，但价格波动发生得如此之快，以至于你没能真的充分对冲。

你提到投机者通常是期权的买方。大体上来说，你是否认为由于人们喜欢买进期权而导致了某些定价错误？

如果你比较各个市场的隐含波动与历史波动的过往图表，你会发现隐含波动有着比历史波动明显更高的倾向——这种模式表明你上面提到的偏差确实存在。

这是否意味着持续卖出期权是一种可行的策略？

我认为一直做卖方有优势，但我不会以这种方法进行交易，因为这种方法的隐含风险太大了。但如果是回答你的问题的话，通常来说，我认为期权的买方处于劣势。

在企业并购的情况下，是否有时会有一些线索表明将有大事发生——比如，某个期权的交易价格突然大幅跃升超出其应有的成交价位？

当然。事实上，近年来，一些监管人员已经开始关注此类问题。也有一些交易员使用被称为“狼探测器”的指标。这些交易员监控着标的股票的异常价格波动、成交量的突然增加，或虚值期权隐含波动的跳升。可以这么说，这类迹象被用来警告人们外面可能有“狼”出没。但那不是我的方法。

在持有大量虚值看涨期权的空头仓时，你是如何保护自己免受可能发生的突发性并购事件损害的？

在个股交易中，你会主攻那些已经将内部信息消化在市场价格中的大盘股。交易大盘股时，出现突发性大幅波动的可能性更少。

你曾经做过任何定向交易吗？

也许一年做个几次，我可能会对某一笔定向交易产生强烈的念头。尽管这类交易灵感并不常有，但通常都是明智之举。

你能给我举个例子吗？

我还在太平洋证券交易所做交易的时候，我买了数千手麦道公司（McDonnell Douglas）的看涨期权。当时，发生了多起DC-10坠机事故，坊间有传闻说

DC-10会停飞。我回到家，告诉妻子我持有大量麦道公司的看涨期权。她彻底吓坏了，对我说："那些飞机（DC-10）再也飞不起来了。我们要倾家荡产了。"

这一观点是基于当时铺天盖地的新闻报道吗？

是的。当时公众恐惧情绪达到了巅峰。可以说是我的妻子教会了我做一个逆向交易者。那笔交易让我对市场有了深刻的认知。无人愿意触碰市场之日，是你必须挺身介入之时。

你还记得其他定向交易吗？

道琼斯指数暴跌508点（1987年10月19日）的第二天，市场上弥漫着恐慌情绪，清算公司提高了资金要求，在两者的共同作用下，我们在芝加哥期货交易所（Chicago Board of Trade）下的主要市场指数（Major Market Index, MMI）委托单找不到人执行。因此，我不得不亲自去那里的交易场内做交易了。

我听闻有传言称芝加哥商业交易所（Chicago Mercantile Exchange）正在考虑暂停交易。（芝商所交易的是标普500股指期货合约。）如果传言属实，那就代表有大动作。我即刻跑去打电话给我的办公室，想要研究一下过去暂停交易后都发生了什么。然而，大约30分钟过去了，他们还是一无所获。我察觉到芝商所即将暂停交易。我回拨给办公室，说："确保交易暂停时我们建立了多头仓。"

你为什么要做多？

因为恐慌情绪与实际情况相去甚远。我必须坐上买方这把椅子。我们的哲学是始终努力为市场提供流动性。芝商所最终暂停了交易，大约3分钟后，一家经纪公司经纪人试图从市场上得到一笔100手卖单的出价。当时的市场成交价为290，无人出价。我出价285，他卖给我100手。几分钟后，他又以同样的价格再卖给我50手。这150手是仅有的以285成交的交易。当天的收盘价是400点。

当然，事后来看，那笔交易真是太棒了——你最终买到了最低价。但根据恐慌情绪与实际状况相去甚远这一逻辑，难道不应该在前一天道琼斯指数暴跌超过500点时买进吗？

那笔交易的时机与一个特定事件有关：芝商所即将暂停交易。

还能想起别的定向交易吗？

1991年1月15日，也就是布什当初向萨达姆发出的最后通牒的最后期限，当天上午，我在股票市场做多。所有人都认为，一旦战争爆发，股市就会下跌150点。我想，“这场战争又能有多糟糕呢？”

你的假设是布什会速战速决？

我的假设是，不确定性必须减少，因此我必须做多市场。我的策略是，当天上午在最后期限到期前先建立一半仓位，在战争爆发后再建立另一半仓位。

事实证明，在战争开始前建立头一半仓位显然是正确的举措。但你是否还记得，为什么你没有等到战争真正打响后再建立全部的仓位？

这只是一个市场上的恐惧与不确定性的问题。我的首席交易员将这笔交易放到了LTG（Long-term growth，长期增长）账户。几年前，我公司的一位套利交易员想要建立净多头头寸，我批评他说：“你想什么呢？你以为你有上帝专线（line to god，LTG）？”所以，把这笔交易放在LTG账户里是他取笑我的方式。

最终你在战争爆发后买了另外一半仓位吗？

没有。我原本打算如果市场开盘下跌，我就买进，但相反，市场开盘大幅走高。

不过，你的主要获利也并非来自定向交易吧？

那笔标普500的仓位规模在大约30分钟内就达到了近400万美元，无疑对我们当天的业绩大有裨益。但总体而言，我认为这种类型的交易只占公司整体交易利润的5%左右。我们的基本方法仍是买进被低估的证券，卖出被高估的证券。这一切都可以追溯到21点的哲学，也就是如果你有优势，从长远来看，进行大量交易会让你赚更多的钱。

你的策略是否已经从买进便宜期权、卖出较贵期权这一基本概念发生了转变？

速度变得越发重要，策略也变得愈加复杂。

是因为更简单的玩法失效了吗？

这永远都是一场赛马，除非你跑得特别快，否则其他人迟早会追上你。

你现在是不是必须专注于跨市场交易而不再仅限于单一市场内的交易？

单一市场的定价错误是否已经消失？

当然。如果你不做跨市交易，那么你从资本中获得的回报将会非常有限。

还有许多其他大公司，例如CRT，也采用类似的交易策略。你不会发觉自己在与其他公司竞争相同的交易吗？你们如何避免彼此之间互相阻碍？

你必须认识到是谁在驱动市场。如果不是机构投资者想做交易，我们谁都不会出现在这里。他们需要调整他们的风险状况，而我们则与其对做。此外，我们确实与你提到的其他一些公司有所不同，因为我们寻找不太明显的对冲机会。

此话怎讲？

这源自我过去做场内交易员的经历。我曾是速度最慢的场内交易者之一。因为其他人总能捷足先登抢占主要市场，所以我不得不另觅他处。最终我会在相关性没那么高的市场上对某一笔交易进行对冲。举例来说，如果OEX期权价格很高，而套利交易者是卖方，他们就会在标普500指数上对冲原有的仓位。相反，我最终会在纽约期货交易所（NYFE）和主要市场指数（MMI）上进行对冲，因为其他OEX交易者已经冲进了标普500指数。（OEX合约的标的指数为标普100，标普100与标普500的相关性极高，但与NYFE和MMI等其他股价指数的相关性较低。）

见识过你们公司的业务运作之后，我很难相信你们仍是最慢的那群交易员之一。

这个嘛，也许现在不再是了。我们现在已经高度自动化了。但我的场内经验促使我们更倾向于寻找没那么明显的市场来进行对冲交易。我们在相关程度较低的市场之间寻找交易机会。

你是否试图始终保持公司的整体仓位基本保持对冲状态？

我尽量将投资组合的delta值保持为零（投资组合相对于市场方向性波动而言为中性）。每次有交易员执行一笔新的交易，我们公司投资组合的净delta值（即净多头或净空头仓位的合约数量）都会在两秒内重新评估。我们有一套反馈程序，以便每个交易员都可以即时得知这一信息，从而判断接下来的交易应该倾向哪个方向。

换句话说，如果公司的净仓位为多头，交易员就会倾向于寻找得以建立空头仓位的定价错误。

正是如此。本质上，每位交易员都是在坚定不移地遵照公司策略进行交易。

每位交易员都负责对冲自己的交易吗？

不是。我们有25位交易员，其中一人负责进行对冲（即确保公司对价格变动的净敞口尽可能接近于零）。你可以说他是我们的空中交通管制员。

所以每位交易员可以买进自己觉得便宜的期权，卖出自己觉得贵的期权，即便是单边交易也没关系，因为他们知道空中交通管制员会确保公司的净仓位保持接近中性。

没错。当你在某笔交易中占据优势时，执行该交易的部分代价就是你不得不把部分优势拱手让人，以便对冲。这套系统的美妙之处就在于对冲成本非常低。

备兑看涨期权（买进股票并卖出看涨期权）经常被作为交易策略进行推广。我们都知道，备兑看涨期权与卖出看跌期权实质上是相同的。那么，是否存在任何合理的交易策略逻辑来解释，为什么实施备兑看涨期权策略而不单单只卖出看跌期权？还是说前者备受推崇的原因是它能收取两次佣金？或者说也许是语义上的原因——尽管这两种交易是完全相同的，但备兑看涨期权听起来比单单卖出看跌期权的风险更小？

我不知道如何阐明这些有时对公众实施的欺诈行为。经纪商推销的许多策略根本不符合客户的利益。当我在备兑看涨期权头寸的对立面进行交易时，我几乎感到内疚，因为很显然，客户是在一种错误观念下操作的。

也就是你同意，如果任何人想做备兑看涨期权，计划同时建仓股票和卖出看涨期权头寸的话，那么直接卖出看跌期权会是更好的选择？

对。如果你要确保自己使用了拙劣的策略，那就做备兑看涨期权吧。

我从来都搞不懂这个逻辑……

现在你懂了。

到期日时，标的股票价格的微小波动都可能对期权到期时的获利与否产生重大影响。似乎对于持有大量期权仓位的人来说，试图影响到期日的股票

价格一定存在巨大的诱惑。这种情况会发生吗？

当我还在太平洋证券交易所做交易员的时候，有两家规模较小的做市商想把某只股票的价格钉死在行权价。他们想在到期日卖出股票，确保所有的看涨期权和看跌期权都变得一文不值。他们在这个计划中争取到了一家大型做市商的帮助。大型做市商同意加入他们的阵营，把股票价格钉死在行权价。结果，他实际上却建立了相反的仓位，把那两家小做市商双双横扫出局。（他笑着回忆道。）

实际上，股票价格会自然而然地倾向于收在行权价或行权价附近。几年前，我做了一些统计研究，研究结果曾被《华尔街日报》引用。投机者往往会买进行权价格稍低于市场价格的实值看涨期权，他们通常在到期前卖出自己的期权仓位，因为他们不想履约。举个例子，假设某只股票的交易价格是60.5美元。大部分未平仓合约将集中在60看涨期权。随着到期日临近，买进60看涨期权的公众将倾向于卖出这个仓位。做市商将处于这笔交易的另一边，为了对冲而必须卖掉股票。这一连串事件往往会在到期时将股票价格尽可能推向行权价附近。我发现，从统计学角度来看，在期权到期时，股票价格收于距行权价1/4个点之内的概率是不存在这种相关性时预期的两倍。

你有没有以任何方式应用过这一发现？

有，我们采用这种策略。因为它能为我们提供优势。

有什么建议要送给交易期权的非专业人士吗？

OEX远程自动执行系统（Remote Automatic Execution System, OEX RAES）是投资大众的优势所在。该系统可在10秒左右的时间内自动执行交易。

你为什么说它是投资大众的优势？

因为做市商已经同意站在这笔交易的另一边。当市场出现极端波动时，做市商无法足够快速地更新这些报价。因此，大众投资者在这种类型的市场中占据巨大优势。

如果客户可以使用这个自动系统，为什么还要去公开喊价执行订单呢？

远程自动执行系统仅接受10手及10手以下的订单。如果单子不超过这个限制，客户使用这个执行系统一般来说会更好。

你认为一位成功的期权交易者应具备哪些关键特征或品质？

不能听信新闻。必须遵循事实。要用逻辑方法，要有执行纪律。须能控制情绪。

还有吗？

一以贯之。要追求微小的理论优势而非大获全胜。

是否有某种人格特质的人最适合成为一名成功的交易者？

根据我在交易员上的用人经验，我认为成功的21点、国际象棋和桥牌玩家更有可能符合优秀期权交易员的画像。

你发现人们有哪些关于市场的错误观念？

他们容易听信谣言。他们过于关注谁在买进卖出。他们认为这种信息很重要，但实际上几乎没有任何实际意义。

你觉得过去在21点团队中的经历是否对你转为采用团队交易这一方式产生了影响？

那段经历对我成功组建交易团队很有帮助。

你初入这个行业时，会觉得自己将成为交易团队的领导者而非个人交易者吗？

其实我进入这个行业的时候，想的是我可以将一切都自动化，一台机器就可以完成所有工作。

你什么时候意识到这行不通？

我现在都没意识到呢。我仍在下功夫钻研（他笑了）。我们奖赏那些致力于实现工作自动化的人。我们希望人们朝着这个目标努力。

★

有些人喜欢说："只要资金管理有方，再差的系统也能赚钱。"这种说法完全是无稽之谈。对于一个差劲的策略来说，良好的资金管理所能做的就只是让你赔得更慢一些。例如，没有任何资金管理系统可以被设计用于玩轮盘赌赚钱，因为优势不在你处。（概率上本是均等的，但零和双零的存在给赌场带来了决定性的优势。）事实上，如果你采用的是一个差劲的策略（也就是对你不利的策略），你反败为胜的最佳机会便是将差劲的资金管理发挥到极致——在一笔交易中赌上所有筹码。为什么？因为你在处于劣势的情况下玩得越久，最终倾家荡产的可能性就越大。

或许，成功交易的最基本要求就是，你必须掌握某种定义明确的方法，或者换句话说，某种能为你带来优势的特定方法。这种方法可以是买进价值被低估的证券，卖出价值被高估的证券，就和赫尔的做法一样，也可以是以某种优于盈亏平衡的方法来做价格定向交易。如果没有这样的方法或优势，你最终会败北，因为50/50其实是还未计入交易成本的胜率。如果你不知道你的方法是什么，那你就是没有方法。（顺便提一句，因为你姐夫给了你一条小道消息而买进股票实在称不上是一种方法。）

对赫尔的采访也有助于强调赌博和带着优势下注或交易之间的区别。市场参与者很可能就是在赌博。如果你没有方法（即优势），那么市场即赌场，交易也变得和赌博没什么两样。但一旦有了方法，交易——或者就此而言，即使是21点——就不再是赌博，而是变成了一项事业。交易者的一大幸事便是，赌场可以因为玩家技艺过于娴熟而把他们拒之门外，而市场却没有任何办法驱赶技术高超的交易者（除了以一种似乎在最长时间内迷惑最多人的方式运转）。因此，如果你能设计出一种击败市场的方法，不会有哪家交易所可以找你当面说："我们注意到你赚了太多钱。你不能再在这里交易了。"

一旦你掌握了方法，你仍然需要进行资金管理，以防止一连串不利的操作将你淘汰出局。请谨记，即使你拥有优势，你仍有可能输得精光。因此，下注或交易规模必须要足够小，小到足以确保此类事件发生的概率非常低。所以，恰当的说法应该是，"即使是一个良好的系统也可能因为糟糕的资金管理而亏损"。而不是本小节开头引用的那句对该主题的错误曲解。

同一主题在肯·乌斯顿的《大玩家》一书中得到了生动的刻画，这本书是关于赫尔在采访中提到的21点团队的。

听着巴里讲着他的恐怖故事，肯的思绪飘回几周前的一天，当天一位经纪人朋友，也是一位计牌手，来到他的公寓，探讨他最热衷的话题——输。自几年前他手气极为不顺，在拉斯维加斯全军覆没以来，这位朋友在21点赌桌上就变得保守起来了。他告诫肯，越来越过火的下注金额会将团队置于险境。“那种大起大落太疯狂了，肯。我告诉你，它们真能把你折腾得够呛。当心。到目前为止，你们这群人的运气还算好，但那种大起大落是实打实存在的。”

赫尔在21点和交易中运用的另一条相关教训是，如果你掌握了致胜的方法，那么即使在亏损期间，你也必须有信念坚持执行。不过，诀窍在于通过减少下注金额或交易规模来降低风险，从而使风险和资本之间的比率保持相对稳定。

虽然赫尔主要从事套利交易，但他偶尔也做定向交易，而且这些交易往往相当成功。即便赫尔并未明确阐述其定向交易的规则，但我们可从访谈内容中推断出如下几点。

1. 交易勿频繁，仅在想法强烈时出手。
2. 建立与主流新闻报道相反的仓位。
3. 交易时机选择在可能引发恐慌高潮的事件发生时。

| 杰夫 · 亚斯 |

(Jeff Yass)

策略中的数学[1]

杰夫·亚斯的职业生涯起步于1981年的费城证券交易所，那时他在交易大厅做期权交易员。被期权交易中的机遇所吸引的他鼓动了不少大学同窗好友尝试投身交易事业。20世纪80年代初，他将其中6位好友训练成为交易员。1987年，亚斯和他的朋友们共同创立了海纳投资集团（Susquehanna Investment Group）。公司发展迅速，现有员工175人，其中包括90名交易员。如今，海纳是全球最大的期权交易公司之一，也是程式交易领域最重要的参与者之一。

亚斯通过对标准期权定价模型进行复杂改良，来挖掘市场效率低下的蛛丝马迹。然而，亚斯方法的精髓并不在于拥有更好的模型，而在于更注重运用数学博弈论的原理来使获利最大化。在亚斯眼中，市场就像一场大型扑克游戏，而你必须密切留意对手的技术水平。亚斯在他的一个扑克类比中如此解释道："如果你是世界上排名第六的扑克玩家，却要与前五名高手同场竞技，你必然会输。反之，即使你技术平平，但如果与技术较差的对手较量，你就会赢。"亚斯会考虑他交易对手的技术和知识，并相应地调整自己的策略。他愿意基于那些他认为消息更灵通的交易者的行为来调整或修正自己的市场观点。

亚斯思维敏捷，口若悬河。市场收盘后，我们在他费城的办公室里开始了采访，随后移步至一家当地餐厅继续。尽管我对亚斯挑选餐厅的能力颇有微词（原因很快就会浮出水面），但那里的菜肴确实美味至极。遗憾的是，与菜肴质量相

[1] 建议不熟悉期权的读者阅读附录，以便更好地理解本章节中所提及的交易相关的内容。

匹配的是餐厅的人气和随之而来的噪声水平——使得我们的谈话录音需要中央情报局级别的破译能力方能听懂。邻桌的一群食客对我们边用餐边录音的古怪行径感到好奇，离席时忍不住询问我们为何要记录晚餐对话。

★

你是什么时候开始对市场产生兴趣的？

我还是个小孩的时候。我就热爱股票市场。我常常从我父亲的手中撕下报纸，只为查看股票报价。

你小时候买卖过任何股票吗？

我爱吃电视快餐[1]。第一次尝试斯旺森公司（Swanson）的电视快餐时，我就觉得它太好吃了，也许买进这只股票是个好主意。我后来得知斯旺森品牌隶属于金宝汤公司（Campbell），于是我让我父亲帮我买了10股金宝汤股票。

你现在还喜欢电视快餐吗？

还喜欢吃，我也喜欢所有飞机餐。我赞同琼·里弗斯（Joan Rivers，美国著名喜剧演员）的观点，她说她不相信会有人不喜欢飞机餐。

听你这么说，我有点犹豫晚些时候是否还要和你一起去吃晚饭了。那你买了金宝汤股票后发生了什么？

这只股票一直没什么动静。

我并不意外。

它最终还是涨上去了。要是我当时把这只股票持有个30年，现在收益应该还算可以。

那是你第一次在股市交易吗？

是。

当时你几岁？

[1] 预先制作好的冷冻食品，经烤箱或微波炉加热后即可食用。“电视快餐”（TV dinner）意在宣传食品快捷便利、适合边看电视边就餐。——译者注

11岁。

你小时候还买过其他股票吗？

大概13岁的时候，我买了美国东方航空公司（Eastern Airlines）的股票。当时我坐这家公司的航班去了趟佛罗里达，我觉得这是一家不错的航空公司。我还买了一家房地产公司的股票，结果这家公司最后破产了。我似乎总是在赔钱。我记得我父亲对我说："那只股票在你买之前就已经存在很长时间了。你现在买了它，并不意味着它就会突然上涨。"

上高中的时候，我发现了期权交易。我会查看期权收盘价，寻找我认为存在巨大错误的定价。举个例子，有一次美国铝业公司（Alcoa）收盘于49美元，而45看涨期权只比50看涨期权的交易价格高出2.5美元。买进45看涨期权、卖出50看涨期权，若股价下跌4美元或更多，我会赔2.5美元，但只要股价上涨1美元或更多，我会赚2.5美元。这似乎是个绝佳的赌注。我说服我父亲帮我做了这笔交易。股价上涨了，交易赚钱了。

此后你在高中期间还进行过其他期权交易吗？

没有，我发现报纸上刊登的期权收盘价实际上只是最后一笔卖价，可能非常滞后。例如，某个期权某天收盘时报价是11美元买，12美元卖，但如果最后一笔卖价是13美元，这13美元就是报纸上刊登的价格。一旦我发现这些报价都不是真实的价格，我就意识到自己以前发现的大部分交易机会其实都是不存在的。

你怎么上高中的时候就知道期权了？

我父亲工作的公司在上市时发行了认股权证。我让我父亲给我解释什么是认股权证。因为认股权证不过是一种长期期权，所以我就理解了基本概念。

大学毕业后你去读研究生了吗？还是直接去工作了？

我的计划是休息一年，全国旅行。不过，我最终还是去了一家投资公司面试，公司名字我就不提了。面试我的是期权部门的主管。我想我可能冒犯到他了，所以没有得到那份工作。

反正都不提公司名字了，不如说得具体些吧。

好吧，当时我们的谈话大致如下：他说，"所以，你觉得你可以通过交易期权赚钱喽。”接着我告诉他我认为在期权市场里赚钱的关键因素。他问我，“你知道IBM今年的高价和低价是多少吗？”

我回答说，“我想，低价是260，高价是320，但这些绝对是无关紧要的。如果你把时间浪费在考虑这种问题上，那你完全是南辕北辙了。”他说，“嗯，我知道这是什么，我认为这很重要。”我回应道，“太好了！那你录用我吧，我会给你证明为什么这无关紧要。”在接下来的交谈中，他表示他不知道β系数（一个技术术语，用于描述股票相对于大盘的波动性）的定义。他说，“我不操心这种事情。”我说，“好极了！那你录用我吧，我会给你解释并演示怎么使用它。”令人称奇的是，我没有得到那份工作。（回忆到这里，他开怀大笑。）

我知道在打扑克这件事上你是认真的，你也将许多扑克策略应用到了期权交易上。你是什么时候开始对扑克产生兴趣的？

我在大学期间开始玩扑克。我和我的朋友们对待扑克都非常认真。我们知道，从长远来看，扑克并不是靠运气的游戏，而是需要极高技巧和复杂策略的游戏。我们采取数学方法来应对这个游戏。

我想你肯定在赌场玩过扑克游戏。我很好奇，在拉斯维加斯的典型牌局中，玩家技术水平的分布大致如何？

在一场典型的8人牌局中，平均而言，3个是职业选手，3个是半职业选手，剩下2个则是游客。

听起来对于游客来说胜率可不高！

要想长期赢钱，你必须是一名非常出色的玩家。

鉴于玩家技术水准如此高，你作为赢家扬长而去的次数占比多少？

我估摸着平均下来我获胜的比例大约是55%。

赔钱会让你心烦意乱吗？

这完全困扰不到我。我自知我的牌打得没问题，我也明白我无法采取任何措施来避免这样的波动。输的时候我很少自我怀疑，因为我知道短期内大部分波动都是运气使然，而非技术。

扑克的策略主要是记忆不同牌型组合的概率吗？

不，记忆只起很小的一部分作用。充分了解概率，从而熟知哪些手牌该玩、哪些手牌不该玩固然很重要，但这只是基础知识。真正出色的扑克玩家对合适的下注策略了如指掌。你的对手下注时你能获取到什么信息？你下注时透露出什么信息？你不下注时又透露出什么信息？实际上，我们在训练期权交易员时就会使用扑克策略。因为我们认为两者之间有很强的相似性。我相信，如果我能教会我们的学员正确的扑克思维，我就能教会他们正确的期权交易方法。

你能给我一个具体的例子吗？

假设你确信自己手上握有最好的一副牌，而最后一张牌此刻刚发完。你会怎么做？交易新手会说："我会下最大的注。"然而，这往往不是正确的举动——即使你确信你的对手会跟注。为什么呢？因为有时候，如果你选择过牌，对方反而会下注，也就给了你提高赌注的机会，在这种情况下，你会赢得双倍的赌注。如果你认为对方下注的概率高于50%，那么你最好过牌。通过采用这种策略，有时候你赢的并不会比单倍赌注更多，但更多时候，你会赢得双倍赌注。从长远来看，你会赢更多的钱。所以，尽管在手握最好的一副牌时下注似乎合情合理，但实际上往往还有更高的妙招。

这和期权交易有什么联系呢？

扑克和期权交易的基本理念相通，那就是首要目标不是赢得最多的牌局，而是最大化赚到的金额。举个例子，假设你有机会以3美元的价格买进100手你认为价值3.25美元的看涨期权，预期利润为2500美元。大多数做市商会建议你，不妨就以3美元的价格买进期权，并尝试锁定利润。然而，这个决策在实操上没有那么简单。例如，如果你估计有60%的概率能够以2.75美元的价格买进相同的期权，那么你的最佳策略就是尝试在2.75美元的价位买进，即使这样做意味着你有40%的概率会错过整笔交易。为什么呢？因为你有60%的概率可以赢得5000美元。因此，长期来看，你将在那种情况下平均赚进3000美元（5000美元的60%），这要比稳赚2500美元更好。

你是否在刚开始交易期权时就意识到了那类联系？

是的，扑克世界的竞争异常激烈，如果你不能充分利用每一个优势，就无法存活下去。一踏进期权交易大厅，我就完全理解了这个概念。我通过打扑克学到的关于期权交易策略的知识，比我从大学所有经济学课程中学到的总和还要多。

你还能举出其他例子来类比扑克策略和期权交易吗？

我们给所有学员都会提供的一个经典例子如下：假设你在玩7张牌梭哈，现在是最后一轮下注。你手中有3张底牌，4张A明牌；你的对手亮出了梅花2、梅花3、方片9和黑桃Q。你的4张A是大牌。我们的问题是："你会如何下注？"典型的回答是，"我会尽可能多地下注，因为我有4张A，我赢的概率非常大。"正确的答案是……

你过牌，因为如果他不能赢你，他就会弃牌，而如果他能赢你，他就会提高赌注，那你就会输得更多。

这就对了。他的底牌里可能有梅花4、梅花5和梅花6。你下注的话什么都赢不到，你只会输。他知道你有什么牌，而你不知道他有什么牌。

那么，这是怎么类比期权交易的呢？

比方说，我认为某个期权价值3美元。通常情况下，我愿意以买价2.875、卖价3.125做市（即在2.875美元买进，在3.125美元卖出）。然而，假设有一位经纪人，我猜测他掌握了更多信息，要我对这个期权报价。如果我报出很小的买卖价差，我什么都赚不到，因为如果我报价正确，他就会放弃交易——也就是什么都不做——如果我报价错误，他就会交易，而我就会亏损。

同样的道理，如果一位掌握了更多信息的经纪人对某个期权报出的买价明显高于我所认定的价值，那么有很大可能是他知道了一些我不知道的事情，从而报价更高。因此，我可能也不愿成为对做方，即使这笔交易看上去很诱人。

此处的要点在于，期权交易决策应当基于条件概率。可能我原本认为某个期权的价值为X，但当有人愿意出X+Y的买价时，我可能就得重新评估并修正该期权的价值。我们试图教给我们公司交易员的一个道理便是，任何看似显而易见的事情都值得反复检查。

有一个很好的例子能够说明这个概念，这个例子是费希尔·布莱克（Fisher Black）多年前提出的一道谜题，就是著名的布莱克-斯科尔斯期权定价模型的提出者布莱克。想象一下你正在参加《我们交易吧》（*Let's Make a Deal*）的电视有奖竞赛节目，你必须从三扇门中选择一扇。你选了1号门。主持人蒙蒂·霍尔（Monty Hall）说："好的，卡罗尔，打开2号门。"大奖不在2号门后面。蒙蒂·霍尔当然知道奖品在哪扇门后面。他的游戏规则就是永远不会打开有真正奖品的那扇门。现在他转向你问道："你想换到3号门吗？"你是坚持1号门还是换成3号门？（读者：在继续阅读之前，你不妨先想想自己的答案。）

显而易见的答案似乎是换不换都一样，但很显然这个答案肯定是错的。

正确的答案是你应该换到3号门。奖品在你未选择的两扇门中的一扇后面的概率原本是三分之二。蒙蒂打开了两扇门中的一扇，这扇门后面什么都没有，这件事并不会改变原始概率，因为他总是会打开错误的门。因此，如果奖品在那两扇门中的一扇后面的概率原本是三分之二，奖品在那两扇门中剩下的那扇未被打开的门后面的概率一定还是三分之二。

我搞不懂。这个节目被数百万人收看了这么多年，却鲜有人意识到换门之后中奖概率会提高那么多！

记住，这是一个参赛者必须戴上滑稽的兔子耳朵才可能被选中的节目。

迷惑人们的地方在于这个过程并非随机。如果蒙蒂随机选择两扇门中的一扇，奖品不在被选中的那扇门后面，那么剩下的两扇门的概率确实是五五开。当然，如果他随机选择两扇门中的一扇，那么有时候奖品就会在打开的那扇门后面，但这种情况从未发生过。关键就在于，他并没有随机选择其中一扇门；他总是选择错误的门，这就改变了概率。这是条件概率的一个经典例子。如果奖品在2号门或3号门后的概率是三分之二，既然奖品不在2号门后面，那么奖品在3号门后面的概率是多少？答案当然是三分之二。

颇为讽刺的是，在我采访完杰夫·亚斯4周后，《纽约时报》刊登了一篇文章，内容正是关于这道谜题。《纽约时报》的文章报道称，专栏作家玛丽莲·沃斯·莎凡特（Marilyn Vos Savant）在她的《展示》（*Parade*）专栏中答复读者的询问时正确解答了该谜题，她收到了近千封批评（并误导）的

信件，来信者多为博士，主要是数学家和科学家，《纽约时报》的文章又引发了大量读者给编辑来信。这些信件中有一些对正确答案进行了清晰明了、令人信服的解释，现摘录如下：

致编辑：

关于“蒙蒂·霍尔之门背后：谜题之争及答案？”（7月21日头版）：两扇门后面有山羊，一扇门后面有汽车，这道谜题涉及3扇门，人们难以理解正确答案的原因之一是这个问题只用了3扇门。这使得选中汽车的假定——但其实是错误的——概率（1/2）与实际概率（1/3）过于接近，从而难以直观地得出正确解法。

为了更好地说明正确答案——玩家在竞赛节目主持人蒙蒂·霍尔打开另外两扇门中的一扇之后，应该更换最先选中的那扇门——假设游戏中有100扇门，其中99扇门后是山羊，1扇门后是汽车。

在第一次开门时，玩家意识到选中汽车的概率很低（百里挑一）。如果霍尔随后打开了98扇门，这些门后面都有山羊，那很明显，汽车在剩下未被选中的那扇门后面的概率很高（99/100）。虽然只剩下两扇门（玩家最初选择的那扇和未被打开的那扇），但汽车出现在这两扇门后面的可能性不再相同。对大多数人而言，应该换门就变得很直观了。

科里·富兰克林（Cory Franklin）

1991年7月23日于芝加哥

致编辑：

我记得在学校的时候，当你在处理棘手的、令人困惑的概率问题时，考虑输的概率而不是赢的概率是很有帮助的，因此：

在3扇门中有两扇门后有山羊。由此，从长远来看，每3次尝试中你会有两次选到山羊。一扇藏有山羊的门被排除了。现在，对于你选择的这扇门来说2/3是门后有羊的概率，对于另一扇门来说却是门后有车的概率。这就是为什么换门对你有利。

卡尔·V. 阿马特尼克（Karl V. Amatneek）

1991年7月22日于圣迭戈

最后还有这样一封信：

致编辑：

贵报7月21日头版关于蒙蒂·霍尔谜题之争的文章未提及隐藏的一个选项：宁可选择山羊，也不选择汽车。山羊是一种讨人喜欢的动物，然而停车可能是个难题。

洛尔·西格尔（Lore Segal）

1991年7月22日于纽约

此处重点在于你的直觉会欺骗你。我们会头脑一热说出1号门和3号门的概率均为50%。不过仔细分析后，你会意识到换门有很大好处，尽管这个好处并不明显。此中寓意在于，在交易中，尽可能从多个角度审视眼下的情况是很有必要的，因为你最初的冲动很可能会出错。永远不会从显而易见的结论中赚到钱。

能否举一个交易实例，说明在什么情况下显而易见的决定是错误的吗？

比方说某只股票的交易价格是50美元，某机构想要以4.5美元的价格卖出500手执行价为45的看涨期权。在这种情况下，人们的本能反应通常是："太好了！我以4.5美元的价格买进看涨期权，以50美元的价格卖出股票，这样就能锁定1/2美元的利润。"然而实际中，该机构之所以以4.5美元的价格卖出看涨期权，十有八九都是因为他们相当确定股价会下跌。

这种情况是否曾经发生过？即机构以低于内在价值（最低理论价值，等于股价与行权价之差——在亚斯的例子中为5美元）的价格卖出期权？

这种事经常发生。

我不明白。以低于其内在价值的价格卖出期权的动机是什么？

在我给出的例子中，这家机构可能非常确定股票的交易价格将会低于49.5美元，那样的话以4.5美元的价格卖出45看涨期权就并非不合理了。

即便他们有站得住脚的理由相信股价会下跌，他们又怎能如此确定股价

下跌的时机呢?

直截了当的答案是，他们心知肚明手上有上百万股要卖，他们可能不得不接受以49美元的价格卖出，才能脱手这么多股票。这一切都归结于条件概率。鉴于这家机构以低于内在价值的价格卖出期权，哪种可能性更大？是他们太过天真，几乎是在为你开一张2.5万美元的无风险支票，还是他们知道某些你不知道的事情？我的答案是，既然他们想做这笔交易，那么你输掉的可能性比较大。

刚开始做交易时，我总是会买那些价格低于内在价值的期权，以为自己锁定了利润。我不明白为什么交易大厅里其他精明的交易员不蜂拥而上做同样的交易。最终我意识到，精明的交易员不买这些看涨期权的原因是，平均下来，这些看涨期权是赔钱货。

如果这并不违法，为什么机构不在清仓前定期卖出看涨期权呢？这似乎是一个轻松缓冲现有大仓位清仓时滑点的好方法。

事实上，这是一种常见的策略，但做市商已经学聪明了。

在你从业的10年间，期权市场发生了怎样的改变?

1981年我刚开始做期权交易时，赚钱所需要的只是标准布莱克-斯科尔斯模型和常识。20世纪80年代初，基本策略是试图买进隐含波动率相对较低的期权，同时卖出波动率较高的相关期权。比方说，如果某特定执行价的看涨期权的大买单将其隐含波动率推高至28%，而同一只股票的另一个看涨期权的波动率为25%，那你就可以卖出波动率较高的看涨期权，同时买进波动率较低的看涨期权用于对冲。

我想这类差距之所以存在是因为当时的市场相当低效。

说得对。那时候，许多期权交易员还没有充分理解波动和期权理论基础。比如，如果某个看涨期权的波动率是25%，这个波动率对这只股票的期权来说相对较低，许多交易员没搞明白买进这个看涨期权并不一定要看涨那只股票。如果你看跌这只股票，你仍然可以通过买进价格偏低的看涨期权，同时卖出股票，从而获得相当于买进看跌期权的组合仓位。越是精通数学的做市商越能理解这种关系，就越能利用价格背离。现如今每个人都了解了这种关系，你再也看不到同一只股票的不同期权以显著不同的波动率在交易的情况——除非有充分的基本面理由来支撑这种价格差距。既然每个人都了解了波动率，那么主要的战场就转移到期权价格的倾斜上了。

你能解释一下你所说的“倾斜”是什么意思吗？

举个例子来解释，今天的OEX指数在355点。如果你检查期权报价，你会发现市场上345看跌期权的价格远远高于365看涨期权的价格。（根据标准期权定价模型，365看涨期权的定价实际上会略高于345看跌期权的定价。）

期权价格总是朝同一方向倾斜吗？换句话说，虚值看跌期权的价格是否总是高于相应的虚值看涨期权的价格？

大多数时候，看跌期权价格高，看涨期权价格低。

这种方向性偏差有合乎逻辑的解释吗？

逻辑上的解释实际上有两点。我可以告诉你一个，另一个我不能告诉你。一个基本因素是，金融恐慌发生在下行趋势中的概率要比发生在上行趋势中的概率大得多。例如，你可能偶尔会碰上道琼斯指数单日下跌500点的日子，但你碰上道琼斯指数单日上涨500点的日子的可能性要小得多。鉴于市场的性质，崩盘的可能性总是大于一夜暴涨的可能性。

因为这个原因导致市场上的看跌期权价格总是显著高于看涨期权吗？

不是的。直到1987年10月股灾之后，市场才以这种方式为期权定价。然而，我始终认为大幅下跌的可能性远远大于同等幅度上涨的可能性。

你得出大幅下跌更可能出现的结论是基于对历史市场的研究吗？

没有，用不着那么复杂。只是通过观察市场，我就发现价格下跌的势头往往比上涨来得更快更猛。

这种方向性偏差只适用于股价指数期权吗？还是说也适用于个股期权？

大多数大型股的期权都有这种倾向（即看跌期权比看涨期权更贵），因为意外下跌的可能性往往比意外上涨的可能性大得多。但是，如果一只股票在并购传言的风口浪尖，虚值看涨期权的价格就会高于虚值看跌期权。

你公司的交易员是否使用你的期权定价模型来做出基本的交易决策？

包括我自己的模型在内，任何人的期权定价模型都过于简化，不足以充分刻画现实世界。你没办法构造出一个消息灵通度接近市场的模型。我们培训公司的做市商去理解我们模型的基本假设，以及为什么这些假设过于简化。接着我们再向他们传授更复杂的假设及这些假设对价格的潜在影响。至于什么是适当的假设，就见仁见智了。我们有信心可以将任何天资聪颖、思维敏捷的人培训成交易员。我们认为交易员是后天造就的，而非与生俱来的。

那么基本上，你从模型预测出发，然后你根据各种模型假设与当前实际情况的差异，凭经验进行调整？

正是如此。

你能给我举个例子讲讲这个调整过程是怎么进行的吗？

眼下的一个例子是安迅公司（NCR），它是美国电话电报公司（AT&T）的并购目标。AT&T的出价是110美元，而该股票目前的交易价格约为106美元。如果并购顺利完成，股票买家有望每股赚取2美元左右。（当前价格与并购出价之间的差距约有一半是持股的利率成本。）另一方面，如果并购失败，那么根据当前的市场预期，股价将会急剧下跌至约75美元。在这个特定案例中，行权价相对接近的看涨期权基本上没有价值，因为股价不太可能涨到110美元以上。相反，如果并购失败，更远的90虚值看跌期权则有机会获得可观的价值。因此，在这种情况下，虚值看跌期权的价格将远高于相应的虚值看涨期权。

换句话说，这是一个说明期权定价模型在现实世界的预测可能会产生严重误导的例子。

对，因为标准模型假设，任何一个最小价格变动是向上还是向下，概率都是50%。然而，此处并非如此，因为价格大幅下跌的可能性远大于价格大幅上涨。

有一段时间，数学派交易员根据他们的模型进行交易，在类似于我刚描述过的场景里，他们会卖出虚值看跌期权，因为这些看跌期权的价格看上去太高了。然而，经验派交易员会在审时度势后意识到股票确实有可能经历大幅下跌（即在并购案中出现暴跌）。采用常识方法的交易员最终会从数学派交易员手中买下虚值看跌期权，并在此过程中大赚一笔。数学派交易员终于如梦初醒，后知后觉。

在日常操作中，你基本上都是从查看模型开始，然后进行一定的心理上

的调整吗？

对。我们的基本理念是给予市场意见极大的尊重。比如，如果我们认为某个期权的价值为2美元，而一个懂行的做市商出价2.5美元，我们认为十有八九他是对的，因为他专注于交易一只股票，而我们交易的股票有500只。接下来我们会想办法弄清楚他出价2.5美元的原因。如果我们能找出原因，而我们不认同这个原因，那么我们可能卖出那个期权，因为它定价过高。但大多数时候，我们会认为他的情报比我们灵通，最后我们会调整对这只股票其他期权的估值，然后买进其他期权或直接买进这只股票本身。

当你因为他人的出价似乎偏离了理论价值而调整你对期权价值的评估时，你们单纯地认定他们对这家公司了解更多吗？

是的，信息的流动并非像金融课程中教给你的那样完美。信息往往会首先在期权市场上初现端倪。许多内幕交易案都涉及期权，而我们就是亏钱的受害者。

例如，就在今天，他们抓到了马里昂实验室（Marion Labs）的一名员工，这名员工显然得知了陶氏公司（Dow）即将对该公司提出收购要约的内线消息。此人以1美元的价格买了500手7月到期行权价为25的看涨期权（总成本：50,000美元）第二天，这些期权的价值就达到了10美元（仓位总价值：500,000美元），在过去——期权还没有出现的年代——手握此类消息的人可能会买进股票，即使假设保证金为50%，利润率也不会太高。但如今，掌握内幕信息的交易员可以通过买期权极大地提高利润杠杆。有时我真为其中一些人感到惋惜，因为直到最近铺天盖地的关于内线交易的报道出现之前，我不确定他们中有多少人意识到自己在干违法的勾当。但是，由于他们率先进入了期权市场，我们就成了交易另一边的受害者。

我不明白。难道美国证券交易委员会不会在并购宣布时仔细追查订单的流向，以确保没有可疑订单吗？

他们确实这么做了，而且他们在揪出利用内线情报交易的人这方面变得相当有效率。他们在把钱退还给交易另一边的受害者这方面也变得更有效率了。然而，在早些年，这个过程要漫长得多。

一个著名的例子涉及圣达菲（Santa Fe），这家石油公司在1981年成了科威特人的并购目标。当时，股票的价格是25美元，场内期权交易员以1/16美元的价格接下了1000手35看涨期权的买单。过了不久，股价从25美元跳升至45美元，期权价格也从1/16美元涨到了10美元。场内交易员几乎是一夜之间就损失了约100万美元。尽管他们最终追回了这笔钱，但花了好几年时间。如果你是一位做市商，破产了身无分文，苦苦等待追回资金的滋味可不好受。你惶惶不可终日，害怕自己会成了那个将期权卖给知情人士的倒霉蛋。

最终，每个人都会遭受池鱼之殃，因为如果你试图完全避开它，你将会错过许多大好的交易机会。一言以蔽之，如果你过于保守，你就做不成任何交易。而如果你过于激进，你就会连连受挫。诀窍就在于，尽量在两者间寻得平衡。

你能想到你自己最近栽跟头的例子吗？

美国燃烧工程公司（Combustion Engineering）的期权在太平洋海岸交易所（Pacific Coast Exchange）交易。这个期权交易清淡。一天早上，我们接到了交易所经纪人（负责管理订单失衡的交易所职员）的电话。他说有一张要买进数百手期权的单子，询问我们是否愿意接下这张单子。当时股价在25美元附近，我们同意以约2.5美元的价格卖出300手25看涨期权。10分钟后，这只股票暂停交易，随之而来的还有一则该公司将被一家欧洲公司收购的通告。几分钟后交易恢复，该股票以39美元的价格重新开盘，短短几分钟内我们就损失了超过35万美元。事后才知道，买方正是那家欧洲公司的董事会成员。

最终发生了什么？

在这个特定案例中，我们已经追回了我们的钱。美国证券交易委员会很快就查明买方的身份，由于此人是一名高层的外籍高管，甚至没意识到自己做了违法的事情，所以我们没费什么工夫就把钱追了回来。

鉴于这层顾虑，在平日交易不活跃的市场里，你是不是有些忌讳接下大规模的期权订单？

这种忌讳一直都存在，但如果你想待在这一行，接下这类单子就是你的工作。此外，在大多数情况下，这些单子都是合法的，什么都不会发生。而且，在正常情况下，我们会在接下单子后对仓位进行对冲。在燃烧工程公司这个案例中，在我们有机会对仓位进行对冲之前，股票就停止交易了。我们仍然会亏损，但不会像完全没有对冲那样亏损那么多。

证券交易委员会抓内线信息交易者越有成效——最近他们似乎见人就抓——买卖价差就越窄。考虑到交易对象可能是知情人士，我们所做的每一笔交易都包含一定的风险溢价。因此，如果人人都相信证券交易委员会将抓获所有内线交易者，那么市场就会在定价过程中消除这种额外的风险溢价。本质上，最终通过更宽的买卖价差为内幕交易买单的其实是普通投资者。

当股价在一夜之间出现大幅波动时，在这种价格波动之前，会发生期权交易量大幅增加的情况吗？

几乎总是如此。如果你查看被收购公司股票的成交量数据，你会发现在事件发生之前，几乎总是有一阵忙乱的期权交易。

你做任何定向交易吗？

不做。我坚信市场的才智远胜我。在我看来，市场对某物的定价是对其价值最佳的衡量。相信有效市场观点的怪诞之处在于，你必须对市场俯首称臣，放弃自己的信念与自我。

几年前，美国行政管理和预算局（Office of Management and Budget）的一位局长曾发表声明表示，预算预测应基于长期利率最终将降到5%至6%这一假设，而当时的利率超过了8%。市场隐含的利率水平反映的是每天在债券市场上斗智斗勇的成千上万名交易员的集体智慧的结晶。相比之下，行政管理和预算局局长的个人观点毫无意义。如果他基于长期利率将为5%至6%的假设来制定政府政策，而市场的最佳预测是8%，那他就是在严重危害社会。可想而知，如果他真的足够聪明，聪明到能比市场更好地预测利率，那他大可以通过债券市场交易发大财，但显然他做不到。

我对未来20年利率走向的预测几乎比任何经济学家的预测都要更准确，因为我所要做的就只是观察债券市场的交易情况。如果市场利率是8%，那我的预测就是8%。有些人能花上数百万美元开发一套精密的利率预测模型，我敢打赌，从长期来看，债券市场的预测会更准确。总体原则是，如果你能放下自我，聆听市场发出的声音，你就能获得巨量信息。

我知道你给人们最基本的交易建议是：不要以为你可以击败市场。不过，对于那些一只脚已经迈进市场的人，你能提供什么建议吗？

如果你投资却不分散的话，那你就是拿钱打水漂。人们没有意识到，即便会降低回报，分散投资也是有益的。为什么呢？因为分散投资能进一步降低风险。因此，如果你分散投资，并利用保证金来提高杠杆，使风险达到与未分散投资时相当的水平，你的回报可能会更高。

我颇为赞同。我总是说，分散投资是华尔街唯一免费的午餐。

我会这样表述，不分散投资，就像是把你的午餐扔出窗外。如果你建立了投资组合，但没有进行分散投资，那么你每年都在焚烧你的金钱。

★

亚斯所从事的这种专业期权套利交易显然与大多数普通交易者没有直接的关联。不过，我们仍得以从中一窥具有广泛适用性的重要信息。或许亚斯最重要的观点是，关键是要注重利润最大化，而不是赢的次数。这一概念的一项显而易见的应用是，不管你有着怎样的交易风格，在你认为成功概率较高的交易上下更大赌注的下注（交易）策略，可以显著改善最终结果。亚斯强调的另一个观点是，我们对事物的最初印象常常是错误的。换句话说，凭直觉行事时要小心谨慎。

PART SEVEN

第七部分

交易心理学

“我们已经与敌人打过照面，敌人就是我们自己。”

这句来自沃尔特·凯利（Walt Kelly）的漫画《波哥》（*POGO*）中的著名引语，可以作为对交易艺术最贴切的一句概括。一次又一次，在这本书及其前作中接受采访的人强调了心理因素在交易成功中至关重要的作用。当被问及成功的重要因素时，金融怪杰们从不谈论指标或技巧，而是强调纪律、情绪控制、耐心以及看待亏损的心态等。信息一目了然：在市场中获胜的关键是内在，而非外在。

|禅与交易艺术|

撰写此类图书的风险之一在于，你费尽千辛万苦，将250页原始访谈笔录精练为25页可读性很强的章节后，受访者却撤回了使用这些素材的许可。（为了给受访者营造开放交流的氛围，我觉得有必要向他们赋予最终否决权。）在我采访的交易员中，有一位曾为他的公司赚取了数亿美元的交易利润，他认为最终成稿的章节里包含大量关于直觉、梦境、东方哲学和交易逸事的内容，所呈现的形象将被他的企业客户所质疑。然而，我说服他同意我匿名使用以下摘录，因为我认为这段内容提供了一个独到且富有洞察力的交易视角。

我还是不明白你的交易方法。你是怎么做到只盯着屏幕就赚了这么多钱？

这其中没有什么系统可言。不过就是，“我觉得市场要上涨了，所以我要买了。”“涨得差不多了，所以我要卖了。”完全就是一时冲动。我没有坐下来精打细算出任何交易计划。我不知道直觉从何而来，有时直觉也会离我而去。

你如何意识到直觉不在了？

当我连续错了3次后，我就暂停交易。然后我会进行一段时间的模拟交易。

你会进行多长时间的模拟交易？

直到我认为自己再次与市场同步了。每个市场都有自己的节奏，我们作为交易者的工作就是与这种节奏保持一致。我做那些交易时，其实并不是我在交易。有交易正在进行，但我没有在交易。

你说你没有在交易是什么意思？

买卖在进行，但只是穿身而过。就好像我的个性和自我都不存在，我甚至无法从这些交易中得到任何满足感。它是绝对客观的。你读过《箭术与禅心》（*Zen in the Art of Archery*）吗？

没有，我得承认，我没读过那本书。

这本书的核心思想是，你要学会让箭自己射出去。没有自我参与其中。不是“我在射箭，我在松弦”，而是箭在射出，并且总是射中。

同样的概念也适用于交易。根本没有什么自我意识。只有一种对即将发生之事的感知。诀窍在于区分你希望发生之事与你知晓将会发生之事。直觉知道将会发生什么。

在交易中，就像射箭一样，只要出现努力、蛮力、紧张、挣扎或尝试，就错了。你与市场不再同步，与市场的和谐失调。完美的交易是不需要费力气的交易。

你谈到了知道什么将会发生。你能给我举个例子吗？

当下马克兑日元的下跌，是我早就知道会发生的事情。

在马克兑日元下跌之前，它的走势朝着反方向发展了相当长一段时间。你如何知道进场交易的时机何时成熟？

触发点实际上是一个弗洛伊德式的口误。我正在和另一位交易员谈论日元/马克汇率，当时是87.80。我一直把价格说成77.80。另一位交易员终于开口：“你在说什么呢？”我这才意识到，我所说的价格差了10个大数。很明显，我内心深处的某一部分一直期盼着汇率降到那个水平。这种情绪直接从我嗓子眼冒出来了。

|查尔斯 · 福克纳|

（Charles Faulkner）

成功者心态[1]

查尔斯·福克纳在美国西北大学攻读心理语言学研究生学位期间，因着迷于神经语言程序学（Neuro-Linguistic Programming，NLP，更多关于NLP的内容将在访谈中展开）创始人理查德·班德勒（Richard Bandler）和约翰·葛瑞德（John Grinder）早期写的两本书，而放弃了学业。自1981年起，福克纳先后师从葛瑞德、班德勒以及其他NLP核心合作开发者进行了大量学习，并于1987年成为认证NLP培训师。福克纳的研究重点是人类卓越表现的模型化，其项目涵盖加速学习、医生决策和期货交易等领域。福克纳也是一名顾问、NLP研讨会领导者、课程设计师，并创作了多套应用NLP技术的录音带课程。

我在一次期货行业研讨会上发表演讲后，查尔斯·福克纳上前与我攀谈，我就此与他相识。在演讲中，我多次提到这本书，当时这本书已完成近半。福克纳解释说，他一直在从事研究和咨询工作，旨在帮助交易者克服成功路上的心理障碍。我告诉他，我对他的工作很感兴趣，因为这可能可以成为新书中的特色内容，但我那次行程安排紧凑，没有给采访留出足够的时间。他给了我一套盒装录音带，让我听一听，看看有什么想法。

这套系列录音带讲的是将NLP应用于成就的各个领域。虽然有一些我很难理

---

[1] 在本次访谈的多个环节中，凡我认为可借助神经语言程序学（NLP）以进一步阐明或丰富信息之处，我均在福克纳回答的基础上，加入了摘录自Nightingale-Conant公司的系列录音带《NLP：成功新技术》（*NLP: The New Technology of Achievement*）中的相关内容，福克纳担任该系列的课程设计者及主要合作作者。

解的NLP元素，但系列中的某些片段对我来说意义重大，似乎对提高积极性和增强目标专注力有帮助。总体而言，福克纳的系列录音带给我留下了深刻的印象，促使我安排了另一次芝加哥之行对他进行采访。

NLP的一部分内容专注于研究人们通过手势、眼动、语言和声调所提供的线索。福克纳显然在这方面有着丰富的经验，磨炼出了敏锐的解读技巧，也给我留下了洞察力极敏锐这一印象。他考虑周到，为我们安排了一间机场附近的酒店私人会议室，以便最大限度延长我们的交流时间。

你是一名神经语言程序学培训师。这个身份对这本书的大多数读者来说意义不大。不妨让我们从一个门外汉的角度来定义NLP吧。

实际上，自然学习过程（Natural Learning Processes, NLP）或许会是一个更贴切的名称。NLP的主要联合创始人、信息科学家理查德·班德勒和语言学教授约翰·葛瑞德，将NLP定义为对人类卓越表现的研究。NLP研究杰出成就者以精准定位他们的心理程序——了解伟大成就者如何使用大脑来产出成果。他们的研究始于天赋异禀的治疗师——这些人始终如一地在他人生活中产生积极改变。在对该领域的研究取得成功后，他们继续研究其他领域的杰出人才——管理者、谈判专家、运动员和艺术家——以寻找这些人取得杰出成就的方法。这些人在各自领域出人头地，他们所使用的自然学习过程模型可以被任何追求卓越的人所采用。

为了理解NLP的运作方式，允许我以现代滑雪的起源做个比喻。在20世纪50年代之前，大多数人认为滑雪是一种天赋。你有天赋就会滑雪，你没有天赋就不会滑雪。接下来发生的事情永远改变了这项运动。有人拍摄了欧洲一些顶尖滑雪者的影片，目的在于识别出他们的所有动作特征。研究发现他们都有某些共同的技术特点。不仅如此，研究还发现这些杰出滑雪运动员的技术可以被传授给任何人。各种各样的人都可以通过学习成为非常优秀的滑雪者。关键在于识别出成就滑雪者之伟大的动作——技能的精髓——从而传授给其他人。在NLP中，我们将此处的精髓称为模型。同样的基本原则可以应用于任何其他领域或人际关系的各个方面。我喜欢将NLP描述为大脑的软件。它提供了心理程序，让你可以开发新能力，并能获得更多你想要的体验。

正如NLP名称中间的单词所示，语言学扮演着核心角色。我不太清楚语言学如何能显著影响人类行为。你能给我举个例子吗?

我们的大脑如何处理语言？答案是逐字逐句。人们总是会说“别担心”或“别想了”。如果我告诉你不要去想一个问题，会发生什么呢？呃，尽管我这么说了，你还是会去想那个问题。这是因为我们的大脑不能理解用否定语言表达的事物。为了知道什么不能想，我们的大脑必须先想到它。

想想这个例子，经验丰富的交易者对交易新手说，“别想钱，记住，不要想着钱。”这听起来像是良言相劝，但结果会怎样呢？新手交易者会一遍遍对自己重复这句话，直到他们真的对钱着了魔，脑子里想的全是钱。

由于我们的大脑处理语言的方式，NLP提倡将消极的想法转化为积极的表达。不去说你不想要什么，而要说你想要什么。与其对交易员说“别老想着钱的事”，更有效的建议是“专注于遵循你的方法”。

NLP的基本原则是什么?

NLP所依据的原则与心理学的原则不同。NLP由五项基本原则或假设所指导。NLP的第一项基本原则：地图并非领土。地图是我们的思想和情感，领土是现实。我们对现实的认知和感受做出反应，而不是对现实本身做出反应。这是个好消息，因为这意味着我们有可能得到一张更好的地图——一种更好的思考和感受方式。

NLP的第二项基本原则：体验是结构化的。换言之，记忆在我们脑海中的排列方式决定了它们的意义以及对我们的影响。如果我们能改变记忆的结构，我们将以不同的方式体验生活中的事件。改变思想的结构，我们的体验自然而然就会改变。

NLP的第三项基本原则：如果有人能够做到，那么其他人也可以学会。这是

NLP的伟大承诺。卓越和成就具有可以被复制的结构。通过模仿成功人士，我们可以从成功人士的经验中有所借鉴。如果能学会像极具天赋的人那样运用大脑，我们就可以掌握那份天赋的精髓。

NLP的第四项基本原则：心灵与身体是同一系统的不同部分。如果你改变了对某事的看法，你的能力也会随之改变。如果你改变了体态、呼吸或其他生理机能，你的思想也会改变。伟大的精神病学家R. D. 莱恩（R. D. Laing）曾经说过，"改变你的思想，改变你的身体。改变你的身体，改变你的思想。"

NLP的第五项基本原则：人们拥有其所需要的一切资源。在NLP中，一个画面、一个声音或一种感觉都是一种资源。我们的大脑有能力看到内在的图像。无论这些图像起初是模糊还是清晰，它们都能被构建成强大的激励愿景。内心的声音可以批评我们，也可以鼓励和引导我们。我们在生活中体验过的任何一种情绪——自信、挑战、不可动摇的意志，不管它是什么——即便只体验过一次，都可以被转移到生活中我们想要或需要的任何情境。

当你说"地图并非领土"时，是在指人们对现实持有扭曲的认知，从而导致他们误入歧途吗?

NLP认为所有地图（无论是精神上的还是物理上的）都是对现实的一种扭曲或选择性视角。地形图、街道图和天气图都提供了对同一领土的不同视角，并且都是真实的表述。在不同时刻选择何种地图，是由实用性而非真实性所引导的。市场的不同分析形式可被视为同一领土的不同地图。杰出的交易者寻求拥有与市场领地最为接近的地图，而且这张地图能为他们所用。

当然，并非所有地图都真实或有用。让我举一个对交易员意义深刻的例子。这涉及统计学中的"均值回归"概念。这一数学现象意味着，如果你做得极为出色，那么下次很可能表现得更差；而如果你表现得非常糟糕，那么下次很可能会做得更好。这种模式是平均律的必然结果，它往往会扭曲交易者对自身绩效的感知和评估。

举例来说，如果一个交易者在一段时期内表现非常好，然后在下一段时期表现一般，他可能会觉得自己失败了。另一方面，如果这个交易者在一段时期表现得非常糟，但是在下一段时期表现一般，他可能会觉得自己进步大到天翻地覆。无论哪种情况，交易者都很有可能将成绩的改变归因于他的系统或他的感觉，而非自然的统计趋势。未能认识到这一概念会导致交易者在构建关于自己交易能力的心理地图时不够精确。例如，如果交易者在表现特别差的时候从一个系统切换到另一个系统，那么即便新系统与旧系统相差无几甚至更差，他都很可能在这时表现得更好。然而，交易者会将他的进步归功于新系统。相比之下，超级交易者则理解均值回归的概念，并利用它来为自己谋利，而不是受其误导。

顺便提一下，同样的现象也解释了为什么这么多人说他们在参加过激励讲座之后会表现得更好。他们会在什么时候去参加激励讲座？当他们感觉特别低落又碌碌无为时。从某种意义上讲，主讲人具体做了什么并不重要，因为从统计角度来讲，平均而言，这些人在之后的一段期间无论如何都会做得更好——无论他们参加讲座与否。但只要 参加了，他们就会把这种变化归功于讲座。

在你刚才提到的那个讲座例子中，难道人们不也有可能因为安慰剂效应而感觉和表现得更好吗？话说回来，NLP所声称的效果是否也可能只是一种安慰剂效应？

在某种程度上，这种说法可能是成立的，而让我饶有兴致的是，这竟然被视作一种批评。医学科学研究人员往往认为安慰剂效应是无益的。你可以从他们的言语中听出一些端倪：“我们必须排除安慰剂效应。”然而，班德勒和葛瑞德对此持不同看法。他们将安慰剂效应视作一种自然的人类能力——大脑治愈身体其他部分的能力。这实际上带来了令人振奋的可能性。如果这种能力能够在我们想要或需要的时候被调用出来呢？如果大脑真的可以让我们感觉更好呢？NLP关注的是结果。如果有利的结果部分出自安慰剂效应——大脑从心理上和生理上影响我们感觉、治愈和功能的自然能力——那我们就有意识地利用它。

NLP声称能够通过简单的心理练习非常迅速地改变行为和感受。为了让完全不熟悉NLP的读者略知一二，你能提供一个这样的练习示例吗？

让我举一个可能对你大多数读者都有用的例子。我们都曾在交易中遇到过市场走势大大不利于我们所建立的仓位的情况。问题在于：这种情况有多么令人不安或沮丧？如果数周甚至数月后你再次遇到类似情况会发生什么？如果只是想到这些就开始感受到类似的不安情绪，那么你已如巴甫洛夫的狗一般，形成了条件反射。这就是NLP所说的“锚定”。如果你受到这些感受的干扰，无法集中于交易决策，不妨使用以下NLP技巧来中和这些感受。

像放电影一样快速回想那个令人不安的交易场景，然后从中挑选出一帧对你来说象征着失落感的整个画面，就像一张静止的照片。当你找到它后，注意你能否在这时间的定格里看到当时的自己。也就是说，你是否在照片中看到早前的自己穿着那时的衣服？通常境况下，你可能不会看到。那么在你的脑海里，开始拉远视角，让更多的场景映入眼帘，直到你在场景中看见过去的自己。

想象将那个场景用某位著名画家的风格重新渲染，仿佛它出自雷诺阿、梵高，甚至利希滕斯坦之手。现在考虑什么样的画框最适合这幅画。也许一个老式大金框会很合适，或者你会选择一个现代的钢制框。你甚至可能想增添一束博物馆的灯光。花点时间欣赏这幅画，把它看作你脑海中一幅装裱的记忆。现在留心你对那个时刻的感受。大多数人会发现，他们不安或焦虑的情绪已大大减轻，甚至完全消失。这个NLP过程将我们的情绪从记忆中分离出来，就像一个情感重置按钮，也为NLP原则提供了现实世界的例证：体验是结构化的，改变结构，就能改变体验。只需花几分钟做这个练习，就能让交易者恢复情感上的客观。

改变不安记忆的另一种方法是：回想那个让你失望的事件，像倒放电影一样把它快退到开头。现在，播放马戏团音乐，或是《威廉·退尔》序曲，也就是大家更熟知的电视剧《独行侠》（*Lone Ranger*）的主题曲。任何富有感染力的音乐都可以，特别是当它与你记忆里的情绪完全不搭的时候。选一首曲子，伴随着响起的高昂旋律，以全新的方式观看那个事件。当记忆伴随着音乐播放到结尾时，再将其倒回开头。再次播放这一幕，这次没有音乐响起。注意你这次对它的反应。对于一些人来说，这一事件变得幽默滑稽，甚至荒谬可笑。对于大多数人来说，先前的失望情绪被中和了，或者至少大大减轻了。

显然，一种方法更侧重于视觉，另一种方法更侧重于听觉。取决于一个人视觉或听觉感知的强弱，这两种方法中的一种会比另一种效果更好。

很好，这有助于阐明涉及的流程类型。再举一个例子吧。

下面的例子将说明如何将自信（或任何其他情绪状态）从生活中的一个时刻转移到另一个时刻。与许多NLP技巧一样，在一个放松且无干扰的环境中进行以下步骤时，可更深入且彻底地发挥效果。

在你的生活中，存在许多时刻，你感到自信。在你的记忆中回溯到一个时刻，在这一时刻你感到无比自信。让这一时刻重新鲜活，去看你看到的，去听你听到的。你开始重新体验那份自信，感到那份自信在膨胀，去想象你脚下，地面上，有一个彩色的圆圈。当这种感觉逐渐变强烈，踏出圆圈的同时呼气，将那份自信留在圆圈内。（我完全能意识到这些指示听起来很奇怪。）

现在，想象未来的某个具体时刻，在这一时刻你想要拥有同样的自信。随着你开始想象具体的未来时刻和地点，你重新踏入圆圈，自然而然地再次感受到那份自信。你方才将那个未来的时刻和那份过去的自信锚定在一起了。要测试这是否奏效，想象那个具体的未来时刻。这样做时你将感到那份自信。这种感觉现在会油然而生，待到未来的情景来临时，你无须刻意去想，它就在那里。本练习可以重复应用于各种不同的未来场合以及各种不同的感觉。

为什么成功不能带来幸福？什么可以？

我认为这是因为人们对成功的观念建立在过时的模型或模式之上。例如，有人可能认为，想要成功，他必须拥有某种类型的房子、某种类型的汽车和某种类型的配偶。他们使用这些东西作为证据来衡量他们是否成功，却把自己排除在画面之外。他们从未真正踏入画中问自己："我真的想过这种类型的生活吗？"所以我建议人们不仅要想象实际过上他们正在努力追求的生活时会是什么样，还要步入那种生活，并在精神上体验几个星期或几个月。当人们做这个练习时，他们可能会发现自己想要改变某些事情，我建议他们做出这些改变。毕竟，既然他们为这个未来如此努力奋斗，到来的那个未来应该是他们乐在其中的那个未来。

你是在说，人们在实现目标后找不到幸福是因为他们设定了错误的目标吗？

是因为他们没有追求能够满足自身的目标。他们努力追求的目标，是社会、家庭或媒体告诉他们应该去努力追求的目标。这些关于如何判断自己是否成功的印象将我们淹没。例如，什么样的配偶在这种文化中才是有价值的？我们看过所有这些广告，心中便知晓了答案——年轻、迷人。但除此之外，又有什么是重要的呢？我认为人们有时会迷失，他们没有去探索成功对他们意味着什么。

人们怎样才能明确什么样的目标会让自己幸福？

有一个NLP练习可以解决这个问题：让人们想象自己在生命的最后阶段。有些人对做这个练习心存抗拒，但当我告诉他们去想象自己的人生悠长、健康且生机勃勃的时候，他们就比较愿意去尝试了。接着我让他们回顾自己取得的成就，看看是否希望自己做了其他事情或更多事情。虽然这只是心理上的戏法，但借助临终视角，潜意识的期望被揭露，人们发现评估自己真正想要用什么来充实自己的人生变得容易了。我问客户："你愿为何付诸一生？"

这个练习的灵感源于我上大学时的一次经历。我在一家医院的住院部做护工，病房里通常有很多老年病患。前后3年的时间里，我与数百位生命之烛即将燃尽的人交谈过。我询问他们的人生过得如何，幸事几何，憾事几何。

你有何发现？

我发现在19岁的年纪坠入爱河很重要。我发现愿意冒险探索未知，比如离开小镇离开家，很重要。另一方面，仅仅因为年纪到了就退休，是许多人认为自己这辈子最大的错误。

真正触动我的是，这些人中没有一个人真正后悔自己做过什么——他们后悔的都是自己没有做过什么。他们后悔把生命浪费在追求细枝末节上。他们没有明确自己所坚定的价值，没有竭尽全力去实现它们。我从这次经历中汲取的教训，与我多年后在NLP中强调的相同：如果我们不去忠于自己的价值观，不去实现自己的价值观，我们所体会到的就会是失望和空虚。

你怎么知道你正在追求的目标是那些能够实现你价值观的目标？

从使命的角度来思考颇有益处。使命并不是你强加给自己的东西，也不是基于你当前关心的事情所构建的。相反，它是你向内探索的发现。正如约翰·葛瑞德曾经问道："有什么事情你特别热爱，热爱到愿意为之付出？"如果你没有坚定秉承的价值观，就很难明确地界定使命，你实现目标的动机也会非常小。然而，如果你的目标支持你的价值观，并且你有强烈的使命感，那么你的动机将会同样强烈。

强烈的动机是否是卓越交易者的共同特质？

强烈的动机是任何领域的卓越成就者共有的特质。动机有两种不同的类型，也就是NLP所说的动机的两个方向：要么是趋近我们想要的，要么是远离我们不想要的。

举个例子，考虑一下人们早上醒来时的反应。闹钟响起，有个人可能会喃喃自语：“哦不，我再睡一会儿。”然后按下贪睡键。闹钟再次响起，他看到自己匆忙准备去上班的画面，他想：“没事儿，大不了我穿昨天的衣服，不吃早餐。”然后再一次按下贪睡键。几分钟后闹钟再次响起，他的大脑开始向他展示上班迟到不得不向老板解释的画面。他决定上班开车时再快一点，然后再次进入梦乡。但是当闹钟下一次响起，他内心的声音说：“你必须起床！”他看到客户已经等得不耐烦、老板大喊大叫着威胁要开除他的画面。当他脑海中的画面变得足够大、足够亮、足够近、足够响时，他就会说：“好吧，我起床。”他终于有了动力。

另一个人，早上听到闹钟响起，就会想到这一天要做的所有美好的事情。他看到自己正在完成新的目标，醒来时蓄势待发。这个人也有动力。事实上，他可能会在闹钟响之前就醒了。

直到看到老板对他大吼大叫的画面才起床的人，动机方向为“避害”。他的动机是逃避痛苦、不适和负面影响。他可能会选择和不会打扰他的人做朋友。他不太可能在无法忍受工作之前考虑职业变动。他在远离他不想要的东西。迫不及待想起床的人，动机方向为“趋利”。他朝着愉悦、奖励和目标前进。他可能会选择和能激励他的人做朋友。他为了抓住更佳的机遇而做出职业变动。他在追逐他想要的东西。人可以同时拥有避害动机和趋利动机，但大多数人只专精于其中一种。这两种激励方式截然不同，在不同的情境下都各有用处。

趋利动机的好处似乎显而易见，但避害动机又如何令人从中受益呢？

你的问题反映出一种普遍的看法。趋利动机的好处更为明显。在我们的社会中，朝向目标迈进的人受到极大的推崇。从招聘广告的语言中可以看出这一点，广告大量使用诸如“自我驱动”和“积极进取”的词汇。然而，避害动机方向的名声却不尽如人意。看待这种动机的另一种方式是，它远离了问题。许多使用避害动机的人都是解决问题的高手。你可以从他们的言语中听出来。他们会说：“抱歉，但我们这里有个问题。”他们发现问题且必须解决问题。有时他们可能会过于沉浸在问题中，以至于忘记自己要去哪里，但他们会解决问题。而趋利动机的人对目标的追求是如此专注，他们可能根本不会考虑在前进途中可能遇到的问题或需要准备应对的困难。因此，两类动机都派得上用场。

你是在说避害动机的人也可能与趋利动机的人一样成功？

没错。趋利动机或许被成功学杂志奉为圭臬，但较少受到赏识的避害动机个体也同样可以非常成功。著名的股票预测家马丁·茨威格（Martin Zweig）就是一个完美的例子。他管理着超过10亿美元的资产。他的股市简报和图书在业界备受尊崇。在谈论策略时，茨威格如此说道：“不要与利率趋势作对。不要与市场动量作对。”他使用避害动机使损失最小化。许多杰出交易员在谈及“保护自己”或“做好防守”时都流露出了避害动机。他们愿意在市场上承受的痛苦是有限的，一旦达到这个界限，他们就会出场。正如保罗·都铎·琼斯在你的访谈中所言：“我对痛苦的容忍度很低。”

想必避害动机一定有一些弊端。

确实如此。那些受避害动机驱动的人往往在采取行动之前会经历很多痛苦和忧虑。如果压力和焦虑水平过高，将会影响他们的健康。压力管理课程中充斥着这类人。对他们来说，学会在采取行动前承受更少的痛苦，比学会更好地管理痛苦更有帮助。此外，离问题越远，问题看起来就越不严重，他们就会因此失去部分动力。结果就是，避害动机往往时冷时热。最后，那些有避害动机的人未必知道自己终将走向何处，因为他们的注意力集中在他们不想要的东西上，而不是他们想要的东西上。

成功的交易者是否倾向于拥有某种特定类型的动机？

他们往往一开始就带着一种趋近成功、趋近金钱的趋利动机进入市场，这正是他们进入市场的初衷。然而，那些主要由趋利动机驱动的人必须花时间和精力去培养正确的资金管理所需的避害动机。我在对交易者的研究中发现，没有远离过度风险的动机的人几乎不可能成为一个真正成功的交易者。

显然，动机对于实现目标至关重要。这是唯一的关键因素吗，还是还有其他因素？

NLP研究表明，要使目标可以实现，必须满足五个条件。第一个条件是必须用积极的措辞表述目标。它不是要摆脱某些东西——例如，“我不想赔钱”。相反，它需要用积极的措辞来表述——例如，“我想保护我的资产”。第二个条件是目标必须是你自己的。“他们想让我加大交易规模”就是一个不符合该条件的目标示例。相反，如果你的目标是“当市场条件允许时，我要把交易规模翻倍”，你就更有可能实现这个目标。第三个条件是目标必须具体。笼统的目标无法实现。你对目标的描述越丰富翔实——当你实现目标时会看到什么、听到什么以及感受到什么——就越好。第四个条件是增添时间、地点和人物。实现目标的第五个条件是预见目标的效果。目标本身及其效果是否值得，是否令人向往？这样一来，我们就拥有了我们真正想要并且能够满足自己的目标。

你提到的实现目标的第一个关键条件是目标必须以积极的措辞陈述。那些具有避害动机的人岂不是很难满足这个条件？

潜在的动机可能是想要远离某些消极事物，但目标仍然可以用积极的措辞来陈述。例如，某人成为成功交易者的动机可能是为了摆脱贫困。因此，他的目标可能是为来年设定一个个人利润记录。远离贫困的动机和积极的个人目标可以相辅相成，提供全面动力，取得卓越成果。

你最初是如何开始与交易员合作的？

1987年，一位年轻的国债场内交易员史蒂夫·比亚努奇（Steve Bianucci）找到了我，他当时与彼得·斯泰德迈耶（Peter Steidlmayer）的市场逻辑学校（Market Logic School）（斯泰德迈耶后来离开了学校）合作，正在寻找机会从场内交易转为仓位交易。他想知道是否可以利用NLP来构建一个优秀交易员的运作模型。我对他的问题很感兴趣，并推动了我的研究进程，目前这项研究仍在进行中。

什么样的研究？

观察杰出的交易员，构建卓越交易的模型。

想要接触这些交易员不会很难吗？我很难想象他们中有多少人会愿意成为被长期观察和建模的对象。

对于像汤姆·鲍德温（Tom Baldwin）（《金融怪杰》中介绍的一位极其成功的美国国债场内交易员）这样的场内交易员，直接观察相当容易，所需要的只是进入交易大厅，而我得到了这个机会。至于彼得·斯泰德迈耶［一位非常成功的期货交易员，也是市场轮廓理论（Market Profile）的开创者，该方法高度依赖对盘中交易量的分析研究］，他亲自开设了课程，我得以直接观察他。最后，对于一些超级交易者来说，观察则是间接的——观看他们交易时的录像带，听他们的演讲或访谈。吉姆·罗杰斯、保罗·都铎·琼斯和理查德·丹尼斯（我们这一代最优秀的3位交易者，《金融怪杰》对他们也有介绍）就属于这一类。后来，我在你主持的某次期货行业小组讨论会上见到了丹尼斯，并确定了我对他的交易策略和情绪管理风格的推断准确无误。

能给我一个交易者来找你寻求帮助的典型例子吗？

我最近与一位交易者合作，他交易技术很好。然而，每当他获利，他最终都会回吐掉大部分利润。在与他合作的过程中，我发现他认识很多赚钱的交易者，但用他的话说，那些人“并非善茬”。作为交易者，他想取得成功，但又担心会变成他们那样。他潜意识里对这个问题的解决方法是不要太成功。

他的信念也极大限制了他的个人生活。他认为必须把交易放在第一位——交易意味着他不能拥有个人生活或家庭。利用NLP来改变这些信念，帮助他发展了他曾错误地以为是在破坏他交易的那部分自我。对我来说，这是一次特别令人欣慰的经历，因为我看到他重拾了他认为作为一个交易者无法拥有的那部分生活。

最近他打电话给我，说他已经将仓位规模增加了两倍，超过了1000张合约。通过解决内心的冲突，他释放了精神力量，得以更好地寻找机会并改善交易。

是什么让那些在交易中出类拔萃的人区别于绝大多数交易者？

一个关键要素是信念。查尔斯·加菲尔德（Charles Garfield）在他的《巅峰表现者》（*Peak Performers*）一书中指出，这些杰出个体共有的关键要素是对自己成功的可能性的坚定信念。与此相对照的是迈克尔·勒纳博士（Dr. Michael Lerner）在其著作《过剩的无力感》（*Surplus Powerlessness*）中的研究表明，研究发现大多数人认为自己对生活的掌控力非常有限。他的结论基于对各行各业的人进行的数千次采访。这种巅峰表现者与大众之间的普遍对比同样适用于解释杰出交易者与其他所有市场参与者之间的一个本质差异。超级交易者对自己获胜的能力有着绝对的信心——这种信心通过他们在市场中展现出来的技艺得到了验证。相比之下，大多数交易者对他们的系统或方法缺乏信心，而且许多交易者通常倾向于将自己的结果归咎于他人（如他们的经纪人、场内交易员等）。

除了对自己的成功充满自信，成功的交易者还有其他哪些特征？

另一个重要因素是他们拥有一套熟悉的感知过滤器并运用它。我这里所说的感知过滤器指的是理解市场行为的一种方法论、一条途径或一套系统。例如，艾略特波浪分析和经典图表分析都是感知过滤器的类型。在我们的研究中，我们发现感知过滤器的具体类型实际上并没有太大差别。它可以是经典图表分析、江恩分析、艾略特波浪分析或市场轮廓分析——这些方法似乎都能奏效，前提是人们对感知过滤器有透彻的了解并遵循它。

关于为何会如此，我有一个可能的解释。

愿闻其详。

我认为许多流行的方法实际上空洞无物。

（他笑了。）啊哈！你这句话很有争议啊。你引起了我的注意。

所有这些技术方法都以价格为基础。实际上，它们就是不同颜色的有色眼镜，用来观察价格。相对强弱指标和随机指标（两种流行的超买/超卖指标）的拥护者会看到经过这些价格推演数列所过滤的价格形态。江恩分析的爱好者则会透过基于江恩理论的视角来看待价格形态。在各种情境下，交易者积累了价格形态的经验——尽管是从不同的角度。然而，其中所采用的一

些方法可能毫无价值。只不过，使用这些方法的交易者不是通过透明玻璃看价格，而是通过不同颜色的眼镜来看价格。方法，或者说是颜色的深浅，是个人偏好的问题。进一步延伸这个比喻，我会把这些方法比作不带度数的太阳镜：它们改变了视线，但并不一定改善视力。归根结底，这些方法之所以看似有效，只是因为使用这些方法的人已经对价格发展出了某种直觉经验。

这实际上与我自己的观点颇为吻合。人们需要有一个与思维方式相匹配的感知过滤器。适合交易者的感知过滤器，与其说是多么好地反映了市场活动，不如说是多么好地吻合了交易者的心理策略、思考模式和决策模式。当一个人深入了解任何一种感知过滤器后，它都有助于发展他的直觉。经验是无可替代的。

成功交易者还有哪些典型的特征？

脱颖而出的交易者之间共通的另一个重要因素是他们拥有有效的交易策略。我是从NLP的意义层面上使用的"策略"这个词，指一系列内部表征、心理图像、词语和感觉，导向期望的结果：交易获利。有的交易者可以果断行动，而有的可能因犹豫不决而止步不前。他们的差别就在各自的策略。

恐怕你把我弄糊涂了。在你的措辞中，成功交易者的策略具有哪些典型特征？

有效的交易策略应具备以下特点。第一，是自发的。面对特定情况时，交易者会知道该怎么做，而不必再次自我怀疑。第二，好的策略是自洽的——它不会自相矛盾。第三，策略包含一些具体的风险控制计划，从而纳入了避害动机。第四，策略的一部分涉及从仓位建立后的角度去想象交易，并在建仓前考虑交易可能出现的问题。第五，有效的交易策略会提供具体的证据，从而使交易者得以评估交易的优劣。

成功交易者是否还有其他共同特征？

管理个人的情绪状态至关重要。真正杰出的交易者能够直面任何挑战。当事情不如预期时，他们不会情绪化，而是保持冷静，按照自己的方法行事。这种心态可能是自然形成的。或者有些人可能有控制或消解情绪的方法。无论哪种情况，他们都知道要在情感上与自己对仓位的感觉保持距离。当市场对仓位不利时，彼得·斯泰德迈耶的态度是："嗯，瞧瞧这个。"他以科学的超然态度观察自己的仓位。通过保持冷静，杰出的交易者获得了必要的反馈，以确定自己的方法是否需要修正。

拥有适当的情绪状态是一种与生俱来的品质吗？还是可以习得的？

两者都有。一些杰出的交易者似乎生来如此——他们天生具有科学家般的超然态度——而其他人则学会了对情绪实行军事化管理。两种方法均能奏效，但能做到的交易员寥寥无几。实际上，交易往往会吸引那些并不适合交易的人——那些沉迷于赚大钱的人，那些愿意承担高风险的人，那些寻求刺激或对世界报以强烈情感反应的人。

你如何教导这类人培养出适合成功交易的心理状态？

我会做这样一件事：让他们站起来，退后一步，想象注视着自己坐在椅子上的样子。我让他们冷静地观察，就像在观察别人做交易一样。我还让他们做其他的NLP练习，旨在达到相同的目的。

仅仅进行这类简单的心理练习就足以产生永久的行为改变吗？例如，你是否在说，之前精神高度紧张的交易者仅凭进行这样的心理练习，就会在危机情况下自动做到冷静应对？

如果某人精神高度紧张，就意味着他特别情绪化，可能需要更多的努力才能确保效果持久，但总的来说，答案是肯定的。我知道这听起来很难以置信，但我们的大脑学习速度很快。如果你改变了大脑对某一情境的感知方式，你就会永远改变它对这一情境的反应方式。

当然，有时也会有其他相互冲突的考量因素。我最早的客户中有一位非常情绪化的交易员，他有一套成功的系统但无法遵循它。我教了他一些从情绪上与市场解离的技巧。有一天，我看着他运用这些技巧，技巧也确实奏效了。短短几个小时内，他就赚了7000美元。但就在我沉浸在自我满足感之中时，他转过头，用单调空洞的声音对我说："这太无聊了。"我心里想，哎呀。我很想说，我帮他解决了问题，他赚了数百万美元，从此过上了幸福的生活。事实则不然，这家伙最终搞砸了。他知道如何进入一种情绪上超脱的状态，但他不喜欢待在这种状态里。

这次经历让我明白，有些人之所以参与市场，是因为他们喜欢那种刺激感。从那以后，我学会了帮助那些需要刺激的人在生活中的其他地方找到刺激，并安排妥当，这样他们的大脑就会明白，这一过程不是关于压抑，而是关于适当的表达时机和方式。

关于区分交易赢家和交易输家的特征，还有什么要补充的吗？

最后一个区分成功交易者和失败交易者的关键特征与我所说的“运作隐喻”有关。运作隐喻决定了我们看待世界的方式，它塑造了我们的信念、行为和生活方式。交易者用来描述市场的一些隐喻包括女人、战争和游戏，这里只提几个较常见的例子。以游戏或解谜的隐喻为例，理查德·丹尼斯说：“这就像是同时下一百盘棋。”彼得·斯泰德迈耶说他在“市场解谜”。保罗·都铎·琼斯总结说：“这是一场游戏，金钱是计分方式。”每一种运作隐喻都会引导交易者的大脑形成一套不同的信念和一种不同的市场方法，其中一些比另外一些更为有效。

将我刚刚引用的隐喻与我通常在交易大厅听到的一些运作隐喻进行对比。“我今天被撕碎了”，这句话把市场描述成了一头掠食的野兽。“我们惨遭重创”则反映了市场是一场战争，而发言者是受伤的参战者。哪种隐喻会让你对市场的看法更客观——是玩一场游戏，哪怕是一场高风险的游戏，还是防御攻击你的野兽？答案显而易见。不同之处在于隐喻所暗示的内容。在游戏中，有赢家也有输家，但你并不会像被野兽攻击时那样命悬一线。你可能会为了从兽口脱险而做出精彩的反应，但这种隐喻并不会像游戏那样鼓励你去学习和实践长期的策略和战术。拥有适合自身交易风格的运作隐喻是成功的根本。

你能判断出谁会成为成功的交易者，谁不会成为成功的交易者吗？

能，根据他们在我们刚刚讨论的领域——信念、感知过滤器、策略、情绪管理和运作隐喻——与成功交易者有多高的匹配度。从一个较为宽泛的层面上讲，在研究交易者多年之后，我可以说，成功的最佳预测指标，简单来说就是这个人是否随着时间和经验的积累而不断进步。许多交易者不断从一个系统或方法跳到另一个系统或方法，在潜意识里承认了自己缺乏进步，从未真正熟练掌握任何一个系统或方法。因此，这些人最终得到的是一年经验重复6次，而不是6年真正的经验。与之相反，优秀的交易者对一种方法——具体的方法其实并不重要——情有独钟并对其极为精通。

NLP如何看待意识和潜意识之间的关系？

意识心智的特性是对事物进行反思。“我是否在自己想在的位置？”“这是笔好交易吗？”换句话说，它关注的是评估。改变事物并非意识心智的属性。让我给你打个比方，我住在科罗拉多州时，有一位东部的朋友来访。有一天，我提议一起去骑马。我们从马场租了马。我不知道你有没有从马场租过马，但那些马认识路，它们还会在骑手上马时评估骑手的经验。我有一点儿经验，我的朋友一点儿经验也没有。

我们翻身上马，马开始小跑。远处，一排树在我们面前。我们离树越近，马就跑得越快。我非常清楚地知道是怎么一回事儿。这些马打算跑过树林把我们撞下来，然后它们就可以回到马场去休息一天。当我骑着马穿过树林时，我尽量俯身向下。与此同时，我听到身后传来“砰”的一声。我拉住马转身一看，我的这位朋友躺在地上，就在树前几码远的地方。

“你没事儿吧？”我问道。

他略显狼狈地说：“嗯，我没事儿。”

“发生了什么？”我又问。

“这匹蠢马要往树上撞，所以我只好跳下马了。”他回答道。

很显然现在有人把马当成车了。意识心智就像骑手。它评估马行进的方向。如果马，或者说潜意识，没有按照我们希望的方向行进，这并不意味着它不好，或者没有遵循指令，或者即将撞树。这意味着潜意识有它自己的程序，并且正在根据其所有的历史和习惯尽其所有地运行这些程序——而那匹马的一个习惯就是把人撞下来然后折返马场。

借助NLP，你可以引导你的意识心智去注意自己何时偏离了目标。更重要的是，你可以利用NLP技术有效地将新模式植入你的潜意识心智中，以带来你所期望的改变，而非抱怨或编造数不胜数的理由来为自己没能过上想要的生活找借口。

我们早前讨论过花时间审视自己的目标——确保该目标确实是你想要的目标，以及如果不是，就相应地调整你的努力方向。假设有个人已经这样做了，对于如何最好地将这些目标转化为现实，你有没有什么建议？

要解答这个问题，我能想到的最好的答案便是加里·法里斯（Gary Faris）的经历，他是NLP培训师，也是我的同事。加里对这个问题的研究源于一段极具说服力的个人经历。加里是一位狂热的跑步爱好者。数年前，他在加利福尼亚州的一条乡村道路上跑步时，被一辆皮卡车撞倒。他的伤势非常严重，急诊室的医生都不确定他能否活下来。当他挺过了最初两次手术（最终他共接受了6次手术）后，医生们说，他之所以能够挺过来，唯一的原因就是他的身体素质极佳。医生告诉他，他再也不能正常行走了，跑步更是想都不要想。

接下来的两年里，加里一直在接受运动康复。他克服了疼痛，让自己重获新生。如今，他定期跑步，并且是NLP综合机构（最早也是最重要的NLP培训机构之一）最健壮的培训师。不用说，医生们对此大吃一惊。然而，他们是根据类似病例的统计证据做出评估的。他们没有意识到，加里·法里斯已经将自己塑造成了例外于统计证据的一个病例。

事故发生后不久，加里就开始研究运动损伤的康复。他寻找那些成功康复的运动员的核心特征，审视了他们的心理态度，发现所有这些人都具有6种基本的心理模式。

第一点，这些运动员同时使用了两种方向的动机。也就是说，他们既向目标迈进，也远离不良后果。就这样，这些运动员充分发挥了他们最大的动机。

第二点，这些运动员全力以赴，致力于全面恢复力量与健康。这一标准成为他们的指导目标。任何低于此标准的目标都是不可接受的。事实上，他们中的许多人不仅希望全面恢复力量与健康，甚至还力争达到比受伤前更好的状态。他们了解自己的能力所在，容不下分毫之差。这些运动员就是知道他们一定会成功。

这些运动员的第三个共同点是，他们一步一个脚印地进行康复训练。如果你考虑完成一项重大计划，比如克服严重的伤病，一次性考虑整个任务会令人生畏。然而，如果你能将其分成几小块，或者分成单独步骤，你就能完成它。每一步都会成为一个新目标。对加里来说，他必须先活下来才能行走，他必须学会行走才能奔跑。加里和他研究过的其他运动员从完成每一步中获得了极大的满足感。因此，他们在通往全面恢复力量和健康这一重大目标的道路上，在沿途每一处里程碑都欣赏了成功的好风光。

第四点关键要素与这些康复中的运动员感知时间的方式有关。他们活在当下。换句话说，他们之所以成功，是因为他们专注于当下。相反，如果他们过于关注遥远的未来，就更容易陷入消极的状态，质疑自己是否能够实现最终目标。

康复中的运动员积极心态的第五点要素是参与。运动员对自己的帮助越多——哪怕只是给炎症处冰敷这种简单的事情——他们的恢复就越彻底、越迅速。当你亲身参与其中时，你感觉到自己可以影响正在发生的事情，这让你更坚定、更积极。

第六点也是最后一点关键要素与运动员如何评估他们的个人表现和进步有关。人们天生倾向于将自己和自己的行为与他人进行比较。这种思维方式始于孩提时代，伴随着我们长大成人，变得更加根深蒂固。对于康复中的运动员来说，要避免陷入这种思维习惯至关重要。由于他们的伤势，如果与他人比较，他们会落得下风，很可能会气馁。成功的运动员只关注自己的进步。他们进行自我比较。他们会这样问自己：“自上周或上个月以来，我进步了多少？”

顺带一提，教导孩子进行自我比较是父母能给予孩子最好的礼物之一。要让孩子知道，在任何活动中，总会有一些人表现得更好，也会有一些人表现得更差。但重要的是我们自己的进步。养成这种心理态度，我们就可以将他人的成就视为启迪和卓越典范，而不再是嫉妒的载体。

当这6要素汇聚一处，它们就共同构筑了通往成功的强大驱动力。在后续的研究探索中，我意识到这六大核心特质奠定了任何积极心理态度的基础。无论我的研究对象是运动员、商业精英还是高层领导，一个明显的规律是：他们的心态越是积极自信，就越能体现出这6个关键要素在其内心构建中的运用。

你在NLP和交易领域都有很深的造诣。你在这两个领域之间看到了任何

相似之处吗？

交易和NLP仿佛互为彼此的镜子。交易关注市场模式，NLP关注心灵模式。两者处理的都是具象化的、非理论性的结果。交易者的评判标准是结果——交易账户中的资金——而不是他们的市场理论有多么精美复杂。NLP从业者的评判标准是结果——客户迅速实现了他们在生活中寻求的改变——而不是NLP理论关于大脑运作原理的独创性或洞察力。NLP旨在将人类卓越品质模型化，而交易正是一项要求卓越才能成功的活动，因为只有少数人能够获胜。我之所以被NLP和交易吸引，是因为我喜欢它们强调的都是现实世界的结果和卓越行为。

★

NLP有效吗？我个人对这个问题的看法无关紧要，因为这只代表单个样本。当然，有大量的逸事证据支持NLP技术的有效性。然而，严格的双盲科学测试却很少。毫无疑问，缺乏确凿的科学实验证据是由于衡量NLP结果的极端困难，因为NLP主要处理的是感觉和信念方面的问题。不过，NLP的特点之一是它几乎保证了快速见效。因此，如果你尝试任意一种形式（图书、录音带、研讨会或一对一课程）的NLP，你应该能够相当快地判断这种方法对你是否有效。

撇开NLP的优点这一更广泛的问题不谈，我的确发现福克纳信息中的某些方面很有说服力。首先，我发现"使命"的概念是非常有用的心理构建，用于聚焦目标和增强动力。我听福克纳录音带的时候，恰逢我个人努力推进商品交易咨询业务并在这方面取得显著进展的时期。其次，我还认为，福克纳列出的实现目标的6个关键步骤有很高的价值。

1. 同时运用趋利和避害两种动机。

2. 以全力以赴为目标，任何低于这个标准的目标都是不可接受的。

3. 将可能令人望而生畏的目标分解成小块，从完成每个单独步骤中获得满足感。

4. 完全专注于当下这一刻——手头的单一任务，而不是长期的目标。

5. 亲自投身于目标的实现（而不是依赖他人）。

6. 通过自我比较来衡量进步。

以上步骤对交易有着重要的启迪和应用。例如，强调自我参与意味着人们不太可能通过完全依赖他人的系统在交易中取得成功。最后，关注自我比较意味着交易者应该根据他们自己过去的表现，而不是其他交易者的绩效，来评判自身的进步。

福克纳描绘的成功交易者的形象与普遍的看法形成了鲜明对比。大多数人可能认为伟大的交易者是金融界的埃维尔 · 克尼维尔[1]（Evil Knievels），是甘愿承担巨大风险、被肾上腺素的刺激所吸引的个体。但根据福克纳的说法，真相恰恰相反。成功的交易者已经学会了规避风险，而不是寻求风险。此外，他们中很少有人会为了刺激而交易。相反，根据福克纳的观察，成功交易者的标志之一是他们在交易时能够保持冷静、超然的情绪状态。他们可能在生活中寻找刺激，但绝不是从交易中寻找刺激。

福克纳的许多评论不仅仅适用于交易。大多数人可能会从福克纳和NLP提供的建议中获益，去探索成功对自己的意义。我发觉特别引人注目的一条评论，是他与数百名老年病患的对话："这些人中没有一个人真正后悔自己做过什么——他们后悔的都是自己没有做过什么。"

[1] 美国传奇特技摩托车手。——译者注

| 罗伯特 · 克劳斯 |

(Robert Krausz)

潜意识的作用

我初次听闻罗伯特 · 克劳斯这个名字是通过《三千俱乐部》(*Club 3000*) 上的一封信，这份出版物主要由对交易有共同兴趣的订阅者所写的信组成。写这封信的交易员描述了他从英国催眠师考试协会 (British Hypnotist Examiners Council, BHEC) 成员罗伯特 · 克劳斯处购买的一套潜意识录音带如何极大地改善了他的交易。这激起了我的兴趣。

罗伯特 · 克劳斯的生平故事几乎有着狄更斯笔下人物的色彩。他在二战期间匈牙利的贫民窟里度过了自己最初的童年时光。8岁那年，趁守卫分神之际，他和一个朋友从前往灭绝营的强行军中逃了出来，朝着相反的方向逃进了树林中。因为没有其他地方可去，他只好返回了贫民窟，在那里一直待到了战争结束。战后的岁月里，克劳斯辗转于多家孤儿院，最终在南非的一家孤儿院安顿了下来。他在那里遇到了一位对他颇有好感的钻石大亨。这位富有的企业家开始每周日来到孤儿院，带克劳斯外出游玩，开展了一段以收养为结局的关系。就这样，这个从恐怖的战争中幸存下来的孤儿，以南非最富有的人之一的儿子这一身份，开始了新生活。

克劳斯的战时经历使他成为以色列的坚定支持者。随着年龄的增长，他越来越致力于以色列的生存。说服其他年轻的南非犹太人移民到以色列并参军入伍，而自己却留在原地，克劳斯被这件事隐含的伪善所困扰，最终，他听从了自己的内心。尽管他深爱且敬重的父亲提出抗议，他还是加入了以色列军队，并在1956年与埃及的战争中担任伞兵。之后，他移民到了英国。

在伦敦，克劳斯的艺术爱好使他开启了时装设计师的职业生涯。在卡纳比街（Carnaby Street）和披头士乐队（The Beatles）的鼎盛时期，他最终推出了自己的服装系列。随后，克劳斯的生意扩展到为海外制造商设计面料图案和服装，并将成品进口回英国。在此期间，克劳斯因业务需要广泛游历了远东多年。尽管生意蒸蒸日上，但克劳斯对交易日益增长的迷恋导致了他职业生涯的又一次重大转变。1988年年初，他放弃了自己的生意，移民到美国，开启了全职交易的新事业。

克劳斯拒绝就他作为交易员的具体绩效做出评论，只是说他做得足够好，"足以过上很舒适的生活"。当谈到交易这一职业时，克劳斯变得神采飞扬。"这是世界上最好的行业！"他斩钉截铁地宣称，"没有任何其他行业是如此黑白分明。你要么是对的，要么是错的。"（他说这话时，我注意到他穿的衣服——黑色长裤和白色衬衫。）"交易吸引我的地方还在于你完全依赖自己的天赋和能力。"

在克劳斯位于劳德代尔堡（Fort Lauderdale）的家中，我见到了他。他是一个坦率友善的人。他坚持亲自到机场接我，并热情地邀请我在他家旁边的客舍里过夜。

我与克劳斯的谈话贯穿全天，历经了不同阶段。克劳斯操着一口浓重的南非口音（通常会被不熟悉的美国人误认为是英国口音），这一点给他讲述的往昔经历增添了几分色彩。我们坐在露台上开启了谈话，眺望着环绕在他房产后方的水道和热带雨林保护区，真是一间别致的后院。最终我们被佛罗里达凉爽冬日季节里的寒意驱赶进屋，在克劳斯的办公室里继续进行采访。这间办公室由克劳斯与他的知名金融占星家妻子共用，横贯整座房子，一侧的窗户面朝大海，另一侧的窗户则俯瞰水道和保护区。克劳斯夫妇按照各自喜好的景色划分了办公室。

克劳斯办公室里的一张绘图桌上摆放着他手工绘制的3英尺乘2英尺大小的图表，可见他是一位一丝不苟的技术图表交易者。不同于传统图表使用垂直条代表每天或时间间隔，克劳斯的图表使用不同宽度的价格条，这是名为对称法（Symmetrics）的方法的一部分，该方法基于价格和时间对称这一假设，由W. D.江恩（W. D. Gann）的首批学生之一乔·龙迪诺内（Joe Rondinone）发明。

采访因漫长的晚餐休息而暂时中断。如果克劳斯在交易上的造诣和他在匈牙利烹饪上的技艺一样出色，他将会成为非常富有的人。

你曾提到，你认为成为专门帮助交易员的催眠治疗师的一项基本资格是成为交易员。做交易和学习催眠哪个在先？

交易是我接触催眠术的催化剂。我初次接触交易是在1979—1980年创纪录的黄金牛市期间。当时，我自以为在进行交易。当然了，那根本不是真正的交易，只是一些幼稚的小打小闹。

你最初是如何涉足交易领域的？

在1979年的那个牛市期间，《金融时报》(*Financial Times*)每隔两三天就会刊登一篇文章，顶着“黄金再创新高”或其他类似字眼的醒目标题。这些反复出现的故事给我留下了深刻的印象。我还有一位涉足黄金市场的朋友，他在交易中赚了很多钱。有一天晚上我们一起出去吃饭，他跟我谈起了黄金市场。他认为自己非常懂行。当然了，后来我发现他对交易一窍不通。他对我说：“克劳斯，你真是个傻子。你每天朝七晚七，每周工作6天。我每天只工作几个小时就能挣到更多钱。谁更赚？”

他给了我他经纪人的名字，我就开了一个账户。然后，天大的悲剧发生了：我的第一笔交易大获全胜。我的第二笔交易也赚了。我的第三笔交易不赚也不赔。我的第四笔交易又赚了。在我的第五笔交易中，我把赚的钱都吐了回去。接着在我的第六笔交易中，我赔掉的钱比我之前所有获利交易赚的钱加起来还要多。市场风向已经改变，我损失了一笔数量可观的钱，远远超过了账户的初始资金。

换句话说，你一路交易过来都在应付追加保证金的要求。

就是这样。我不断往账户里追加资金，心里一直念叨着，“市场会反转的，市场会反转的。”当然了，市场并没有如我所愿反转。

你最终何时弃船逃生了？

我设定了一个明确的止损点。我有一家服装公司50%的股份，我必须确保我的亏损绝对不会危及公司。当达到最大亏损点后，我就退场了。事后来看，这次经历不仅给我带来了重大的经济损失，更重要的是，它极大地打击了我的自尊心。在那之前，我一直是一位相当成功的商人，从未在任何商业冒险中失手过。我简直无法相信自己如此愚蠢。

你当时的这些交易，是你自己做决策还是你的经纪人提供建议？

噢，我的经纪人在给我提供交易建议方面“帮了大忙”。后来我发现他懂得比我还少。但我始终对自己的行为负责，这次经历也不例外。

引诱你进场交易黄金的那位朋友最后怎么样了？

他的信念从未动摇。他最终彻底破产了。

退出市场后，你仍在为自己的错误而懊恼不已吗？

很久之前我就认识到，一个人所能做的最具破坏性的事情之一，就是对过去的错误耿耿于怀。如果你不断对自己重复，“我不应该那样做的”，就像车轮反复碾过同一道车辙。最终，这种负面信息会深深植根于你的心灵，改变你的行为模式就变得异常艰难。

那个时候，我决定要么弄清楚市场背后的运行机制，要么就咽下苦果，微笑离开，有生之年再也不碰任何的合约交易。因为我不是那种会在挑战前临阵脱逃的人，所以我选择了前者。

当时，我的生意需要我频繁前往远东的偏远地区。由于这些地区几乎没有消遣的去处，所以我拥有了大量闲暇时间。我利用这些时间阅读了大量市场相关的图书。我也开始每日追踪黄金市场。我甚至让我的合作伙伴通过电传告诉我黄金每日的开盘价、最高价、最低价和收盘价。我如饥似渴地阅读每本新出版的技术分析图书，我的藏书越来越丰富。我读过的书中有一本书名很吸引人，叫作《如何在商品市场赚钱——赚大钱！》（*How to Make Money in the Futures Market—and lots of it!*），作者是查尔斯·德拉蒙德（Charles Drummond）。我发现德拉蒙德走了一条与众不同的道路。这本书推崇一种称为点线图法的独特方法。这对我大有启迪，于是我购买了德拉蒙德的第二本书，对这一主题进行了更深入的研究。

之后，我运用这种点线图法重新开始交易。然而，我发现自己在下单时犹豫不决。对亏损的恐惧降临了。那个时候，我已经开启了与德拉蒙德的交流，起初是询问关于他书中技术方面的问题。他总是很亲切地答疑解惑。在一封给德拉蒙德的电传中，我提到了自己无法执行交易的窘境。德拉蒙德电传回复我说："你正在经历所谓的'冻结'状态，这纯粹是一个心理问题。"

大约在这个时候，我偶然间遇到了一位熟人，他经营着一家大型上市公司。他看起来非常沮丧，于是我问他出了什么问题。他告诉我他要离婚了，生意也很惨淡。3周后，我在当地一家餐馆再次和他偶遇。他谈笑风生，整个人颇为轻松愉悦。我对他的突然转变很是好奇。第二天午餐时，他告诉我他是如何去见的催眠治疗师，现在他的生活重回正轨。我拿到了这位催眠治疗师的联系方式并去见了他，我的意图很明确——寻求帮助，解决我交易上的问题。

第一次诊疗时，我带上了一本德拉蒙德的书。他翻了翻，惊呼道："天呐！这还是日文的！"那是他的玩笑话。当然，他对交易毫无概念。

他对交易的不熟悉是否成了一种障碍？这次催眠帮上忙了吗？

是的，催眠有帮助。我的交易很快实现了不赚不赔，这对我来说是相当大的一项成就。虽然在下单时还有些许犹豫，但"冻结"状态消失了。催眠疗法给我留下了深刻的印象，于是我开始搜寻信息，想接受培训成为催眠师。我发现有一个名为BHEC的组织提供课程，教授催眠技巧。我参加了初级课程。

这门课程为期多久？

分两个周末完成。

这就足以成为一名合格从业者了吗？

没有，当然不行。这个课程只教你一些基本技巧，实际上相当基础。在接下来的一年里，我大概每周花一天时间观摩其中一位名叫约翰·克罗斯（John Cross）的导师实操。一段时间后，克罗斯允许我在他的监督下与他的一些客户合作。之后，我又参加了由BHEC提供的高级课程。最后，我参加了BHEC的资格认定考试。

跟我讲讲你的第一位客户。

那是一名学生，来找我帮忙提高成绩。我当时相当紧张，但幸运的是他是一个很容易被催眠的对象。

能被催眠的人群占比多少？

大约85%。与普遍看法相反，高智商与富有创造力的人群最容易被催眠。

你是在说，高达85%的人口可以在催眠状态下被影响，从而改变他们的信念和行为吗？

是的，前提是你不要求他们做任何他们在正常清醒状态下不愿做的事情。

那么，夜总会的催眠师是如何让人们在舞台上出洋相的呢？

诀窍在于，那些自愿上台的人都是那种喜欢在公众面前表演的人。他们通常是那种内心有着隐藏的表演欲望，却没能赶上机会进入演艺圈的人。催眠只是通过绕过意识心智施加的行为控制，来释放这些自然倾向。要让一个天性害羞的人在舞台上做出愚蠢的事几乎是不可能的。

你如何分辨一个人是真的被催眠了，还是只是按照指示行事取悦催眠师？

有许多标准技巧可以判定。例如，有一种方法是告诉受试者，他的手臂是一块坚硬的钢板，然后指示他将手臂水平伸展。如果这个人真的被催眠了，那么无论你施加多大的力量，都无法将对方的手臂压下去——哪怕受试者是一个体弱的人。

你的第一个交易客户有什么让你记忆深刻的地方吗？

我很想说，这个过程非常成功，但事实是这个人并没有在一夜之间完成转变。我花了好几年才明白为什么催眠对某些交易者非常有效，而对其他人则不然。

原因何在？

一些交易员拥有一套行之有效的方法论，他们已经进行了充分的回测，并且他们的意识心智也对这套方法论感到满意。通常，这些交易员可以通过催眠得到帮助。催眠唯一能做的事情就是告知潜意识，意识心智现在已经接受了一套行之有效的方法论。

但你必须得先具备那样的条件。

完全正确。交易新手想通过催眠成为交易专家，就如同象棋新手想通过催眠成为象棋大师。问题的关键在于，必须在达到一定的熟练度之后，催眠才能派上用场。

除了帮助你从亏损交易员转变为获利交易员，接触催眠还对你产生了哪些影响？

毫不夸张地说，催眠改变了我对现实的认知。

何以见得？

我发现了另一个我未曾察觉的世界：潜意识。我意识到潜意识具有战胜意识心智的力量。当然，今天的我不会再以这种方式看待这个问题。我现在明白，潜意识和意识心智必须和谐统一。意识与潜意识结合得越紧密，获利就越容易。然而，要保持这些获利，你的潜意识必须坚信一件事：你的获利是你应得的。

缺乏这种信念感是人们在市场中失利的原因吗？

对！对！对！

你怎么能如此肯定？

因为我一次一次又一次地目睹了这个过程。

能否给我一个匿名的案例？

几年前，我帮助了一位成功交易逾30年的人。突然间，他开始每月亏损6位数的金额。当他向我寻求帮助时，他已经如此亏损了连续5个月。结果表明，他开始连续亏损的时候，正好与他被年轻许多的妻子抛弃的时间相吻合。在我的帮助下，他认识到婚姻破裂并不是自己的过错，而他妻子对他的感情取决于他的钱包多鼓时，他的交易开始发生翻天覆地的变化。短短3天内，他就实现了盈亏平衡，又过了3天，他再次开始赚钱了。一旦他重新开始获利，他进入催眠状态后，我对他发问。“你改变方法了吗？”我问道。

“没有。”他回复道。

“你感觉更自信了吗？”我问道。

“是的。”他回答道。

“是什么带来了这么大的变化？”我询问道。

他回复，“克劳斯，我觉得我又配得上我赚的钱了。”

为什么他觉得自己配不上获利呢？

我接下来问的正是这个问题。显然，他相信婚姻破裂的原因是，他的性能力无法达到年轻时的水平。因为在潜意识层面上，他觉得自己辜负了妻子，在市场上赔钱是他对自己的惩罚。他觉得由于自己的生理缺陷，他不再配得上赚到的钱。

言下之意，人们总是赔钱，是因为他们觉得自己不配赚钱吗？

不完全是。有些人赔钱是因为他们觉得自己不配赚钱，但更多的人亏损是因为他们从未执行成为赢家交易者所必需的基本任务。

是哪些任务？

1. 开发一套行之有效的分析方法。

2. 从该方法中提炼出一个合理的交易计划。

3. 为该计划拟定包含资金管理技巧的原则。

4. 在足够长的时间内对该计划进行历史回测。

5. 实施自我管理，确保坚守计划。如果你不付诸行动，世界上最好的计划也无法奏效。

一般来说，如果有人向你寻求帮助以改善其交易表现，你会怎样与他合作？

我做的第一件事是问一连串问题，30个左右。目的只有一个：弄清楚这个人是否有一套方法论。

如果你确定对方没有一套有效的方法，你会怎么做？

我会告诉他们，“回家吧，给自己找一套方法。如果还有需要的话再来找我。”你不能事事都依赖催眠。如果你没有一套方法和交易计划，再多的催眠都无济于事。

这种情况经常发生吗?

这并不罕见，但通常向我求助的人对待交易都很认真，并且已经有了交易计划。然而，问题在于，这个人在过去可能因使用其他方法遭受了太多的损失和痛苦，以至于新的交易计划无法作为一种新的现实渗透进潜意识中。换句话说，此人的信念系统必须被改变。

你是说潜意识会破坏交易吗?

正是如此。每当你的交易计划失败时，这段记忆就会铭刻在你的潜意识中。亏损越多，印象越深，痛苦越深。比方说，你一开始用A方法进场交易，结果损失惨重。然后你停止交易了一两年。经过充分研究和审慎测试，你开发出了B方法，你的意识心智确信它是有效的。然而，先前A方法造成的损失在你的潜意识中已经根深蒂固，导致每当你考虑做交易时，肾上腺素就开始分泌，对执行交易的恐惧也油然而生。有些交易者在需要采取行动那一刻几乎被这种恐惧吓得动弹不得。这便是我在第一次痛苦经历多年后重返交易时遭遇的“冻结”状态。

如果你确实对一套方法进行了历史回测，并采用了一个有效的交易计划，你的意识心智就已经认识到了它的有效性。是你的潜意识阻碍你在市场中采取正确行动。这个问题将持续存在，直到你以非常直接的方式说服潜意识：新方法是有效的，必须忘记旧方法。

如何实现这种转变?

我们必须抹去之前即将发生财务灾难的旧画面，并用美丽的色彩描绘一幅新画面，呈现一个快乐、自信且成功的交易者形象。通过由催眠实现的深度放松技巧，我们可以绕过意识心智的批判性功能，与潜意识建立直接联系。深度放松或催眠是一种精神状态，而非睡眠状态。由于潜意识不具备评判性，它会把新输入的信息当作事实来接受。通过告知潜意识，旧有的恐惧已不再生效，交易者现在拥有一个经过充分测试且充满信心的计划，潜意识就会开始接受这一新的现实。只有当潜意识与意识所要实现的目标完全合拍时，交易者才能真正成为赢家。

你是否曾经遇到过一些人前来表示他们想成为交易者，但当你让他们进入催眠状态时，却发现他们实际上并没有真的想成为交易者?

那是当然。这种情况发生之频繁让人震惊。有些人试图通过市场来惩罚自己。当然，这一切都发生在潜意识层面。有些人觉得，他们必须为自己对他人犯下的某些真实或想象中的错误遭受报应。对有些人来说，报应的渠道是自杀；对有些人来说，报应的渠道是故意把工作做得一塌糊涂；而还有一些人，则是在市场上赔钱——即便他们本可以做得更好。

简单来说，有些人根本就不应该去做交易。通过催眠，你会发现这些人其实并不适合做交易，这不是他们的使命所在。当我发现有客户属于这类人时，我会让他们从催眠状态中醒来，并告知他们催眠过程中发生的事情。我会告诉他们："钱退给你，我帮不了你。忘掉交易吧，就当是帮你自己和家人一个大忙。"

当你建议这类人放弃交易时，他们的典型反应是什么？

彻头彻尾的恐怖。有人甚至以身体暴力相威胁。在我给出这个建议后，有个人朝我大喊："我他妈要打爆你的头！"

你能描述一下你建议客户放弃交易的具体情形吗？

有一个人憎恶自己的妻子，但又没有勇气和她离婚。讽刺的是，正是他的妻子把他送到我这里来的。他是一位成功的专业人士，已经做了两年的交易，但一直在赔钱。在催眠状态下，真相浮出水面，他发现摆脱困境的唯一出路就是让自己变得穷困潦倒，这样他的妻子就会离开他。他的策略是让自己的经济损失看起来合理合法。他没办法通过自己专业领域的事业让自己看起来很糟糕，因为他在这方面很在行。因此，每个月，只要他在自己的专业领域中赚到若干美元，他就会在商品市场中赔掉更多美元。

这一切是他在催眠状态下承认的吗？还是你的分析解读？

在催眠状态下，我直截了当地问他："你是在报复你的妻子吗？你是不是觉得如果你在市场上赔够了钱，她就会离开你？"

他惊呼道："就是这个意思！"

那是他的潜意识在说话吗？

毋庸置疑。在意识心智层面，这个人绝不会承认这样的动机。

这是一个自认为想要交易的人吗？

他不仅想要参与交易，他还觉得自己必须参与交易。他言之凿凿地告诉我，“我热爱在市场上交易。我喜欢交易本身胜过我的本行。”

还能想到其他不寻常的案例故事吗？

我还在伦敦的时候，曾发生过一件相当有趣的事情。有一天，一个人来找我，他说道：“克劳斯先生，久仰大名。不知道你能不能帮帮我，你跟交易员的妻子打过交道吗？”

“这还是头一回，”我承认，“但我猜可以试试。出了什么问题吗？”我问。

他说：“每天，我的经纪人都会把我的交易记录寄给我，但我从来没收到过。我妻子把它们偷走了。”

“你说她把它们偷走了是什么意思？”我问。

“她把它们藏起来了，”他回答，“她去见邮递员，在我收到我的记录之前把它们截留下来。起初我并没有意识到发生了什么。我打电话给我的经纪人，问他为什么我没有收到报表。然而他坚称我的每日交易记录都定期寄出了。由此我确信是我的妻子把它们偷走了。”

我说，“这太荒谬了。你就不能自己先出去见邮递员吗？”

“我不能去！”他喊了出来，“邮递员在交易日的中间时段过来，我正忙着看报价屏幕。我们得弄清楚她为什么要藏我的报表。”

“你为什么不直接问她呢？”我提议道。

“她不承认，”他回答说，“你自己去打电话问她。你会发现她什么都不肯承认。”

我打电话给他妻子，说：“你丈夫现在就在我的办公室里。那些不见了的报表，究竟是怎么一回事？”

她回答：“克劳斯先生，我向你保证，他那些信件我从来都不碰。”

于是我问她：“那你觉得他的报表去哪里了？”

“他自己把它们藏起来了，”她回答，“他从不曾打开。”

我心里想，这真有意思。我谢过她，挂了电话，对她的丈夫说：“不如我们现在就来做一次简短的催眠治疗吧。不收费。也许我能帮你找出处理你妻子这个问题的办法。”

“好主意。”他兴致勃勃地回复道。

催眠有多个深度等级。大约半小时后，我把他带到了我想要的那层。我问他，“经纪人寄给你的报表怎么了？”

“怎么了？当然是我藏起来了。”他回答。

“你打开过吗？”我问。

“没……没，”他拉长了声音慢慢说，“我不想看到自己的错误。”

“那你怎么知道你什么时候赔钱了？”我问。

“我的经纪人给我打电话，告诉我必须再存入几千英镑保证金。”

“然后你把钱存进去了？”我问道。

“哦，是的，”他回应道，“我必须这么做。否则，我就得停止交易——难道不是吗？我的经纪人就会直接关闭账户。”

我问：“你希望他关闭账户吗？”

“哦不，我爱交易！”他大叫道。

“那你知道你在赔钱吗？”我问道。

“当然，我又不是傻子。”他正色道。

“你把你的报表藏在哪里了？”我问道。

“哦，我不能告诉你，”他压低了声音说，“你会去告诉我妻子。”

“我保证不会告诉她，”我对他承诺，“但是，你告诉我，如果她知道了会怎么样？”

“她会怒不可遏，”他说，“她会把我扫地出门。”

“她为什么要那么做？”我问道。

“因为我把本该用来给她买新衣服的钱赔光了。”

我暗自思量，我能帮这个兄弟最大的忙就是阻止他继续交易。我把他从催眠状态中唤醒，并约好下周再次见面的时间。在离开之前，他转过头问我：“你觉得你能让我妻子开口说出她把报表藏在哪里了吗？”

我说：“我们下次再谈这个。”

“不如我带她一起来吧。”他提议道。

“你知道吗，”我说，“这是个好主意。”

第二周，他们夫妻双双在约定的时间露面了。我问他，“我们要解决这个问题吗？”

他回答，“我们当然要解决这个问题——只要你能阻止她拿走我的信件。”

我把他催眠，并把事情的原委一五一十地告诉了他的妻子。

她不慌不忙地回答：“哦，我知道他把报表藏起来了。我甚至知道他把报表藏在哪里了，但我宁可不说，因为那会毁了他。”

显然她是个有大智慧的女人。我对催眠状态下的他说：“你的妻子已经同意把所有过往的报表都还给你。此外，她还承诺，只要你对自己的行为负责，不再装傻充愣，她就再也不会拦邮递员了。”

“你确定吗？”他问。

“我确定，”我回答道，“实际上，我现在就要把你从催眠状态中唤醒，你的妻子会把这份协议写下来。”

他充满感激，连声道谢，接着我把他从催眠中唤醒了。3天后，他的妻子打来电话告诉我，他已经关闭了账户。

他交易的动机是什么？

只是为了图刺激。他的生活单一乏味。他出任公职，交易只是他寻求刺激的一种方式。（他的工作只需要占用他少量的时间去提供咨询服务，因此他可以在白天进行交易。）

他停止交易的动机又是什么？

当他面对那张写着他妻子会交出他过去所有报表的纸时，他就明白了，她知道他把这些报表藏在哪里了，因为只有在这种情况下，她才能把所谓被她偷走的信件交给他。此时，他的意识心智才意识到发生了什么。

他的妻子告诉我，隔天，他把藏起来的报表拿了出来，放在餐桌上，然后说：“啊哈！我就知道你终于决定把所有的信件都给我了。”

她说：“是的，亲爱的，都在这儿了，拿去吧。”

第二天，他打电话给经纪人，关闭了账户。

自打你成为催眠师之后，你对人类行为或人性方面最令人惊讶的发现是什么？

我们是多么容易自欺欺人。我了解到，人们感知中的现实和真实的现实并不是一回事。真正重要的是一个人的信念体系，而不是现实本身。我对催眠的研究越深入，我就越意识到，我们的生活经常被那些源于童年的无效信念所扭曲和误导。这些信念常常导致人们在生活中以扭曲的视角看待现实。

能给我举个例子吗？

一个5岁的小男孩看着父亲在车库里修理自家的汽车。他想要帮忙，就拿起了父亲的一个工具。父亲担心男孩受伤，呵斥他放下工具。这种经历只要发生几次，潜意识就会将其归档为永久记忆。

快进到男孩12岁时的场景。现在，父亲认为儿子已经准备好学习如何使用工具了，他让儿子帮忙修理汽车。不知何故，男孩只要一拿起工具就觉得不自在。无论尝试做什么，他都做不好。最后，他的父亲告诉他不用麻烦了，说他用起工具来就笨手笨脚的。这个男孩现在一辈子都相信自己在工具的使用方面一窍不通。

这个例子中发生了什么？5岁时的第一次经历在潜意识中被归档为："如果我碰了这些工具，父亲会吼我。因此，这是不好的。"然后，等到男孩12岁，父亲要求帮忙时，潜意识又在意识层面强化了他很笨拙的信念。除非找到消除这些错误前提的方法，否则它们将伴随男孩的余生。

能给我一个交易上的类比吗？

我们之前讨论过一个例子。基于过往经验，一个人可能会在潜意识层面认为自己是一个糟糕的交易者，即使他已经开发出了一套有效的交易方法。其结果可能是，基于不再成立的信念而产生的恐惧。

为什么大多数交易者会亏损？

最近，我举办了一个为期两天的工作坊，有30位兼职交易员参加。其间，我向他们发放了一份调查问卷。其中一个关键问题是，让学员们按照重要性排序，列出他们心目中自己在市场中最大的弱点：

1. 执行力（扣动扳机）
2. 分析
3. 知识匮乏
4. 缺乏自信
5. 没有交易计划
6. 个人问题
7. 惧怕亏损
8. 投入时间不足

（致读者：在继续阅读之前，您不妨先自己回答这个问题。）

令人惊讶的是，90%的参与者都选择了完全相同的4个选项作为他们的首要问题，只是排序有所不同：

1. 缺乏自信
2. 没有交易计划
3. 执行力（扣动扳机）
4. 惧怕亏损

哪一个因素是其他3个因素的根源？是什么导致了缺乏自信？是什么导致了惧怕亏损？是什么导致了执行不力？**没有交易计划！**这是区分失败交易者和成功交易者的基本特征。自信程度会随着经过回测验证的交易计划的有效性增加而直接提升。

交易赢家的关键特质是什么？

坚持不懈，耐心坚忍，乐于冒险。

催眠如何改变了你的生活？

通过创造性可视化，我学习了如何设定并达成目标——当然，前提是目标必须务实。顺便提一下，未设定目标或期望值的交易者比设定了目标的交易者更难实现高回报。

什么是“创造性可视化”？

以交易为例，在深度放松状态下，你会看到自己正在运用你个人的交易方法，然后看到这个方法获得成功。通过在精神世界反复播放这些画面，你可以改写潜意识中的负面信念，并在此过程中提高你成功的概率。这也是许多顶尖运动员所采用的方法。

作为一名催眠师，你肯定接触过人类情感的全貌。我猜想，那些想要成功的交易者之所以想要成功，是因为他们相信这会让他们幸福。让我们来探讨一个更本质的问题：根据你的经验，你认为获得幸福的核心要素是什么？

我认为最重要的一个因素是掌控自己的人生。其他一切皆为次要。

★

根据克劳斯的说法，交易者们列举的亏损主要原因——缺乏自信、惧怕亏损和执行不力——都是没有交易计划的后果。显然，基于这一前提，交易者绝对必要的第一步就是制订交易计划。一旦制订了这样的计划，交易者必须对该方法进行充分的回测，以获得对该方法有效性的必要信心。

到此为止，这些建议都合情合理，但并没有打破常规。克劳斯在讨论潜意识对交易成功的阻碍时，提供了一个更为独特的视角。克劳斯解释说，潜意识的信念会支配一个人的行为。关键在于，如果潜意识根据以往的经验认为某人是个失败的交易者，那么即使该交易者已经开发出了有效的方法，潜意识仍将继续维持该观点。这些基于过去经验的信念可导致一个人产生不合时宜的恐惧。这些恐惧可导致克劳斯的导师查尔斯·德拉蒙德所说的“冻结”状态。因此，克劳斯认为，一旦制订了有效的交易计划，让潜意识接受新的现实就变得至关重要。意识与潜意识之间的和谐程度越高，成功的机会就越大。实现这种和谐的技巧包括催眠或深度放松和可视化。

克劳斯虽未明言，但他的座右铭可能是：我们终将成为我们所相信的样子。如果你认同这一论点，那么心理学在交易成败中扮演如此重要角色的原因已一目了然。

PART EIGHT

第八部分

收盘“终”声

| 金融怪杰的智慧 |

行文至此，有一件事情应该已经明晰：杰出交易者所采用的方法极其多样。有些是纯粹的基本面分析者，有些只运用技术分析，还有些将两种方法论相结合。有些交易者认为两天就算是长期，而另一些则认为两个月仍是短期。然而，尽管风格迥异，我仍发现某些原则对广大的交易者都适用。经过20多年的市场分析和交易实践，以及完成两本与伟大交易者的访谈录之后，我总结出以下42条对交易成功的观察。

1. 重中之重

首先，确保你真的想要从事交易。正如克劳斯和福克纳根据他们与交易者合作的经验所证实的那样，许多人以为自己想做交易，最终却发现并非如此。

2. 审视动机

思考你到底为什么要交易。如果你交易是为了寻求刺激，那么坐过山车或尝试滑翔翼可能会更适合你。就我个人而言，我发现交易背后的深层动机是追求心灵的宁静或平和——这与交易典型的情感状态截然不同。交易的另一项个人动机是我喜欢解谜——而市场提供了终极谜题。然而，虽然我很享受市场分析中的智力挑战，但并不怎么喜欢交易本身的刺激特性。我的动机与行动之间的反差产生了非常明显的冲突。你需要仔细审视自己的动机是否存在类似的冲突。市场是一位严苛的大师。你需要做对几乎每一件事情才能获胜。如果你的部分自我朝着相反的方向拉扯，那么游戏尚未开始，你就败局已定。

我又是如何消解自己的冲突的呢？我下定决心，全神贯注于机械式交易方法，从而消除交易中的情绪因素。同样重要的是，专注于机械式系统的构建将我的精力导向了交易中我最享受的部分——解谜方面。虽然出于这些原因，多年来我已为机械式系统投入了一些精力，但最终我意识到我想专门朝这个方向发展。（此处我仅提供我本人的例子，并不是提倡机械式系统优于自决性的决策方法。对于另一位交易者来说，合适的答案可能截然不同。）

3. 交易方法，匹配个性

选择与个人性格和舒适度适配的交易方法至关重要。如果你无法忍受回吐大量利润，那么即使是优秀的长期趋势跟踪方法也将演变为一场灾难，因为你根本无法坚持遵循。如果你不想（或不能）整天盯着报价屏幕，就不要尝试日内交易方法。如果你无法承受做出交易决策的情绪压力，那就去尝试开发一套用于市场交易的机械式系统。你所采用的方法必须适合你自己，必须让你感到舒适。这一点的重要性再怎么强调都不为过。不要忘记兰迪·麦凯曾断言："几乎我认识的每一位成功的交易者最终都会选择一种最适合自己个性的交易风格。"

顺便提一下，交易风格与个性不匹配，是购买的交易系统很少能为购买者带来利润的关键原因之一，即便这套系统本身是优秀的。尽管获得一个获利系统的概率很小——肯定低于50%——但找到一个契合你个性的系统的概率则更小。至于购买到一套既能获利又风险适中的系统并高效利用的概率有多大，就留给你自己去想象吧。

4. 掌握优势，绝对必要

没有优势，即使具备世界上最佳的自律和资金管理技巧也无法获胜。如果你能获胜，那么仅凭完美的自律和风险控制就能在轮盘赌中（长期）获胜，显然，这是不可能的任务，因为存在概率律。如果你没有优势，所有的资金管理和自律只能减缓你失血而亡的速度。顺便提一下，如果你不知道自己的优势是什么，那就意味着你没有优势。

5. 提炼方法

想要拥有优势，必须拥有方法。方法的类型无关紧要。有些顶级交易者是纯粹的基本面分析者，有些是纯粹的技术分析者，还有些是兼而有之。即使在每个派别内部，也有巨大的差异。例如，在技术分析派中，有盘口解读者（或他们的现代同行——屏幕报价观察者）、图表分析者、机械式系统交易者、艾略特波浪分析者、江恩分析者等。方法类型并不重要，但拥有一种方法至关重要——当然，这种方法必须具有优势。

6. 开发方法，苦事一桩

捷径很少能通往交易成功。开发自己的方法需要研究、观察和思考。这一过程会耗费大量时间和艰苦工作是在预料之中的。在找到适合自己的成功交易方法之前，你会遇到许多死胡同和多次失败也是预料之中的。记住，与你竞争的是成千上万的专业人士。凭什么你就略胜一筹？如果真有那么轻松，百万富翁交易员早就遍地走了。

7. 技能与努力

交易的成功取决于与生俱来的技能吗？还是努力就足够了？在我看来，许多超级交易者都具有特殊的交易天赋，这一点毫无疑问。马拉松长跑就是一个恰当的类比。只要有足够的决心和努力，几乎任何人都可以跑马拉松，然而，无论多么努力，无论多么渴望，都只有极少数人的马拉松成绩能够跑进2小时12分钟。同样地，任何人都可以学习演奏乐器，但与此同时，无论多么努力，无论多么专注，只有极少数人拥有成为音乐会独奏家的天赋。通常来说，卓越的表现需要天赋与努力，双管齐下才能兑现潜力。如果缺乏天生的技能，努力可能会达到精通，但无法成就卓越。

依我之见，同样的原则也适用于交易。几乎任何人都能从交易中赚到钱，但只有少数人拥有成为超级交易者的天赋。如此看来，交易成功或许是可以传授的，但有一定的限度。定个现实的目标吧。

8. 好的交易，应不费力

等一下。我不是刚刚才把努力列为成功交易的要素之一吗？好的交易怎么可能既要努力又不费力呢？

这并不矛盾。努力指的是准备过程——成为优秀交易者所必需的研究和观察——而非交易本身。在这方面，努力与远见、创造力、毅力、动力、渴望和承诺等品质相关联。努力绝对不意味着交易过程本身应该充满艰辛。它也绝对不意味着与市场斗争或对抗。恰恰相反，交易过程越是轻松自在，成功的可能性就越大。正如《禅与交易艺术》中的匿名交易员所说，“在交易中，就像射箭一样，只要出现努力、蛮力、紧张、挣扎或尝试，就错了。你与市场不再同步，与市场的和谐失调。完美的交易是不需要费力气的交易。”

想象一位世界级的长跑运动员，以5分钟的配速轻松跑过一英里接一英里。现在再想象一个体形走样、体重250磅、成天躺在沙发上看电视的人试图以10分钟的配速跑一英里。尽管距离长、速度快，这位专业跑者仍能优雅地滑行，几乎毫不费力。然而，体形走样的跑者很可能在痛苦挣扎，喘得就像一辆爬缓坡的南斯拉夫产优格车。谁付出了更多的劳动和努力？谁更成功？当然，世界级跑者在训练期间付出了艰苦努力，这种事先的努力和投入对他的成功至关重要。

9. 资金管理与风险控制

几乎每一位接受我采访的人都认为，资金管理甚至比交易方法更为重要。许多原本有潜力成功的系统或交易方法之所以招致灾难，是因为实施这些策略的交易者欠缺控制风险的方法。不必成为一名数学家或理解投资组合理论，你也能进行风险管理。风险控制可以简单遵循以下3个步骤。

1. 任何一笔交易的风险都不要超过资金的1%到2%。（略高一点的数字可能也是合理的，具体取决于你的方法。不过，我强烈建议不要超过5%。）

2. 在进入交易之前，预先确定你的出场点。我采访过的许多交易员都明确提到了这项原则。

3. 如果你的初始资金亏损了一定的预设比例（例如，10%到20%），休息一下，分析一下哪里出了问题，等到你重新感到自信，并且有了高成功率的点子后再重新开始交易。对于拥有大额账户的交易者来说，除了完全暂停交易，以非常小的规模进行交易不失为一项可行的替代方案。许多受访交易员都提到了在连续亏损期间大幅缩减交易规模的策略。

10. 交易计划

试图在没有交易计划的情况下从市场中获利，就如同试图在没有蓝图的情况下建造房屋——几乎不可避免地会导致代价高昂（且本可完全避免）的错误。一份交易计划其实只需将个人的交易方法与特定的资金管理和交易进场原则结合起来。克劳斯认为，没有交易计划是交易者在市场上遭遇所有主要难题的根源所在。德里豪斯强调，交易计划应当反映个人的核心哲学。他解释道，如果没有核心哲学，遇到艰苦卓绝的时期，你就会没办法坚守仓位，或没办法坚持遵循你的交易计划。

11. 自律

自律或许是我采访的那些杰出交易者最频繁提及的词汇。这个词常常被以一种近乎抱歉的口吻提及：“我知道这话你已经听过无数次了，但相信我，这真的很重要。”

自律之所以至关重要，在于两个基本原因。首先，它是维持有效风险控制的先决条件。其次，你需要自律来应用你的交易方法，而不必自我怀疑或挑选交易机会。我向你保证，你几乎总是会选择错误的交易。为什么？因为你会倾向于挑选让你感觉舒适的交易，而正如埃克哈特所解释的那样，“感觉良好的事情通常是错误的事情。”

关于这一话题的最后一句忠告是，请记住，你永远无法免疫不良交易习惯——你做到最好也只能让它们保持潜伏状态。一旦你变得懒惰或马虎，它们就会卷土重来。

12. 明白责任在于己身

无论输赢，你都要对自己的结果负责。即便你输在经纪人的提示、咨询服务的建议，或者你购买的系统发出的糟糕信号，你也要自己负责，因为是你自己决定听信并采取行动的。我从未见过哪个成功的交易者会将自己的损失归咎于他人。

13. 独立很必要

你必须有自己的思考。不要被集体歇斯底里所裹挟。正如艾迪·塞柯塔所指出的，当某篇报道登上全国性期刊封面时，相关趋势可能已接近尾声。

独立还意味着要自己做出交易决策。永远不要听从他人意见。即便偶尔会在一两笔交易中受益，但听信他人的意见似乎总是会让你赔钱——更不用说这会混淆你自己的市场观点。迈克尔·马库斯（Michael Marcus）在《金融怪杰》中如此说道："你要追随自己的光芒。如果你将两位交易者的观点相结合，你会得到各自的糟粕。"

与此相关的一件个人逸事和我在《金融怪杰》中采访过的另一位交易员有关。即使他被蒙上双眼关在水池底部的箱子里做交易也会比我做得更好，但他仍然对我对市场的看法很感兴趣。有一天，他打电话问我："你对日元怎么看？"

日元是少数几个我当时怀有强烈感觉的市场之一。它形成了一种特定的图表形态，让我十分看跌。"我认为日元将直线下跌，我现在是空仓。"我回答道。

随后，他足足列举了51个理由，来说明为什么日元已超卖并即将迎来反弹。挂断电话后，我思忖着："明天我就要出差了。近几周我的交易状况并不顺利。日元空头交易是我账户中为数不多的仓位之一。考虑到这些因素，我真的要和这位世界级顶尖交易员背道而驰吗？"我决定结束这笔交易。

几天后，当我出差归来时，日元已经下跌了150点。碰巧，那天下午，那位交易员又打来了电话。当谈话转到日元时，我忍不住问："对了，你还在做多日元吗？"

"哦，没有，"他回答说，"我现在是空头。"

重点不是说这位交易员有意误导我。恰恰相反，他在表达每个市场观点时都深信不疑。不过，他的交易时机把握得足够好，所以很可能正反两面交易都赚到了钱。相比之下，尽管我当初对市场走势的判断完全准确，最终却一无所获。这之中的寓意在于，即使是来自更优秀交易员的建议，也可能导致不利的结果。

14. 自信

坚定不移地相信自己有能力继续在市场中取胜，这几乎是我采访过的交易者的共同特质。心理学家范·撒普博士对交易者进行了大量研究，并在《金融怪杰》中接受了采访，他声称，赚钱交易者的基本特质之一是他们相信"游戏还没开始，他们已经赢了"。

15. 亏损本为游戏固有

优秀的交易者充分认识到，亏损是交易游戏中固有的一部分。这种态度似乎与自信紧密相连。因为杰出的交易者坚信，从长期来看他们会赢，所以个别交易的亏损就不再显得可怕，它们只是看起来不可避免——事实也的确如此。正如琳达·拉施克所解释的那样：“赔钱从来不会让我烦恼，因为我始终知道我会把钱赚回来。”

对亏损的恐惧无疑是最能招致亏损的秘方。如果你无法忍受亏损，你最终要么会遭受巨额亏损，要么会痛失绝佳的交易机会——无论是哪种缺陷都足以葬送任何成功的可能。

16. 缺乏自信，叫个暂停

只在你感到自信和乐观时进行交易。我经常听到交易者说：“我好像做什么都不对。”或者，“我敢打赌我又会在最低点附近被止损。”如果你发现自己以这种消极的方式来思考，那么这就是一个明确的信号，表明你是时候从交易中暂时抽身了。重新回到交易时放慢步伐。把交易想象成冰冷的海洋。先试试水温，再纵身一跃。

17. 寻求建议，实乃冲动

寻求建议这一冲动暴露了自信的缺乏。正如琳达·拉施克所说：“如果你发现自己忍不住想就某笔交易寻求他人的意见，那么这通常是一个明确的信号，表明你应该退出你的仓位。”

18. 耐心是美德

等待合适的时机会增加成功的概率。你不必总是在市场中。正如埃德温·勒菲弗（Edwin Lefevre）在他的经典著作《股票作手回忆录》（*Reminiscences of a Stock Operator*）中提到：“平庸之愚者，随时随地行差踏错；华尔街之愚者，执念于无时无刻不交易。”

吉姆·罗杰斯在《金融怪杰》中对耐心的描述可以算得上颇为生动：“我只是等待，等待角落里堆满了钱财，只需要我走过去捡起来。”换句话讲，除非他对某笔交易极其有把握，有把握到就像从地上捡钱一样易如反掌，否则他绝不会轻举妄动。

马克·韦恩斯坦（Mark Weinstein，也曾在《金融怪杰》中接受采访）给出了如下恰如其分的类比：“尽管猎豹是世界上跑得最快的动物，可以捕捉到平原上的任何动物，但它会等到绝对有把握捕捉到猎物时才会出击。它可能会在灌木丛中躲上一周，只为等待那个恰到好处的时机。它在等待一只小羚羊，那不是随便一只小羚羊，最好是一只生病或瘸腿的小羚羊。只有在完全没有可能失手丢失猎物时，它才会发起攻击。在我看来，这就是专业交易的缩影。”

关于耐心的最后一点建议是，尤其警惕为挽回先前损失而操之过急地进行交易。报复性交易必然招致失败。

19. 坚守，很重要

耐心不仅仅在于静候时机，同样关乎坚守已见成效的交易。未能从正确的交易中充分获利乃是获利受限的关键因素。再次引用勒菲弗的《股票作手回忆录》：“使我赚得巨资的，从来不是我的思想，而是我的静守。懂吗？坐如钟！”此外，回顾一下埃克哈特对这一议题的评论：“有一条常见谚语彻头彻尾地错了：获利了结不会破产。许多交易者就是这样破产的。交易新手因遭受巨大亏损而破产，交易专家则因赚取小额利润而破产。”

20. 开发低风险之构想

范·撒普博士在他的研讨会上使用的一项练习，是让学员花时间写下他们对低风险交易的想法。低风险想法的优点在于它结合了两个基本要素：耐心（因为只有少数想法满足条件）和风险控制（顾名思义）。花时间思考低风险策略对所有交易者来说都是颇为有益的练习。具体的想法会因交易者的不同而大不相同，取决于交易的市场和采用的方法论。在我参加的那次研讨会上，学员列出了一长串对低风险想法的描述。其中一个例子是：只需非常小的市场波动就能强有力地证明你错了，这样的交易就是低风险交易。尽管这与交易无关，但在列出的低风险想法中我个人最喜欢的是：“在警察局隔壁开一家甜甜圈店。”

21. 弹性下注，十分重要

所有长期稳定获利的交易者都掌握自己的优势。然而，在不同的交易中，这一优势可能会发生显著变化。可以用数学方法证明，在任何概率不等的赌博游戏中，根据对成功结果的感知概率调整下注规模，就能实现收益最大化。最优的21点下注策略就完美地诠释了这一概念（参见赫尔的访谈章节）。

如果交易者对哪笔交易优势更大稍有概念——比如，基于更高的自信水平（假设这是一个可靠的指标）——那么在这些情况下采取更激进的做法不无道理。正如德鲁肯米勒所言，“打造（卓越的）长期回报率的方法是借由保本加上一击必胜……当你对某笔交易怀有极强的信念时，你必须给出致命一击。成为贪婪的猪需要勇气。”对许多金融怪杰而言，准确判断何时踩下油门并拥有踩下油门的勇气，对于他们实现出类拔萃（而不仅仅是良好）的回报至关重要。

一些受访的交易员提到，他们会根据自己的交易表现来调整交易规模。例如，麦凯表示，高达百倍的仓位规模变动幅度对他来说并不罕见。他发现这种方法有助于在赔钱期间降低风险，同时在赚钱期间增加获利。

22. 进退交易，渐入渐出

你不必一次性建立完整仓位，也不必一次性退出整个仓位。渐入渐出仓位为交易提供了微调的灵活性，并扩大了可供选择的范围。由于人类对完全正确的渴望与生俱来，大多数交易者会不假思索地牺牲这种灵活性。（按照定义，累进加仓和分批减仓意味着交易的某些部分将以比其他部分更差的价格买进或卖出。）利普舒茨提到了一个关于这一交易法潜在好处的例子，他指出，这一方法使他能够比大多数交易者更长时间地坚守长期赚钱的仓位。

23. 做正确优于做天才

我认为，有那么多人都试图抄底逃顶的原因之一是，他们想向世人证明自己有多聪明。你应该考虑如何获利，而不是成为英雄。别再想着通过你能在多大程度上接近主要顶部和底部来评判交易成功与否，而是要看你能在多大程度上根据理想的风险回报比情境来挑选出个别有内在价值的交易，以及较高的胜率。追求稳定的交易，一笔又一笔，而不是一笔完美的交易。

24. 无须担心显得愚蠢

上周，你刚在办公室里高谈阔论：“我的分析刚刚给了我一个很棒的标普指数买入信号。市场将会创新高。”现在，你审视着自那以后的市场走势，发现似乎有些不对劲。市场非但没有上涨，反而在下跌。你的直觉告诉你，市场很脆弱。无论你意识到与否，你之前广而告之的预测都将会左右你的客观判断。为什么？因为你可不想在告诉全世界市场将会创新高后自己丢人现眼。因此，你会尽可能以最乐观的视角来看待市场走势。“市场没有崩溃，这只是一次回调，以清洗弱势多头。”这种试图自圆其说的结果就是，你最终持有亏损仓位的时间会过长。倒是有一个简单的办法可以解决这个问题：切勿谈论你的仓位。

如果你的工作要求你谈论你对市场的见解（就像我一样），该怎么办？原则是：每当你开始担心自己当下的看法与之前的观点相矛盾时，应将这种担忧视为扭转你市场立场的强化信号。以我自身为例，1991年年初，我得出结论，认为美元已经形成了一个主要底部。我尤为清晰地记得在一场演讲中，一位听众询问我对货币的展望。我大胆预测美元将在未来数年内走高。几个月后，政变失败还未被证实，美元就已回吐完1991年8月苏联政变消息传出后的全部涨幅了，我感觉哪里有些不对劲。我一下就想起了自己在过去几个月多次预测美元的涨势将维持数年的言论。我对先前这些预测感到不安和尴尬，这都是在告诉我是时候改变我的立场了。

在我从事该行业的早期，遇到这种情况时，我总是试图为我最初的市场观点找补。我屡屡受挫，最终吸取了教训。在上述例子中，放弃原来的预测实乃幸事一桩，因为美元在接下来的数月之内暴跌。

25. 行动有时胜过谨慎

等待价格调整再进场听起来似乎是谨慎的做法，但往往也是错误的做法。当你的分析、方法或直觉告诉你应该立即进场交易而不是等待调整时——就这么做。要注意不要受到本可以在近期以更优价格进场的影响，尤其是在市场突然大幅波动的情况下（通常由重要突发新闻引发）。如果你认为市场不会调整，这种考虑就无关紧要了。这类交易往往奏效，正是因为它们很难做。作为完美例证，回想一下利普舒茨团队中那位交易员在七国集团会议后，于崩盘的市场中大举卖出美元的破釜沉舟。体现这一原则的另一例子是，如果德里豪斯认为新的信息显示股票价格将进一步上涨，他仍愿意在股价已因利多财报而水涨船高后大量买进。

26. 抓住走势，片段足矣

不要仅仅因为你错过了新趋势最初的主要部分，就放弃顺势交易（只要你能设定合理的止损点）。回顾麦凯的观察，趋势中最容易把握的部分便是中间部分，这意味着在进场前总会错过部分趋势。

27. 最大化利润，非获利次数

埃克哈特解释说，人性并不追求利润最大化，而是追求获利次数最大化。这其中的问题在于，它意味着对利润（及损失）金额缺乏关注——这一疏忽会导致绩效结果无法达到最优。埃克哈特直言不讳地总结道：“交易的成功率是最不重要的绩效统计数据，甚至可能与绩效成反比关系。”亚斯也呼应了类似的观点：“扑克和期权交易的基本理念相通，那就是首要目标不是赢得最多的牌局，而是最大化赚到的金额。”

28. 学会不忠

与家人、朋友和宠物相处时，忠诚或许是美德，但对交易者来说，忠诚却是致命的缺陷。永远不要对仓位忠诚。交易新手往往会对其最初建立的仓位满怀忠诚，他会无视自己站在市场错误一边的信号，期盼最好的结果，同时任由交易滑向大额亏损。经验更丰富的交易者，已经懂得资金管理的重要性，一旦发觉自己做的某笔交易不利，便会火速离场。然而，真正造诣高深的交易者能够在市场走势表明需要转变方向时，来一个180度大转弯，即使亏损也会果断反向建立仓位。不妨回顾德鲁肯米勒在1987年10月19日股市崩盘前，不合时宜地从空头转为多头的仓位转换。他能够迅速认识到自己的错误，更重要的是，他能够当机立断，在遭受大额亏损的情况下，根据这一认识反向重新转为做空，从而扭转乾坤，帮助他将一个原本可能演变为灾难的月份转变为获利的一个月。

29. 提取部分利润

从市场中提取一部分利润，以防止交易纪律退化成自满。交易者很容易说“只是利润而已”，从而为过度交易和延迟认赔出场找借口。从账户中提取的利润更可能被视为真金白银。

30. 希望（HOPE）是个四字母的诅咒

对交易者而言，“希望”是一个肮脏的字眼，这不仅体现在寄希望于市场走势能够逆转翻盘，使人在亏损仓位上拖拖拉拉，也表现在错失某笔交易后，希望市场走势出现调整，以便获得更好的进场机会。如果那是笔好交易，那么所期待的调整则不会出现，直到为时已晚。通常情况下，进入此类交易的唯一途径就是一旦确定了合理的止损点就立即进场。

31. 不可贪图安逸

埃克哈特提出了一个火药味十足的命题，即追求舒适事情的倾向实际上会导致大多数人在市场上经历比随机结果更糟糕的结果。实际上，他是在说，人类天性会致使交易决策非常糟糕，以至于大多数人通过抛硬币或投飞镖可能都会有更好的表现。埃克哈特列举了一些人们倾向于做出的令人感觉舒适的选择，这些违背合理交易原则的舒适选择包括：亏损时冒险、锁定确定的收益、逢强卖、逢弱买，以及设计（或购买）与历史价格行为过拟合的交易系统。给交易者传达的隐含信息是：做正确的事，而不是做感觉舒适的事。

32. 非赢不可，不可能赢

华尔街流传着一句老话：“吓破胆的钱终难成赢家。”原因很简单：如果你拿着赔不起的钱去冒险，那么交易中所有的情绪陷阱都会被放大。德鲁肯米勒为挽救公司，最后放手一搏，在一笔交易上“押上全部身家”，正是上述箴言的绝佳例证。即便他进场时距离精准抄到国库券市场的绝对底部仅有不到一周之遥，他还是赔光了所有的钱。对必胜的迫切需求滋生了交易失误（例如，过度使用杠杆和缺乏计划性，正如前面提到的例子）。市场很少容忍那些因绝望而生的交易所伴随的疏忽大意。

33. 当市场放你一马，三思而行

如果市场允许你以比预期好得多的价格出场，不要急于摆脱你一直担心的仓位。如果你担心由于新闻事件或前一收盘价的技术性价格走势破败而导致隔夜（或周末）价格出现不利走势，那么很可能许多其他交易者也有同样的担忧。市场并未对这些担忧做出太多反应的事实有力表明，必然存在某些非常强大的支

撑力量对原有仓位的方向有利。这一概念最初由马丁·舒华兹（Marty Schwartz）在《金融怪杰》一书中提出，本书通过描写利普舒茨如何退出一笔交易对此进行了阐述，他承认这笔交易曾令他感到恐惧。在那次交易中，他在强劲上涨的市场中持有大规模的美元空头仓位，不得不等待东京开盘才能获得足够的流动性来平掉仓位。当美元在东京的开盘价弱于预期时，他并没有如释重负地匆忙清仓；相反，交易员的本能告诉他要推延平仓——这一决定为他争取到了一个更好的出场价格。

34. 封闭思想，糟糕至极

开放的心态似乎是交易高手共有的特质。例如，布莱克涉足交易领域实际上是试图向一位友人证明价格走势是随机的。当他意识到自己错了之后，便成为一名交易者。德里豪斯常说，思想就像降落伞——只有打开了才有用。

35. 到市场寻求刺激，代价高昂

刺激与交易的形象有很大关系，但与交易的成功却没有任何关系（除非是反面意义上）。在《金融怪杰》一书中，拉里·海特（Larry Hite）描述了他与一位友人的对话，这位朋友无法理解他对计算机化交易系统指示的严加恪守。他的朋友发问道：“拉里，你怎么能用这种方法交易呢？岂不是乏味至极？”海特回答道：“我做交易不是为了寻求刺激，我做交易就是为了获利。”当福克纳描述一位交易员因为觉得以能够获利的方式做交易太过无聊而搞砸时，海特的这段话便浮现在了我的脑海。

36. 平静的状态

如果说有与成功的交易相关的情绪状态，它恰恰是刺激的反面。福克纳根据自己的观察指出，无论市场如何云谲波诡，杰出的交易者都能镇定自若、超然物外。他描述了彼得·斯泰德迈耶面对不利于他的仓位时的反应，他的典型态度是：“嗯，瞧瞧这个。”巴索也谈到了在交易中保持超然视角的好处：“与其说‘我要做这笔交易’，不如说‘我要看着自己做这笔交易’，顷刻间，你会发现这个过程变得轻松多了。”

37. 识别压力，消除压力

交易中感受到压力是出现问题的征兆。如果你感受到压力，试着思考一下原因，并随后采取行动解决问题。例如，假设你认定最大的压力来源是在摆脱亏损仓位时的优柔寡断。解决这个问题的一个办法，就是在每次建立仓位时，简单地附上一张保护性的止损单。

我给你举一个我个人的例子。我的工作内容之一是为我公司的经纪人提供交易建议。这项任务与交易颇为相似，而鉴于这两者我都做过，我认为该工作实际上比交易更难。有一段时间，在连续多年的净赚推荐之后，我曾一度陷入建议连续亏损的逆境中。我就是事事不顺。当我对市场方向判断正确时，我的建议买价就稍微低了一点（或者卖价稍微高了一点）。当我进场且方向正确时，我却被止损出场——经常是在折返的几个极端最小价格升降档位之内。

为了应对这种情况，我开发了一系列计算机化交易程序和技术指标，从而大大丰富了我向公司提供的交易建议。我仍然会每日依据主观判断对市场走势做出研判，但一切都不再依托于这些建议的准确度。通过广泛地丰富交易相关的建议和信息来源，并将其中大部分负荷转嫁到机械式方法上，我得以极大程度地减轻了个人压力——并在此过程中，研究产出成果的质量也得到了提升。

38. 留心直觉

在我看来，直觉无非就是存在于潜意识中的经验。多种外部因素（例如，个人当前在市场中的持仓、对改变先前预测的抵触情绪）都可能会损害意识心智所做的市场分析的客观性。而潜意识却不受此类限制的约束。遗憾的是，我们无法轻而易举地探取我们潜意识的想法。但是，当它们以直觉的形式乍现时，交易者就需要留心了。正如在《禅与交易艺术》一章中，那位匿名交易员如此表达道："诀窍在于区分你希望发生之事与你知晓将会发生之事。"

39. 人生使命，热爱事业

在与本书所采访的交易者交谈时，我能明确感受到，他们中的许多人都认定自己命中注定要从事交易——基本上可以说，交易是他们的人生使命。回想一下查尔斯·福克纳引用约翰·葛瑞德那句对使命的描述："有什么事情你特别热爱，热爱到愿意为之付出？”在整个访谈过程中，金融怪杰们对交易的热情和热爱令我为之动容。他们许多人都用游戏作类比来形容交易。对这份事业的热爱，也许确实是成功不可或缺的要素。

40. 成就之要素

基于加里·法里斯对成功复健运动员的研究，福克纳列出的实现成就的6个关键要素似乎也同样适用于实现交易成功的追求。这些策略包含以下内容：

1. 同时运用趋利和避害两种动机。

2. 以全力以赴为目标，任何低于这个标准的目标都是不可接受的。

3. 将可能令人望而生畏的目标分解成小块，从完成每个单独步骤中获得满足感。

4. 完全专注于当下这一刻——手头的单一任务，而不是长期的目标。

5. 亲自投身于目标的实现（而不是依赖他人）。

6. 通过自我比较来衡量进步。

41. 价格并非随机=市场可以击败

在谈到那些相信市场价格随机的学者时，特劳特坦言：“这可能就是为什么他们是教授，而我靠做我正在做的事情赚钱。”关于价格走势是否随机的争论尚未落幕。不过，就本书及其前作的访谈经验而言，我几乎毫不怀疑随机漫步理论是错误的。支撑我这一信念的并非金融怪杰们所获得收益的金额，而是某些情况下这些获利的稳定性。举一个特别有说服力的例子，布莱克亏损的每个月都有与之相对的获利的25个月，他的平均年回报率达到了45%，而最大回撤仅为5%。很难想象，这样的结果是纯粹出于运气——或许在一个交易员遍布宇宙的情况下可能存在，但在交易者数量更有限的情况下则绝无此可能。当然，在市场上获利绝非易事——而且实际上，随着专业交易者在市场活动中所占的比例不断增长，获利正变得越发艰难——但并非不可企及！

42. 正确看待交易

人生远不止交易。

| 个人反思 |

我经常被问到，写这一本书和第一本《金融怪杰》对我成为一名更好的交易者有没有帮助。答案是肯定的，但并不是以人们在问这个问题时所预期的那种方式。没有哪位交易员向我透露任何了不得的市场秘密或揭示市场宏伟设计的关键蓝图。（如果这正是你所渴求的，不必垂头丧气，答案唾手可得——只需随便翻阅任一金融期刊上的广告即可。）对我来说，访谈提供的最重要的一课便是，采取一种完全契合个人性格的交易方法是完全有必要的。

经年累月，我的内心越发清晰明了，我对这个行业如此热爱，实为醉心于解开这一至上谜题：如何在市场中拔得头筹？所有的碎片都在你手心里紧握，无穷的组合方式等待你施展，除了你的创造力，你不受任何限制。况且，行业中有很多陷阱会将你引入歧途，有许多规则不断发生微妙的变化，只为给游戏增添些许趣味。甚至有一群非常聪明的人告诉你，这场游戏本就毫无胜算。真正引人入胜之处在于，尽管这个谜题是如此纷繁复杂，却也存在着各种各样截然不同的解法，并且总会存在更好的解法。正是尝试去解决这个美妙的谜题让我乐在其中。

另一方面，我也逐渐意识到我一点儿都不喜欢交易那一面。我从不享受完成日内交易决策带来的情绪波动。赔钱时的我是不安的，连赚时的我是焦虑的，因为我内心深知自己无法保持连赚。简而言之，这并非我的风格。与之相反，有些人在实际交易过程中茁壮成长，且做得风生水起。我曾在《金融怪杰》中采访过这么一号人物，在我心中，保罗·都铎·琼斯便是这种交易风格的典型代表。当你观察琼斯交易时，你会发现他真的能从交易活动中得到激励。他精力充沛，从四面八方全方位接收信息，并即刻做出交易决策。他似乎乐此不疲，就好像交易是某种富有挑战性的运动。而或许正是出于热爱，他才能做得如此之好。

多年以来，我既参与自主交易，也从事系统交易。正是在本书的撰写过程中，我得出结论，系统交易才更契合我的性格，这或许并非巧合。一旦我加大了对系统交易的投入和专注，我的进步便突飞猛进，我感觉这一方法犹如为我量身定制，一切水到渠成。

弄清楚自己的天赋方向花了我十多年的时间。我建议你花些时间认真思考一下你目前脚下所行之路是否真正是你心之所向。这样一来，或许你的征程将会因此得以缩短。

APPENDIX 附 录

期权——理解基础[1]

期权有两种基本类型：看涨期权和看跌期权。买入看涨期权赋予了买家于到期日前任何时间以规定价格（被称为行权价格或执行价格）买入标的股票（或其他金融工具）的权利，但该权利并非义务。看跌期权赋予买家于到期日前任何时间以行权价格卖出标的股票的权利，但该权利并非义务。（因此请注意，买进看跌期权属于看空操作，而卖出看跌期权属于看多操作。）期权价格称为权利金。举例来说明期权，IBM四月130看涨期权赋予买家于期权有效期内以每股130美元的价格买进100股IBM股票的权利。

看涨期权的买家寻求通过锁定特定买入价从预期的价格上涨中盈利。看涨期权买家可能遭受的最大损失将等于买进期权所支付的权利金。如果直至到期日仍持有期权，且行权价格高于当前市场价格，最大亏损将发生。例如，如果在130看涨期权到期时，IBM股票的市价为125美元，期权到期时将一文不值。如果在到期时，标的市场价格高于行权价格，该期权将具有一定价值并将因此被行权。然而，如果市场价格与行权价格之间的差值小于买进期权所支付的权利金，则该交易的净值仍将是亏损。要使看涨期权的买家实现净利润，市场价格与行权价格之间的差值必须大于买入看涨期权时所支付的权利金（扣除手续费成本之后）。市场价格越高，获得的净利润越大。

看跌期权的买家寻求通过锁定特定卖出价从预期的价格下跌中盈利。与看涨期权的买家一样，他可能遭受的最大损失仅限于买进期权所支付的权利金。就直至到期日仍持有的看跌期权而言，如果行权价格超出市场价格的金额高于买入看跌期权时所支付的权利金（扣除手续费成本之后），该交易就会盈利。

---

[1] 本篇附录改编自杰克·D.施瓦格的《期货市场完全指南》。

看涨期权或看跌期权对买家而言风险有限且潜在收益无限，对卖家而言则相反。卖家有义务在期权被行权时按行权价格承做相反仓位，作为回报，期权卖家（通常被称为期权发行者）收取期权费。例如，如果买家行使看涨期权，卖家必须以行权价于标的市场建立空头仓位（因为，通过行使看涨期权，买家以该价格承做了多头仓位）。

看涨期权的卖方试图从预期中横盘到小幅下跌的行情中获利。在这种情况下，卖出看涨期权所收取的权利金提供了最具吸引力的交易机会。但是，如果交易者预期价格大幅下跌，他通常最好做空标的市场或买进看跌期权——这两项操作都具有无限的盈利潜力。与之相类似，看跌期权的卖方试图从预期中横盘到小幅上涨的行情中获利。

一些新手很难理解，为什么交易者并不总是青睐做买入期权（看涨或看跌，取决于市场走势）的一方，既然这种交易潜力无限且风险有限。这种困惑反映出概率因素未被考虑在内。尽管期权卖方的理论风险是无限的，但发生概率最大的价格水平（即期权交易发生时市场价格附近的价格）将使期权卖方获得净利润。粗略地说，期权买方接受了大概率的小亏损，以换取小概率的大收益，而期权卖方则接受了小概率的大亏损，以换取大概率的小收益。在有效市场中，无论是持续买入期权的一方还是持续卖出期权的一方，长期而言都不会有任何显著的优势。

期权的权利金由两部分组成：内在价值加上时间价值。看涨期权的内在价值是当前市场价格高于行权价格的金额。（看跌期权的内在价值是当前市场价格低于行权价格的金额。）实际上，内在价值是指期权若在此时到期可以实现的那部分利润。内在价值充当期权的底价。为什么？因为如果权利金低于内在价值，交易者可以买入行使该期权，并立即冲销由此建立的市场仓位，从而实现净利润（假设交易者至少承担交易成本）。

具有内在价值的期权（即行权价低于市场价的看涨期权和行权价高于市场价的看跌期权）被称为实值期权。没有内在价值的期权被称为虚值期权。行权价非常接近市场价的期权被称为平值期权。

根据定义，虚值期权的内在价值等于零，但由于存在市场价格于到期日之前超过行权价格的可能性，因此虚值期权仍有一定的价值。实值期权的价值大于其内在价值，因为期权仓位比标的市场仓位更受交易者青睐。为什么？因为在价格走势有利的情况下，期权仓位和市场仓位将获得同等收益，但期权的最大损失有限。超过内在价值的那部分权利金被称为时间价值。

影响期权时间价值的3个最主要因素如下。

1. 行权价格与市场价格之间的关系——由于市场价格于到期日前达到或超过行权价格的可能性很小，深虚值期权几乎没有时间价值。深实值期权几乎没有时间价值，因为这些期权提供的仓位与标的市场非常相似，除非发生极度不利的价格走势，两者的收益或亏损数额相当。换言之，对于深实值期权而言，风险有限这一特点为期权带来的额外价值不大，因为行权价格与当前市场价格相去甚远。

2. 距离到期日时间——距离到期日时间越长，期权价值越高。这是因为较长的时间跨度会提高期权内在价值于到期日前增加的概率。

3. 波动率——时间价值将直接随期权剩余有效期内标的市场的波动估计值（衡量价格波动程度的尺度）的变化而变化。产生这种关系的原因在于，波动率越大，到期前内在价值增加的概率就越大。换句话说，波动率越大，价格可能变动的范围就越大。

虽然波动率是决定期权权利金价值的一个极为重要的因素，但必须强调的是，市场未来的波动率在事后才能确切知晓。（相比之下，距离到期日时间和行权价格与市场价格之间的关系在任何时刻都可以精确确定。）因此，必须始终根据历史波动数据来估计波动率。市场价格（即期权权利金）所隐含的未来波动估计值，可能高于也可能低于历史波动率，被称为隐含波动率。

GLOSSARY 术语表

腾落指数（Advance/decline line）。纽约证券交易所每日上涨股票数与下跌股票数之差的累计总数。腾落指数的走势与市场平均指数，如道琼斯工业平均指数的走势之间的背离，有时可以被视为一种市场信号。例如，如果道琼斯工业平均指数在一次下跌后反弹至新高，而腾落指数却未能跟进，这种价格走势可能反映了市场内部的疲软。

套利（Arbitrage）。基于两个密切相关的市场之间的价格关系被认为呈现背离，在一个市场进行买进的同时，在另一个市场进行等量卖出的操作，以从价格差异中获利。

套利者（Arbitrageurs）。专门从事套利交易的交易者。套利者试图从相关市场之间短暂的价格扭曲中获取微薄利润，而非试图通过对市场方向的正确预测来获利。

摊平亏损［Averaging losers（Averaging down）］。在价格出现不利走势后加仓亏损头寸。

空头（Bear）。相信价格会下跌的人。

熊市（Bear Market）。以价格持续下跌为特征的市场。

锅炉房骗局（Boiler room operation）。一种电话推销手段，违法或有违法嫌疑，利用高压手法以过高的价格或虚高的佣金向缺乏经验的投资者兜售金融工具或商品。例如，贵金属（或贵金属期权）合约的出售价格可能远高于正规交易所的现行价格。在某些情况下，这类手段是彻头彻尾的欺诈行为，因为所出售的合约纯属子虚乌有。

突破（Breakout）。价格走势超过前一个高点（或低点），或越过前期价格盘整区间的边界。

多头（Bull）。相信价格会上涨的人。

牛市（Bull Market）。以价格持续上涨为特征的市场。

看涨期权（Call option）。一种合约，赋予买方在特定期限内以约定价格买进标的金融工具或商品的权利（但并非义务）。

价格走势图（Chart）。一种图表，描绘某一市场价格走势。最常见的图表类型是日线图（daily bar chart），用单根柱线标明特定交易品种每日最高价、最低价和收盘价。

图表分析（Chart Analysis）。一种研究，目的在于找出过往价格上涨或下跌前所显现的形态。图表分析的基本概念在于，当前市场中类似形态的呈现可以预示市场可能朝相同方向发展。在实践中从事图表分析的人通常被称为图表分析者（chartists）或技术分析者（technicians）。

震荡（Congestion）。参见盘整（Consolidation）。

盘整（Consolidation）。一种价格形态，以价格持续横向波动为特征。[也被称为震荡（Congestion）]。

合约（Contract）。一种标准化交易工具，在期货市场中，规定了在未来某一特定日期交割（或现金交割）的商品（或金融资产）的数量和质量。

反向交易者（Contrarian）。根据反向意见（参见下一条目）进行交易的人。

反向意见（Contrary opinion）。一种通论，认为可以从与大多数交易者反向操作中获利。其基本理念是，如果绝大多数交易者都持看涨态度，则意味着大多数认为价格将上涨的市场参与者已经进场做多，因此下跌是阻力最小的方向。类似的逻辑推理在大多数交易者都持看跌态度时也适用。对交易者、市场通信或交易顾问的意见进行调查的各种服务机构都会提供反向意见的数字。

平仓（Cover）。结清现有仓位（即若做多则卖出，若做空则买进）。

日内交易（Day trade）。一种交易行为。针对同一资产进行日内开仓与日内平仓的操作。

自主交易者（Discretionary trader）。广义上，指经委托能在未经客户事先批准的情况下为客户账户执行交易的交易员。然而，该名词常在更具体的层面上运用，指那些根据自己对市场的解读来做决策，而不依据计算机系统生成的信号来操盘的交易者。

背离（Divergence）。当某一市场或指标创出新高或新低后，另一相关市场或指标却未能跟进。一些分析师将背离现象视为市场即将见顶或见底的信号。

分散投资（Diversification）。同时在多个不同市场交易以降低风险。

下跌趋势（Downtrend）。某一市场中价格呈现普遍下跌的大趋势。

回撤（Drawdown）。账户资金余额的减少。最大回撤（maximum drawdown）是指交易账户净资产相对最大值与随后任何净资产最小值之间的最大差值。低回撤是交易者或交易系统所追求的理想绩效特征。

每股收益（Earnings per share）。公司税后总利润除以发行在外的普通股股数。

艾略特波浪分析（Elliott Wave analysis）。一种市场分析方法，基于拉尔夫・尼尔森・艾略特（Ralph Nelson Elliott）的理论。尽管相对复杂，其基本理论基于市场波动呈波浪状的概念，在主趋势方向上形成5个浪（或市场波段）的一般形态，随后是3个反方向的调整浪。该理论的一个方面是，每一个浪都可以细分为5个或3个更小的波，这个浪其自身也是更大波浪的一部分。

净资产（Equity）。交易账户的净值。

逆市交易（Fade）。在与市场信号（或分析师建议）相反的方向上进行交易。例如，当价格突破先前盘整区间的上边界时，多数技术面交易者会将这一价格走势视为买入或继续持有多头仓的信号，而选择在此时做空的交易员即可称为在“淡出”此价格突破点。

假突破（False breakout）。一种价格波动，价格短暂穿透了先前高点或低点后，随即不敌相反方向的强劲价格走势。例如，如果某只股票6个月以来一直在18美元至20美元之间震荡，当价格上涨至21美元后，旋即迅速跌回18美元以下，那么这次涨至21美元的行情便可称为一次“假突破”。

联邦储备委员会[Federal Reserve Board（Fed）]。美国联邦储备系统的管理机构，旨在通过制定实施货币政策来调节经济。

斐波那契回调（Fibonacci retracements）。一种概念，认为前一段走势的回调幅度通常接近38.2%和61.8%——这两个数值源自斐波那契数列（参见下一条目）。

斐波那契数列（Fibonacci sequence）。一段数字序列，以1、1开始，直到无穷大，其中每一项数字都等于前两项数字之和。因此，序列的起始数字为1、1、2、3、5、8、13、21、34、55、89，以此类推。随着数字增大，序列中相邻的两个数字的比值趋近于0.618，而相隔的两个数字的比值（例如，21与55）则趋近于0.382。这两个比值——0.618和0.382——常用于预测前几次价格波动后的回调。

场内交易员（Floor trader）。交易所会员，在交易大厅内进行交易以赚取个人利润。

抢先交易（Frontrunning）。一种不道德的，且在某些情形下可能违法的经纪人行为，指的是经纪人预判客户的订单将推动市场，而抢在客户订单之前下单以从中获利的做法。

基本面分析（Fundamental analysis）。利用经济数据预测价格走势的方法。例如，针对某种货币的基本面分析可着眼于通胀率、利率、经济增长率的相对状况，以及政治因素等方面考量。

期货（Futures）。参见本书“期货——理解基础”一章。

江恩分析（Gann analysis）。以20世纪上半叶著名股票和商品交易员威廉·江恩（William Gann）开创的各种技术概念为基础的市场分析方法。

缺口（Gap）。没有交易发生的价格区间。例如，若某一市场之前的最高交易价为20美元，次日开盘价为22美元并稳步走高，则介于20美元至22美元之间的价格区间就被称作跳空缺口。

套期保值（Hedge）。用于冲销存货风险或与预期未来买卖相关的风险的仓位（或建立该仓位的行为）。套期保值交易的一个例子是，玉米种植户在生长季节期间，出售交割日期在其预期收获日之后的玉米期货合约。此例中，卖出期货实质上锁定了大致的未来期货卖价，从而限制了后续玉米价格波动带来的风险。

保值避险者（Hedger）。一类市场参与者，通过建立仓位来降低价格风险。期货市场上的投机者对风险的处理方式与其相对，投机者在建立仓位时接受风险，以从预期的价格波动中获利。

隐含波动率（Implied volatility）。过往期权价格走势所隐含的市场对未来价格波动的预测。

杠杆（Leverage）。用于控制金额大于交易者实际投入资金的商品或金融工具。仓位动用的杠杆倍数越高，其潜在的利润或损失就越大。

持仓限额（Limit position）。针对多种期货合约，政府法规规定了一个交易者可以持有的投机期货合约的最大数目。

涨/跌停板（Limited price move）。针对多种期货合约，交易所规定了单日价格变动的最大幅度。如果市场价格上涨达到了规定的最大值，就称为涨停（limit-up）；如果市场价格下跌达到了规定的最大值，就称为跌停（limit-down）。自由市场力量通常会在涨停板或跌停板的界限之外寻求均衡价格，在这种情况下市场就会直奔涨停板或跌停板，并几乎停止交易。对于上涨的市场，这种情况被称为封死涨停或限价买进；对于下跌的市场，对应的术语则是封死跌停或限价卖出。

流动性（Liquidity）。某一市场的资金流动程度。

高流动市场（Liquid market）。一种市场，每日成交量足够大，大多数合理规模的买单和卖单能够在不导致价格大幅变动的情况下得以成交。换言之，高流动市场允许交易者相对自在地进出市场。

自由经纪人（Local）。场内交易员（Floor trader）的同义词，通常指为自己账户进行交易的交易所会员。

多头仓（Long）。一种以买单建立的仓位，在价格上涨的市场中获利。该术语也用来指持有此类仓位的个人或实体。

手（Lot）。期货市场里对一张合约的别称。

按市价计值（Mark to the market）。按照现行结算价对未平仓头寸进行估值。换言之，如果一个头寸按市价计值，那么已实现和未实现的损失（或利润）就没有区别。

机械式系统（Mechanical system）。一种交易系统（通常是计算机化的系统），能产生买卖信号。机械式系统交易者遵循系统发出的信号进行交易，而不考虑个人对市场的判断。

资金管理（Money management）。在交易中运用各种风险控制方法。

移动平均（Moving average）。一种平滑价格的方法，以便交易者更容易觉察市场趋势。简单移动平均是取最近某一固定天数的价格平均值。在一些简易趋势跟踪系统中，价格走势线与移动平均线（或两条不同移动平均线）的交叉（一个序列从低于另一个变为高于，反之亦然）被视作买卖信号。

裸期权（Naked option）。交易者在未持有相应标的商品或金融工具的情况下，所建立的期权空头仓位。

未平仓合约量（Open interest）。在期货市场上，未平仓合约的多头仓和空头仓的总数始终相等。这一总数（多头仓或空头仓）即被称为未平仓合约量。依照定义，当某一合约月刚开始交易时，未平仓合约量为零。而后，伴随着交易活动的增加，未平仓合约量逐渐增加至峰值，并在合约到期日临近、仓位逐步冲销平仓时减少。

期权（Options）。参见本书附录。

直接头寸（Outright position）。净多头头寸或净空头头寸（区别于通过用相关工具建立反向仓位以进行相互抵消的价差交易和套利交易的仓位）。

超买/超卖指标（Overbought/oversold indicator）。一种技术指标，试图定义何时价格上涨（下跌）过多过快，从而容易在反方向上出现回调。超买/超卖的概念也常与反向意见相结合，用于反映市场上绝大多数交易者何时看涨或看跌。

盈亏（P and L）。盈利/亏损（profit/loss）的缩写。

形态识别（Pattern recognition）。一种价格预测方法，利用价格走势图上的历史价格形态来与当前状况进行类比。

交易场（Pit）。交易所交易大厅内交易期货合约的区域。有时也被称为交易圈（Ring）。

交易限额（Position limit）。参见持仓限额（Limit position）。

市盈率 [Price/earnings（P/E）ratio]。每股市价除以该公司每股收益。

认沽/认购比率（Put/call ratio）。看跌期权成交量除以看涨期权成交量所得的比值。认沽/认购比率是反向意见或超买/超卖类指标运用的一个实例。其基本原理是，高比率反映出市场买进看跌期权的数量多于看涨期权，暗示过多交易者持悲观态度，因而该比率被视为利好；反之，低比率则被视为利空。

看跌期权(Put option)。一种合约，赋予买方在特定期限内以约定价格卖出标的金融工具或商品的权利(但并非义务)。

累进加仓法(Pyramiding)。利用现有仓位的未实现利润充当保证金，以扩大仓位规模。通过提高交易杠杆，累进加仓法既增加了获利潜力，也增加了风险。

回折(Reaction)。与主要趋势方向相反的价格波动。

相对强度(Relative strength)。在股市中，衡量个股价格走势相对于大盘指数的强弱。该术语也可在更广泛的意义上使用，成为一种超买/超卖类型的指标。

阻力位(Resistance)。在技术分析中，指某一价格区域，正在上升的市场预计会在该区域内遇到更大的抛售压力，足以阻滞或扭转涨势。

回调(Retracement)。与先前趋势方向相反的价格走势。例如，在上涨的市场中，60%的回调表明价格下跌的幅度相当于前一段上涨幅度的60%。

反转日(Reversal day)。市场创出新高(新低)后反转方向，收盘价低于(高于)前面一个或多个交易日收盘价的某一交易日。如果反转日伴有非常大的成交量和特别宽的价格波动区间，则该反转日被视为更为重要("关键")的反转信号。

交易圈(Ring)。交易场(Pit)的同义词。

风险控制(Risk control)。运用交易规则以限制亏损。

风险/回报比(Risk/reward ratio)。交易潜在损失的预估值与潜在收益的预估值之间的比率。理论上，发生盈利或亏损的概率也应被纳入计算之中，但该比率往往仅简单地以盈亏的估计值为基础来计算。

抢帽客(Scalper)。在交易场上为自己账户操作的场内经纪人，力求从极小的价格波动中获利。通常，抢帽客试图通过速度上的优势把握买卖间的差价来获利，这种交易策略同时也为市场提供了一定的流动性。

席位(Seat)。交易所的会员资格。

市场情绪指标(Sentiment indicator)。一种指标，衡量市场上看涨和看跌观点两股势力间的此消彼长。市场情绪指标用于反向意见交易。认沽/认购比率就是市场情绪指标的一个例子。

空头仓(Short)。一种以卖单建立的仓位，在价格下跌的市场中获利。该术语也用来指持有此类仓位的个人或实体。

滑点（Slippage）。参见滑移（Skid）。

滑移（Skid）。交易的理论执行价格（如开盘价区间的中点）与实际成交价格之间的差距。

投机者（Speculator）。指愿意承担相应风险，通过买卖金融工具或商品，期望从预期的价格变动中获利的个人。

尖峰（Spike）。价格高点（低点）显著高于（低于）前几日及后几日的高点（低点）。尖峰至少代表买盘（卖盘）压力的暂时性高潮，有时可能会成为主要顶部或主要底部。

价差交易（Spread）。在同一个或密切相关的市场上，同时买进一种期货合约（或期权）并卖出另一种合约（或期权）的操作组合。价差交易的例子包括：买进6月美国国库债券期货/卖出9月美国国库债券期货、买进德国马克/卖出瑞士法郎，以及买进IBM 130看涨期权/卖出IBM 140看涨期权。

止盈/止损单（Stop order）。挂于市价之上的买单（或挂于市价之下的卖单），当达到指定价格时转为市价单。尽管止损/止盈单有时用于建立新仓位，但最常用于限制损失。在后一种应用场景中，它们通常被称为止损单（stop-loss orders）。

支撑位（Support）。在技术分析中，指某一价格区域，正在下跌的市场预计会在该区域内遇到更强的买盘支撑，足以阻滞或扭转跌势。

交易系统（System）。一套明确的交易规则，用于为某一市场或某组市场生成买卖信号。

系统交易者（Systems trader）。利用系统来决定买卖时机，而不依赖个人对市场状况的评估的交易员。

盘口解读者（Tape reader）。试图通过密切监控一连串报价及报价相对应的成交量数据，来预测接下来即将来临的市场走向的交易者。

技术分析（Technical analysis）。一种价格预测方法，基于对价格本身（有时也包括成交量和未平仓合约量）的研究，而非对基本面（即经济面）市场因素的研究。技术分析通常与基本面分析相对。

跳动点（Tick）。市场中价格波动——上涨或下跌——的最小单位。

交易区间（Trading range）。一条横向整理的价格带，包含特定时期内的所有价格活动。交易区间表明市场正处于无明确趋势的状态中。

趋势（Trend）。价格朝某一既定大方向（上涨或下跌）移动的趋向。

趋势跟踪系统（Trend-following system）。根据趋势一旦确立将趋于持续的假设，按照新确定的趋势方向生成买卖信号的系统。

报升规则（Uptick rule）。一项股市规定，卖空只能在高于前一个交易价格的价位执行。

上涨趋势（Uptrend）。某一市场中价格呈现普遍上涨的大趋势。

波动率（Volatility）。衡量市场价格变动程度的指标。波动率高的市场指价格剧烈起伏的市场。

成交量（Volume）。某一特定时间段内成交的股票或合约总数。

双重损失（Whipsaw）。一种以趋势反复、急剧逆转为特征的价格形态，类似锯子来回拉动的动作。该术语常用于描述在波动性较大或趋势不明朗的市场中，因采用趋势跟踪系统而导致亏损的情况。在此类市场中，趋势跟踪系统往往会在价格反转下跌前夕发出买进信号，在价格反转上涨前夕发出卖出信号。